Les Classiques de l'Art

Tout l'œuvre peint de

Botticelli

Les Classiques de l'Art

Collection dirigée par
Paolo Lecaldano

Rédacteur en chef
Ettore Camesasca

Conseiller général
Gian Alberto dell'Acqua

Comité consultatif
Conseillers américains :
Lorenz Eitner
Rudolf Wittkower
Conseillers anglais :
Douglas Cooper
David Talbot Rice
Conseillers espagnols :
Xavier de Salas
Enrique Lafuente Ferrari
Conseillers français :
André Chastel
Jacques Thuillier
Conseillers italiens :
Bruno Molajoli
Carlo L. Ragghianti

Rédaction
Edi Baccheschi
Angela Ottino della Chiesa
Pierluigi de Vecchi
Sergio Coradeschi
Salvatore Salmi
Sergio Tragni
Marcello Zoffili

Secrétariat
Franca Sironi
Marisa de Lucia

Conseiller graphique et technique
Piero Raggi

Imprimerie
Lucio Fossati
Roberto Mombelli

Chromiste
Pietro Volontè

Comité éditorial
Henri Flammarion
Andrea Rizzoli
Gianni Ferrauto
George Weidenfeld
Ronald Strom
Dexter E. Robinson
Roy D. Chennells
J. Y. A. Noguer
José Pardo

Tout l'œuvre peint de

Botticelli

Introduction par

ANDRÉ CHASTEL

Documentation par

GABRIELE MANDEL

Flammarion

© *1967, Rizzoli Editore, Milano*
© *1968, Flammarion, Paris*

Traduit de l'italien par Ada Carella.

Botticelli

Botticelli possède au plus haut degré un certain don de précision dans un dessin foncièrement quattrocentesque et florentin. La signification complète de son art n'apparaît que si l'on restitue ses attaches initiales avec les préoccupations artisanales des années 1460 à Florence et, plus particulièrement, avec le monde des orfèvres, des premiers graveurs, des dessinateurs de modèles pour broderies et marqueteries, d'une part, avec celui des peintres de *cassoni* d'autre part. La participation de Sandro à l'activité de ces ateliers n'a pas été occasionnelle mais continue: elle est attestée par les sources, soulignée par Vasari, confirmée par le caractère même des œuvres. C'est toujours une grande force pour un art que de s'accorder à des techniques qui le préparent et l'accompagnent dans son développement. Le style de Botticelli tient à un certain traitement exact et serré du détail: les doigts entrelacés des nymphes, les plis de la robe des anges, le contour des visages, les silhouettes en mouvement: les formes ne sont pas seulement serties mais proprement incisées. Dans la ronde du *Couronnement de la Vierge* (Retable de San Marco), les contours s'enchaînent et les mouvements se lient avec la souplesse et la rigueur d'un fil continu, où les formes se noueraient avec toutes sortes de jolis caprices. On trouve à profusion dans l'œuvre entier ces menus agréments graphiques qui définissent son style: plis des mousselines, nattes des chevelures, ourlets des lèvres et des yeux. Les apparences sont comme vidées de tout ce qui pourrait alourdir ces éléments précieux et affaiblir le contour. Botticelli a peint, en ce sens, les portraits les plus révélateurs et les plus audacieux du Quattrocento.

L'extraordinaire "Chronique illustrée" de Maso Finiguerra montre sur quel fond romanesque et merveilleux se découpaient les scènes d'histoire biblique ou antique dans l'imagerie florentine, au temps de la jeunesse de Botticelli. Il n'a jamais oublié les compositions animées de Pesellino, d'Apollonio di Giovanni et des fabricants de *cassoni*, les petites scènes liées comme dans une frise et rythmées par des décors de fête, dont il ne cessera de tirer parti. On a pu observer qu'il reste quelque chose de ce style de la "narration en frise" dans les fresques de la Sixtine, peintes dans sa pleine maturité. Et, après 1495, quand l'heure du succès sera passée, on le retrouve dans les silhouettes extraordinairement nerveuses des panneaux de *Saint Zénobe* et dans l'*Histoire de Lucrèce* qui n'est sans doute que la reprise, plus libre, plus frémissante et enrichie d'un arc "à l'antique", d'une composition bien antérieure.

Botticelli n'a pas eu à créer son répertoire de figures élégantes et de modèles rêveurs ou gracieux. Comme le style "graphique" des années 60, il a moins travaillé à l'enrichir qu'à l'épurer. Tout est repris du dedans, ramené à une intensité plus aiguë, soumis à une poétique plus soutenue. Botticelli donne ainsi à la peinture une orientation tout à fait différente de celle de Léonard; il se trouve même en opposition directe avec lui si l'on en croit l'anecdote fameuse où Botticelli ayant dénigré l'art du paysage se voit accusé par Léonard d'avoir peint *tristissimi paesi*, c'est-à-dire de lamentables paysages. Léonard ayant quitté la ville en 1481, Botticelli était alors le plus grand poète de Florence. On ne doit pas oublier les termes du rapport d'un agent de Ludovic le More, autour de 1484-85, où par opposition à l'*aria dolce* de Pérugin et même de Filippino, il est dit de Botticelli que *le cose sua hanno aria virile, sono con optima ragione e integra proporzione*. Quand il l'a voulu, dans le *tondo* de l'*Adoration des Mages* (Londres), dans l'admirable *Annonciation* de San Martino alla Scala (n. 62), plus tard dans les panneaux narratifs scandés par des architectures, il a démontré une remarquable aptitude aux jeux rigoureux de la perspective. Son style sera toujours défini par la clarté, la précision, l'*aria virile*. Mais, même dans ses meilleurs moments, dans ses grandes phrases lyriques du *Couronnement de la Vierge*, il ne dénoue pas l'espèce de pacte qui le lie au monde trop étroit des compositions antérieures. Il refuse d'inventer. Il recule devant la nature; au contraire de Léonard, impatient d'accroître à l'infini les ressources du jeu, ou de Filippino qui ne cessera d'enrichir le domaine complexe et minutieux de l'ornement, Sandro ne se soucie pas d'éléments nouveaux. Autour de lui, la mode est d'emprunter des tonalités "atmosphériques", de petites notes réalistes, aux maîtres flamands; il les ignore. On dirait que la crainte de perdre un bien spirituel, une délicieuse situation essentielle, le retient au bord du monde, de ses curiosités, de ses merveilles. Il restreint de plus en plus les possibilités: seules lui importent la qualité et l'intensité des rapports engendrés par la ligne au service de l'émotion. Il déplace ainsi délibérément l'équilibre des grands thèmes religieux: à la mère attendrie succèdent la madone rêveuse, au visage souriant la face fermée, anxieuse ou recueillie, au geste conquérant des héros ou des saints le mouvement de fuite ou de défense. Toute l'attention s'attache à un lys, à un bijou, à un profil qui illuminent comme des talismans les seuls moments où l'on a prise sur une réalité prête à se dérober sous la plus légère pression du destin. Les figures qui ne souffrent pas ont alors une gravité particulière et les plus beaux visages dessinés par Sandro, ceux des jeunes assistants du sacrifice rituel à la Sixtine (n. 63 B), des anges qui tournent autour de la Vierge du *Couronnement*, des témoins de l'*Adoration des Mages* (n. 50), sont des visages *attentifs*.

Le charme unique de Botticelli tient donc essentiellement à ce que Vasari appelait sa *sophistication*, à cette ambition intellectuelle, cette sensibilité d'esprit qui le relient si étroitement aux poètes, aux humanistes et aux esthètes de son temps. Il est singulier qu'on ne sache pas mieux comment il a été compris par eux; car, avec la lucidité formelle qui semble répondre au programme d'Alberti, il y a assurément dans son art quelque chose de l'élégance mince de Politien dans la rapidité, la précision et le raffinement des motifs et, dans la part faite aux expressions du dédain et de l'ennui, dans un certain goût de l'inexprimable, quelque chose d'assez directement accordé à l'éloge de la *vacatio mentis* et au culte de la mélancolie chez Ficin. L'un des traits caractéristiques de l'adhésion de Sandro à la poétique humaniste est, en tout cas, son souci de valoriser les personnages de la fable antique en les évoquant comme des apparitions religieuses, porteuses des mêmes valeurs symboliques que les figures de l'art sacré: Minerve a la démarche d'une sainte, Vénus surgit comme une madone sous l'arcature que lui ménage la courbe opportune des orangers du bois sacré et, quand elle apparaît sur sa conque, les nymphes la servent avec l'inflexion et la grâce des anges dans un Baptême du Christ. Le besoin d'un ordre unique pour toutes les forces de l'imagination, pour toutes les aspirations de l'âme, domine l'art de Sandro, comme il dominait la spéculation des philosophes-poètes de Careggi.

Botticelli a ainsi recueilli du milieu florentin tout ce qui convenait à son goût du frisson nerveux et de l'arabesque; mais ce qui favorisait sa sensibilité mince et juste, resserrait aussi ses limites par une intériorisation sans contre-partie des sources de l'inspiration. Botticelli ignore la nature; il aime la fleur, — et le pré de la *Primavera*, dont on a fait l'inventaire, les détaille comme un herbier, — mais il a horreur du paysage. Il aime le bijou sur le cou, la perle dans les cheveux, mais il ne porte aucune attention à tout ce qui dans le monde est fait de pierre précieuse, d'or et de cristal. Il aime les fonds d'architecture, — arc romain de la Sixtine, portiques et palais fermant les places dans les panneaux des *cassoni*, — mais il doit leurs motifs à Giuliano da Sangallo. Ce qu'il emprunte aux carnets d'études de son ami, ce sont des arcatures et des frontons, des motifs de résonance, utiles pour encadrer un drame intéressant, comme les montants d'une baie sont indispensables au portrait qui se découpe sur le mur; et tout cet appareil peut s'évanouir en un instant, comme dans les dernières *Nativités*.

Botticelli répondait ainsi négativement, — par opposition à Léonard, — au problème posé à sa génération. Mantegna avait, le premier, accepté avec une sorte de candeur militaire d'étendre les conquêtes du dessin à tout ce qui encombre la nature, de conquérir le paysage, de subjuguer jusqu'aux nuages et aux mouvements de l'eau: sa règle de fer impose à tout une armature et un volume sculptural. Et Mantegna continue son aventure jusqu'aux temps de Titien, sans se douter que tous les principes en sont déjà compromis par les initiatives de Giovanni Bellini. Botticelli, indifférent à l'esprit de conquête comme à l'esprit de lourdeur, écarte doucement toute curiosité, tout effort qui risquerait d'ébranler les ciselures de l'univers émotif où il s'est replié. Il n'est pas surprenant que les violences de Savonarole, le "bûcher des vanités" et les conversions frénétiques, n'aient été pour lui, après 1495, que l'occasion de petits tableaux allégoriques, où il semble avoir voulu tirer pour lui-même la conclusion, — on n'ose dire: le bénéfice, — de ces étranges événements; et ces ouvrages "mystiques" restent bien à part de l'art *piagnone*. Ils n'ont rien de commun avec l'inspiration douce mais large de Fra Bartolomeo, pas plus qu'avec la puissante évocation *anti-piagnone* des "fins dernières" d'un Signorelli.

Il possédait dans ces limites un don exquis. Le "style de prédelle" est devenu, à juste titre, la pierre de touche de l'invention: ce n'est pas seulement chez l'Angelico ou chez Uccello que les petites scènes placées au bas des retables et d'un style moins surveillé prennent une allure de "vision pure", d'image de rêve brusquement réalisée. Celles de Botticelli sont souvent remarquables. La petite image de *Saint Augustin dans son cabinet de travail* (*Couronnement de la Vierge*, n. 100 B), où domine l'étrange et fascinante horizontale de la table suspendue, ou celle de *L'extraction du cœur de saint Ignace* (Retable de San Barnaba, n. 94 E) étendu sur sa singulière couche aux rayures multicolores, sont des concentrations imprévues de formes-clefs qui énoncent avec une simplicité saisissante l'une l'obsession géométrique, l'autre la prédilection pour une ondulation indéfinie. La scène dépouillée et franche de *La vision de saint Augustin* (n. 94 B) offre un rivage abstrait, une mer de fiction, celle que l'on retrouve dans l'horizon, si uni et si éclatant, de *la Calomnie* entre les piles de marbre. Mais c'est dans les illustrations pour la *Commedia* qu'il faut chercher son secret. La composition des dessins pour la *Divine Comédie* a occupé Botticelli pendant de longues années: une interprétation de son œuvre qui les négligerait ou les placerait en marge, comme une recherche tardive, peu conforme à son inspiration naturelle, comme une erreur finale, — c'est l'avis de Vasari, — se condamne d'elle-même. La preuve que Botticelli a cherché longtemps est la faiblesse de beaucoup de scènes de l'Enfer. Elles ne font sans doute que reprendre, — pour les dix-neuf premières, — les dessins fournis en 1481 pour l'édition landinienne de la *Commedia*. La mauvaise exécution du graveur compromit l'entreprise; et cette déception doit expliquer pourquoi Botticelli se résolut finalement à illustrer directement le poème de dessins tracés à la pointe d'argent, repris à la plume et destinés à être relevés de couleur. Ce fut Lorenzo di Pierfrancesco, le cousin du Magnifique, qui lui assura avec cette commande un secours matériel dans la détresse des dernières années. Le fait que l'ouvrage soit inachevé et que quelques pages seulement de l'Enfer aient été passées à la couleur, indique bien qu'il s'agit d'une œuvre, reprise et laissée sans doute plus d'une fois, certainement postérieure à 1490, avec des pages qui peuvent dater de 1500. L'interprétation néo-platonicienne de la *Commedia*, répandue par Ficin et Landino, présente le poème dantesque comme l'illustration du monde de l'âme; il n'est sans doute pas autre chose, mais les commentateurs antérieurs s'épuisaient à démonter le jeu des symboles et à détailler les éléments historiques. Le cercle de Careggi se fit une idée si haute du poème théologique que les détails perdaient leur importance au profit de cette grande évidence que l'âme est le revers infiniment actif et vivant de toute chose. Tout peut donc se simplifier, et Botticelli donne à la fois le maximum d'intensité et l'irréalité la plus décidée au paysage rocheux des corniches du Purgatoire, au jardin de myrtes et d'orangers de l'Eden, au cercle ténu enfermant Dante et Béatrice face à face qui résume l'expérience du Paradis. Il a trouvé là l'occasion unique de dépouiller encore un style fait de dépouillement et de faire vibrer encore davantage une ligne qui est toute docilité à l'inflexion et au mouvement. Seul subsiste le dessin, l'action inlassable et subtile de la ligne, dotant de vie et de transparence les fleurs merveilleuses de l'Empyrée, les tuniques des anges, le visage extatique de Béatrice. Cette entreprise où se multiplient les trouvailles, uniques dans l'art occidental, révèle un entraînement croissant, un bonheur, une exaltation où se manifeste la raison d'être de tout un art. Et, puisqu'il a candidement exprimé sa vocation séraphique, en confiant le cartouche de sa signature à un ange de la Rose mystique, au chant XXVIII du Paradis, c'est à ce point qu'il faut quitter Botticelli, en le laissant s'évanouir dans la ronde céleste aux tuniques légères, qui est le dernier mot de son dessin.

André Chastel

Vie de Sandro Botticelli, peintre florentin

par Giorgio Vasari

A l'époque où vivait autrefois Laurent de Médicis le Magnifique, époque qui fut vraiment un siècle d'or pour les gens de talent, florissait aussi Alessandro, appelé, selon notre usage, Sandro, et surnommé Botticello pour la raison que nous allons voir. Il était le fils de Mariano Filipepi, florentin, qui l'éleva avec soin et le fit instruire comme il convient aux enfants de cet âge avant de les mettre en apprentissage. Sandro, tout en étant capable de suivre l'enseignement qu'on lui donnait, était néanmoins si inquiet, si peu soucieux de lire, d'écrire ou d'apprendre à compter, que son père, ennuyé d'avoir un fils à l'esprit si bizarre, le plaça, en désespoir de cause, chez un de ses amis, un orfèvre appelé Botticello, qui était très compétent dans son art. Il y avait alors entre les orfèvres et les peintres des liens très étroits, ce qui fit que Sandro, garçon habile, qui s'était déjà tourné vers le dessin, épris de peinture, décida de s'y consacrer. Il en parla franchement à son père qui, voyant l'inclination de son fils, l'amena chez le carme Fra Filippo, peintre excellent tout disposé à lui servir de maître, ainsi que Sandro le désirait. S'occupant donc seulement de peinture, il poursuivit cette voie et il imita si bien son maître que ce dernier le prit en affection et lui apprit le métier de telle manière qu'il acquit très rapidement une adresse à laquelle personne ne se serait attendu.

Tout jeune encore, il peignit, dans la Mercatanzia de Florence, une *Force*, qui fait partie des panneaux représentant les Vertus, auxquels travaillaient Antonio et Piero del Pollaiolo. Il exécuta, dans la chapelle Bardi de Santo Spirito à Florence, un panneau comportant des olives et des palmes travaillées avec un art extrême. Il peignit un panneau pour les religieuses des Converties et en fit aussi un autre pour celles de San Barnaba. Dans l'église d'Ognissanti, sur la cloison de la porte qui ouvre sur le chœur, il exécuta une fresque représentant *saint Augustin* pour les Vespucci; en voulant dépasser par son travail les autres artistes ses contemporains, mais surtout Domenico Ghirlandaio, qui avait peint, en face, un *saint Jérôme*, il se donna beaucoup de peine; son œuvre fut très appréciée car Sandro réussit à conférer à la figure du saint cette concentration et cette subtilité propres aux personnes habituées à la réflexion et toujours plongées dans la méditation des problèmes difficiles. Ainsi que nous l'avons dit dans la *Vie de Ghirlandaio*, cette peinture a été changée de place en 1564, sans dommages. Très apprécié en raison de ce travail, la corporation de la Porta Santa Maria lui commanda, pour l'église San Marco, un *Couronnement de la Vierge* avec un chœur d'anges qu'il dessina et exécuta avec grand soin. Il peignit plusieurs choses pour le vieux Laurent de Médicis, et surtout une *Minerve* sur un fond de branchages en flammes, grandeur nature, et aussi un *saint Sébastien*. Dans l'église Santa Maria Maggiore à Florence, à côté de la chapelle des Panciatichi, se trouve une très belle *Pietà*, comportant de petites figures. Il peignit aussi des tondi dans différentes maisons de la ville, ainsi que plusieurs femmes nues, dont il existe encore deux aujourd'hui à Castello, dans la villa du duc Côme, qui représentent, l'un la *naissance de Vénus* que la brise et les vents poussent vers la terre avec des Amours, et l'autre, une Vénus également, couronnée de fleurs par les Grâces, symbolisant *le Printemps*: on peut remarquer avec quelle finesse il les a exécutées. Dans la maison de Giovanni Vespucci, via de' Servi, maison qui appartient à présent à Piero Salviati, il peignit tout autour d'une chambre plusieurs tableaux, avec des bordures de noyer, et représentant plusieurs figures très vives et belles. De même, chez les Pucci, il exécuta quatre admirables tableaux comportant de petites figures dont le sujet est la nouvelle de *Nastagio degli Onesti* par Boccace, et un tondo représentant l'*Epiphanie*. Dans une chapelle des moines de Cestello il peignit sur panneau une *Annonciation*. C'est pour le compte de Matteo Palmieri qu'il peignit, sur la porte de côté de San Pietro Maggiore, un panneau dans lequel se trouvent un grand nombre de figures: il s'agit de *l'Assomption de la Vierge* avec les différentes parties du ciel où prennent place les Patriarches, les Prophètes, les Apôtres, les Evangélistes, les Martyrs, les Confesseurs, les Docteurs, les Vierges et les Hiérarchies. Ce fut Matteo, lettré et homme de bien, qui lui donna le sujet, que Sandro réalisa avec un soin extrême. En bas du tableau, il représenta Matteo à genoux, ainsi que sa femme. Mais bien que cette œuvre fût très belle et capable par là de faire taire toute jalousie, des personnes malveillantes et des détracteurs, ne pouvant pas lui nuire autrement, affirmèrent que Matteo et Sandro avaient gravement péché d'hérésie dans la conception de ce tableau. Que cela soit vrai ou non, ce n'est pas à moi de juger: il suffit que ses figures soient dignes d'admiration, ne serait-ce que pour la difficulté de donner aux cieux la courbure nécessaire et d'intercaler, entre les figures des Anges, des vues en raccourci, différentes les unes des autres; l'ensemble est d'un dessin parfait. On lui commanda aussi à la même époque un petit panneau dont chaque figure mesure trois-quarts de coudée, qui fut placé à Santa Maria Novella, entre les deux portes de la façade principale, en entrant par la porte du milieu, à gauche: il s'agit de *l'Adoration des Mages*, où ce vieillard au premier plan, qui embrasse avec tant de tendresse le pied de Notre Seigneur, nous montre qu'il a atteint le but de son très long voyage. Ce roi représente Côme de Médicis l'Ancien: c'est le portrait le plus vivant et le plus naturel que nous ayons de lui. Le deuxième roi c'est Julien de Médicis, père du pape Clément VII, qui rend un pieux hommage à l'enfant, tout en lui offrant un présent. Le troisième, lui aussi agenouillé, qui paraît, en lui rendant grâce, l'adorer et le reconnaître comme le vrai Messie, c'est Jean, fils de Côme. On ne peut pas décrire la beauté de toutes les figures que Sandro peignit dans ce tableau, figures dont chacune a une attitude différente: de face, de profil, de trois quarts, penchées, ou dans d'autres poses, des jeunes, des vieux, toutes traitées avec cette variété qui fait ressortir la perfection de son art. Ayant représenté chaque roi avec les attributs de sa cour, on reconnaît à quel roi appartient l'une ou l'autre suite. C'est en fait une œuvre si admirable par son coloris, son dessin et sa composition, que n'importe quel artiste d'aujourd'hui en reste ébloui. Ce tableau lui valut à Florence, comme ailleurs, une telle réputation que le pape Sixte IV, ayant fait construire une chapelle dans son palais de Rome, et voulant qu'elle fût décorée, demanda à Sandro d'être le chef des travaux. Ainsi exécuta-t-il de sa main les scènes suivantes: la tentation du Christ; Moïse, à qui les filles de Jéthro le Madianite donnent à boire, après avoir tué l'Egyptien; le sacrifice des fils d'Aaron quand le feu descendit du ciel, et aussi des figures de saints papes, placées dans des niches au-dessus de ces scènes. Sa renommée étant plus grande que celle des autres artistes venant de Florence ou d'ailleurs, le pape lui versa une grosse somme d'argent que Sandro dépensa rapidement à Rome, vivant à sa guise, suivant son habitude. Dès qu'il eut terminé et présenté le travail qui lui incombait, il rentra à Florence. Esprit sophistiqué, il commenta une partie de Dante en illustrant *l'Enfer* et le fit imprimer, ce qui lui prit beaucoup de temps et amena bien des complications dans sa vie, car, ne s'occupant que de cela, il ne pouvait pas faire un travail plus rentable. Il fit imprimer aussi plusieurs de ses dessins, avec un mauvais résultat, la gravure ayant été mal faite: la plus réussie fut le *Triomphe de la Foi de Fra Girolamo Savonarole de Ferrare*, dont il était le partisan en appartenant à sa secte, ce qui ne fit qu'augmenter ses difficultés, car, ayant abandonné la peinture, il n'avait plus de quoi vivre. S'étant obstiné dans cette voie, et étant devenu ce que l'on appelait alors un *piagnone* (geignard), il arrêta de travailler: à la fin de ses jours, il se trouva à tel point sans ressources que si Laurent de Médicis, pour qui il avait exécuté plusieurs œuvres, dont, entre autres, celles du Spedaletto de Volterra, n'avait subvenu à ses besoins de son vivant, et si beaucoup d'amis et d'hommes de bien qui l'admiraient ne l'avaient aidé, il serait presque mort de faim. A San Francesco, au delà de la Porte San Miniato, il y a un tondo de la main de Sandro représentant une Vierge entourée d'Anges, grandeur nature, qui est considérée comme très belle.

Sandro était un homme agréable, qui aimait faire des farces à ses élèves et à ses amis. On raconte qu'un de ses élèves, appelé Biagio, ayant exécuté pour le vendre un tondo semblable à celui que nous avons déjà mentionné, Sandro le vendit pour six florins à un bourgeois de la ville et dit à son élève: « J'ai enfin vendu cette peinture, mais il faut l'accrocher bien haut pour qu'on la voie mieux. Tu iras demain chez ce client, tu l'amèneras ici pour qu'il puisse la contempler à son aise et il te payera comptant. — Oh, maître, que vous avez bien fait », dit Biagio. Il alla ensuite à l'atelier, accrocha le tondo bien haut, et repartit. Entretemps, Sandro et Jacopo, un autre de ses élèves, firent huit capuchons de papier ayant la forme de ceux que portaient les bourgeois de la ville et les ajustèrent avec de la cire blanche sur les huit têtes d'Anges qui, dans ce tondo, entouraient la Vierge. Le matin suivant, Biagio arrive avec le client qui avait acheté la peinture et qui était au courant de la farce. Une fois dans l'atelier, Biagio ayant levé les yeux et ayant vu que la Vierge était assise non pas au milieu des Anges mais parmi des Florentins encapuchonnés, allait presque crier et s'excuser quand il s'aperçut que l'acheteur, non seulement ne commentait pas la chose mais, au contraire, louait le tableau: il se tint alors coi. Enfin, ayant raccompagné le client chez lui, il reçut les six florins correspondant au prix convenu par Sandro pour la vente de sa peinture. Rentré à l'atelier, après que Sandro et Jacopo eurent débarrassé les figures des capuchons, il vit que les Anges étaient redevenus ce qu'ils étaient auparavant, cessant ainsi d'être des bourgeois encapuchonnés: étonné, il ne sut que dire, mais, s'adressant ensuite à Sandro, il lui demanda: « Maître, je ne sais si je rêve ou si c'est vrai: ces anges étaient tout à l'heure coiffés de capuchons rouges, et maintenant ils ne le sont plus: qu'est-ce que cela veut dire? - Tu t'égares, Biagio, dit Sandro. Est-ce l'argent qui te fait divaguer? S'il en était ainsi, crois-tu que cet homme l'eût acheté? - Il est vrai, ajouta Biagio, qu'il ne m'en a pas parlé, cela me paraît toutefois étrange ». Et les autres élèves s'y prirent si bien qu'ils finirent par lui faire croire qu'il avait eu la berlue.

Une autre fois, un tisserand vint habiter à côté de la maison de Sandro; il monta jusqu'à huit métiers qui, pendant le travail, non seulement assourdissaient le pauvre Sandro avec le bruit des pédales et la retombée des châssis, mais faisaient trembler toute la maison dont les murs n'étaient pas aussi solides qu'on l'aurait souhaité. Que ce soit pour une raison ou pour une autre, Sandro ne pouvait ni travailler ni rester chez lui. Ayant plusieurs fois prié son voisin de mettre fin à l'ennui qu'il lui causait, et celui-ci ayant répondu que dans sa maison il voulait et pouvait faire ce qu'il lui plaisait, Sandro, irrité, posa en équilibre sur son mur, qui était plus haut que celui de son voisin, une très grosse pierre: or, pour peu que le mur bougeât, la pierre serait tombée et aurait enfoncé les toits, les toiles et les métiers du voisin. Effrayé de ce danger, le tisserand s'adressa à Sandro mais n'obtint de lui qu'une réponse analogue à celle que lui-même lui avait donnée: dans sa maison il pouvait et voulait faire ce qu'il lui plaisait. Ne réussissant pas à lui faire changer d'avis, il dut arriver à un accord raisonnable et entretenir avec Sandro des relations de bon voisinage.

On raconte aussi que Sandro dénonça par plaisanterie un de ses amis au curé, en l'accusant d'hérésie. Cité à comparaître, l'accusé demanda qui était l'accusateur et de quoi il l'accusait. Ayant su que c'était Sandro et qu'il l'accusait de croire, comme les épicuriens, que l'âme mourait avec le corps, il demanda qu'il comparût devant le juge. Sandro présent, l'accusé dit: « Il est vrai que j'ai cette opinion de son âme, car cet homme est une bête. A part cela, ne le trouvez-vous pas hérétique, puisque, sans avoir des lettres et sachant à peine lire, il commente Dante et le mentionne en l'air? »

On dit encore que Sandro aima énormément ceux qui se consacraient vraiment à l'art, qu'il gagna beaucoup d'argent mais qu'il ne sut pas le garder, par incapacité et aussi par négligence. Devenu vieux et incapable, il marchait avec des cannes, ne pouvant se tenir droit: malade et sans forces, il mourut en 1515, à l'âge de soixante-dix-huit ans, et il fut enseveli dans l'église d'Ognissanti à Florence.

Dans le trésor du duc Côme se trouvent deux figures de femmes de profil, très belles, qui sont de sa main: de l'une on dit qu'elle fut la maîtresse de Julien de Médicis, frère de Laurent, et de l'autre, madonna Lucrèce de' Tornabuoni, qu'elle était la femme du dit Laurent. Il s'y trouve aussi, toujours de la main de Sandro, un *Bacchus* qui soulève un petit tonneau avec ses mains et le porte à sa bouche: c'est une figure très gracieuse. Il commença une *Assomption de la Vierge* avec un chœur d'Anges dans la chapelle de l'Impagliata à la cathédrale de Pise, mais cette peinture ne lui plaisant pas, il la laissa inachevée. Il exécuta le retable du maître-autel de San Francesco de' Montevarchi: il peignit deux Anges dans l'église d'Empoli, du côté où se trouve le *saint Sébastien* de Rossellino. Il fut parmi les premiers qui travaillèrent les étendards et d'autres draperies faites avec la technique que l'on appelle "di commesso", qui empêche les couleurs de déteindre et les fait paraître de chaque côté du tissu. C'est lui en effet qui exécuta le baldaquin d'Orsanmichele, avec plusieurs images de la Vierge, toutes différentes et belles, ce qui prouve que ce procédé conserve mieux le drap que les mordants, qui le coupent et lui enlèvent son brillant, bien qu'aujourd'hui, pour faire des économies, on se serve plutôt du mordant que d'autre chose.

Sandro dessina si bien et il produisit tellement de dessins qu'après lui les autres artistes s'évertuèrent pendant longtemps à s'en procurer : dans notre carton nous en avons certains qui sont faits avec beaucoup d'art et de soin. Il introduisit beaucoup de personnages dans ses peintures, ainsi qu'on peut le remarquer dans les broderies de la décoration de la croix que les frères de Santa Maria Novella portent en procession, broderies dont il exécuta lui-même le dessin. Sandro mérita donc les louanges qu'il reçut, car il travailla toujours avec amour et conscience, comme il apparaît dans ce merveilleux panneau des *Mages* de Santa Maria Novella. Ce qui est très beau aussi c'est un petit *tondo* que l'on peut voir dans la chambre du prieur des Anges de Florence, avec des figures petites mais gracieuses exécutées avec beaucoup de talent. C'est à messire Fabio Segni, gentilhomme florentin, qu'appartient un panneau ayant les mêmes dimensions que celui des *Mages* : il représente la *Calomnie d'Apelle*, et est aussi beau que possible. Sous ce panneau, qu'il donna lui-même à Antonio Segni, son grand ami, nous pouvons lire aujourd'hui ces vers de messire Fabio :

Incidio quemquam ne falso laedere tentent
Terrarum reges, parva tabella monet.
Huic similem Aegypti regi donavit Apelles:
Rex fuit et dignus munere, munus eo.

[A ne jamais punir sur un faux témoignage,
ce petit tableau invite les rois.
Il ressemble à celui qu'au prince de l'Egypte
Apelle avait remis en don digne de lui.]

La fortune critique de Botticelli

Bien qu'assez admiré de son vivant, — les commandes publiques, plus encore que celles, nombreuses, des Médicis, et le fait d'avoir été appelé à Rome pour effectuer des travaux dans la chapelle Sixtine en témoignent, — Botticelli, après sa mort, ne jouit pas longtemps de sa réputation. Déjà Vasari (pour ne rien dire du reproche de Léonard) a tendance à en ternir le souvenir, comme on a pu le voir plus haut, dans la traduction intégrale du texte de la deuxième édition des *Vite* (1568). En 1598, les spécialistes, chargés par le grand-duc de Toscane de dresser une liste des œuvres à conserver, ignorent ses peintures. Si on exclut ce qu'après Vasari répètent Baldinucci ou Orlandi, on ne parle plus de lui pendant deux siècles. A la fin du XVIIIe siècle, Botticelli est pratiquement un inconnu : Lanzi même ne mentionne que les fresques de la chapelle Sixtine et "plusieurs peintures avec de petits personnages" dont cet érudit, par ailleurs si subtil, affirme d'une façon incroyable qu'on pourrait les confondre avec celles de Mantegna si, du moins, les visages en étaient plus "beaux". Rien de mieux pendant la période néoclassique. Il faut attendre le Romantisme pour découvrir, avec Ruskin, un intérêt d'ordre formel à l'égard de Botticelli dont l'art est identifié à un "jeu de lignes pures", — c'est ainsi que l'exégète définit la manière du peintre. Mais l'attention de Ruskin et de ses amis préraphaëlites se tourne également vers le contenu moral, avec une même ferveur mais, quant aux conséquences, moins de bonheur : ceux-ci passèrent vite de la découverte du tourment intérieur que, derrière son intelligence raffinée, trahit Botticelli, à l'image inacceptable du 'primitif' rêveur et languissant, névrotique et morbide, théorie dont les partisans se recrutaient parmi certains lettrés décadents comme Péladan (*Le vice suprême*, 1884) et Mirbeau (*Orphelins*, dans *Buveurs d'âmes*, 1889). Ceci était bien fait pour éveiller les soupçons des critiques positivistes, s'alarmant d'un prétendu manque de virilité chez le peintre [Müntz], et pour inciter l'aile la plus académique à prendre les stylisations délicates de Botticelli pour un dessin approximatif, un défaut de précision dans la perspective, et une faiblesse dans le coloris (jusqu'à Mesnil [1938]). A quel point les interprétations des décadents ont fourvoyé une certaine critique, l'obligeant à s'attacher aux aspects extérieurs des œuvres de Botticelli, cela est amplement prouvé par les pages, — pourtant très récentes, — d'A. Venturi. C'est à ce moment-là, toutefois, que naît la popularité, désormais acquise, de cet artiste.

Malgré l'obstacle de la "douloureuse frustration" alléguée par Pater, c'est à Berenson qu'il appartint de redécouvrir l'intense poésie contenue dans la vibration des lignes, dans la cohérence "musicale" de l'art de Botticelli, poésie que Yashiro, L. Venturi et, mieux encore, Bettini et Argan approfondirent ensuite à travers une réflexion particulièrement soutenue. Entre temps, différents critiques, — Ulmann, Bode, Gamba, Mesnil même et Salvini, — s'appliquaient à un examen opportun du *corpus* artistique qui avait survécu.

Sandro di Botticello, peintre très excellent, sur bois comme dans la fresque : ses œuvres ont un air viril et sont d'une règle excellente et d'une parfaite proportion. Philippino di frate Philippi, parfait disciple du susdit et élève du maître le plus singulier de son époque : ses œuvres ont un aspect plus doux, [mais] je ne crois pas qu'il ait autant de talent ...

Lettre d'un agent de Florence à Ludovic le More, vers 1485

... [les Bellini, Botticelli, Filippino Lippi, Ghirlandaio, Perugino, Mantegna et Melozzo da Forlì] conduisent leurs œuvres à une perfection admirable en mesurant les proportions avec un niveau et un compas de façon à ce qu'elles apparaissent à nos yeux non pas humaines mais divines. Et, à toutes ces figures, on dirait qu'il ne manque que l'esprit.

L. Pacioli, *Summa de arithmetica, geometria, proportioni et proportionalità*, 1498

... Alexandro Botechiella, on me l'a beaucoup loué comme un peintre excellent ... F. de' Malatesti, Lettre à Isabelle d'Este, 1502

... Les frères Ghirlandaio sont aussi rapides dans leur travail et aussi célèbres en peinture. Notre Sandro n'est pas inférieur à Zeuxis, même si ce dernier sut induire les oiseaux en erreur en peignant du raisin. Les frères Pollaiolo ne méritent pas une moindre louange ... U. Verini, *De illustratione urbis Florentiae*, 1503

Celui qui n'aime pas également tout ce qui appartient à la peinture n'est pas universel. Si par exemple le paysage ne l'attire pas, il dira que c'est une chose simple et facile à comprendre ; ainsi notre Botticella disait que c'était une étude vaine car il suffit de jeter une éponge imbibée de diverses couleurs sur un mur pour qu'elle y laisse une tache où l'on peut voir un beau paysage. Léonard de Vinci, *Trattato della pittura*, vers 1505

... il avait aussi un esprit tellement inquiet et fantasque, qu'il ne trouvait de stabilité nulle part ... un très bon peintre.

F. Baldinucci, *Notizie de' professori del disegno*, 1681

Esprit fantasque et bizarre, ce fut à Filippo Lippi qu'il emprunta l'essentiel de son art, raison pour laquelle il fut un grand maître.

P. A. Orlandi, *Abecedario pittorico*, 1753

Sandro dessinait avec beaucoup d'adresse et de goût ... Il eut de l'imagination dans le choix des coloris, et dans la disposition des personnages de ses tableaux historiques, montrant par là qu'il n'était pas inférieur, pour l'invention, aux artistes de son temps. A cette époque-là encore, on rehaussait d'or les figures avec du mordant; Sandro y réussit aussi bien que les autres artistes, quelle que fut la couleur de l'habit du personnage. Il eut du talent aussi pour représenter les petites figures, qu'il travailla avec soin.

M. Lastri, *L'Etruria pittrice*, 1791

... renommé dans ce temps-là et connu dans les collections grâce à plusieurs peintures à petits personnages : on pourrait le confondre avec Mantegna, s'il avait mis plus de joliesse dans ses têtes. Il y a toutefois quelques peintures sur bois, qui demeurent bien en deçà de ce qu'il fit dans la chapelle Sixtine. Là, on retrouve à peine le Sandro de Florence. La Tentation du Christ avec le grand Temple dont le vestibule est plein de gens qui apportent leurs offrandes; Moïse, qui vient au secours des filles de Jéthro contre les bergers madianites, avec leurs vêtements rutilants de couleurs nouvelles; d'autres œuvres exécutées avec feu et imagination font penser qu'ici il se dépasse lui-même. Ceci se remarque chez d'autres, influencés par le milieu, par la vie d'une cité portée à magnifier les idées, et le jugement d'un public exigeant puisque ses yeux sont accoutumés au merveilleux.

L. Lanzi, *Storia pittorica della Italia*, 1795-96

... On peut dire, à mon avis, que Botticelli fut inférieur à Ghirlandaio quant à la vivacité et à la beauté des coloris, qui sont généralement chez lui pâles et uniformes. De même en ce qui concerne la noblesse et l'ampleur des vêtements et des compositions, que Sandro, en raison de son tempérament extrêmement capricieux [...] traita parfois d'une manière étrange et confuse.

F. Ranalli, *Storia delle belle arti in Italia*, 1845

... ce qu'il y a de caractéristique chez Botticelli, c'est le mélange d'un goût très vif pour l'humanité dans ce qu'elle a de précaire, de séduisant et dans ses possibilités, plus rares, d'amour et d'énergie, avec le sentiment de l'absence qui l'étreint et qui est celle même des grandes choses dont elle est séparée; et ceci introduit dans son œuvre une dimension qu'on rencontre rarement en peinture, quand celle-ci veut témoigner de l'homme. Botticelli peignit la déesse du plaisir dans d'autres tableaux que celui où on la voit naître de la mer, mais jamais sans cette ombre de mort qui fait les chairs grisâtres et les fleurs décolorées; ses Vierges ploient sous le poids de l'Enfant divin et prient à voix douce et touchante pour une humanité plus chaleureuse et plus intime.

W. Pater, *Studies in the History of the Renaissance*, 1873

Eh bien, oui, j'en conviens : Botticelli est maniéré, comme l'étaient tous les hommes de son époque. Il y a beaucoup d'euphémisme, une grâce étudiée dans les attitudes, une érudition affichée, mêlée aux élans d'imagination. Il aime que ses figures croisent les doigts de leurs mains comme le fait Correggio, mais jamais, comme celui-ci, sans raison.

J. Ruskin, *Mornings in Florence*, 1877

Tantôt profondément ému par la gravité tendre des légendes religieuses, tantôt délicieusement charmé par la grâce élégante des fables païennes, il mêla souvent, avec un charme étrange, les deux sentiments, donnant à ses figures sacrées l'attrait souriant des créations antiques, conservant à ses nudités profanes les chastetés attendries d'apparitions chrétiennes [...] Ses œuvres de jeunesse sont celle d'un praticien déjà expert qui se rattache à Lippi pour l'abondance, à Castagno pour la précision, à Pollaiolo pour la décision, à Verrocchio pour la noblesse, mais qui, empruntant à tous leurs meilleures qualités, imprime déjà à toutes ses conceptions un caractère particulier de distinction mélancolique et de gravité rêveuse [...] Il jouit [...] jusqu'à la fin, de l'estime et du respect qui s'attachaient à un noble talent et à une grande âme; mais, quand il s'éteignit, en 1510, paralytique et perclus, il ne lui restait plus rien de cette vivacité fertile et joyeuse qui l'avaient rendu si populaire. Il serait mort dans la misère si les Médicis ne lui avaient fait une pension.

G. Lafenestre, *La Peinture italienne*, 1885

Botticelli était un homme d'une imagination si vive qu'il n'était jamais à court pour attaquer les problèmes les plus difficiles de la peinture. Ses moyens, il est vrai, n'ont pas toujours été à la hauteur de sa volonté, mais ses audaces habituelles lui donnèrent de bonne heure une situation exceptionnelle qui explique comment il put longtemps poser en supérieur vis-à-vis de Domenico Ghirlandaio. On voit encore dans l'église d'Ognissanti à Florence le *Saint Augustin* de Botticelli en regard du *Saint Jérôme* que Ghirlandaio exécuta en 1480. C'est Botticelli qui l'emporte quoiqu'il montre moins d'élévation que son contemporain.

J. A. Crowe, "Gazette des Beaux-Arts", 1886

En général, le sujet et même la représentation étaient tellement étrangers à Botticelli qu'on le croirait exclusivement hanté par l'idée d'exalter les valeurs immatérielles du toucher et du mouvement. Or, il existe un moyen d'exprimer les valeurs tactiles sans presque se référer aux données représentatives : les transposer aussi fidèlement que possible en valeurs de mouvement. Si nous voulons par exemple reproduire la rondeur d'un poignet sans faire appel au clair-obscur, nous n'avons qu'à donner le mouvement de la ligne du poignet et de la draperie qui tombe dessus, et voilà que cette rondeur nous est restituée presque entièrement en termes de mouvement [...] Prenons [...] les lignes qui rendent la chevelure ondoyante, les vêtements flottants et les vagues dansantes dans la *Naissance de Vénus*, — prenons-les en elles-mêmes, avec le pouvoir qu'elles ont de susciter en nous le sens du mouvement. Qu'avons-nous donc? De pures valeurs de mouvement, des valeurs abstraites et dégagées de toute représentation. Ces lignes étant la quintessence du mouvement, elles ont, — comme tout élément essentiel de l'art, — la faculté de stimuler notre imagination, en suggérant directement la vie. Imaginons alors un art composé entièrement de ces quintessences du mouvement, et nous aurons quelque chose qui, par rapport à la représentation de la forme, implique une relation semblable à celle qui unit la musique et le langage. Cet art s'appelle décoration linéaire. Dans ce domaine, Sandro Botticelli a pu avoir des concurrents au Japon et en Orient, mais jamais en Europe. Devant les exigences de cet art, il était prêt à sacrifier tout ce qu'il avait appris de Filippo Lippi et de Pollaiolo et, autant qu'il le pouvait, le goût de ses commanditaires. L'élément représentatif était pour lui comme le livret d'un opéra ...

B. BERENSON, *The Italian Painters of the Renaissance*, 1896

Botticelli a été le disciple de fra Filippo Lippi, mais cela ne se voit qu'à travers ses premières œuvres. Leurs tempéraments étaient complètement différents : d'un côté, un moine avec son sourire ouvert, avec une constante bonhomie qui lui faisait apprécier la vie, de l'autre, un tourmenté, un passionné, continuellement animé d'une exaltation intérieure. Botticelli est un artiste qui ne s'attache pas tellement à la surface picturale, mais tient à s'exprimer par des traits violents et qui confère à ses figures caractère et expression. Il prend au sérieux l'histoire sainte; avec les années, ce goût ne cesse d'augmenter jusqu'à lui faire renoncer à toute complaisance pour les visages, dont la beauté a quelque chose de déchirant, car même quand ils sourient, ce n'est qu'un éclat fugitif. Il n'y a pas beaucoup de gaieté dans la danse des Grâces de son tableau le *Printemps*, et quels corps y voit-on! La peinture des prés, des fleurs, des étoffes transparentes témoigne d'une élégance luxuriante, presque fantastique. Le tempérament de Botticelli ne l'incitait pas à s'attarder au détail. Dans le nu également il se lasse de trop de précision, visant à la simplicité par des lignes plus amples. Qu'il fût un dessinateur extraordinaire, même Vasari l'admet, bien que formé par Michel-Ange : son trait, toujours vif et plein de caractère, a quelque chose de pressé. C'est en effet quand il doit représenter le mouvement rapide qu'il est sans rival : il lui arrive aussi de donner du mouvement aux grandes masses, et quand il dispose sa composition autour d'un point central, quelque chose de typiquement nouveau surgit, quelque chose qui est d'une importance décisive pour l'avenir.

H. WÖLFFLIN, *Die klassische Kunst*, 1899

Ce qui distingue l'art de Sandro, si on le considère du point de vue technique, c'est sans doute la qualité particulière de son dessin. Botticelli a été défini le "maître suprême de la ligne isolée". Un critique plus averti devrait dire, — je pense, — que parmi les modernes, il est le seul maître du contour, et qu'il se sert invariablement de la ligne pour déterminer un contour qui enferme, non seulement la figure, mais aussi tout autre élément, main ou draperie, et cela toujours avec un rythme et une intention de beauté sans pareils dans l'art florentin. Ruskin appelle Botticelli un "grec ressuscité". Nous pouvons reprendre cette expression en lui conférant un sens dont le critique n'était peut-être pas conscient : dans sa manière si personnelle de rendre le contour, au moins pour la partie technique, Botticelli fut parmi les artistes de son temps celui qui se rapprocha le plus de l'idéal de la Renaissance, qui visait au rétablissement de l'art ancien.

H. HORNE, *Alessandro Filipepi commonly called Sandro Botticelli*, 1908

Ce goût intime pour les émotions inférieures qui fait le charme de Botticelli est en soi un signe de faiblesse, un manque d'universalité. L'œuvre de Botticelli est vivante, mais non d'une vie pleine, désirable. On peut dire de l'artiste ce qu'on a dit de l'homme : il est à prendre ou à laisser. Il vaudrait peut-être mieux le laisser. Le manque d'universalité le conduisit à l'exagération, au manque de mesure. A trop le fréquenter, on perd le vrai sens de la vie. Le regain de popularité coïncide avec la séparation du monde de l'art et du monde de l'activité. Son goût pour la faiblesse n'est le fait ni de l'homme ordinaire ni de l'homme supérieur; c'est un refuge où il est bon de se retirer un moment, loin de la vie, mais où il ne faut pas demeurer. Il s'ensuit que la prédominance de Botticelli ou d'un art semblable au sien signifierait que, pour la plupart des hommes, l'art est hors la vie, différent d'elle. Et ce serait la mort de l'art.

A. P. OPPÉ *Botticelli*, 1913

Les partisans des tendances artistiques modernes s'élèvent tellement contre l'art naturaliste que nombre de gens cultivés hésitent devant une œuvre réaliste achevée, en raison de sa fidélité avec la nature. Dans le cas de Botticelli, les esthètes commencèrent à le considérer comme un artiste porté plutôt à 'présenter' qu'à 'représenter' : je veux dire, comme un artiste de la ligne fonctionnelle, libérée du souci de représenter la nature. Cela est absolument vrai pour Botticelli, je le reconnais. Mais dans leur joie d'avoir découvert, presque pour la première fois dans l'art européen, la valeur de la 'présentation', ces esthètes allèrent jusqu'à imaginer que le plaisir donné par cette 'présentation' doit s'exercer aux dépens de la 'représentation'. Ces concepts, il est vrai, sont opposés, mais seulement dans la logique abstraite. Dans une expérience humaine, les deux peuvent coexister, et dans l'art figuratif, ils peuvent exercer, l'un et l'autre, une fonction psychologique. Je dis mieux : dans l'art figuratif, la 'représentation' de la nature extérieure est indispensable, celle-ci étant ce qui la différencie des autres arts, comme la musique ou le dessin décoratif. La 'présentation' agit directement et a une fonction psychologique déterminante dans le domaine artistique; mais elle dépend aussi du support réel pour s'affirmer plastiquement. L'art de Botticelli fut une chance précieuse pour l'Europe. En effet, alors que régnait un culte trop exclusif pour le réalisme, il fut le seul capable de réaliser en art une 'présentation' libre et dégagée du concret. Je remercie d'autant plus le Ciel qu'il soit donc né à une époque où on ne se passionnait que de ce vers quoi il n'était pas porté naturellement et qui demeurait cependant indispensable pour faire de lui un grand artiste plastique.

Y. YASHIRO, *Botticelli*, 1925

... ce sont des fleurs de velours que ses femmes aux traits courbés, aux yeux longs et pâles, aux têtes ployant sous le poids de masses d'or; c'est un vol de papillons que la mer avec ses traits de lumière, que ces petites feuilles qui enveloppent, presque sans les toucher, les arbustes frissonnant dans le gel ... le charme exotique des visages irréguliers, l'animation fiévreuse et langoureuse des corps éveillent des sensations musicales dans l'âme du spectateur. Contribuent au charme de ces visions, ces tons amortis, si chers à Sandro, malgré son amour pour les velours et les étincelles dorées : des cieux pâles, décolorés et limpides, des eaux d'un vert léger, des roses sans éclat, qui semblent faites d'un voile rose déteint ou d'un velours brun, des chairs olivâtres ... ou grises mélangés avec de l'argent ... des teintes évanescentes qui accompagnent d'une note mélancolique, étouffée et grave, le rythme varié de la composition.

A. Venturi, *Botticelli*, 1925

Ce qui fait de Botticelli un artiste unique dans son temps et qui le place au-dessus de tant d'autres, formellement plus accomplis, ce n'est pas seulement cette imagination poétique que l'on trouve également, bien que se réalisant en de moins belles compositions, chez Piero di Cosimo, mais le sens de la proportion entre les figures et l'espace, celui du rythme décoratif qui lie les personnages et les groupes en des masses harmonieusement disposées, et celui de cette harmonie chromatique au sein de laquelle s'accordent les couleurs et les rehauts dorés. Mais surtout la sensibilité méditative et l'intense passion spirituelle qui émanent de ses créatures ...

C. Gamba, *Botticelli*, 1936

Représenter une figure ou un groupe de figures, grâce aux pouvoirs de la ligne, prend chez Botticelli une telle importance qu'il y sacrifie l'intérêt illustratif du conte ou de l'allégorie, ou même du rapport entre les éléments narratifs ... Mais il faut se rendre compte que si cet ensemble s'imposait, les figures particulières nous charmeraient avec une intensité moindre. Elles ne surgiraient plus du mystère comme des images de rêve. Il est donc possible de trouver un rythme dans les compositions de Botticelli : c'est 'le rythme du détail' qui trouve sa justification dans l'intensité même avec laquelle ce détail est ressenti.

L. Venturi, *Botticelli*, 1937

... Il avait un esprit ouvert, curieux, pénétrant qui prévoyait les problèmes qui se présentaient à lui dans la pratique de son art; son intelligence était vive, aiguë [...] si la volonté, la cohérence et la discipline ne lui faisaient pas complètement défaut, ces qualités se manifestèrent toutefois en lui assez faiblement et d'une façon intermittente. D'où ses hésitations, ses flottements, ses retours sur lui-même ... [Dans la *Nativité mystique*] il s'éloigne de la composition géométrique en profondeur, où les proportions des figures diminuent en fonction de leur éloignement : il a rempli sa toile comme une page de missel et disposé ses personnages en plusieurs étages. La Vierge les domine par sa taille et elle est bien plus grande que les figures de l'avant-plan qui, selon la perspective linéaire, devraient être plus grandes qu'elle [...] Tout réalisme est absent de cette composition, où les formes allongées et déjetées sont traitées avec une certaine négligence et une gaucherie que l'on pourrait dire voulue, vu ce que Botticelli savait faire; les visages mêmes sont sans expression spécifique et le sentiment se manifeste surtout par les gestes, par la ligne en mouvement.

J. Mesnil, *Botticelli*, 1938

Berenson remarque que Botticelli préfère la 'présentation' à la 'représentation' : chaque élément du tableau, — que ce soit une figure ou un groupe de figures, — lui est si immédiatement présent que tout intérêt pour une narration coordonnée passe au deuxième plan. [L.] Venturi ajoute que cet intérêt pour le détail constitue le noyau de la composition : l'intensité avec laquelle Botticelli ressent le détail et le réalise au moyen de la ligne détermine ce 'rythme du détail', qui est finalement le secret de la poétique du peintre. Cette précision de Venturi rend l'idée de Berenson plus concrète, et abolit le soupçon, qu'elle contient implicitement, d'un manque de cohésion dans le langage de Botticelli ... Pour qu'on ne pense pas qu'elle ait été dictée par le goût, répandu aujourd'hui et finalement arbitraire, de n'étudier que des successions de détails, il suffira de rappeler ce que l'on a observé plus d'une fois, c'est-à-dire que pour Botticelli isoler une figure veut dire justement la mettre au point : la 'présentation' des détails résulte de la nécessité d'approfondir un rythme central, de donner une unité synthétique à un énoncé qui, en restant horizontal, s'affaiblirait dans une description à la manière de Lippi ... Botticelli n'est pourtant pas un 'peintre par fragments', un faiseur de motets que la culture de son temps aurait changé en tirades, il compose vraiment, même dans les grandes fresques de la chapelle Sixtine : seulement leur unité ne réside pas dans l'équilibre ordonné des plans de perspective, suivant la méthode classique, mais dans une même série rythmique, qui traduit très fidèlement le sentiment lyrique et dispose admirablement les éléments poétiques : c'est une texture picturale bien serrée dont l'envers, pour ainsi dire, révèle un réseau rythmique continu.

S. Bettini, *Botticelli*, 1942

La peinture de Botticelli [...] marque la crise des grands systèmes d'ordre figuratif qui avaient été élaborés dans la première moitié du XVe siècle. C'est la crise de la conception de l'espace et de la perspective; celle de la forme en tant que connaissance ou représentation de la nature; la crise de l'*historia* considérée comme une figuration dramatique des actions humaines, celle du caratère moral et religieux de l'art; la crise enfin de la fonction sociale de l'artiste comme représentant d'un artisanat supérieur, et celle de la capacité productive d'une communauté. L'art aussi tend vers le beau, comme la pensée philosophique, l'étude de l'antiquité et l'action humaine; mieux encore, l'art est le processus spécifique pour rechercher cette beauté, de sorte que le travail de l'artiste est davantage un exemple que l'œuvre elle-même [...] Pour la première fois, un peintre de la Renaissance tend vers le "beau" comme au but suprême (nous disons bien "peintre" parce qu'il y eut un artiste, Agostino di Duccio, qui avait déjà ressenti, moins clairement il est vrai, une exigence semblable). Il est indéniable que Botticelli, voyant ainsi dans l'art la réalisation ou le "moment pratique" d'un idéal esthétique, soit en quelque sorte revenu à certaines données médiévales du gothique tardif : mais son idéal de *pulchritudo* ne se relie plus aux thèses thomistes de la beauté et de l'harmonie de la Création, comprises comme les signes sensibles de la perfection du Créateur. Ainsi on pourrait dire que la peinture de Botticelli, tout en étant profondément pénétrée d'une aspiration religieuse, n'acquiert en fait qu'un caractère religieux indéterminé, "laïc".

G. C. Argan, *Botticelli*, 1957

La couleur dans l'œuvre de Botticelli

L'identification de certains personnages, telle qu'elle est donnée ici pour le Printemps *et la* Naissance de Vénus, *est l'identification traditionnelle, ou tout au moins la plus communément acceptée; en ce qui concerne ce qui a été ultérieurement proposé, il convient de se reporter aux notices 58 et 72 du* Catalogue.

Table des reproductions

La Vierge à L'Enfant et deux anges

PL. I
Ensemble.

La Force

PL. II
Ensemble.

Portrait d'homme avec la médaille de Côme l'Ancien

PL. III
Détail.

L'Adoration des Mages
(Londres, n. 29)

PL. IV-V
Ensemble.

PL. VI
Détail de la Vierge avec l'Enfant et un des rois Mages.

L'Adoration des Mages
(Londres, n. 37)

PL. VII
Ensemble.

PL. VIII
Détail du paon et du paysage à droite.

PL. IX
Détail d'assistants, de chevaux et de joueurs de trompette, à droite.

La Découverte du cadavre d'Holopherne

PL. X
Ensemble.

Le Retour de Judith à Béthulie

PL. XI
Ensemble.

Portrait de jeune femme

PL. XII
Ensemble.

L'Adoration des Mages
(Florence, n. 50)

PL. XIII
A Ensemble - *B* Détail de deux Mages, ayant probablement les traits de Pierre le Goutteux et de Jean de Médicis, et d'un personnage à droite.

PL. XIV
Détail d'architectures avec un paon, à droite.

PL. XV
Détail de l'autoportrait probable de Botticelli, à l'extrême droite (macrophotographie).

Le Printemps

PL. XVI-XVII
Ensemble.

PL. XVIII
Détail de la figure de Mercure, à gauche.

PL. XIX
Détail de Zéphyr et Flore, à droite.

PL. XX
Détail des Grâces à gauche.

PL. XXI
Détail du Printemps, à droite.

La Madone au livre

PL. XXII
Ensemble.

Saint Augustin
(Florence, n. 60)

PL. XXIII
Ensemble.

PL. XXIV
Détail à gauche: sphère armillaire et livres.

PL. XXV
Détail à droite: manuscrit avec le théorème de Pythagore et horloge astronomique.

La Madone du Magnificat

PL. XXVI
Ensemble.

PL. XXVII
A Détail d'un ange et paysage, à gauche. - *B* Détail du livre avec le "Magnificat" et des mains d'un ange, de la Vierge et de l'Enfant.

L'Adoration des Mages
(Washington, n. 67)

PL. XXVIII-XXIX
Ensemble.

Fresques de la Chapelle Sixtine

PL. XXX
A Ensemble des *Epreuves de Moïse* - *B* Détail des *Epreuves de Moïse*: les filles de Jéthro.

PL. XXXI
Détail des *Epreuves de Moïse*: porteuse d'eau, à gauche.

PL. XXXII
A Ensemble de la *Tentation du Christ* - *B* Détail de la *Tentation du Christ*: paysage à droite.

PL. XXXIII
A Ensemble de la *Punition des rebelles* - *B* Détail de la *Punition des rebelles*: deux rebelles et Achariot, à droite.

PL. XXXIV
Détail de la *Punition des rebelles*: un rebelle, à gauche.

Minerve et le centaure

PL. XXXV
Détail de Minerve.

Mars et Vénus

PL. XXXVI-XXXVII
Ensemble.

La Madone à la grenade

PL. XXXVIII
Ensemble.

Portrait de jeune homme

PL. XXXIX
Détail.

Saint Augustin
(Florence, n. 120)

PL. XL
Ensemble.

La Femme abandonnée

PL. XLI
Ensemble.

Retable de San Barnaba

PL. XLII
Ensemble.

PL. XLIII
Détail de saint Jean-Baptiste et de saint Ignace, à droite.

La Naissance de Vénus

PL. XLIV-XLV
Ensemble.

PL. XLVI
Détail de la figure (l'Heure) à droite.

PL. XLVII
Détail de la figure (l'Heure) à droite.

PL. XLVIII
Détail de fleurs à gauche.

PL. IL
Détail de Vénus.

L'Annonciation

PL. L
Ensemble.

PL. LI
Détail du paysage.

La Calomnie

PL. LII-LIII
Ensemble.

PL. LIV
Détail de la Vérité et de la Pénitence, à gauche.

PL. LV
Détail du roi Midas sur le trône entre l'Ignorance et le Soupçon, à droite.

La Madone au pavillon

PL. LVI
Ensemble.

Histoire de Lucrèce

PL. LVII
Détail de la partie centrale.

Pietà

PL. LVIII
Ensemble.

PL. LIX
Détail de la tête du Christ (macrophotographie).

La Madone Bardi

PL. LX
A Détail de saint Jean-Baptiste - *B* Détail de saint Jean l'Evangéliste.

PL. LXI
Détail de la Vierge avec l'Enfant.

La Nativité mystique

PL. LXII
Ensemble.

PL. LXIII
Détail des bergers et un ange à droite.

PL. LXIV
Détail de la partie centrale inférieure.

Sur la jaquette:

Détail de la *Madone Bardi*

Les chiffres arabes placés entre crochets à la suite du titre de l'œuvre, dans les légendes des planches en couleurs, renvoient à la numérotation adoptée dans le Catalogue des œuvres *(pp. 85-113)* • *La largeur réelle du tableau ou du détail reproduit est indiquée (en centimètres) pour chaque planche.*

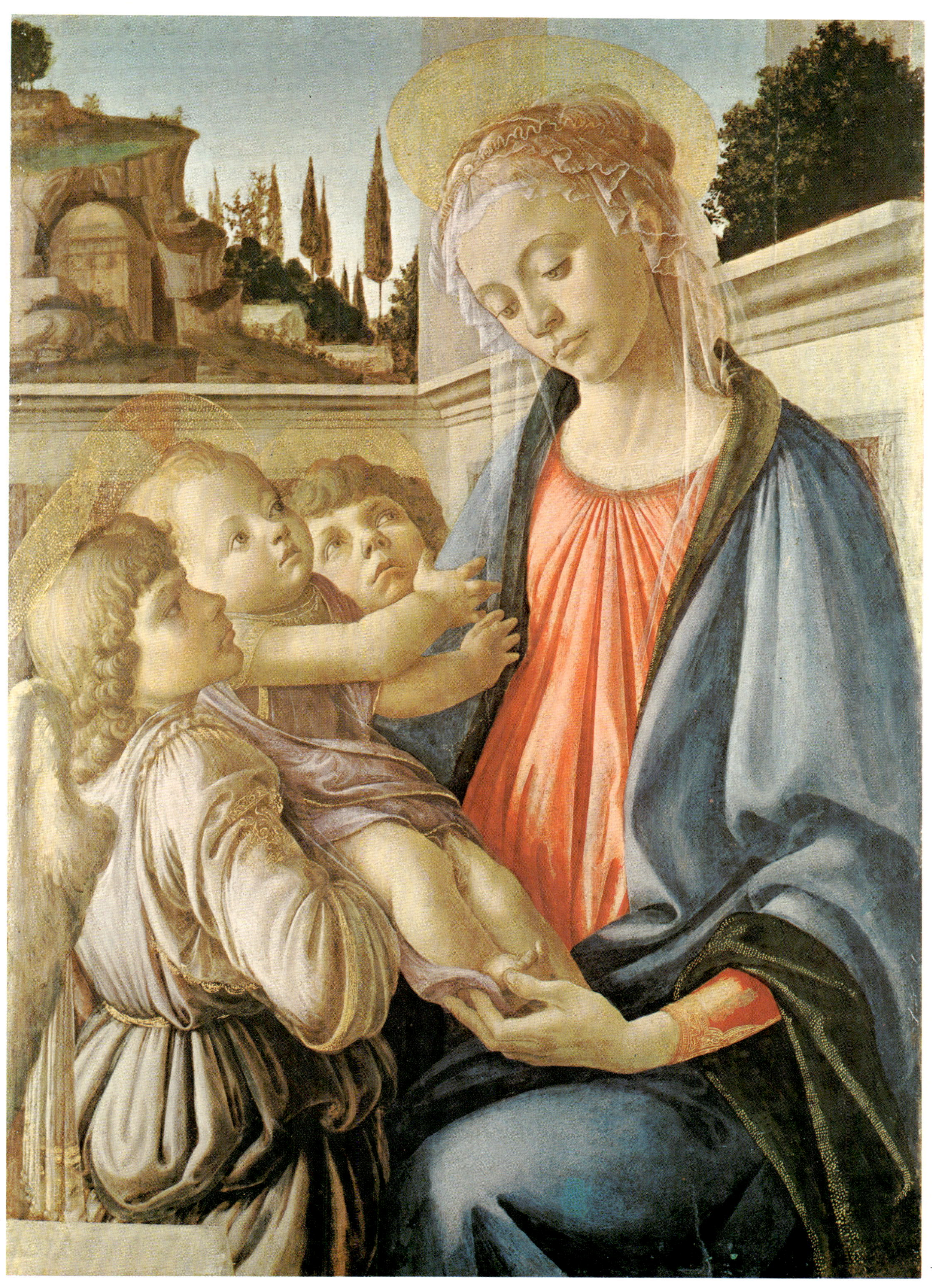

PL. I LA VIERGE À L'ENFANT ET DEUX ANGES Naples, Gallerie Nazionali di Capodimonte [n. 14]
Ensemble (71 cm.).

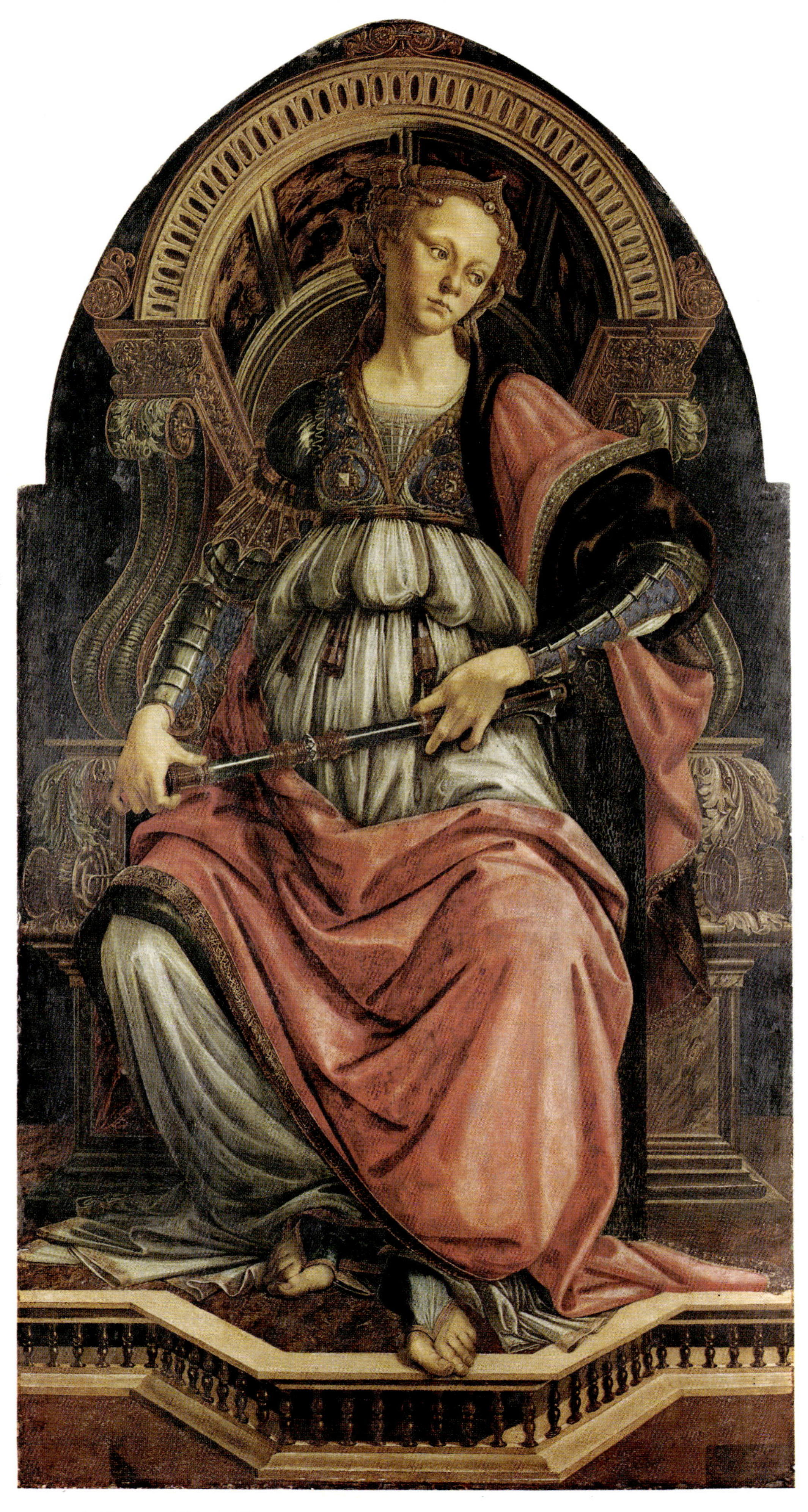

PL. II LA FORCE Florence, Uffizi [n. 26]
Ensemble (87 cm.).

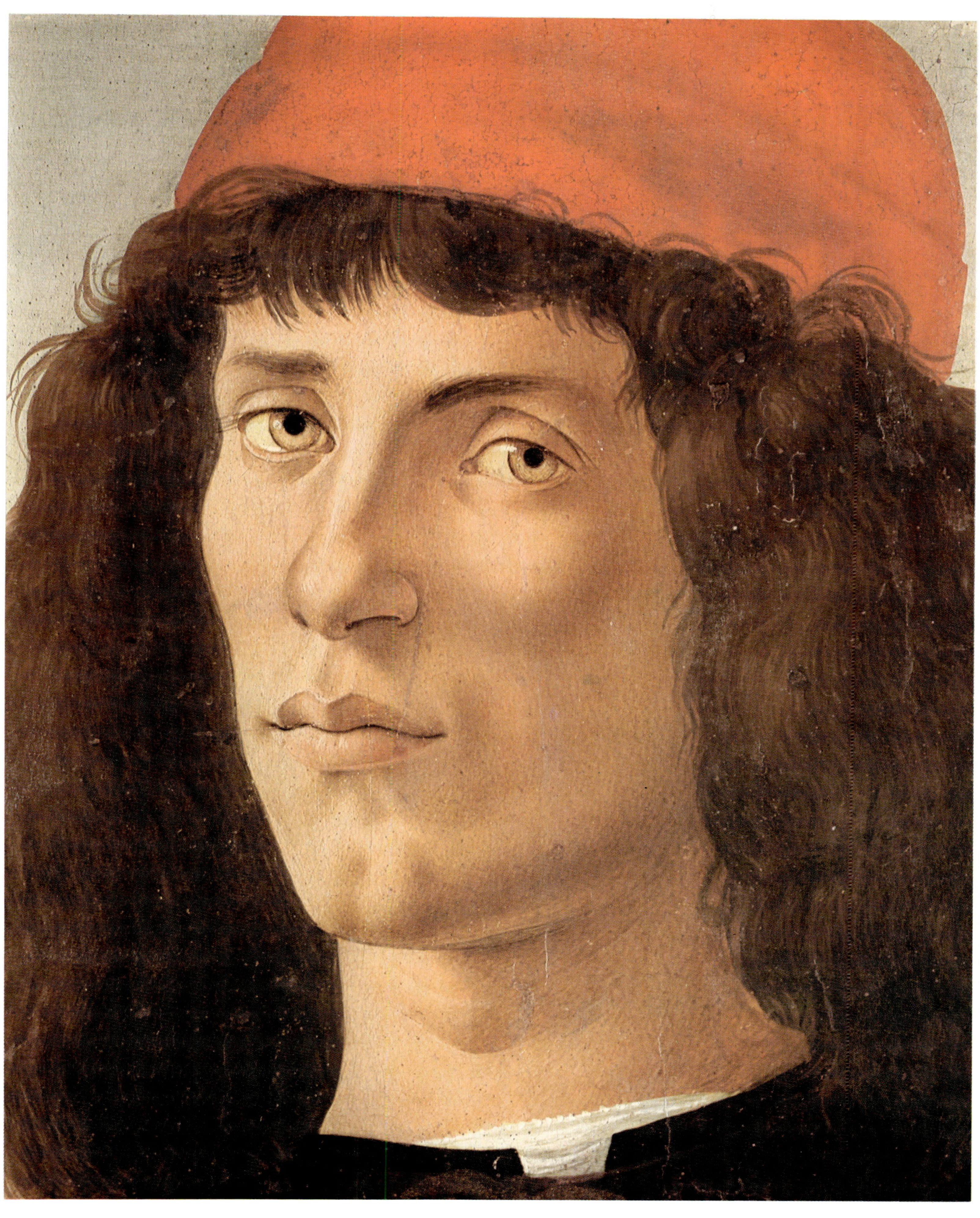

PL. III PORTRAIT D'HOMME AVEC LA MÉDAILLE DE CÔME L'ANCIEN Florence, Uffizi [n. 41]
Détail (grandeur nature).

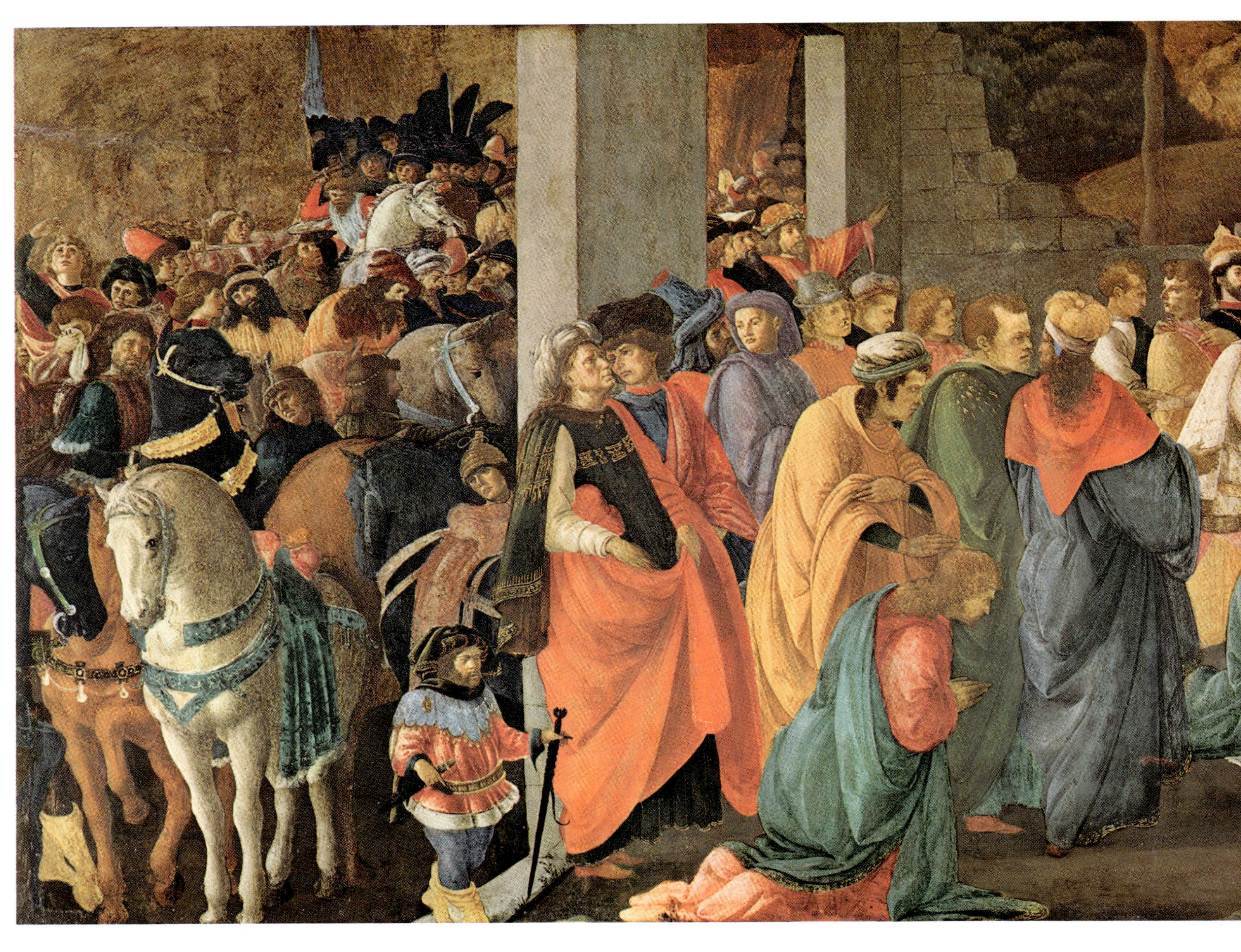

PL. IV-V L'ADORATION DES MAGES Londres, National Gallery [n. 29]
Ensemble (141 cm.).

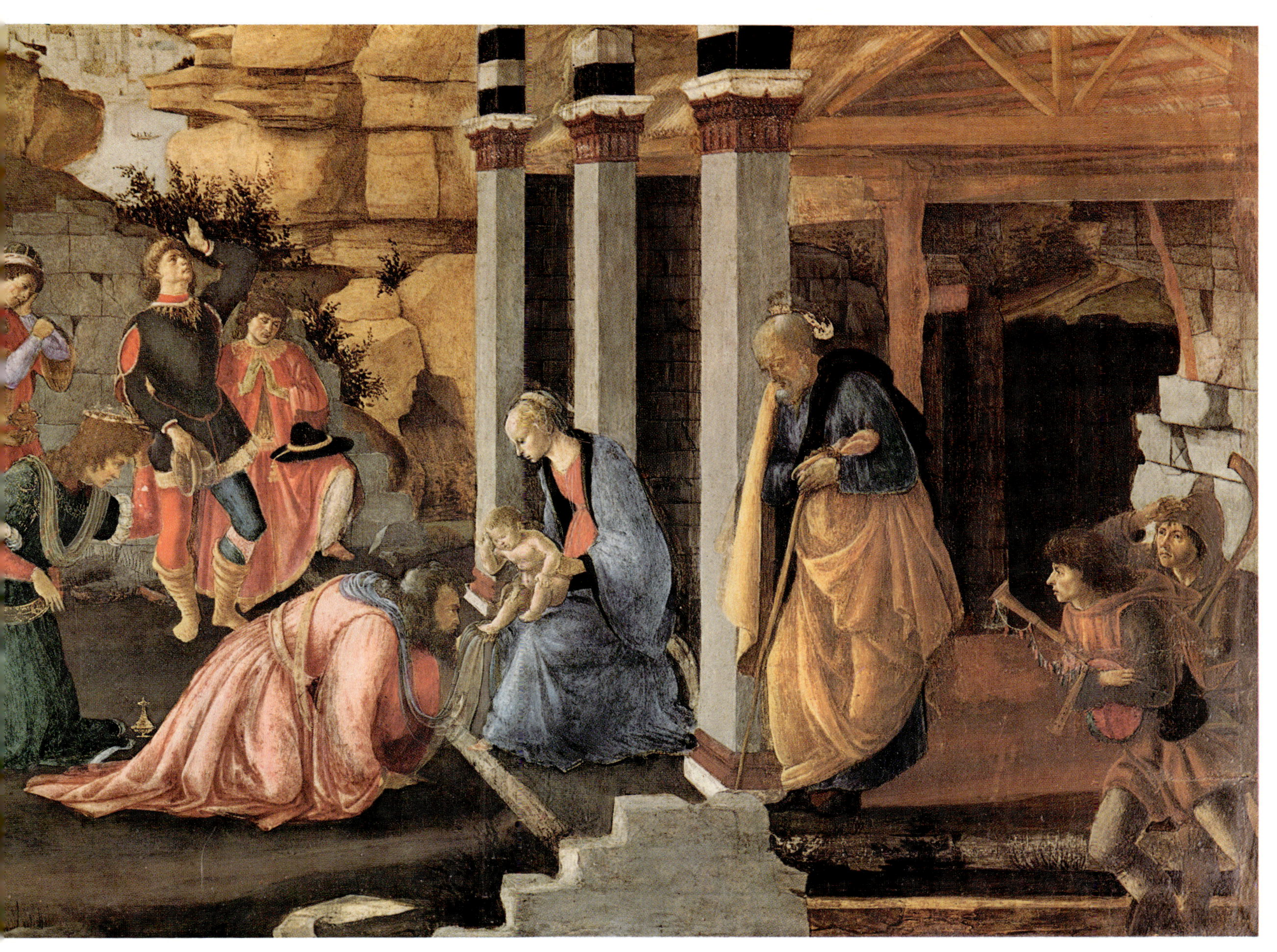

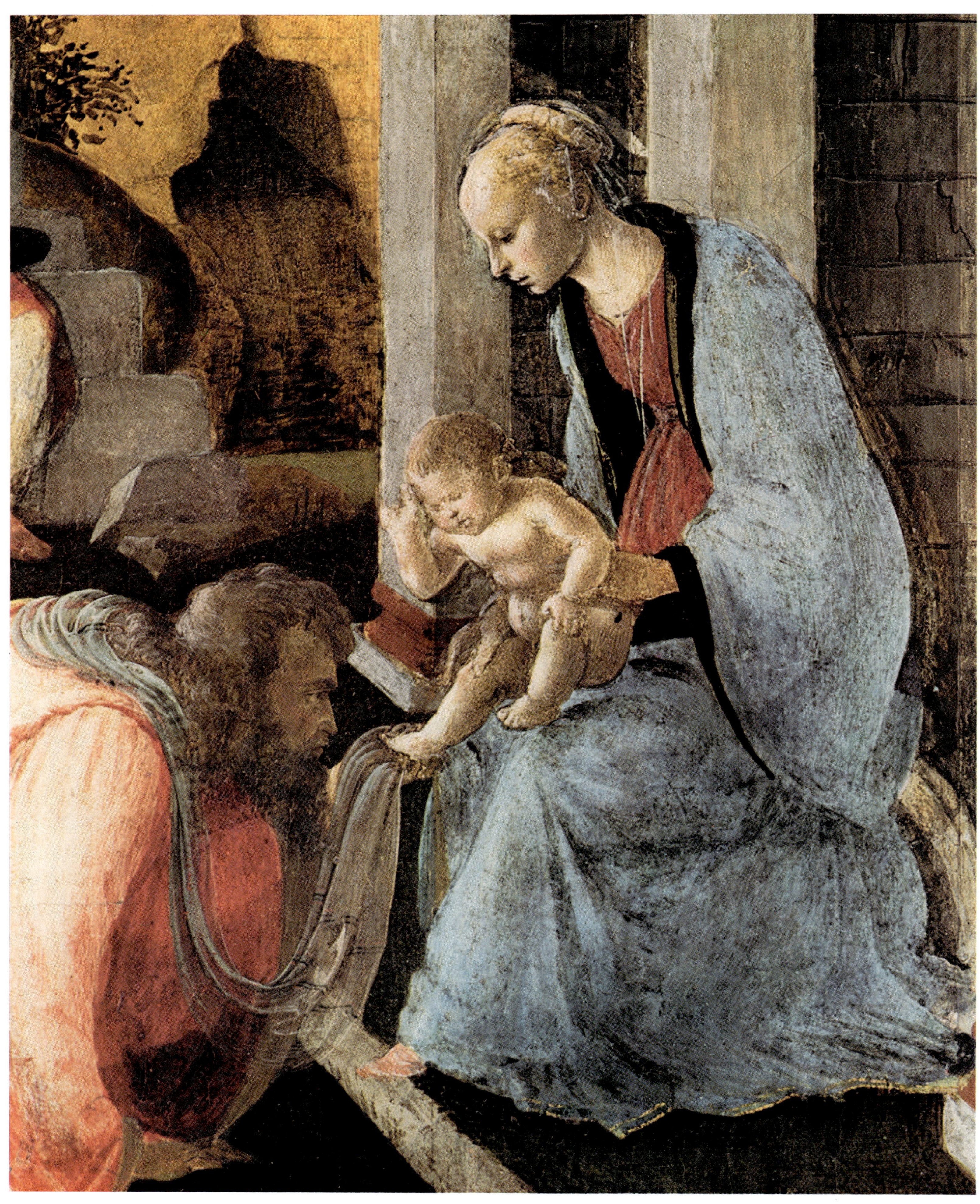

PL. VI L'ADORATION DES MAGES Londres, National Gallery [n. 29]
Détail (grandeur nature).

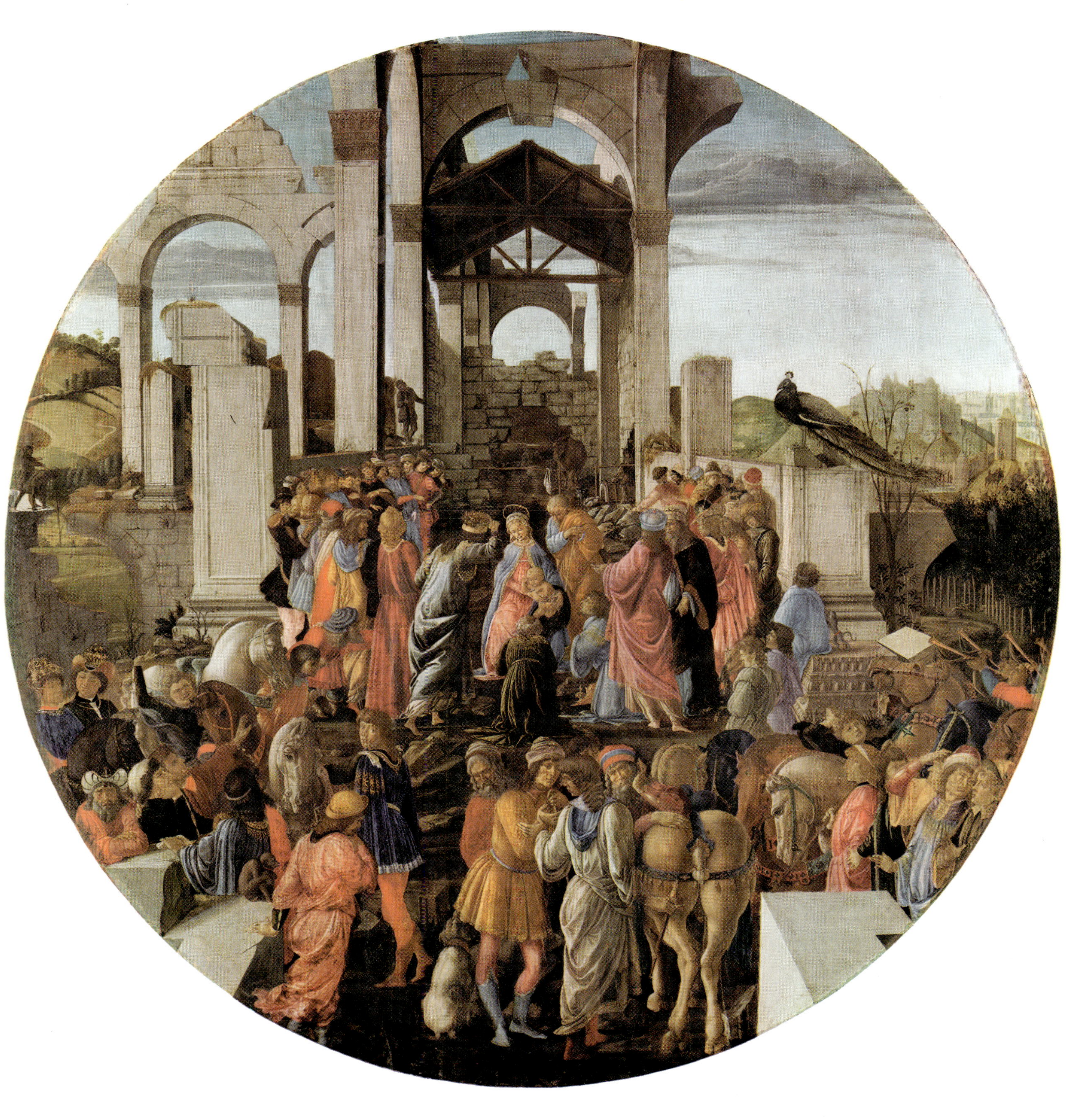

PL. VII L'ADORATION DES MAGES Londres, National Gallery [ר. 37]
Ensemble (diamètre: 131,5 cm.).

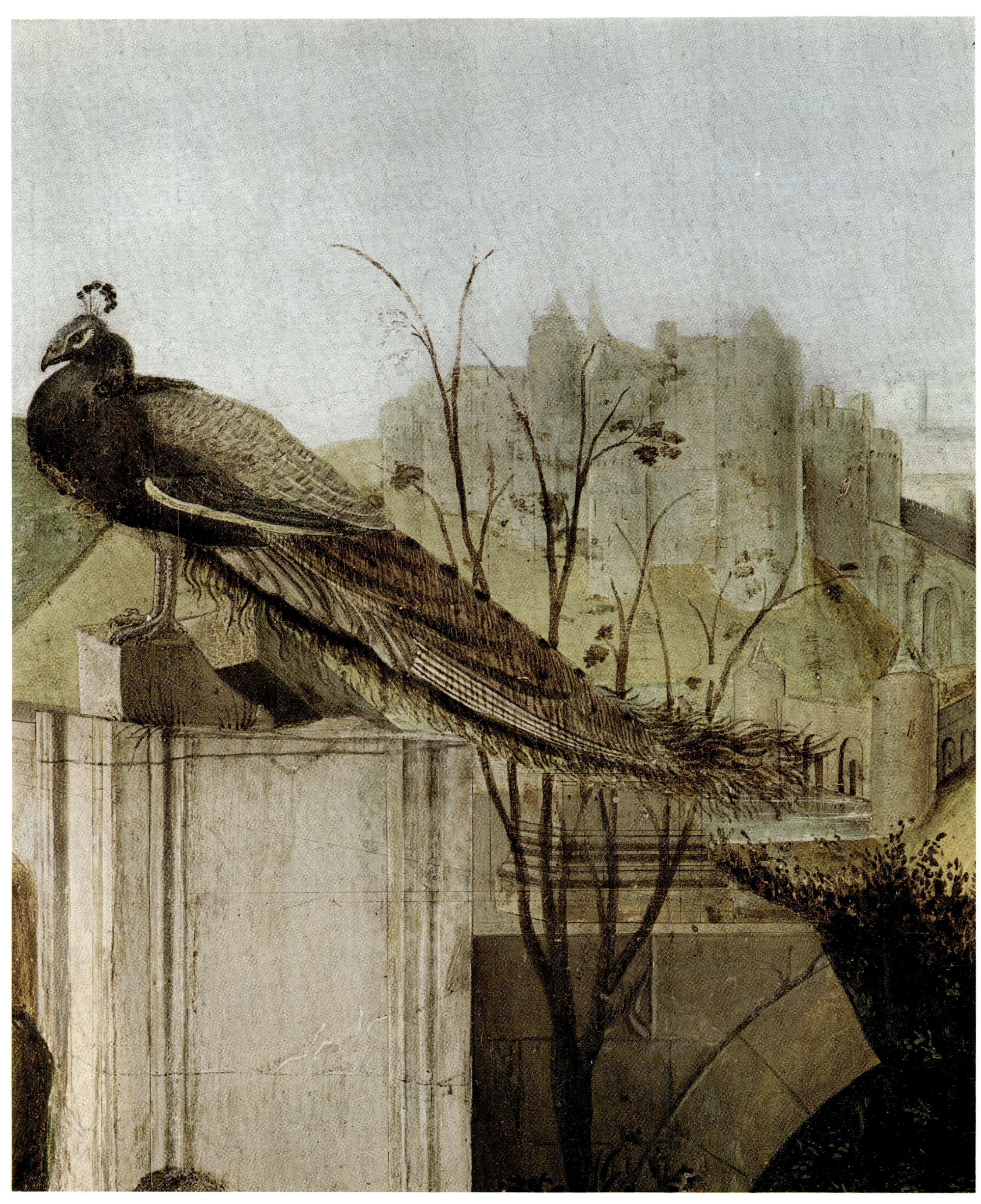

PL. VIII L'ADORATION DES MAGES Londres, National Gallery [n. 37]
Détail (26 cm.).

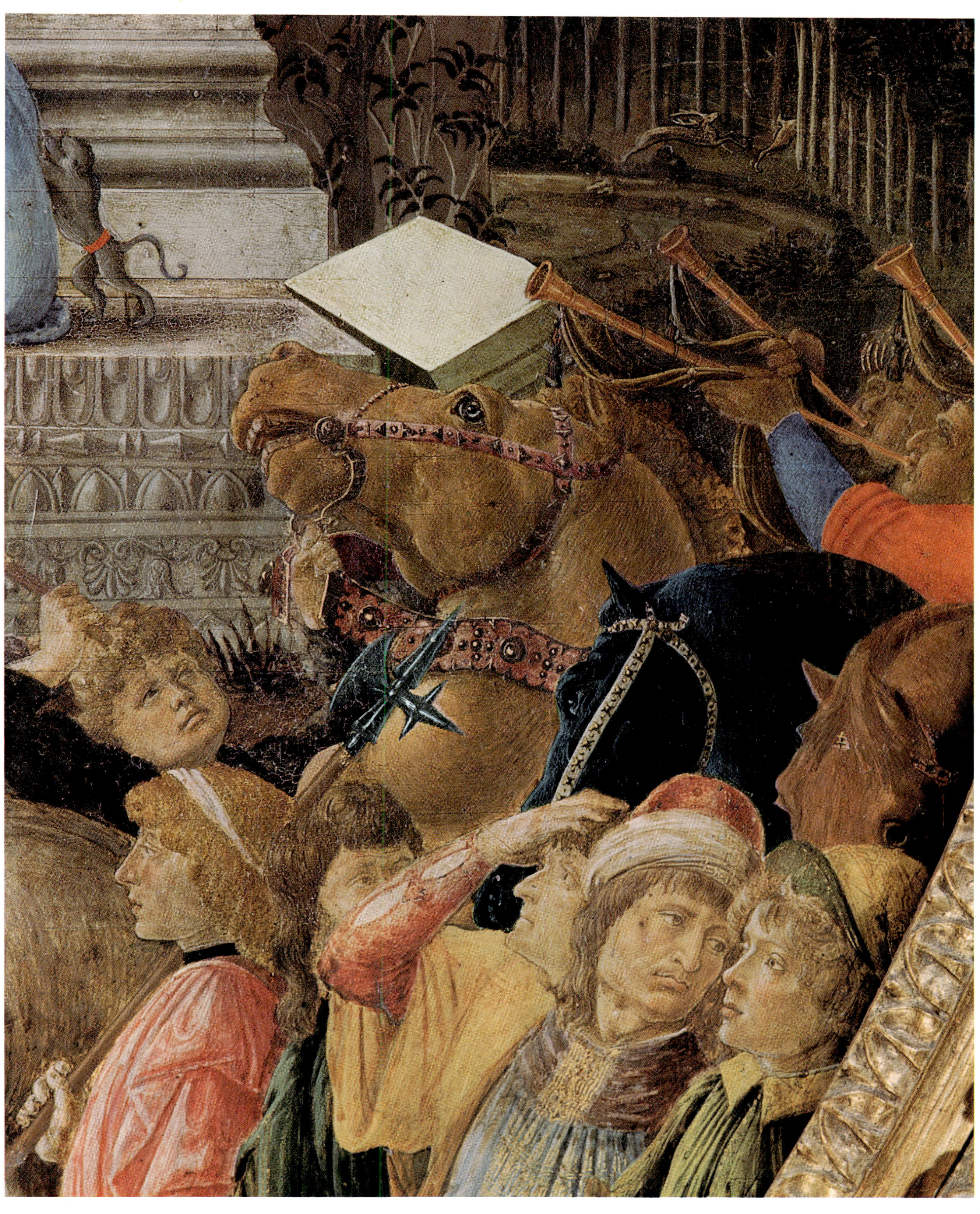

PL. IX L'ADORATION DES MAGES Londres, National Gallery [n. 37]
Détail (26 cm.).

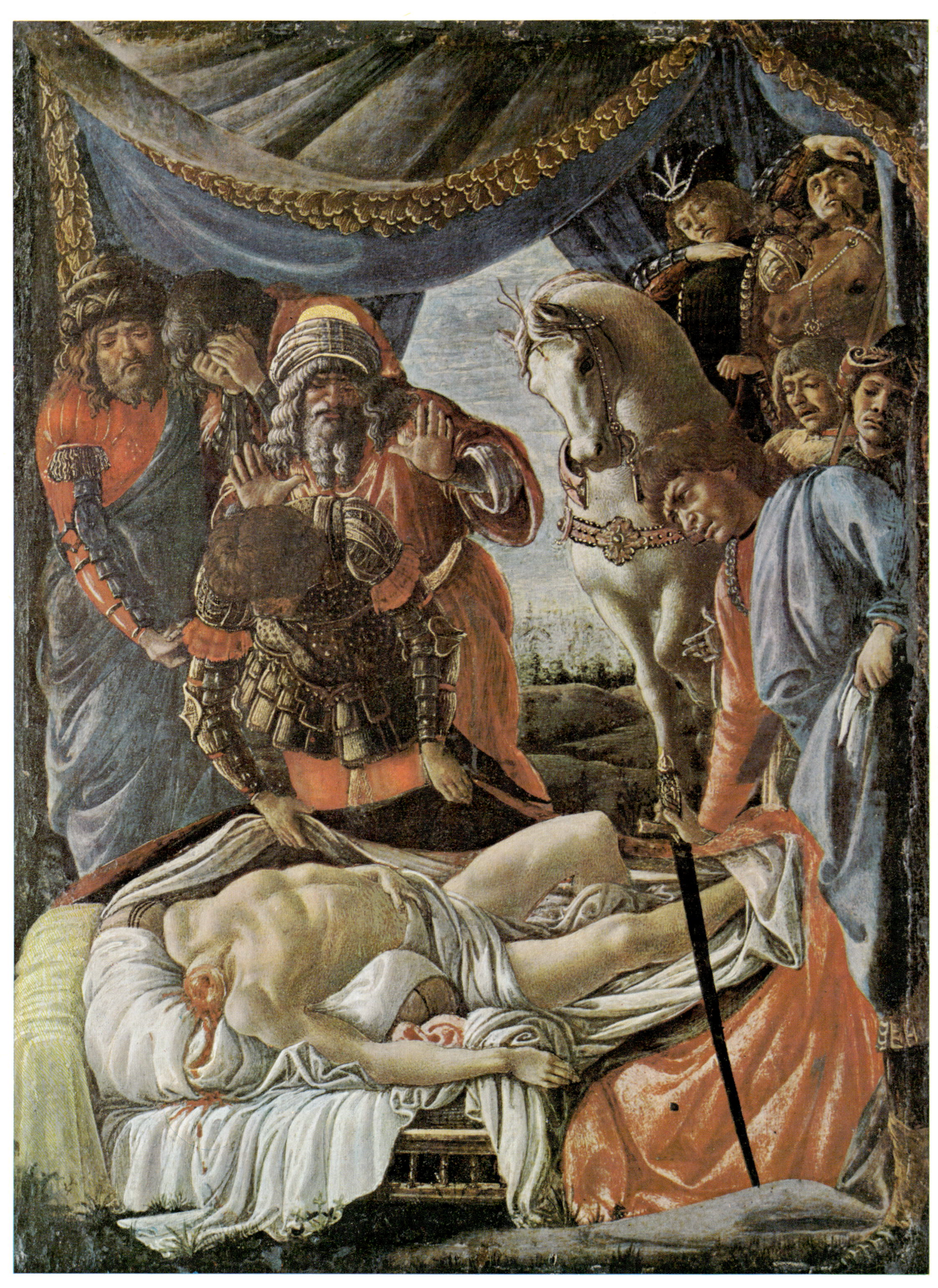

PL. X LA DÉCOUVERTE DU CADAVRE D'HOLOPHERNE Florence, Uffizi [n. 38 A]
Ensemble (25 cm.).

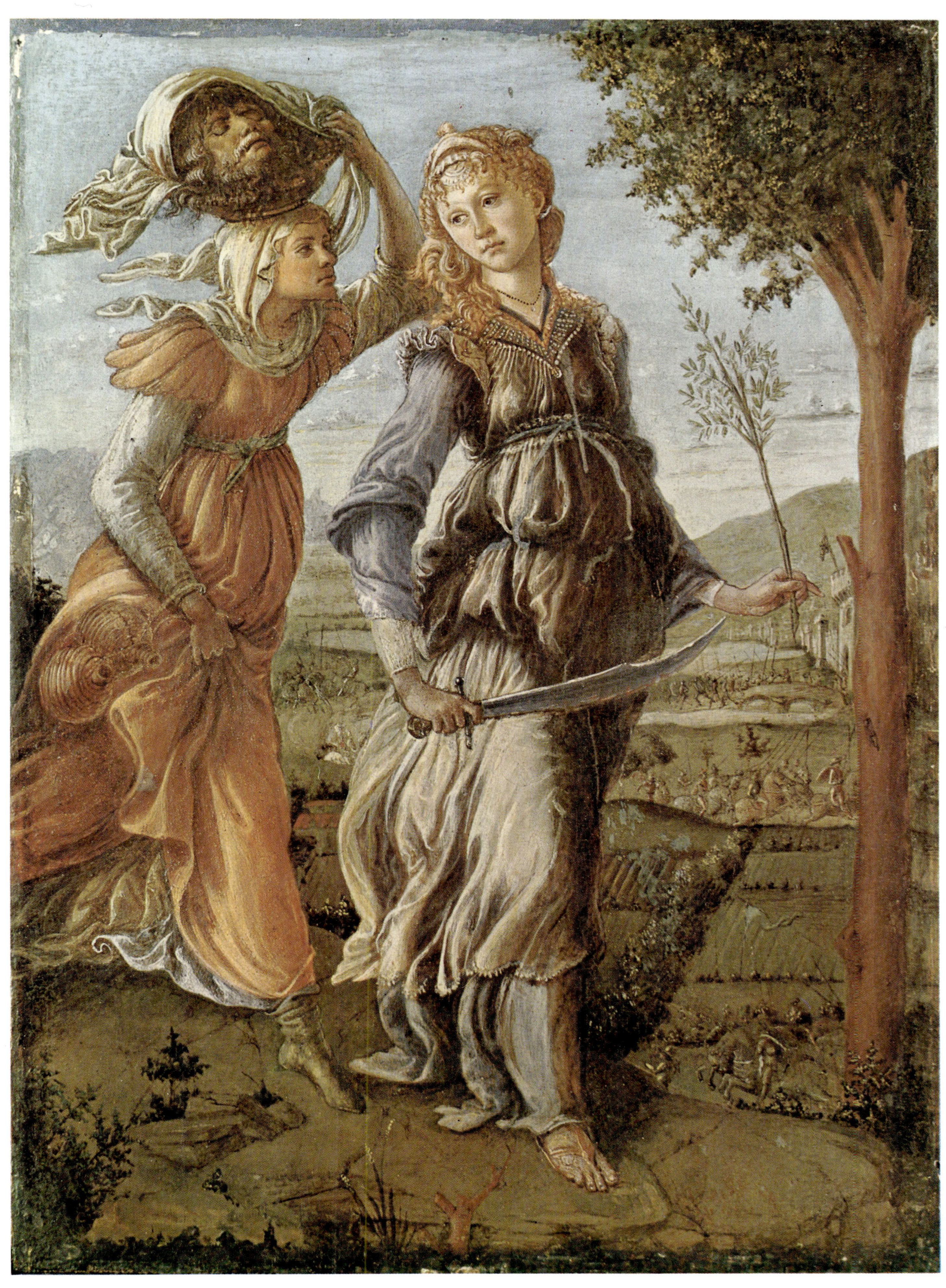

PL. XI LE RETOUR DE JUDITH A BÉTHULIE Florence, Uffizi [n. 38 B]
Ensemble (24 cm.).

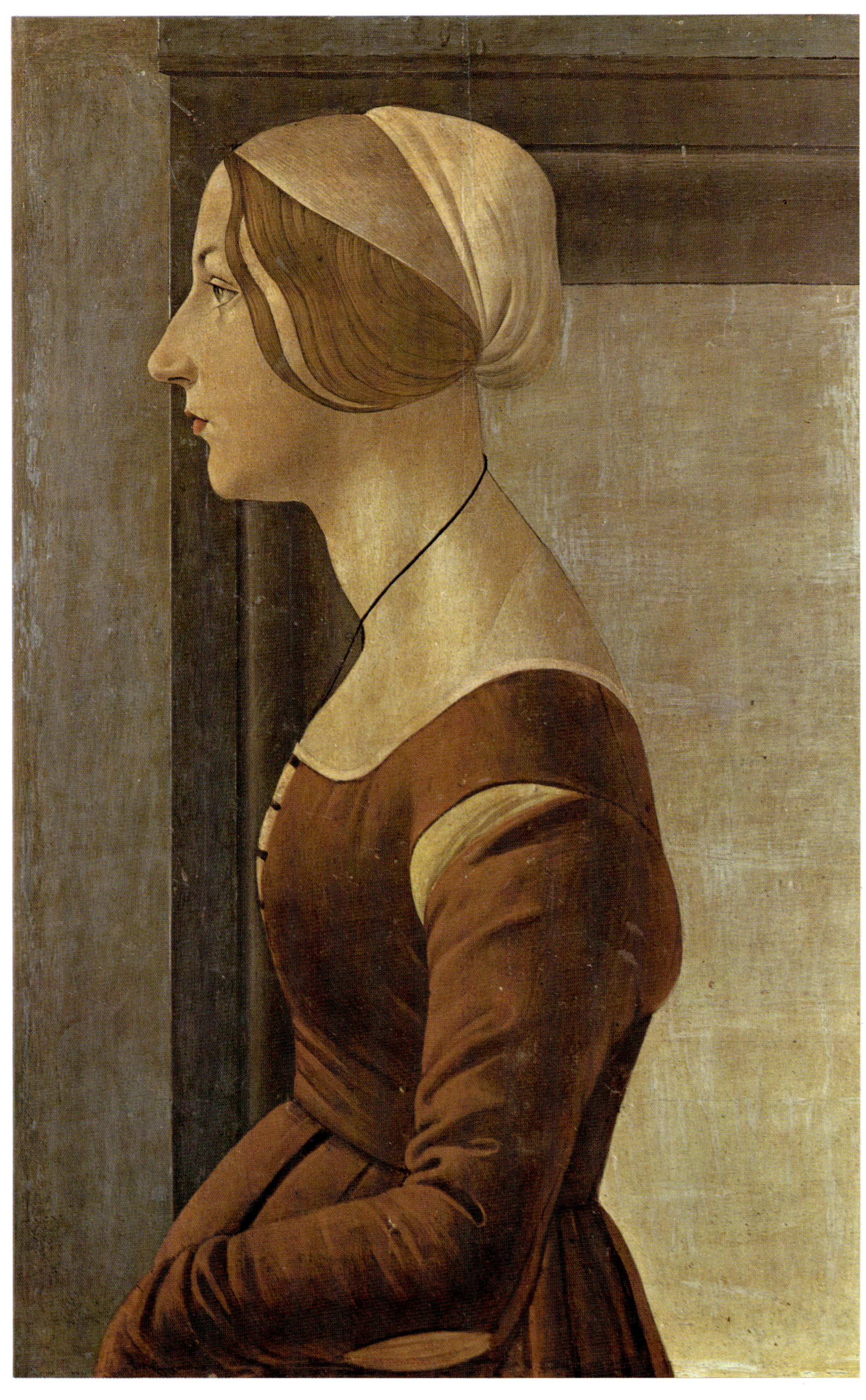

PL. XII PORTRAIT DE JEUNE FEMME Florence, Pitti [n. 49]
Ensemble (40 cm.).

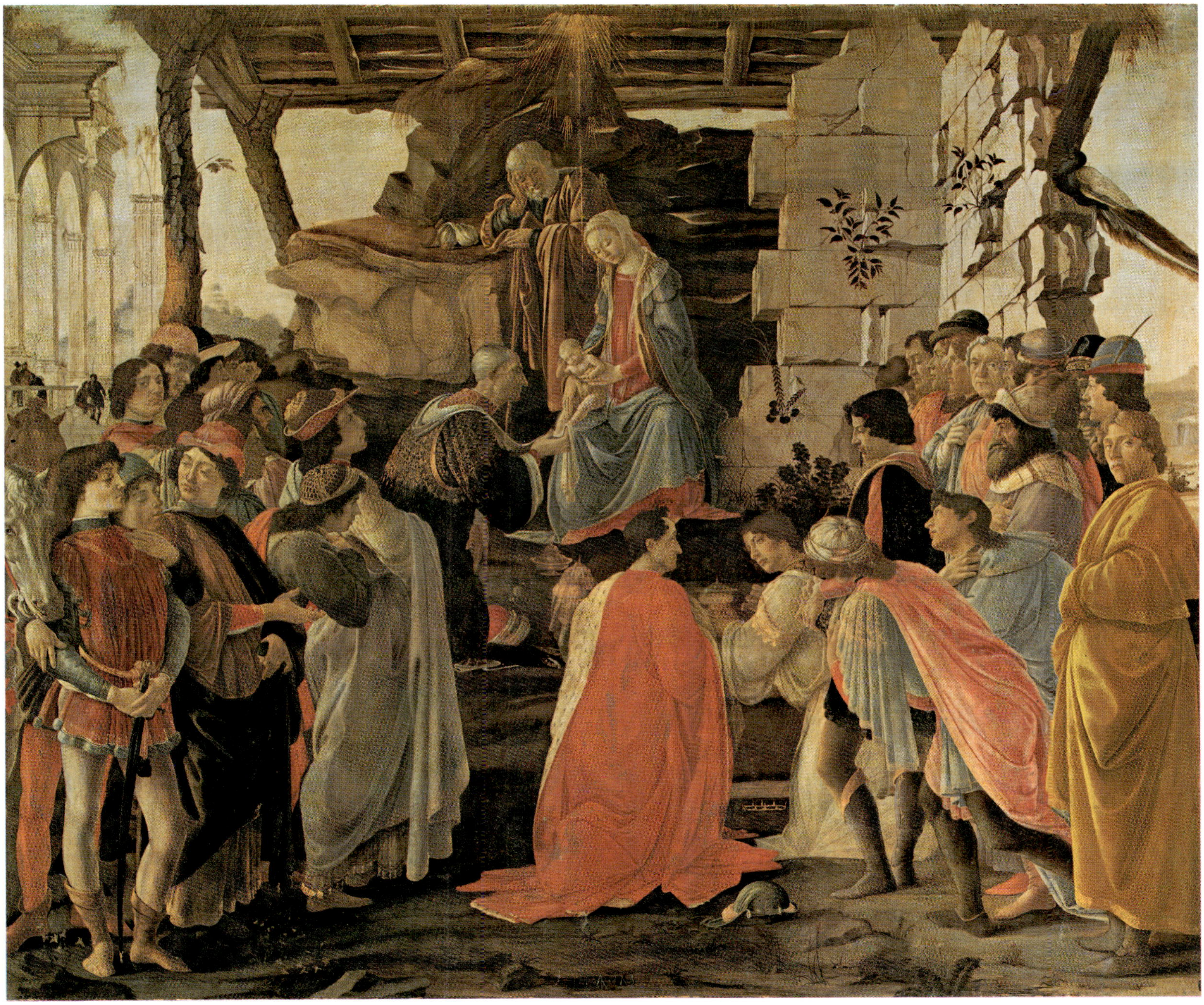

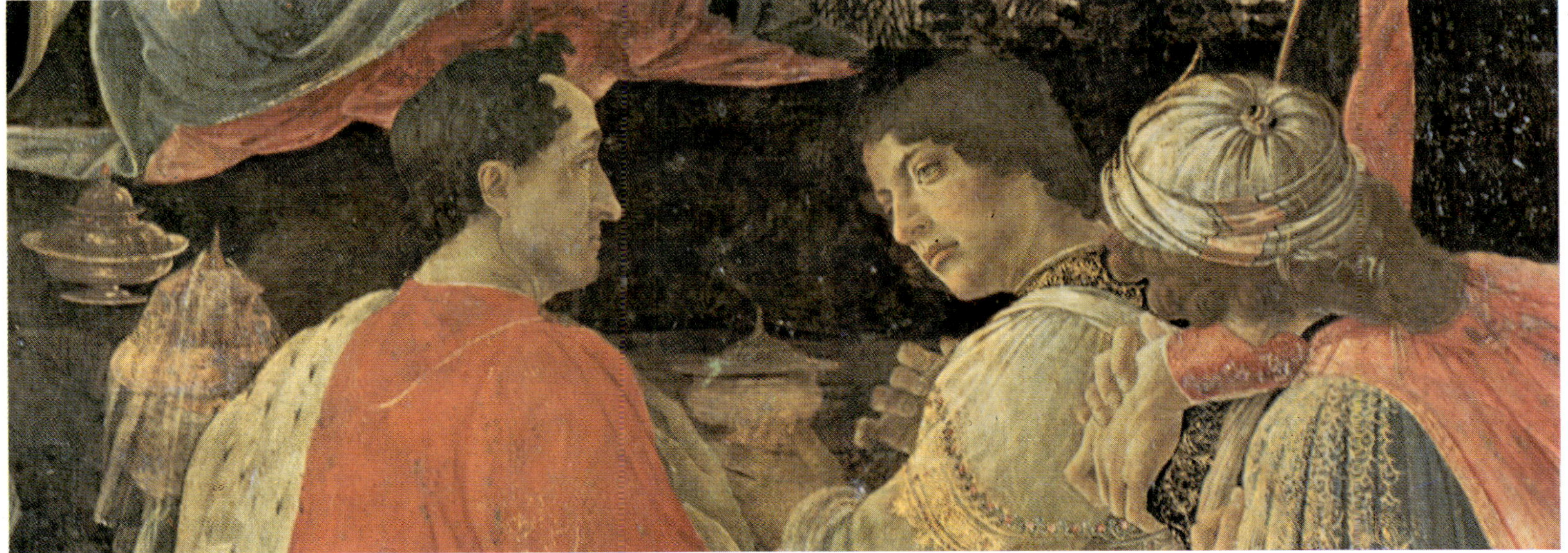

PL. XIII L'ADORATION DES MAGES Florence, Uffizi [n. 50]
Ensemble (134 cm.) et détail (44 cm.).

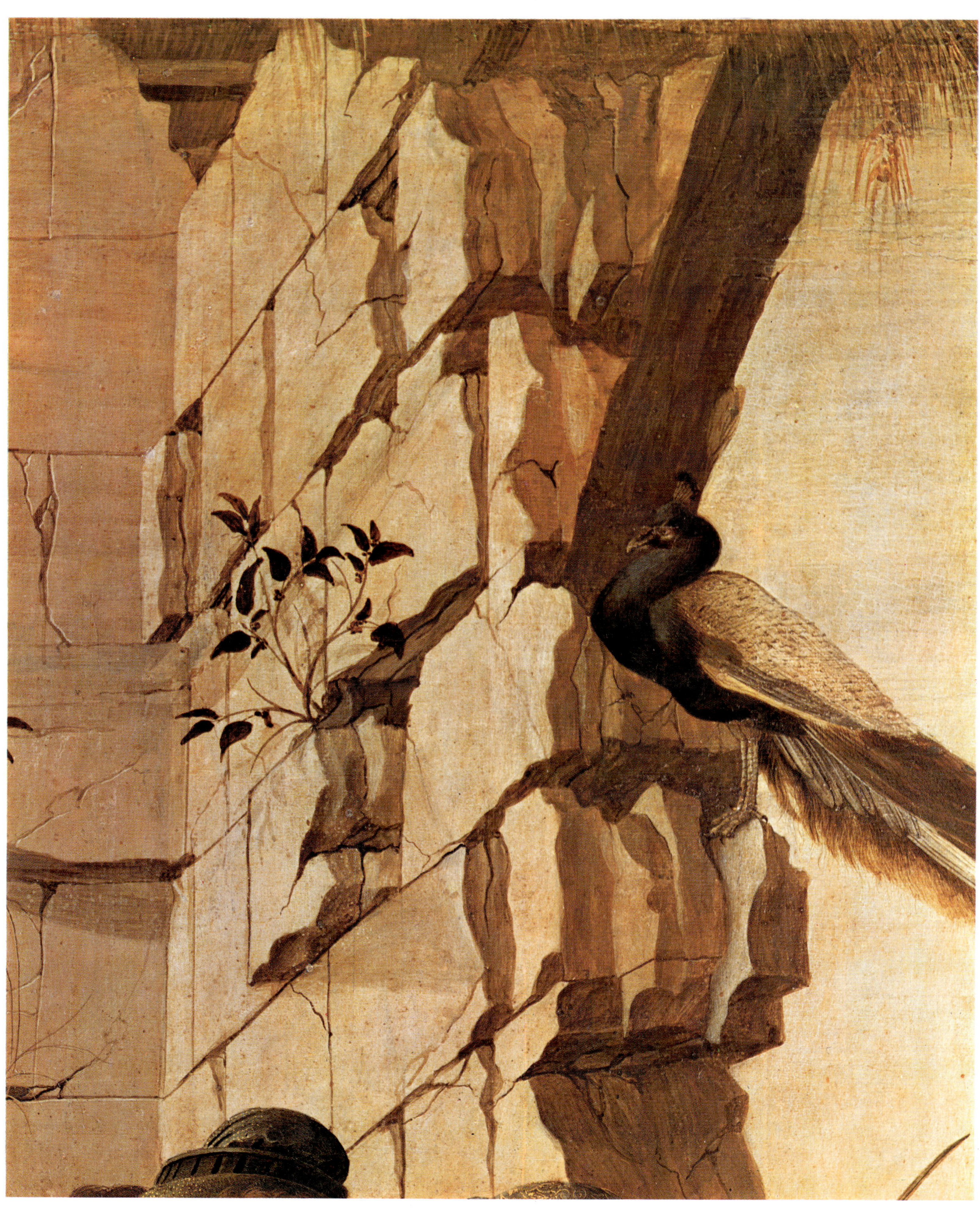

PL. XIV L'ADORATION DES MAGES Florence, Uffizi [n. 50]
Détail (28 cm.).

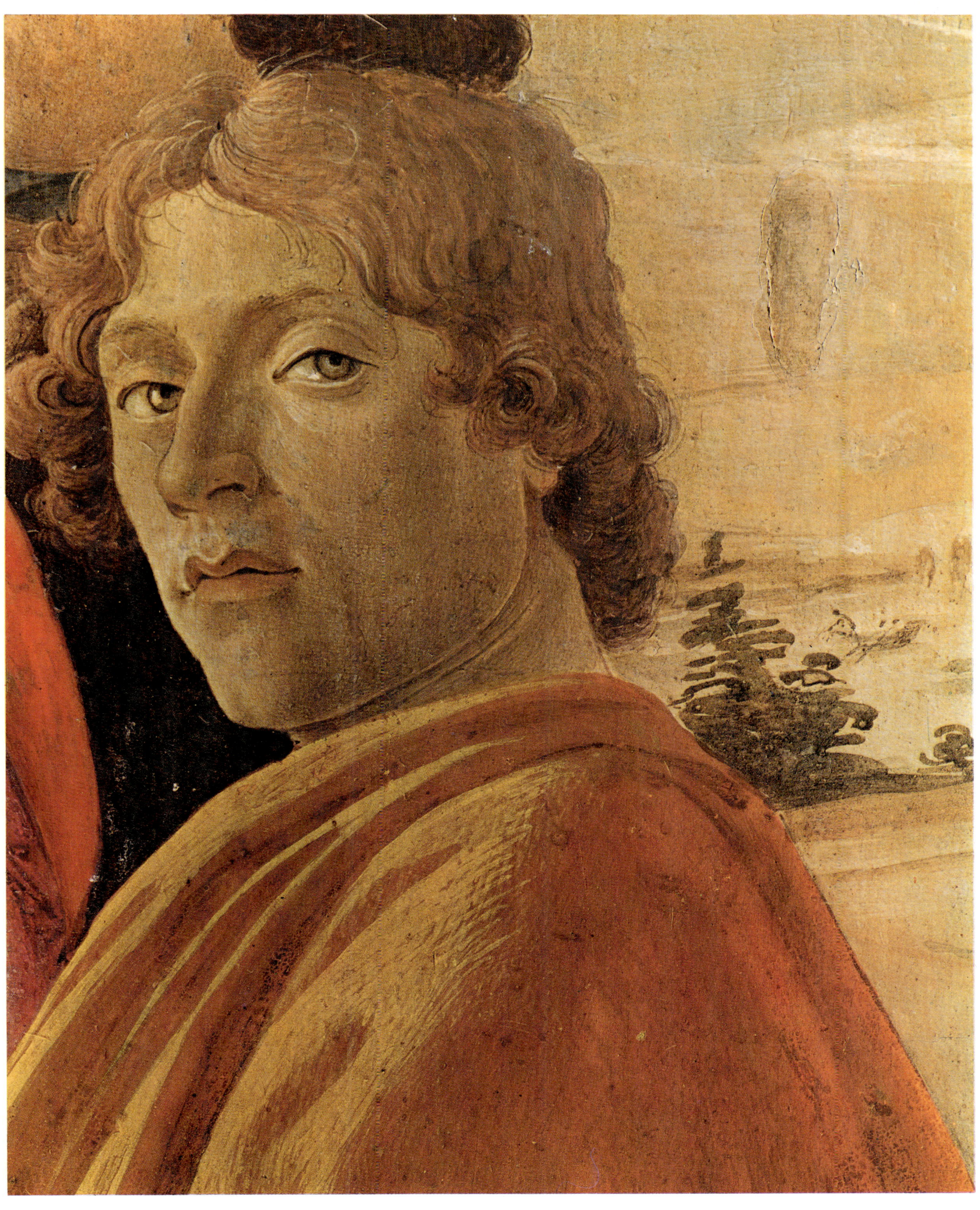

PL. XV L'ADORATION DES MAGES Florence, Uffizi [n. 50]
Détail (10,5 cm.).

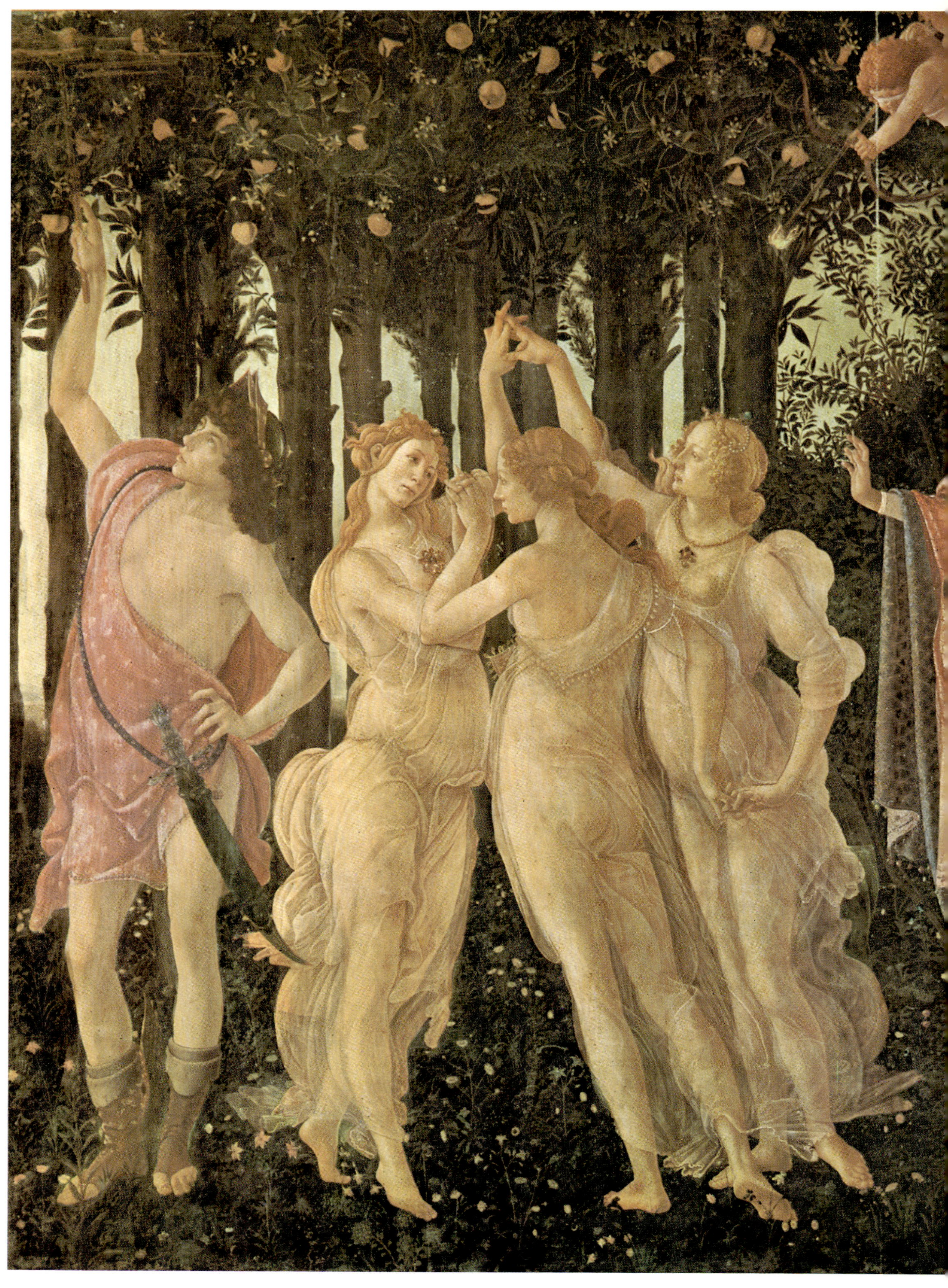

PL. XVI-XVII LE PRINTEMPS Florence, Uffizi [n. 58]
Ensemble (314 cm.).

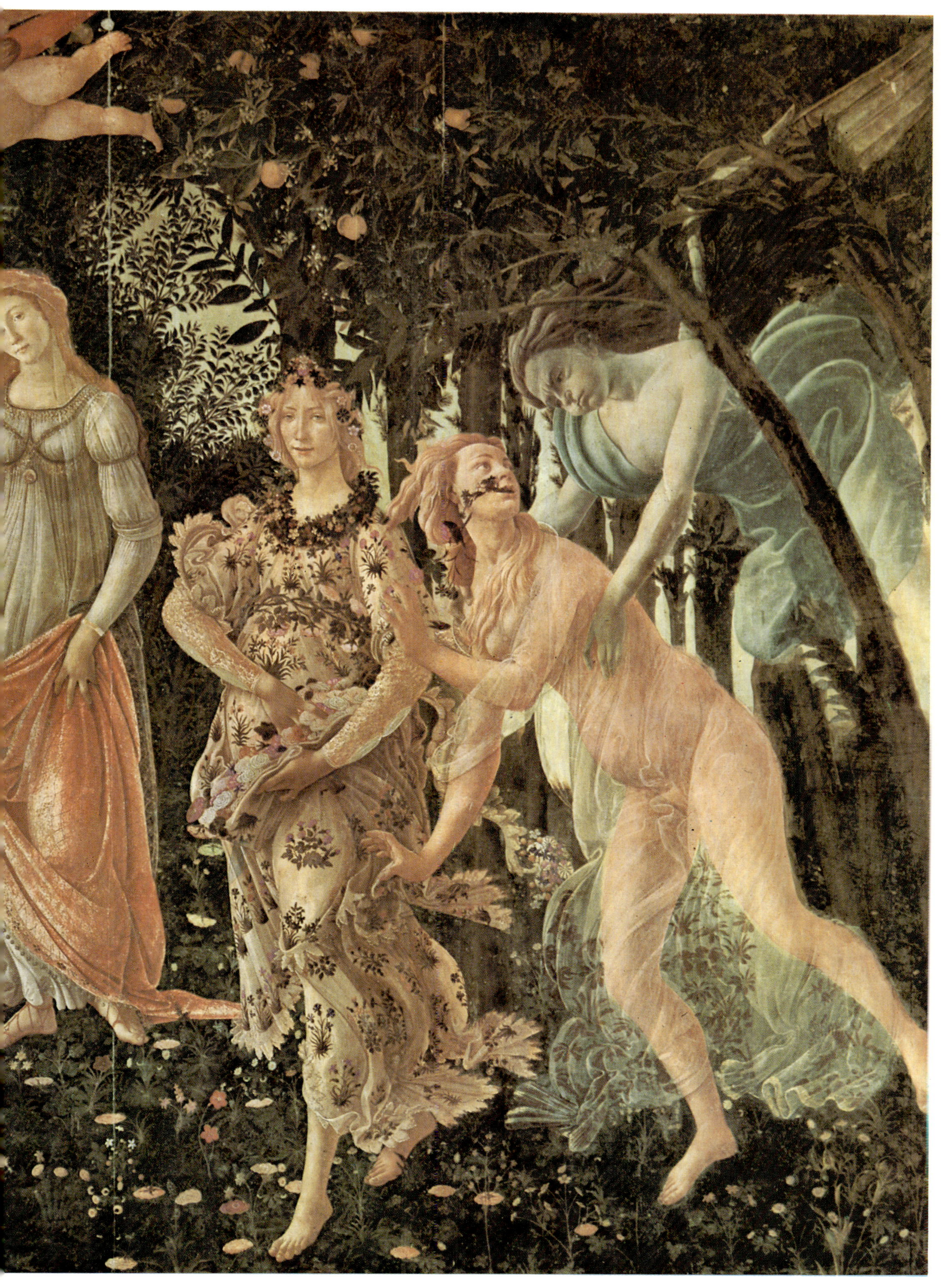

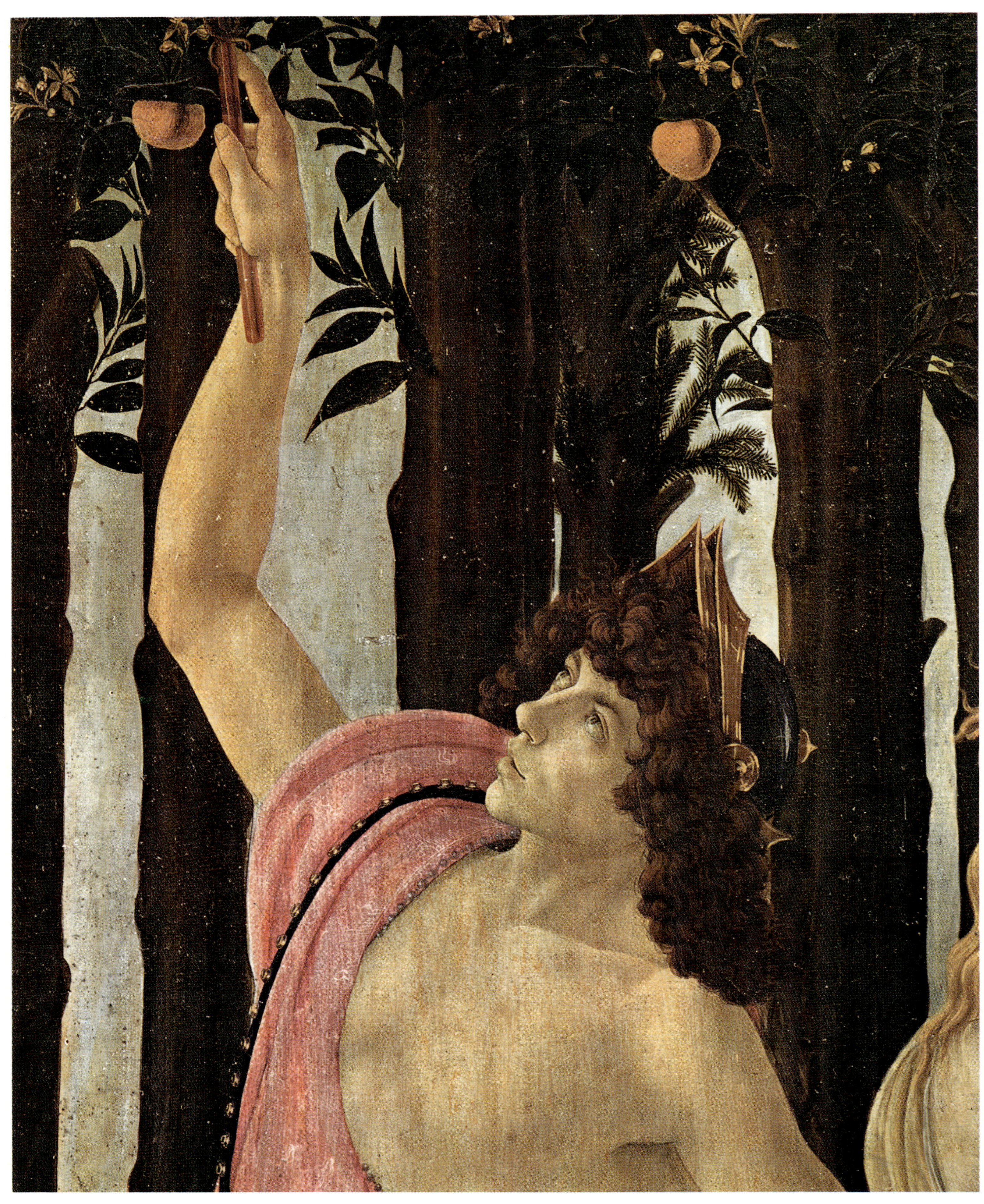

PL. XVIII LE PRINTEMPS Florence, Uffizi [n. 58]
Détail (56 cm.).

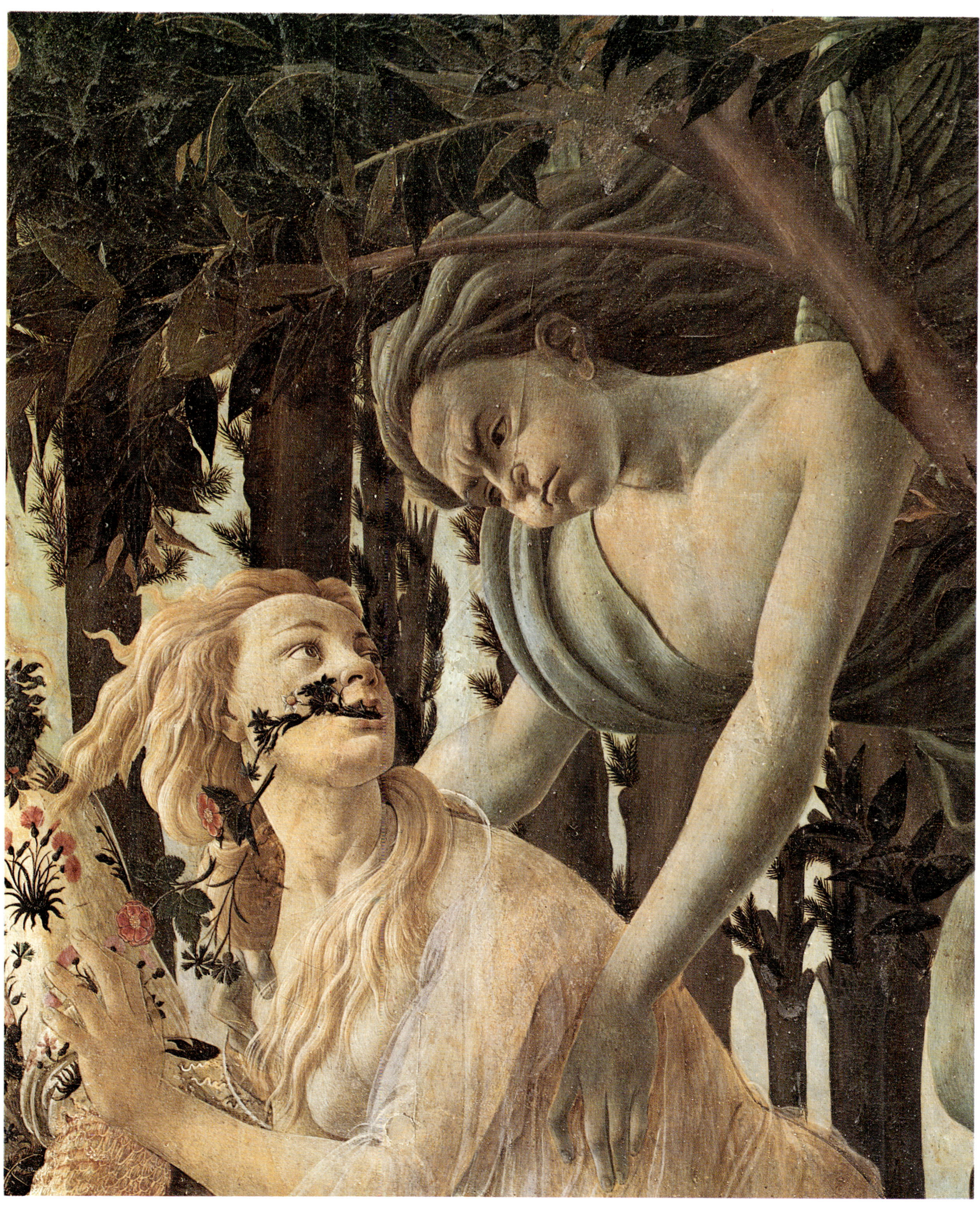

PL. XIX LE PRINTEMPS Florence, Uffizi [n. 58]
Détail (61 cm.).

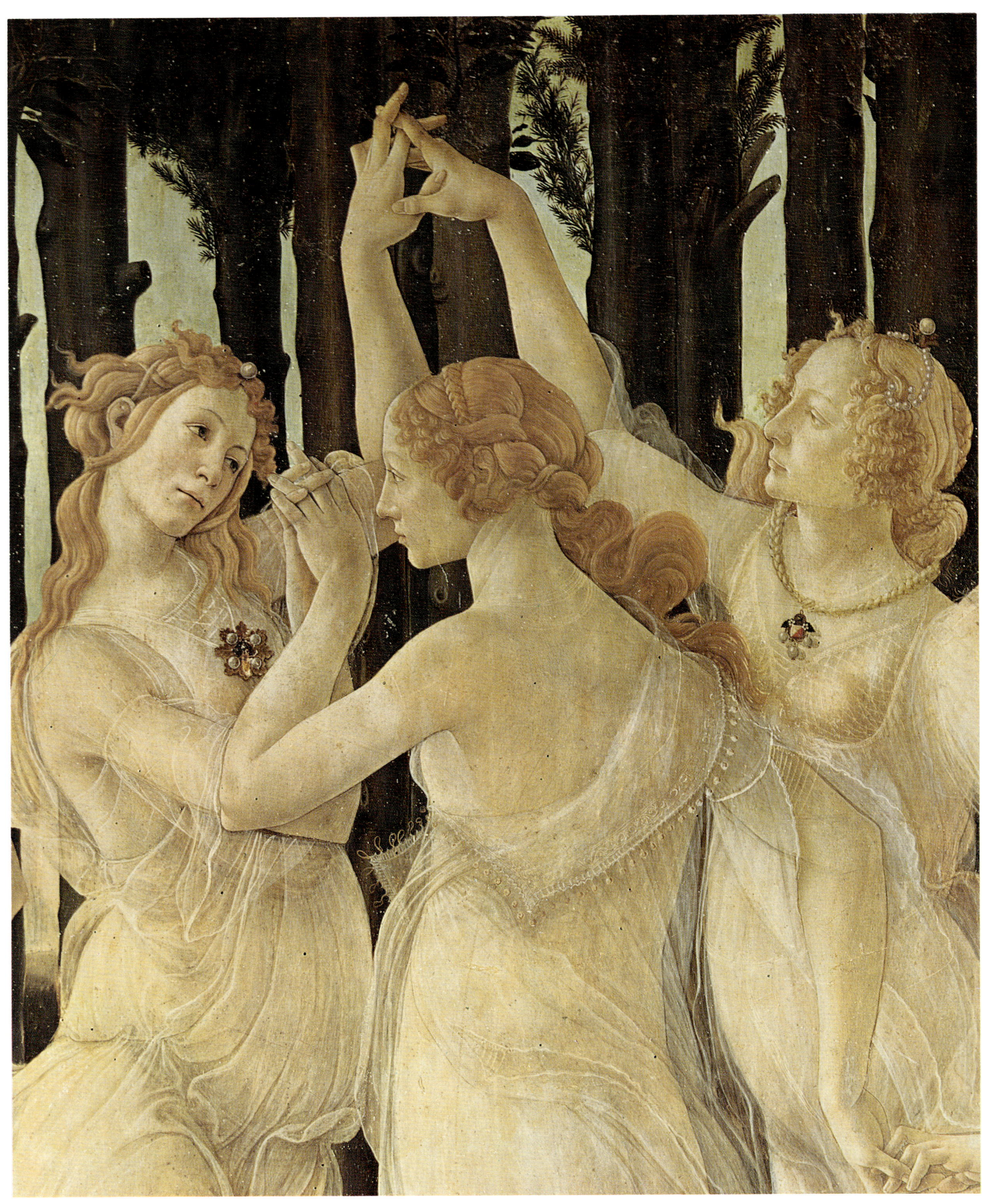

PL. XX LE PRINTEMPS Florence, Uffizi [n. 58]
Détail (73 cm.).

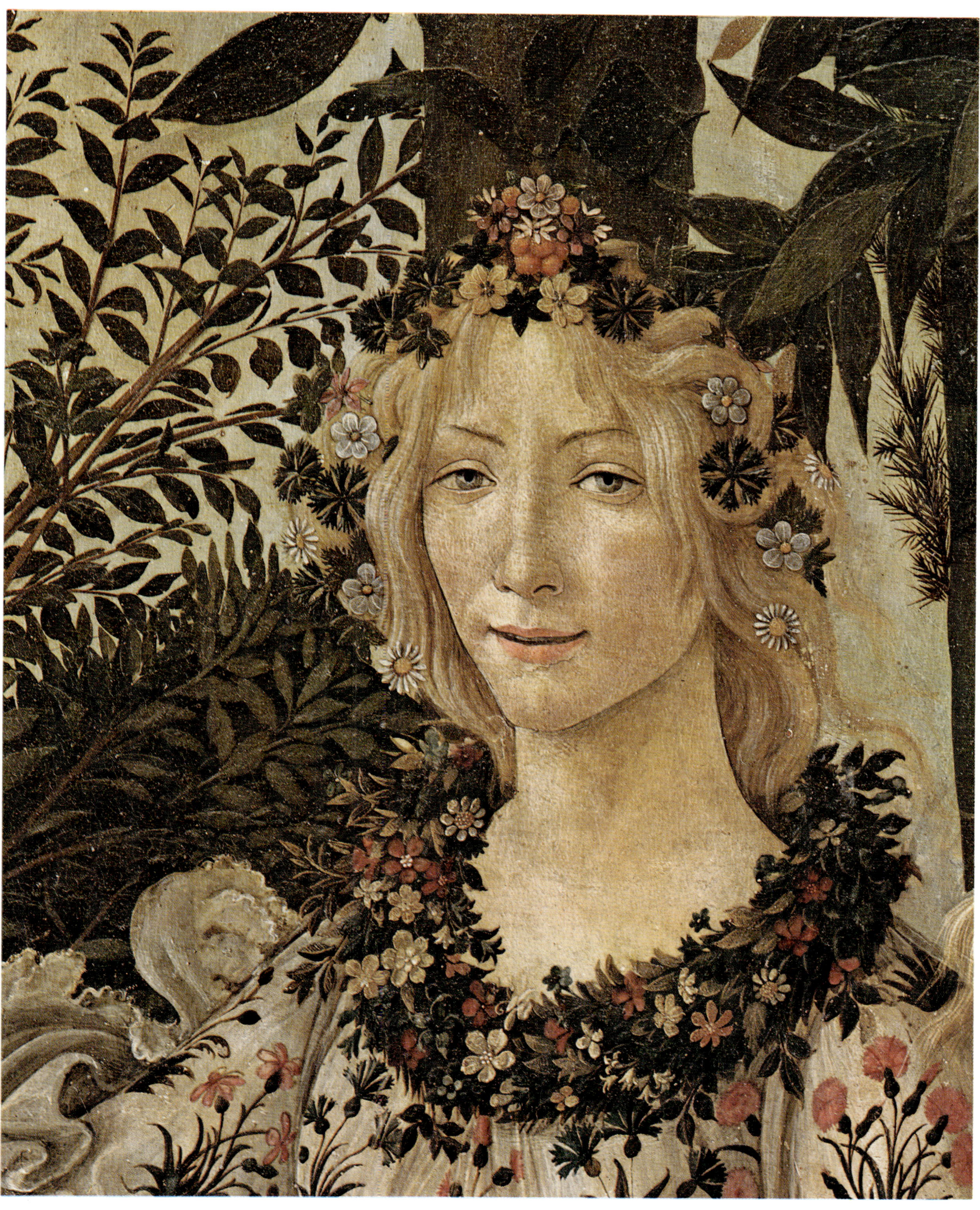

PL. XXI LE PRINTEMPS Florence, Uffizi [n. 58]
Détail (29 cm.).

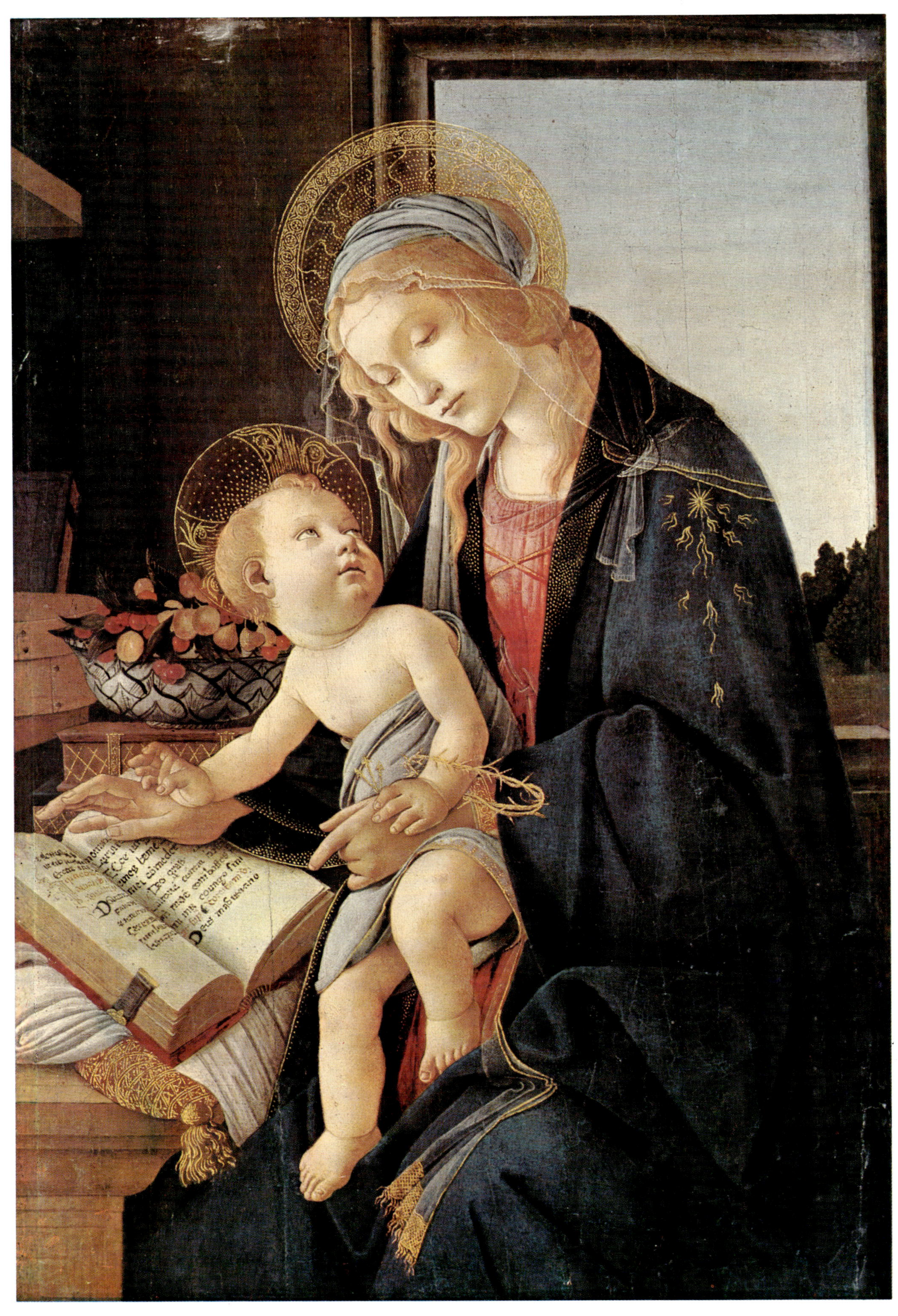

PL. XXII LA MADONE AU LIVRE Milan, Museo Poldi Pezzoli [n. 85]
Ensemble (39,5 cm.).

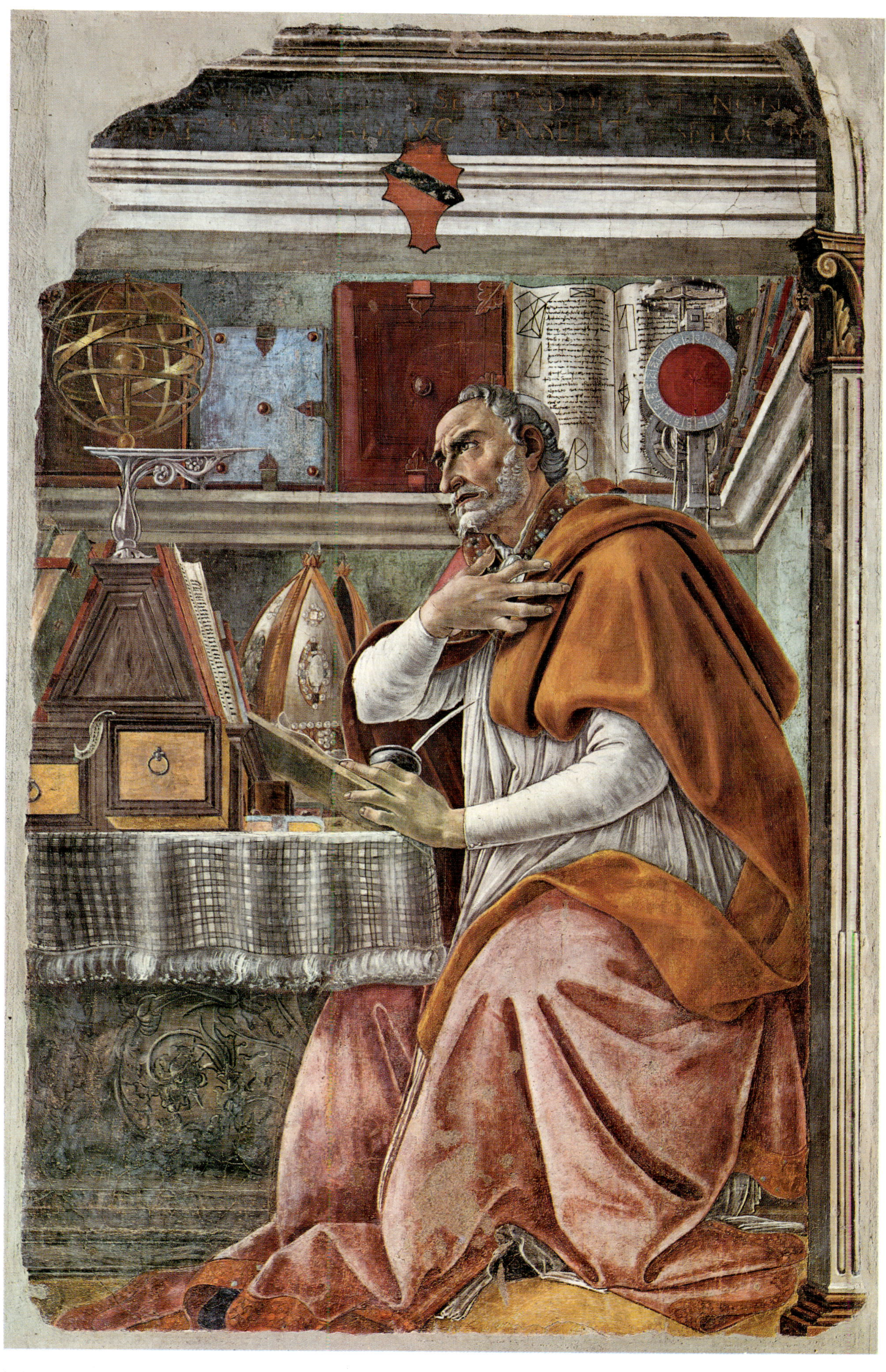

PL. XXIII SAINT AUGUSTIN Florence, Eglise d'Ognissanti [n. 60]
Ensemble (112 cm.).

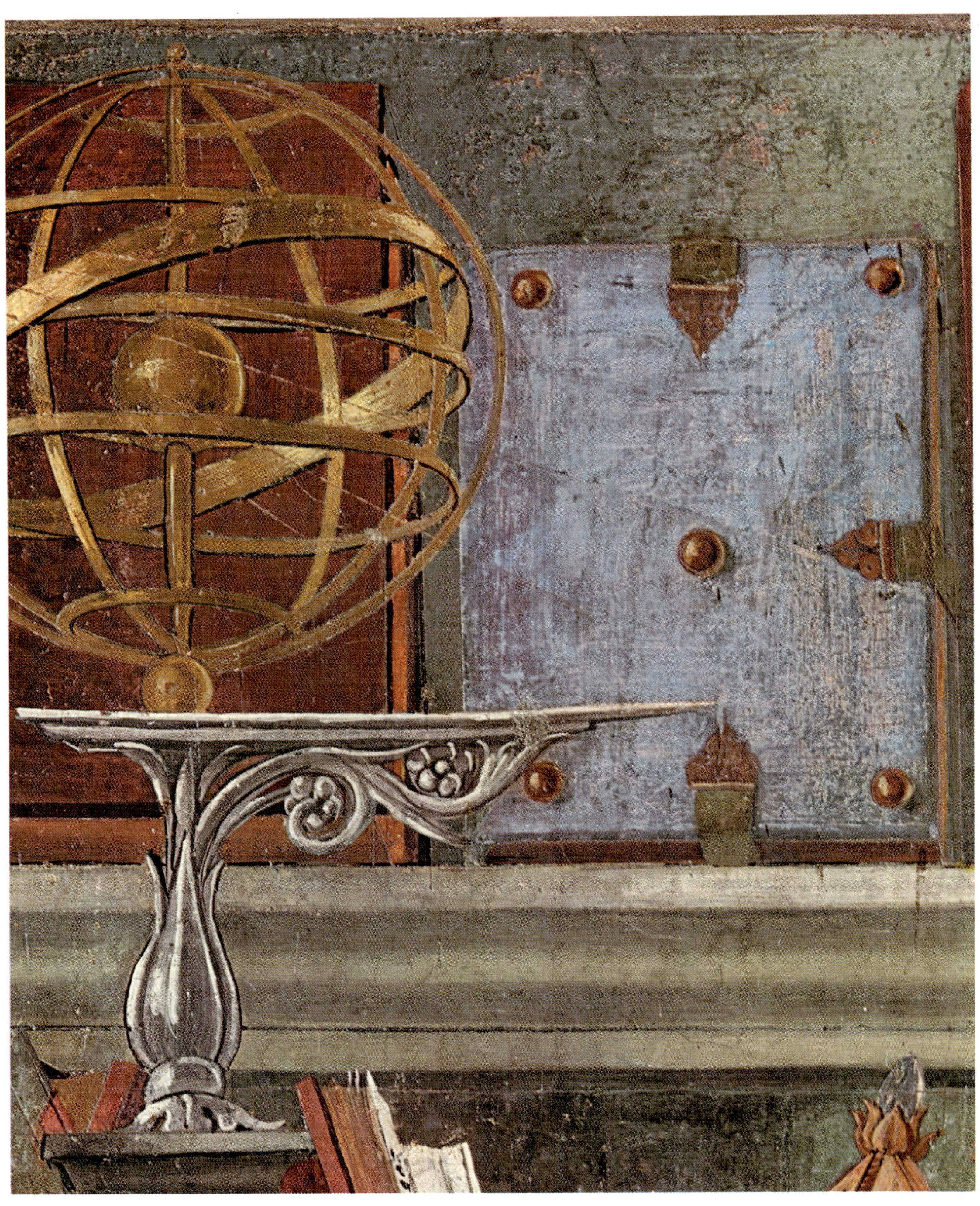

PL. XXIV SAINT AUGUSTIN Florence, Eglise d'Ognissanti [n. 60]
Détail (33,5 cm.).

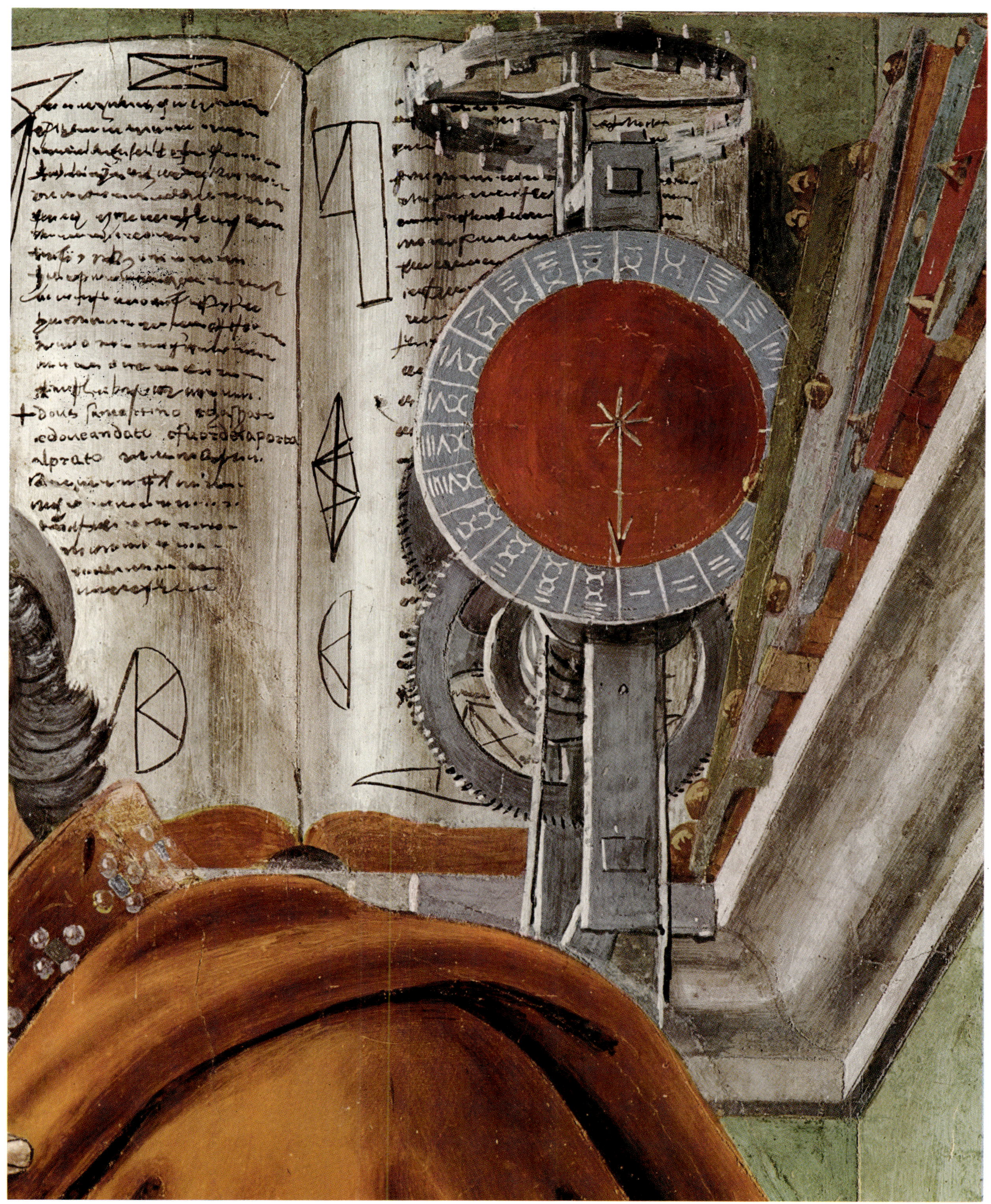

PL. XXV SAINT AUGUSTIN Florence, Eglise d'Ognissanti [n. 60]
Détail (33,5 cm.).

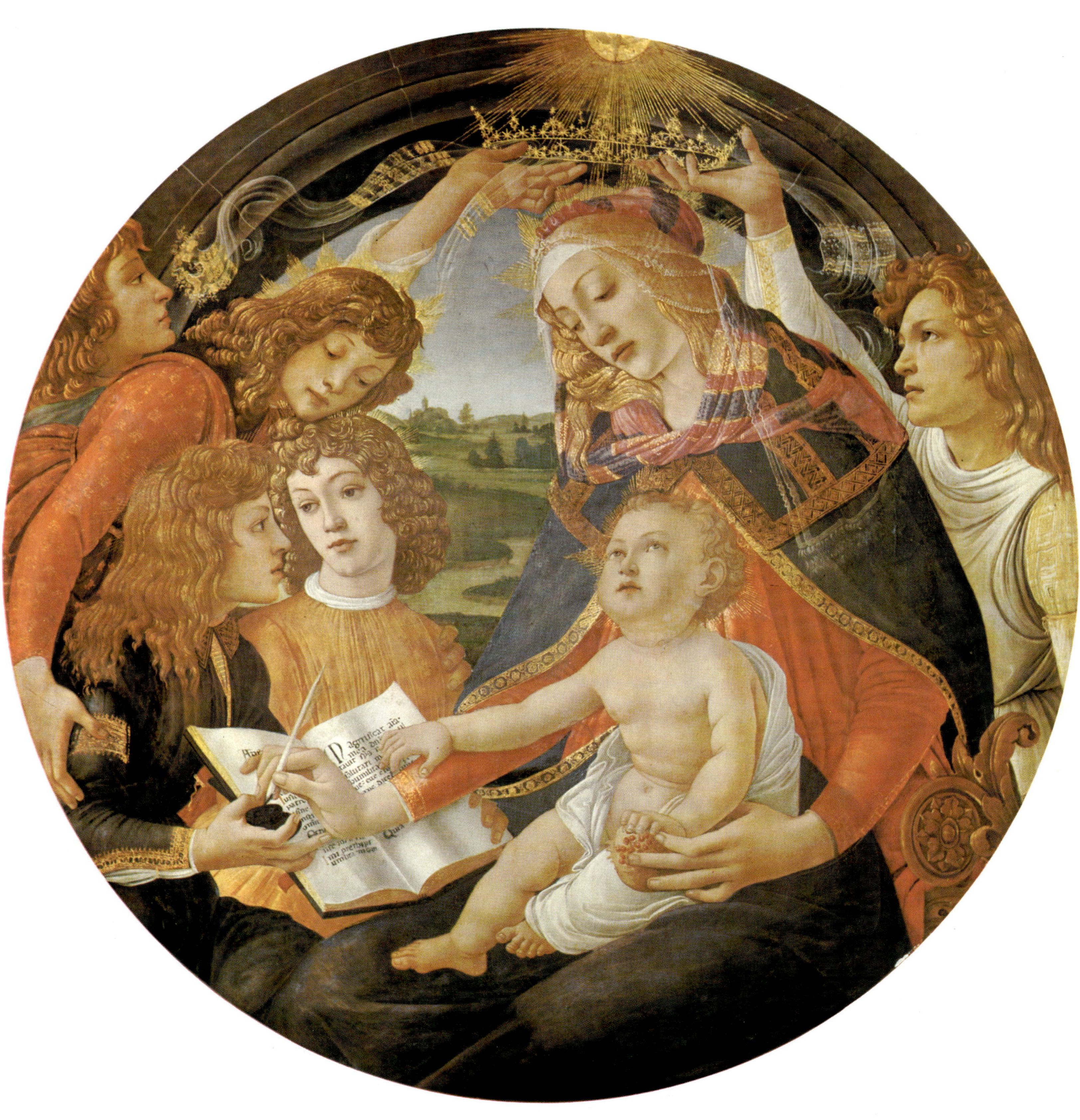

PL. XXVI LA MADONE DU MAGNIFICAT Florence, Uffizi [n. 86]
Ensemble (diamètre: 118 cm.).

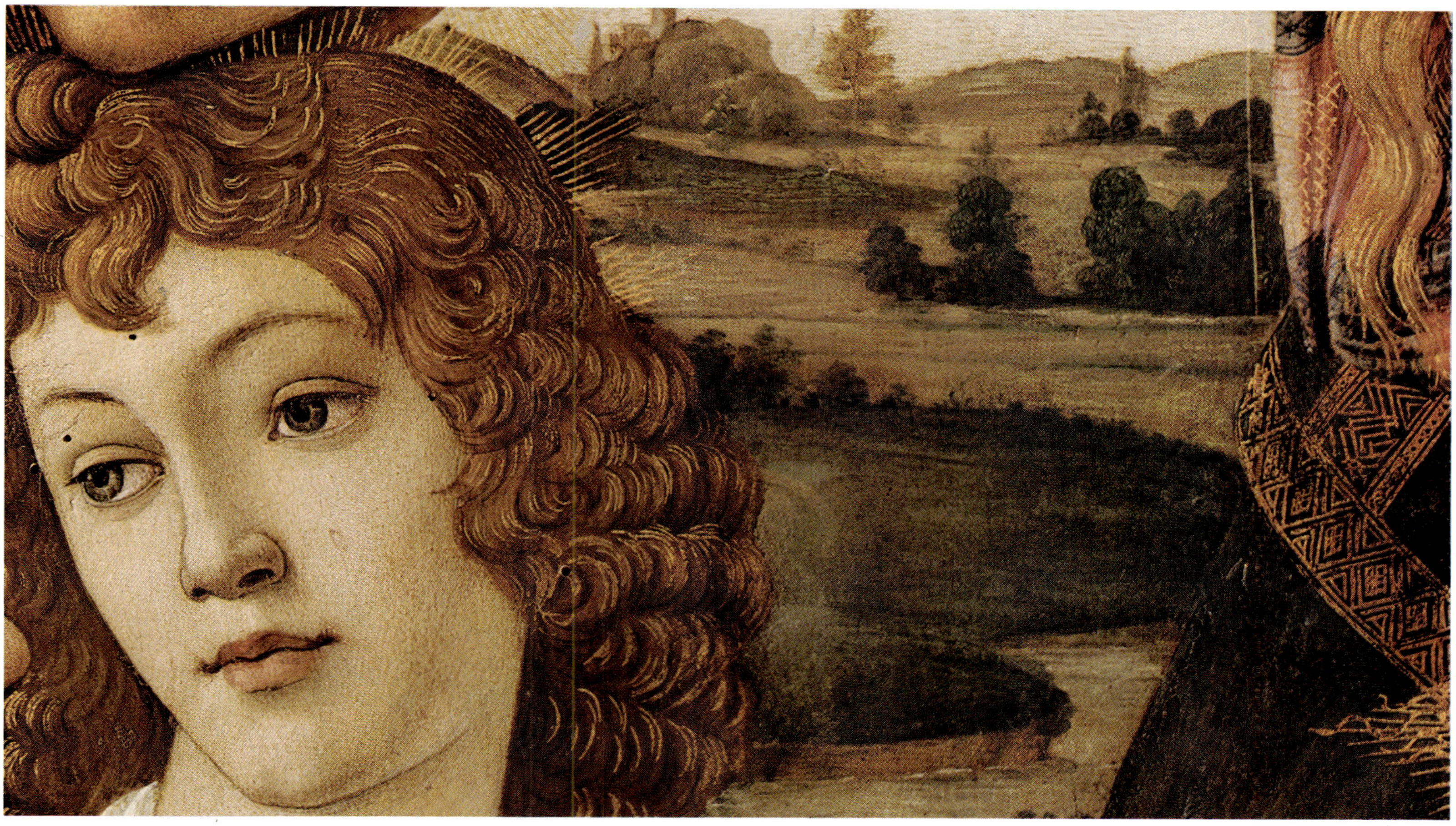

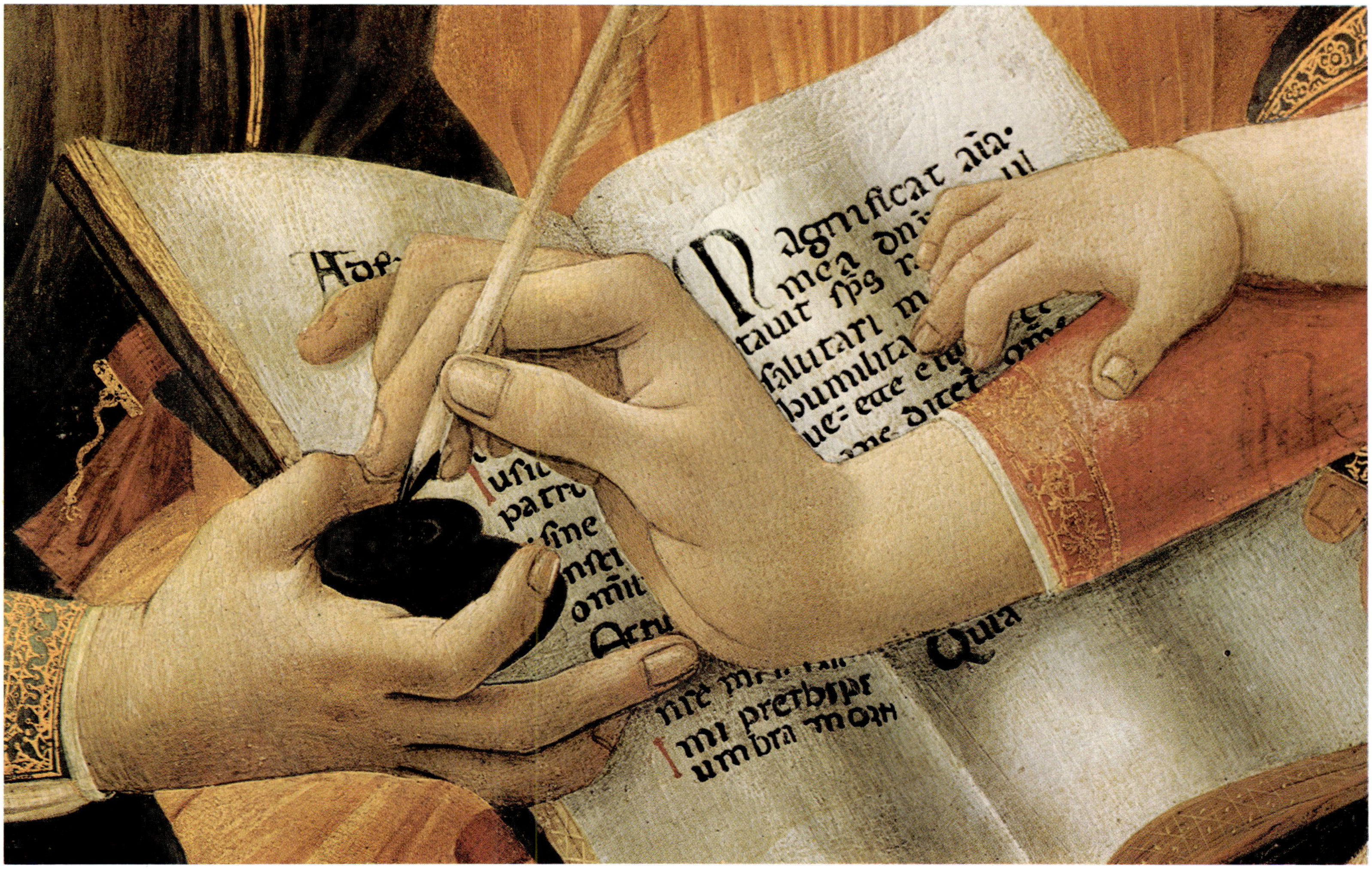

PL. XXVII LA MADONE DU MAGNIFICAT Florence, Uffizi [n. 86]
Détails (chacun, 33,5 cm.).

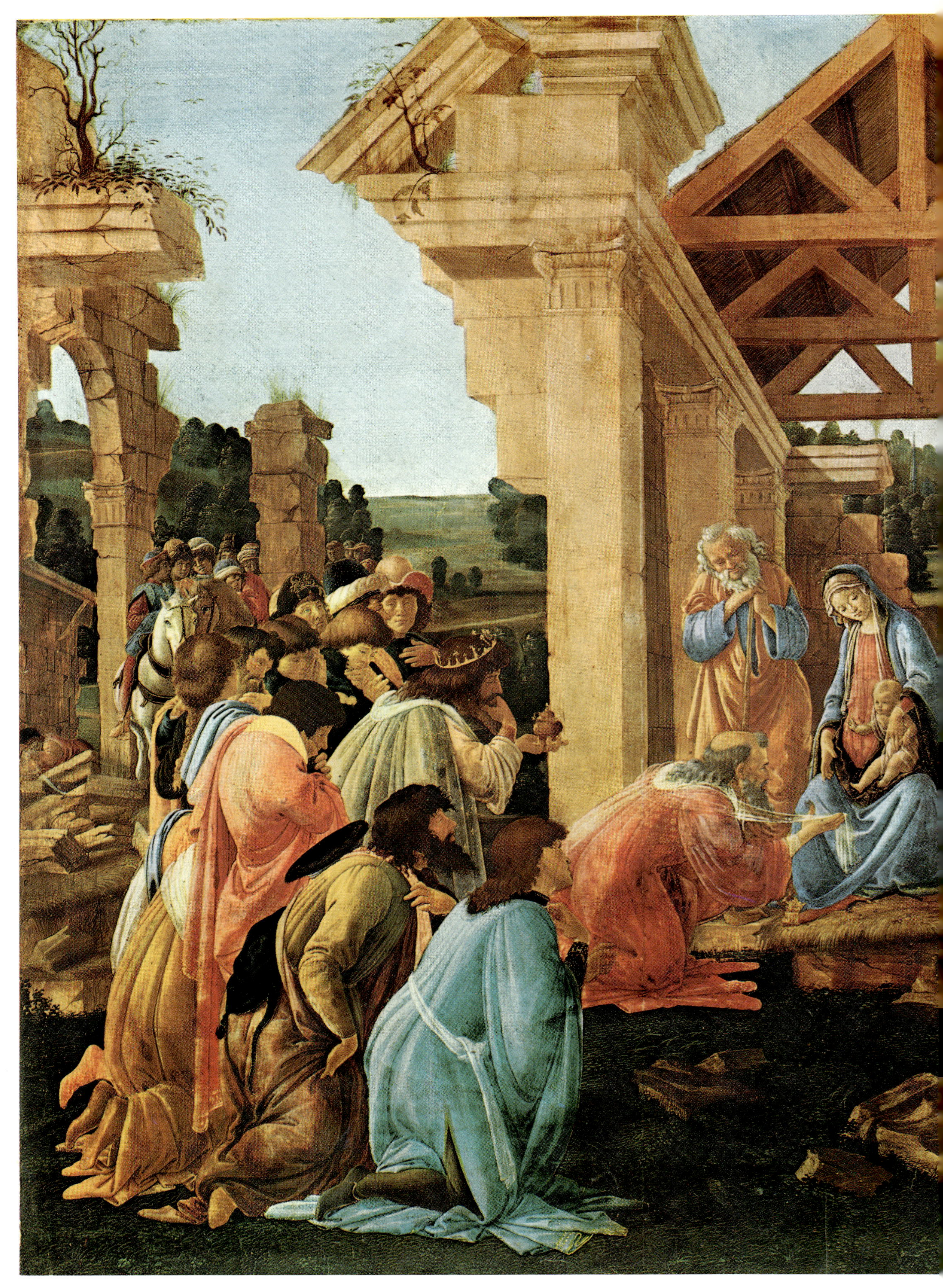

PL. XXVIII-XXIX L'ADORATION DES MAGES Washington, National Gallery [n. 67]
Ensemble (104,2 cm.).

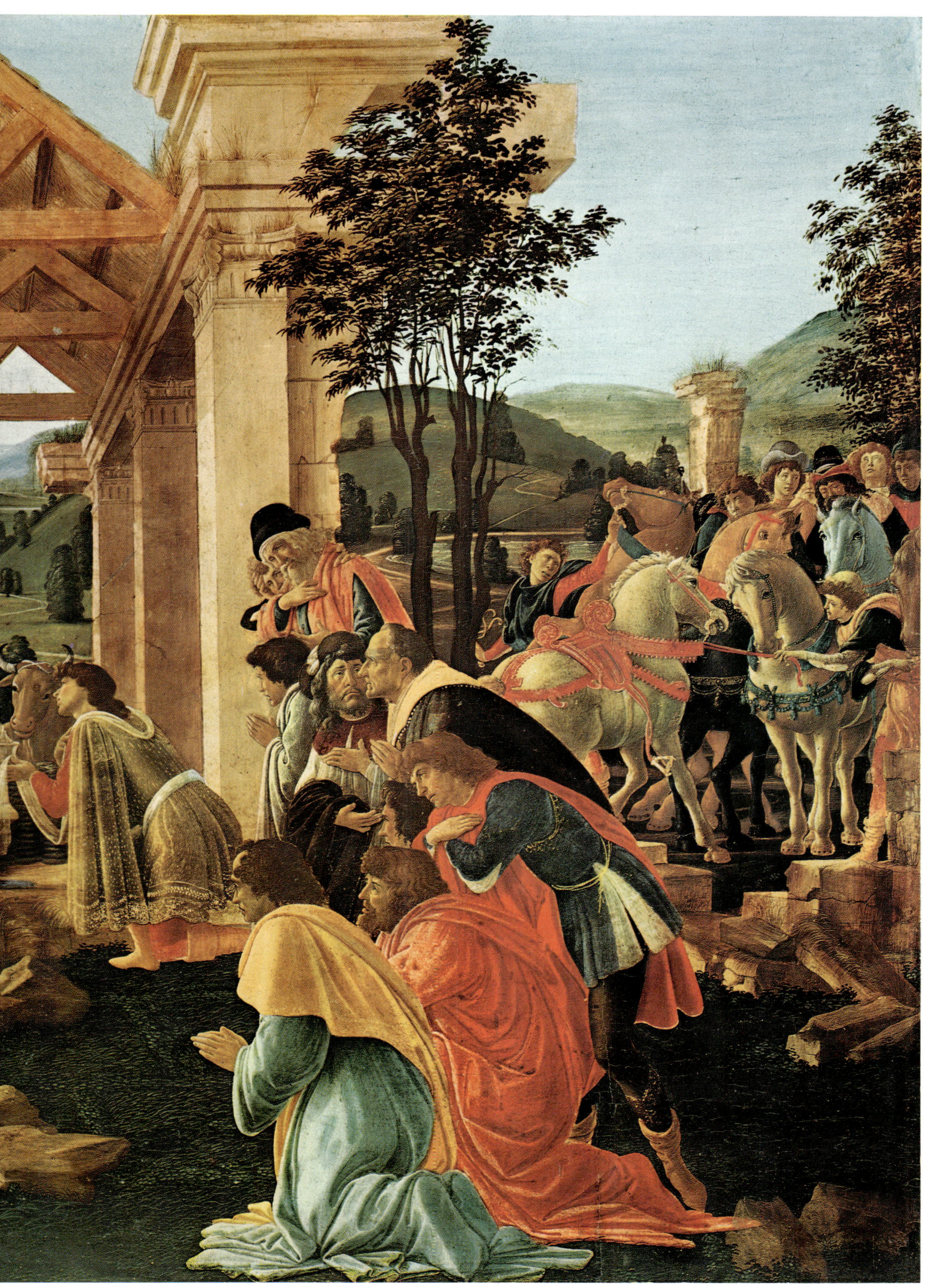

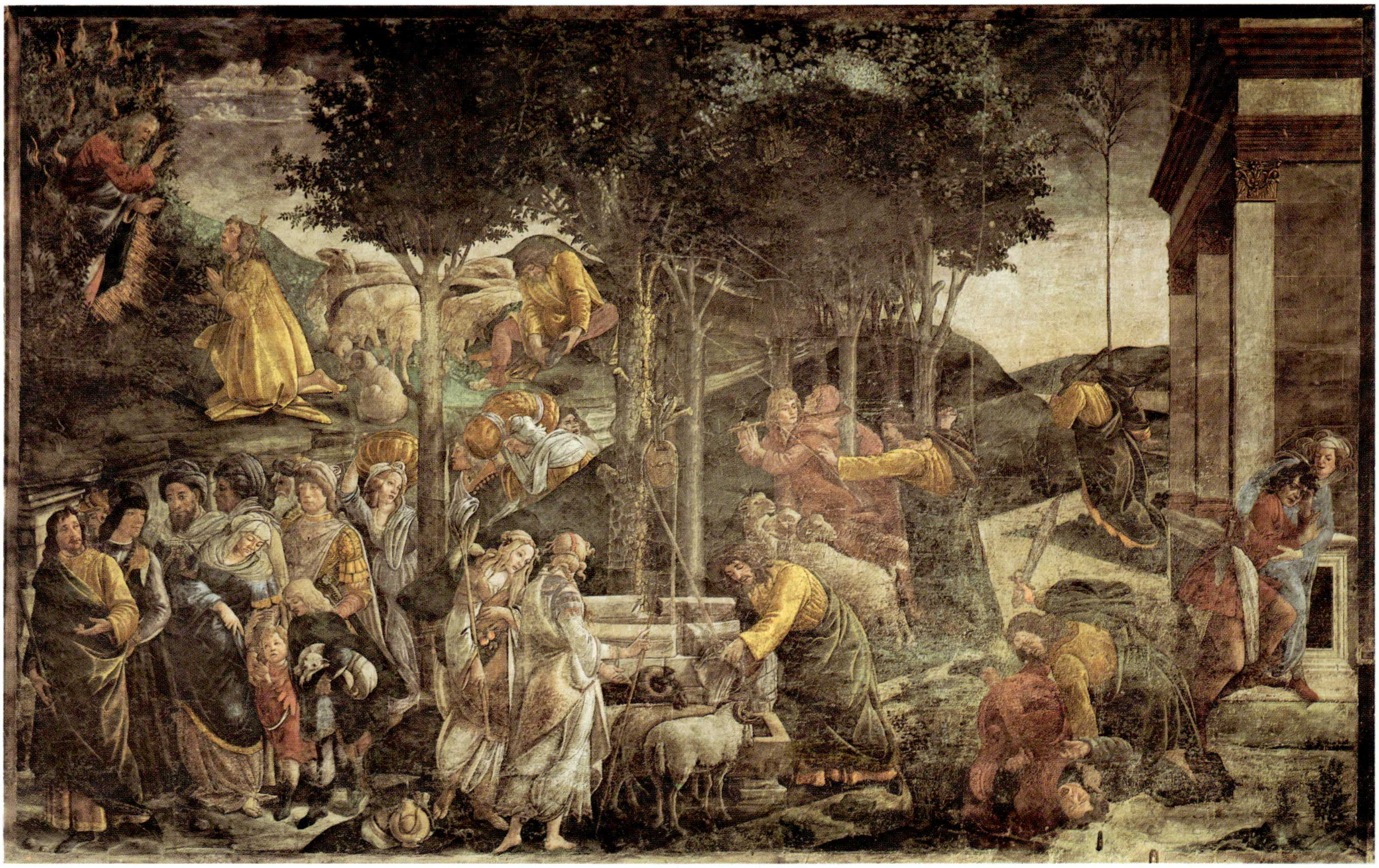

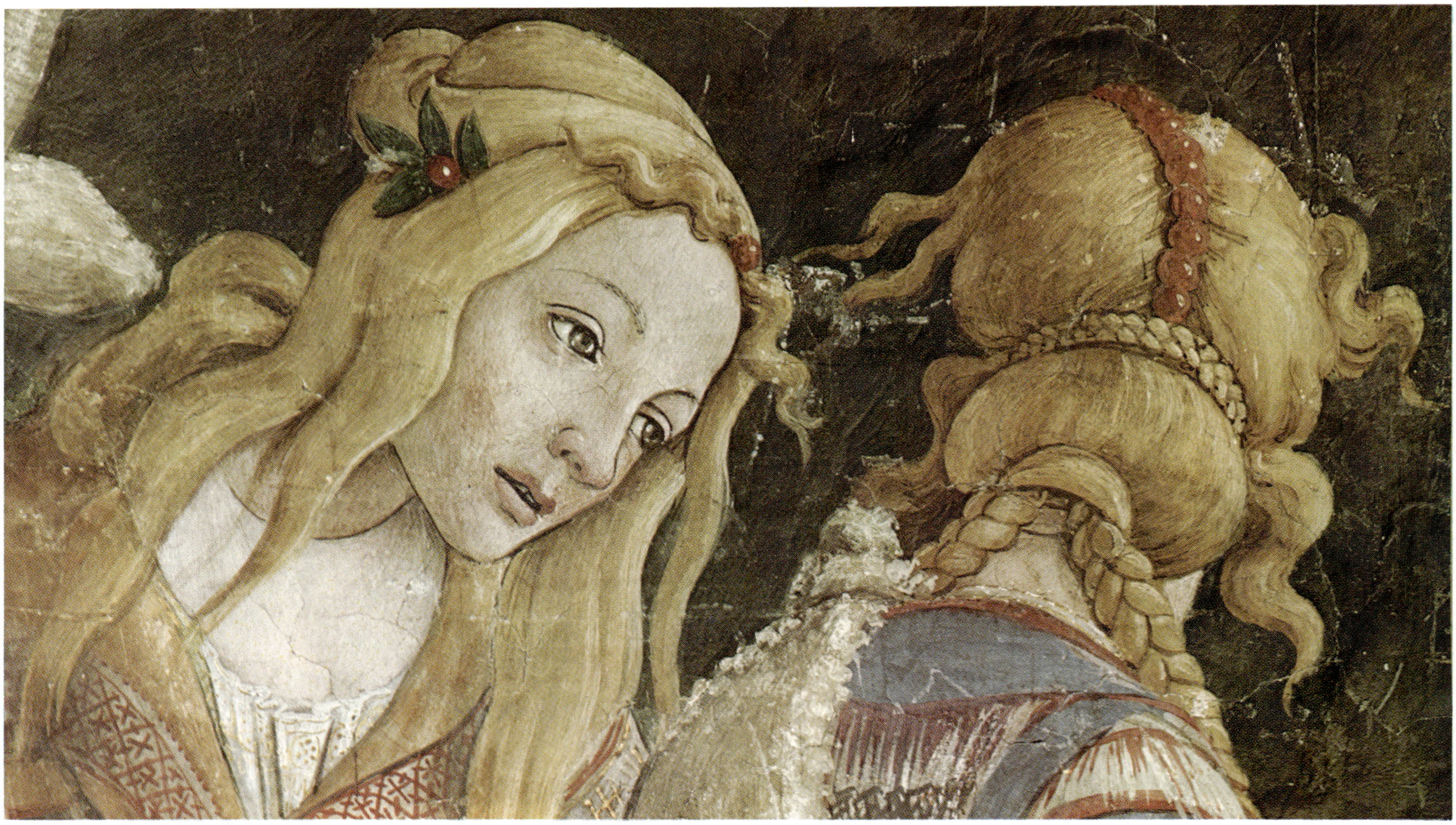

PL. XXX FRESQUES DE LA CHAPELLE SIXTINE Vatican [n. 63]
Ensemble (558 cm.) et détail (50 cm.) des *Epreuves de Moïse* [n. 63 A]

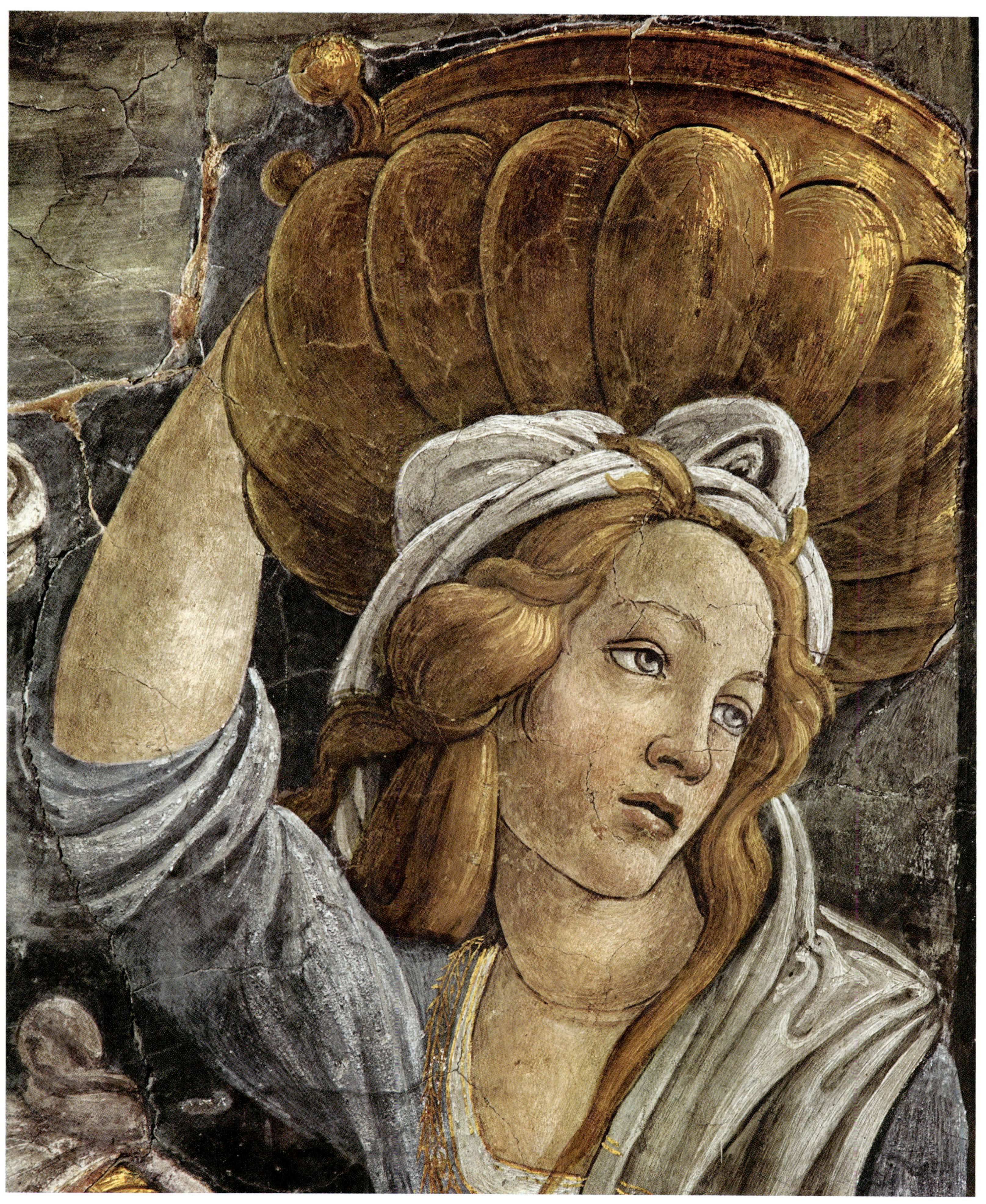

PL. XXXI FRESQUES DE LA CHAPELLE SIXTINE Vatican [n. 63]
Détail (37 cm.) des *Epreuves de Moïse* [n. 63 A]

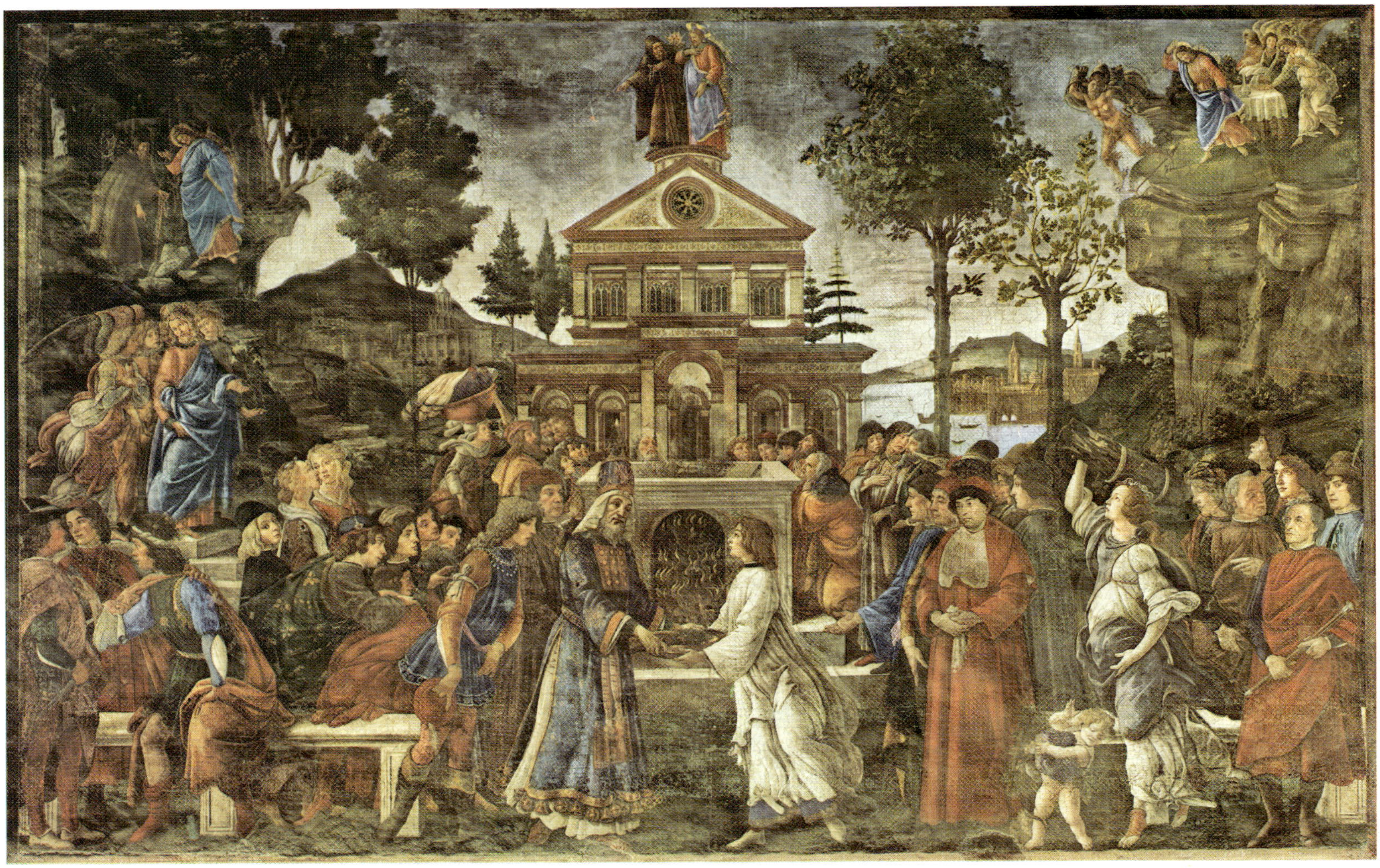

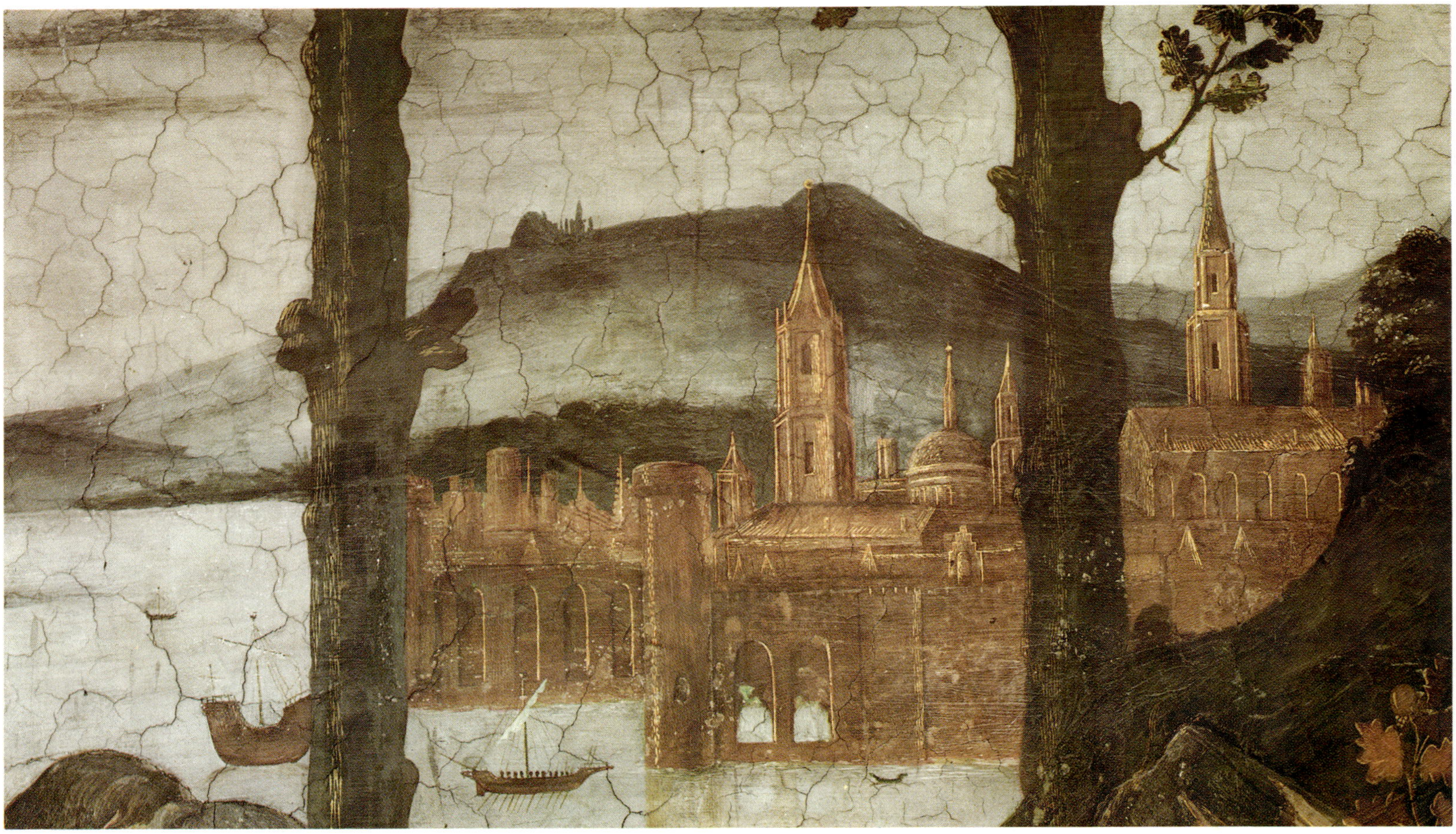

PL. XXXII FRESQUES DE LA CHAPELLE SIXTINE Vatican [n. 63]
Ensemble (555 cm.) et détail (98 cm.) de la *Tentation du Christ* [n. 63 B]

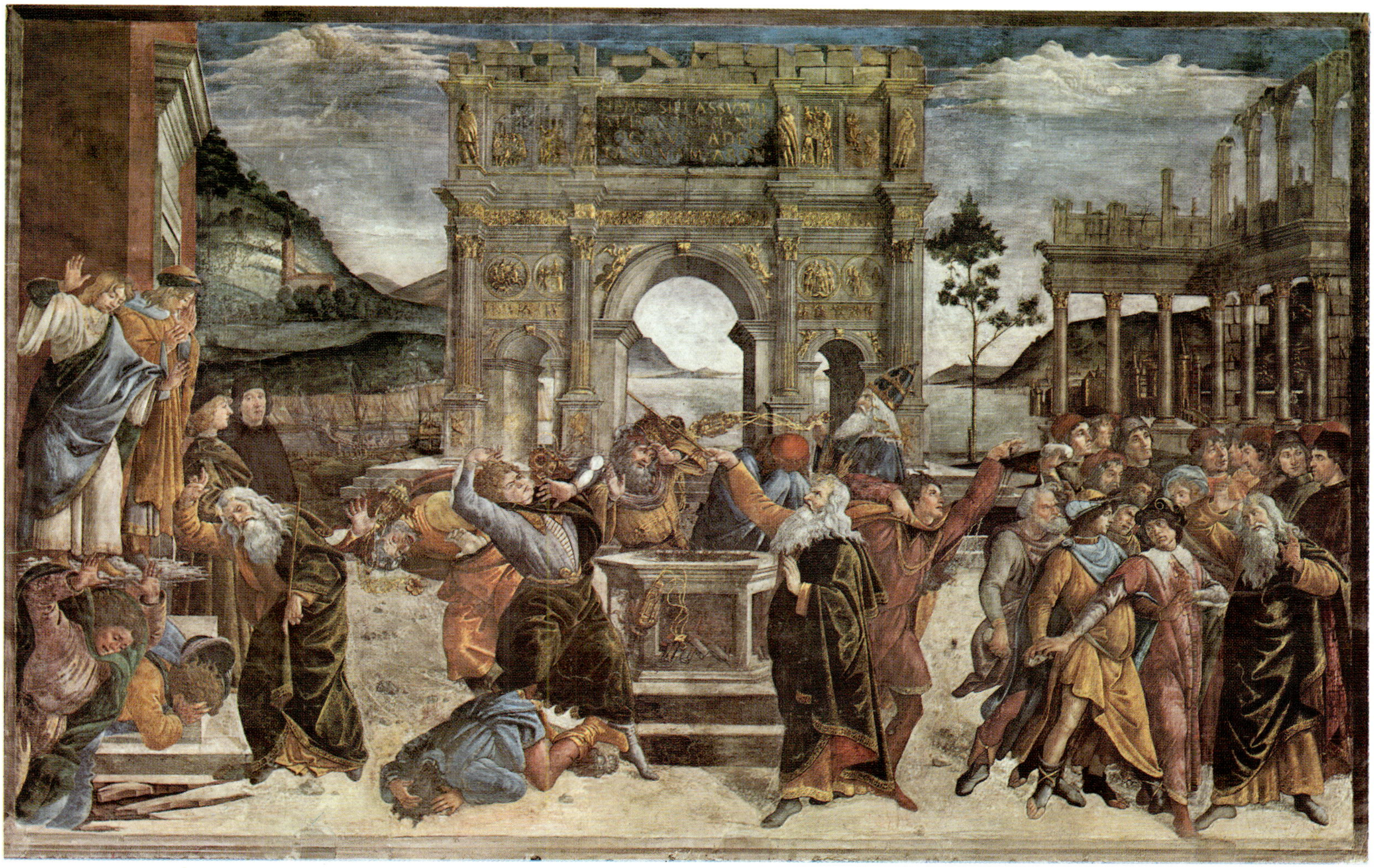

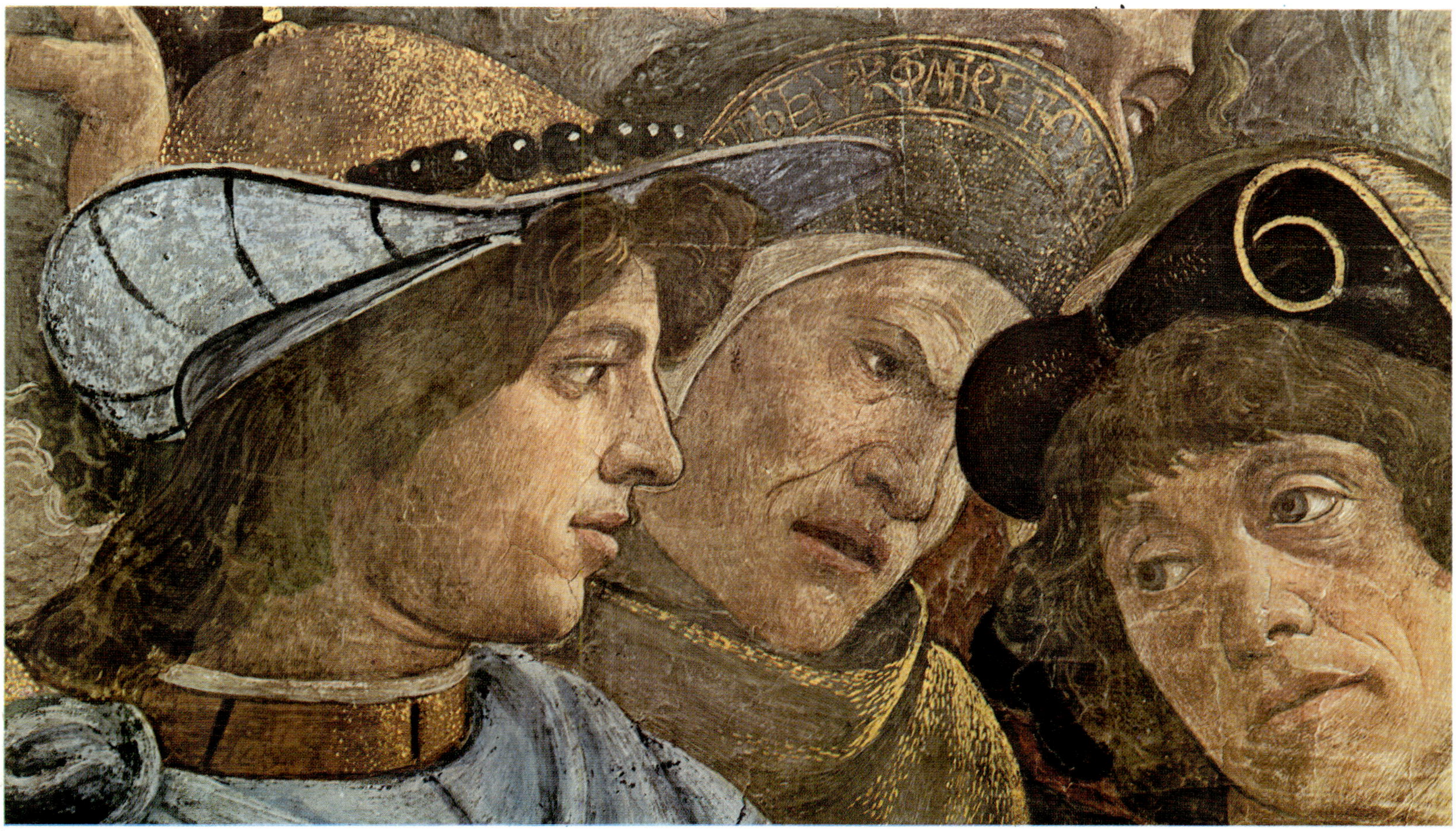

PL. XXXIII FRESQUES DE LA CHAPELLE SIXTINE Vatican [n. 63]
Ensemble (570 cm.) et détail (46 cm.) de la *Punition des rebelles* [n. 63 C]

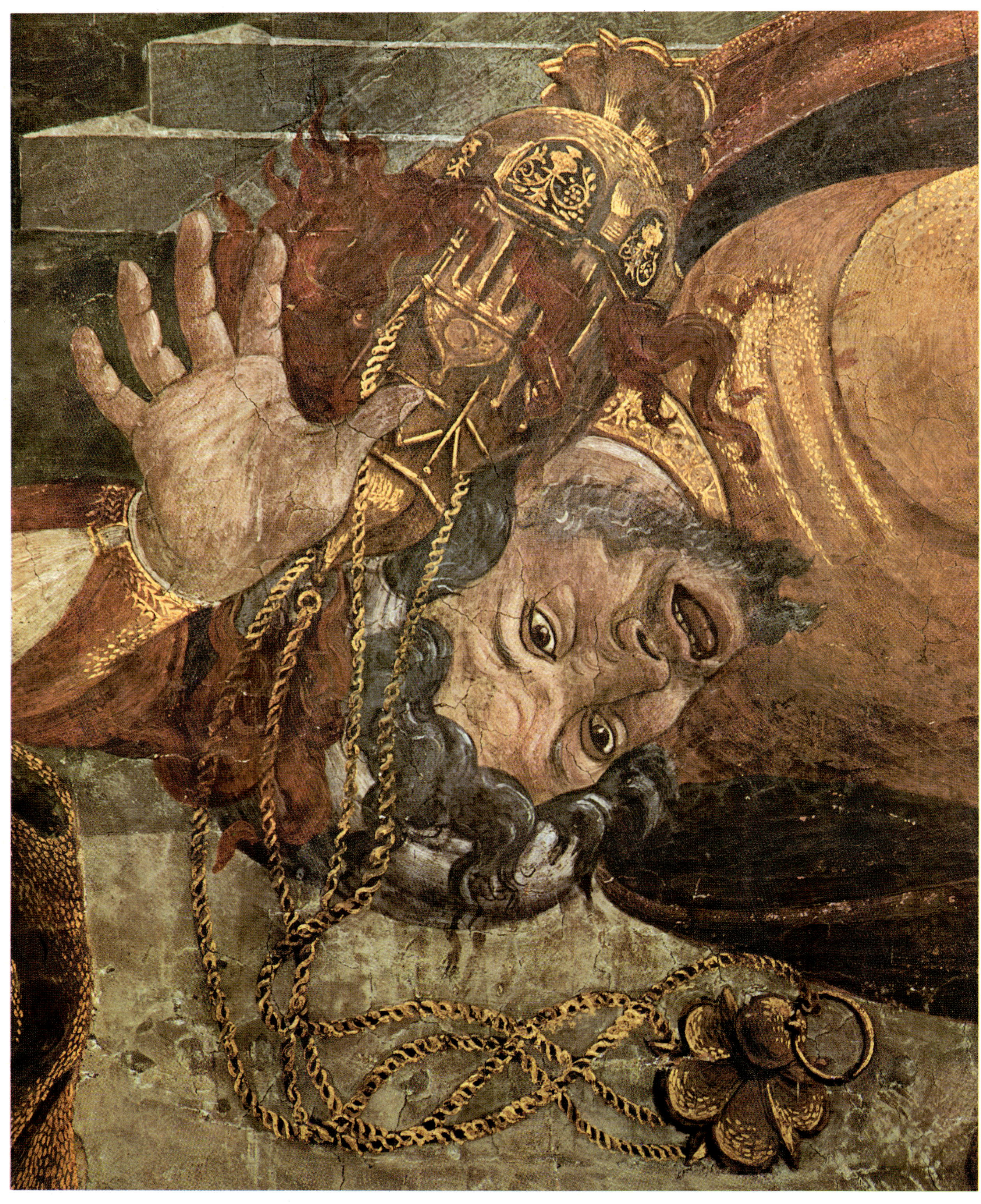

PL. XXXIV FRESQUES DE LA CHAPELLE SIXTINE Vatican [n. 63]
Détail (41 cm.) de la *Punition des rebelles* [n. 63 C]

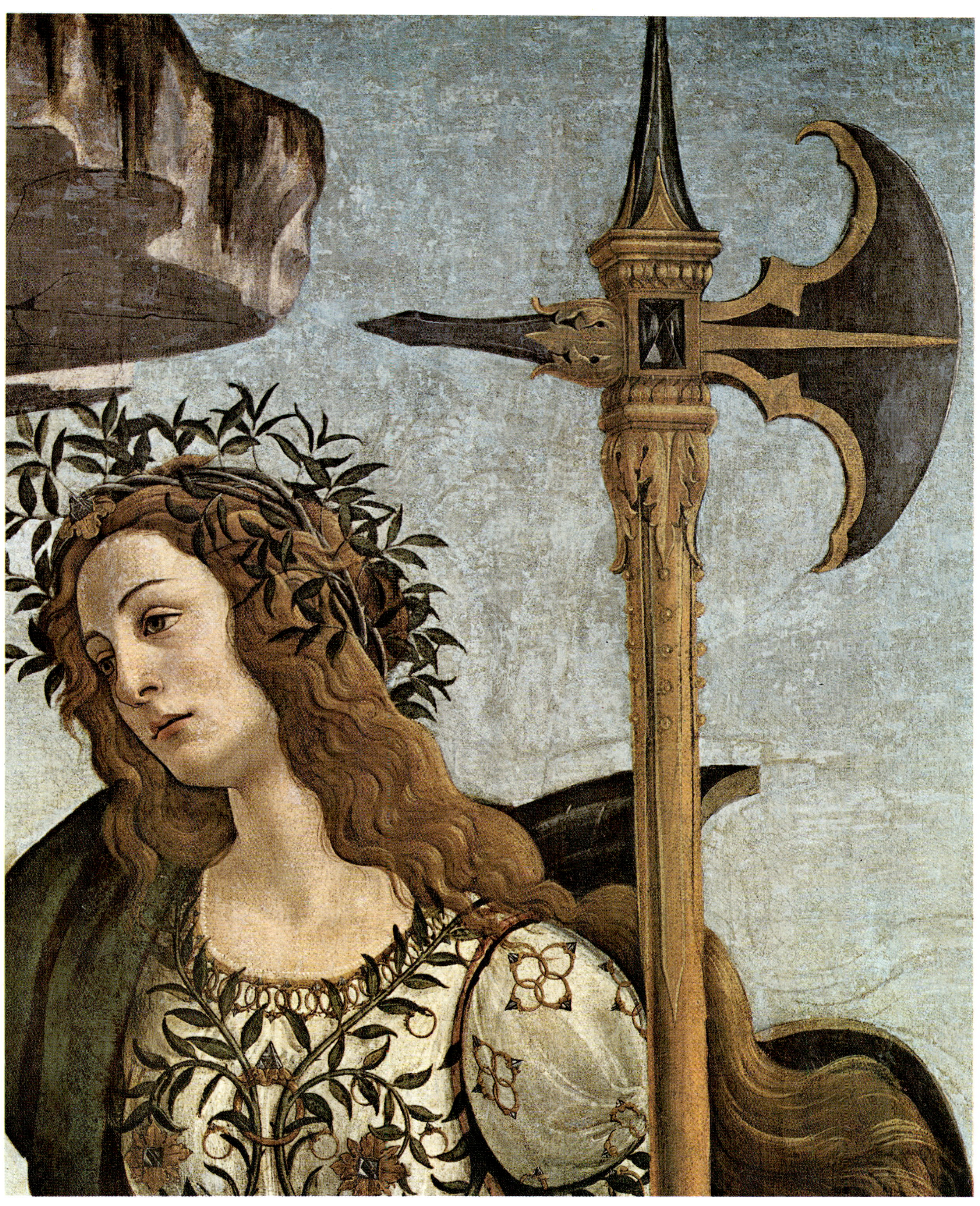

PL. XXXV MINERVE ET LE CENTAURE Florence, Uffizi [n. 71]
Détail (64 cm.).

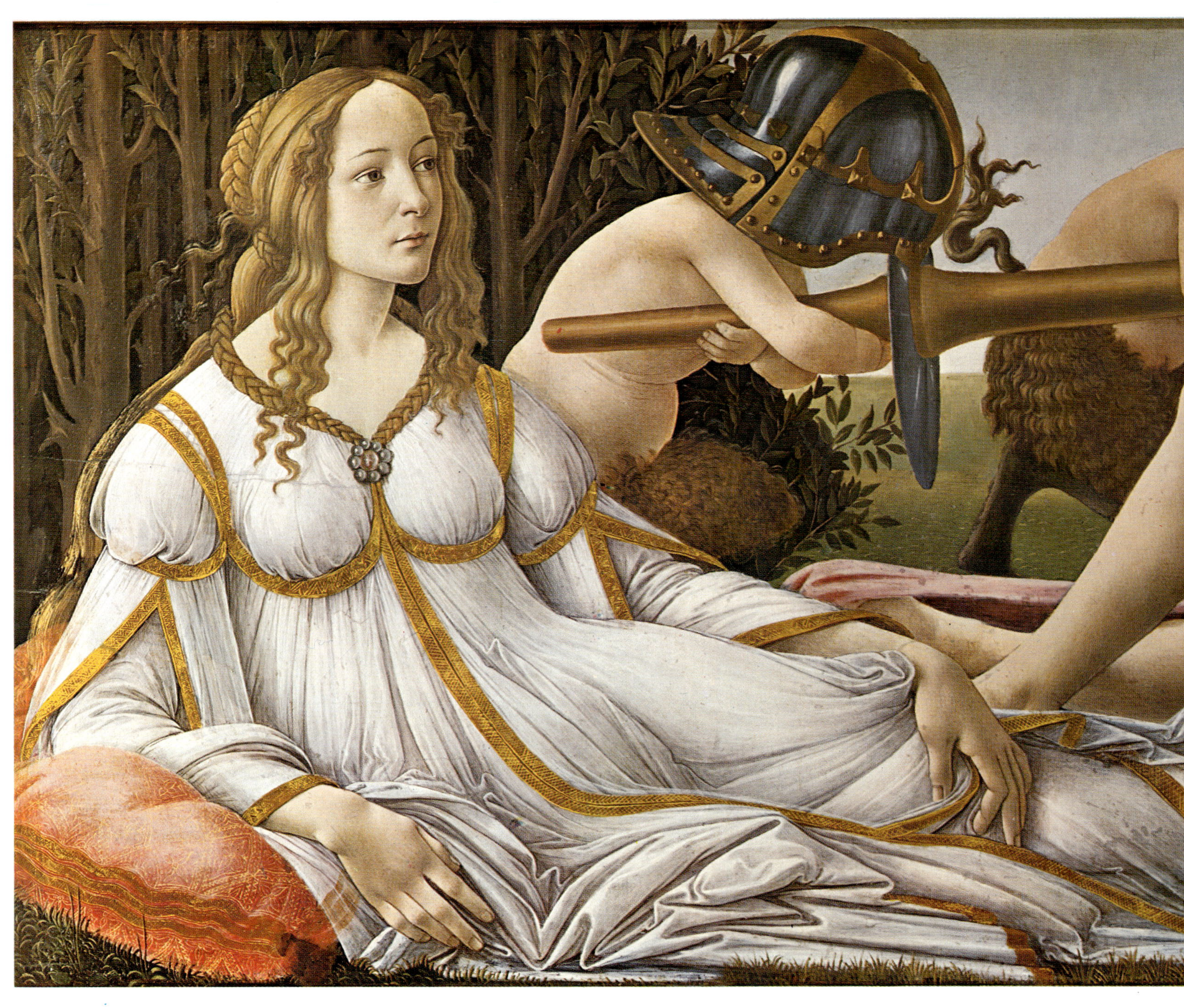

PL. XXXVI-XXXVII MARS ET VÉNUS Londres, National Gallery [n. 75]
Ensemble (173,5 cm.).

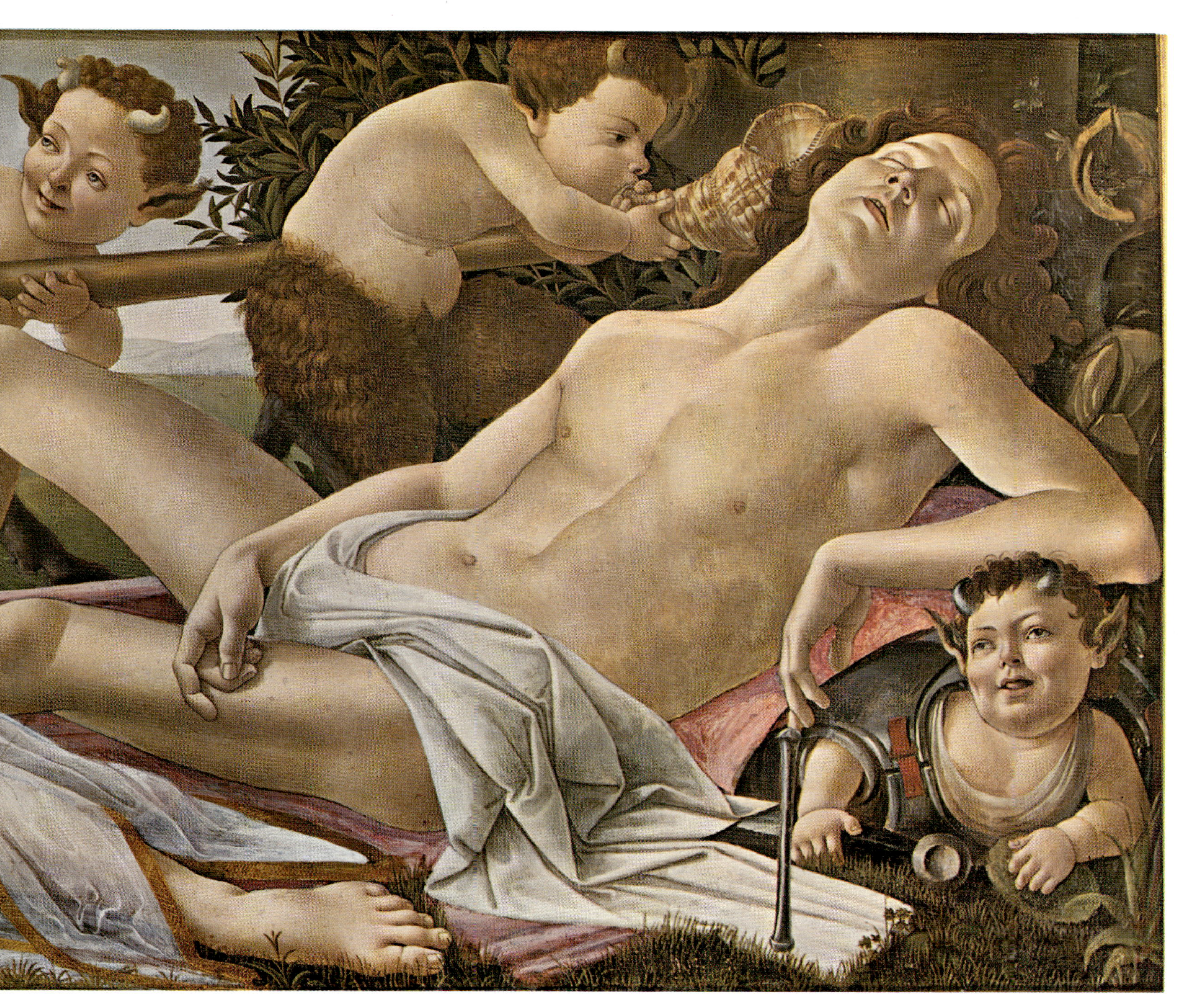

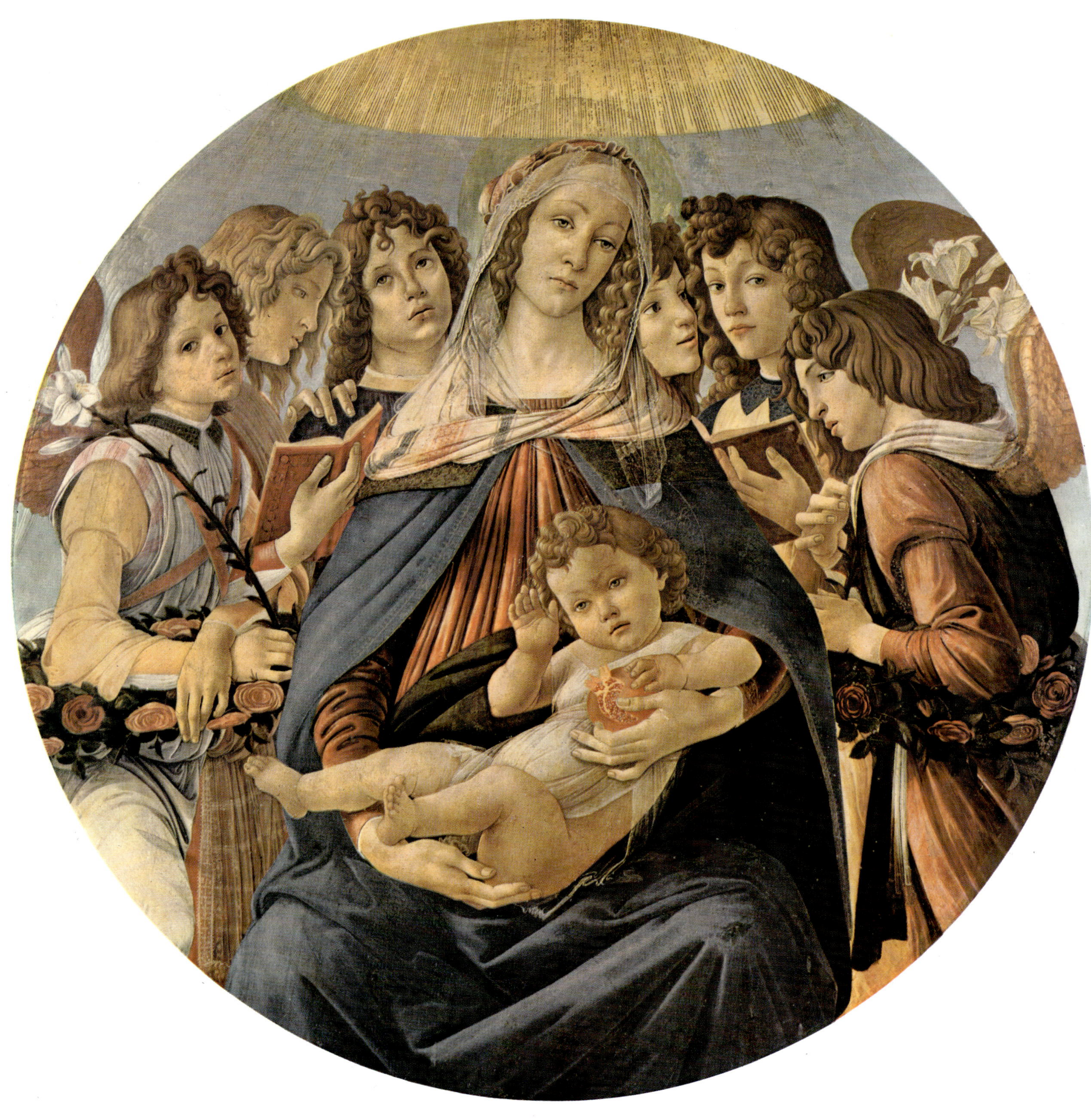

PL. XXXVIII LA MADONE À LA GRENADE Florence, Uffizi [n. 89]
Ensemble (diamètre: 143,5 cm.).

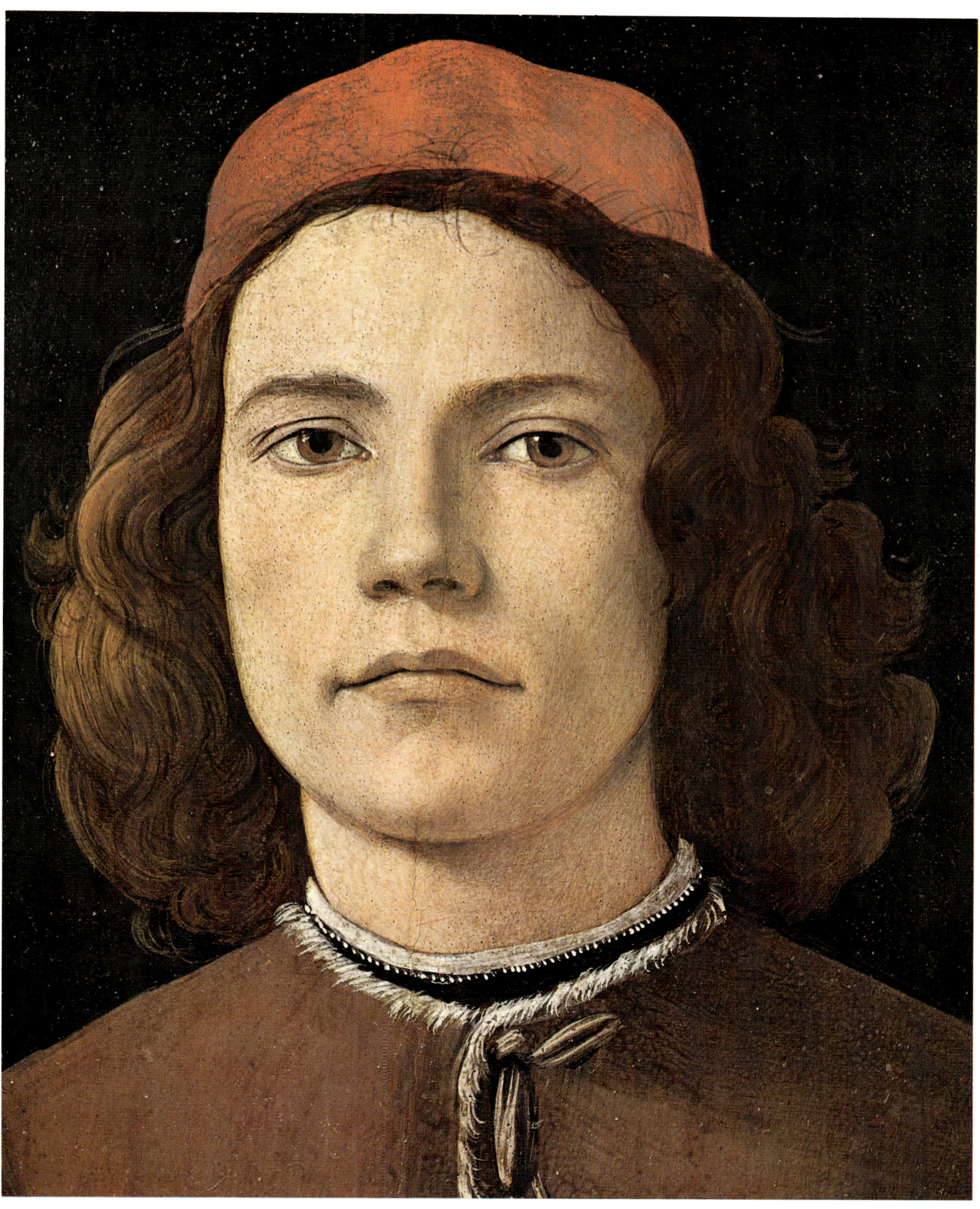

PL. XXXIX PORTRAIT DE JEUNE HOMME Londres, National Gallery [n. 77]
Détail (grandeur nature).

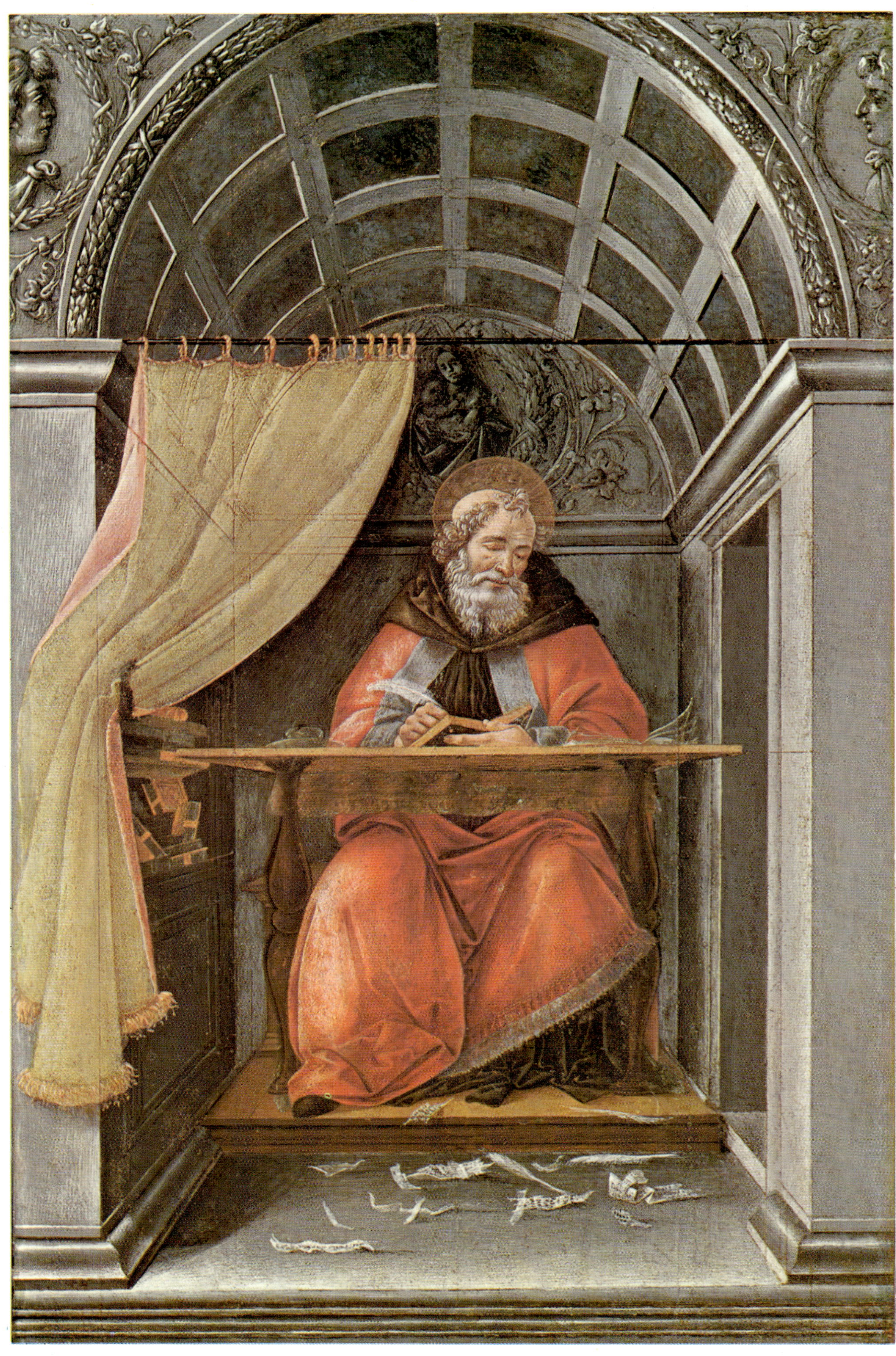

PL. XL SAINT AUGUSTIN Florence, Uffizi [n. 120]
Ensemble (27 cm.).

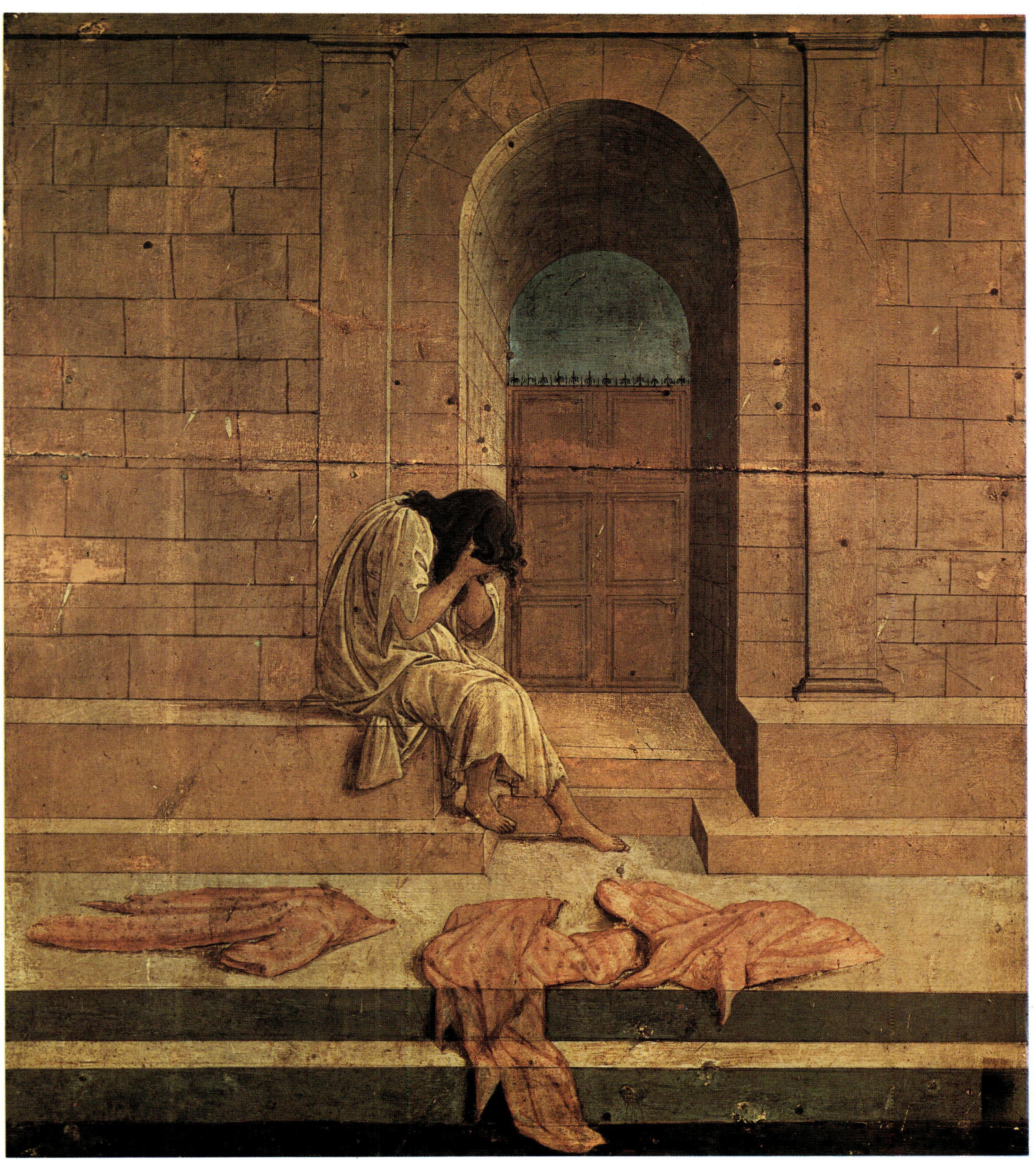

PL. XLI LA FEMME ABANDONNÉE Rome, Collection Rospigliosi [n. 139]
Ensemble (41 cm.).

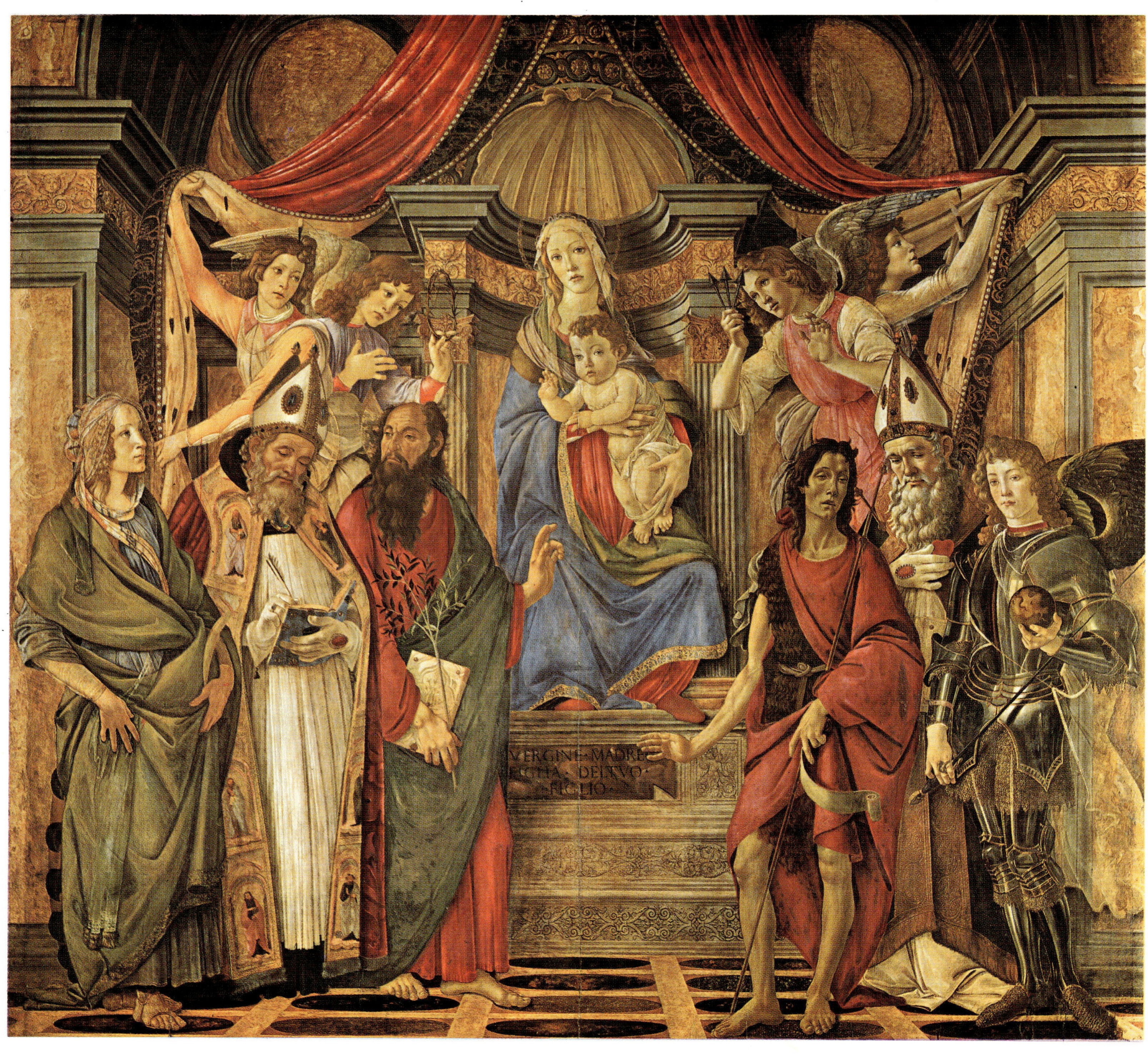

PL. XLII RETABLE DE SAN BARNABA Florence, Uffizi [n. 94]
Ensemble (280 cm.) de la *Vierge à l'Enfant sur le trône entourés de quatre anges et six saints* [n. 94 A]

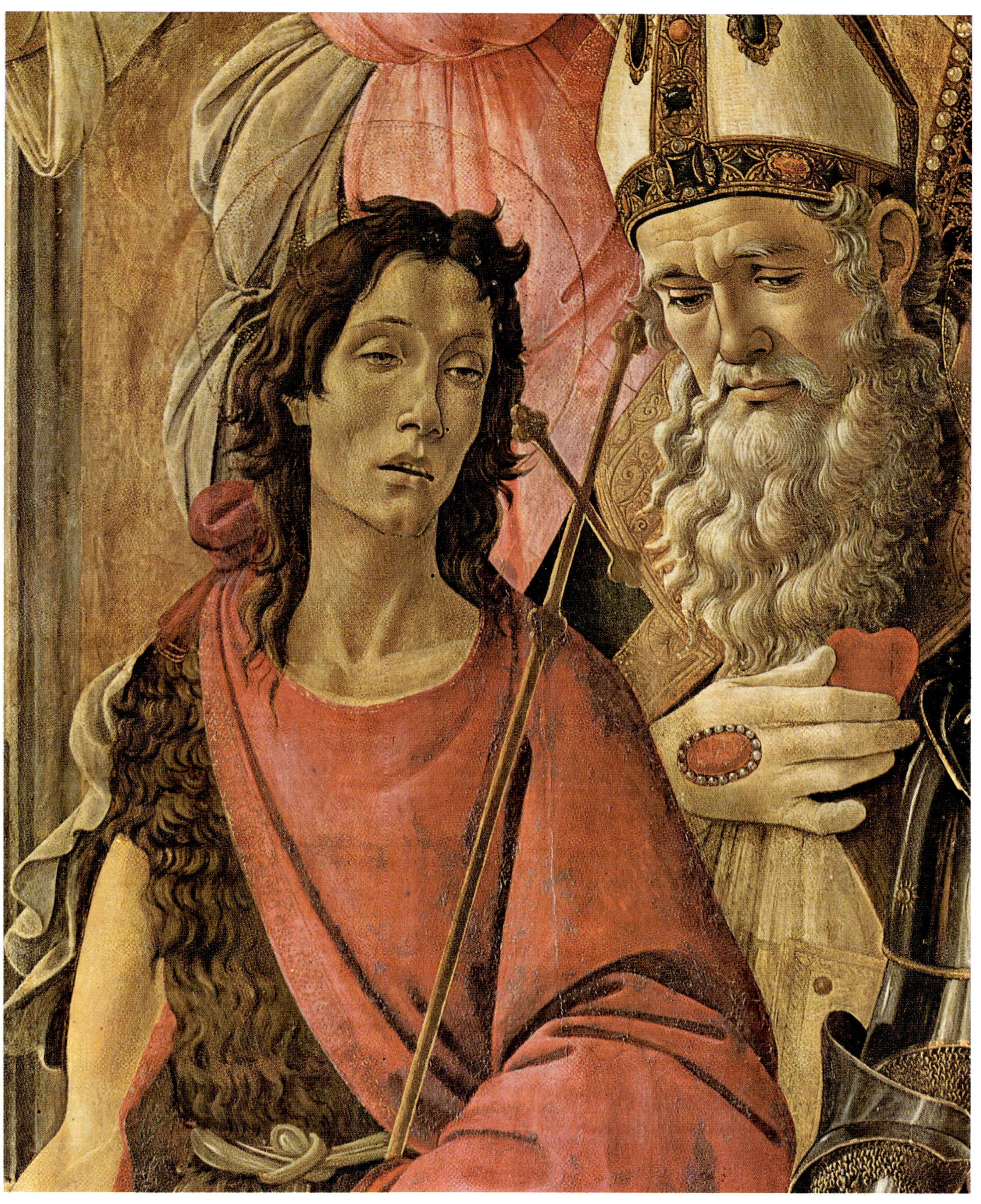

PL. XLIII RETABLE DE SAN BARNABA Florence, Uffizi [n. 94]
Détail (57,5 cm.) de la *Vierge à l'Enfant sur le trône entourés de quatre anges et six saints* [n. 94 A]

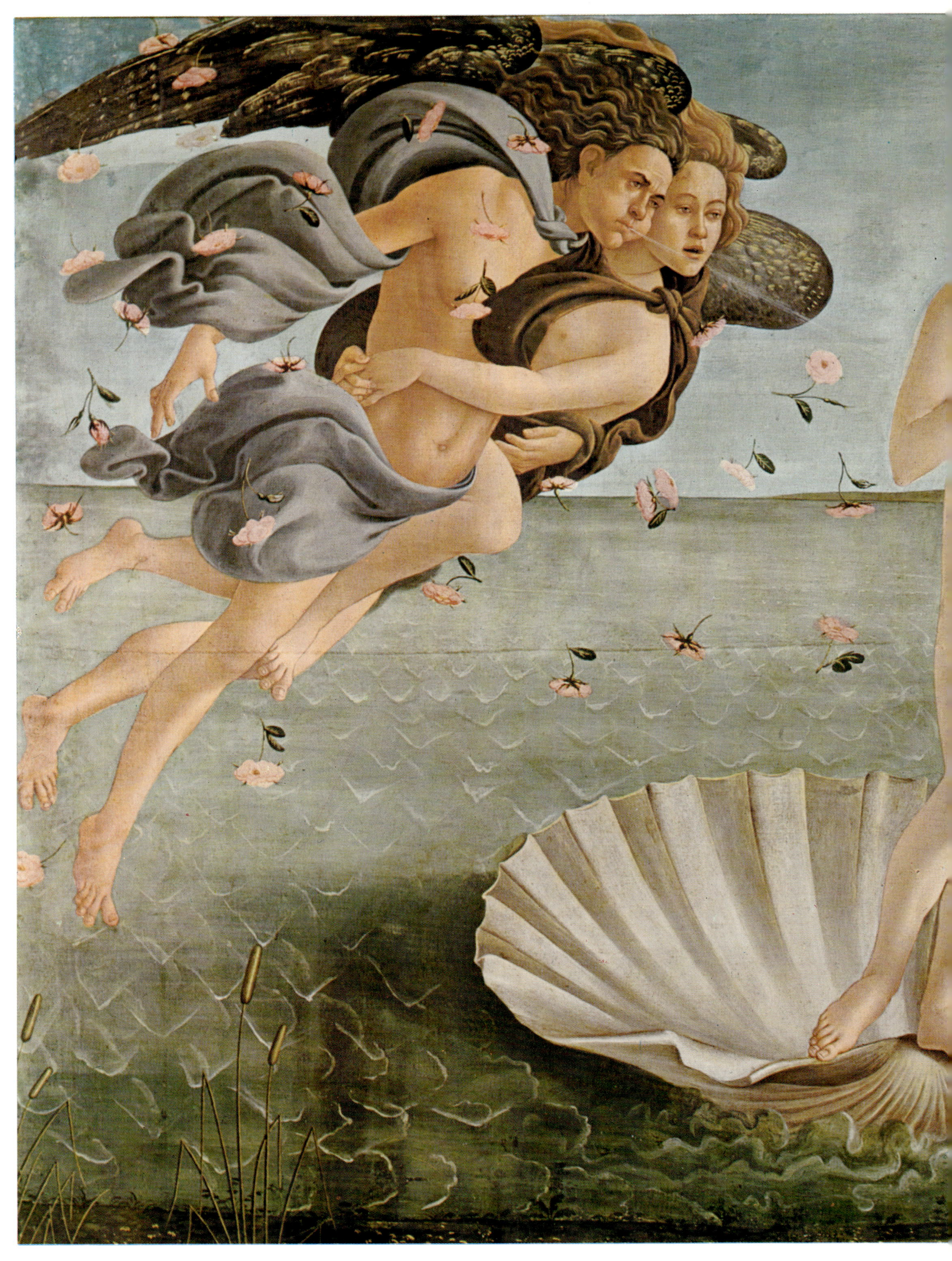

PL. XLIV-XLV LA NAISSANCE DE VÉNUS Florence, Uffizi [n. 72]
Ensemble (278,5 cm.).

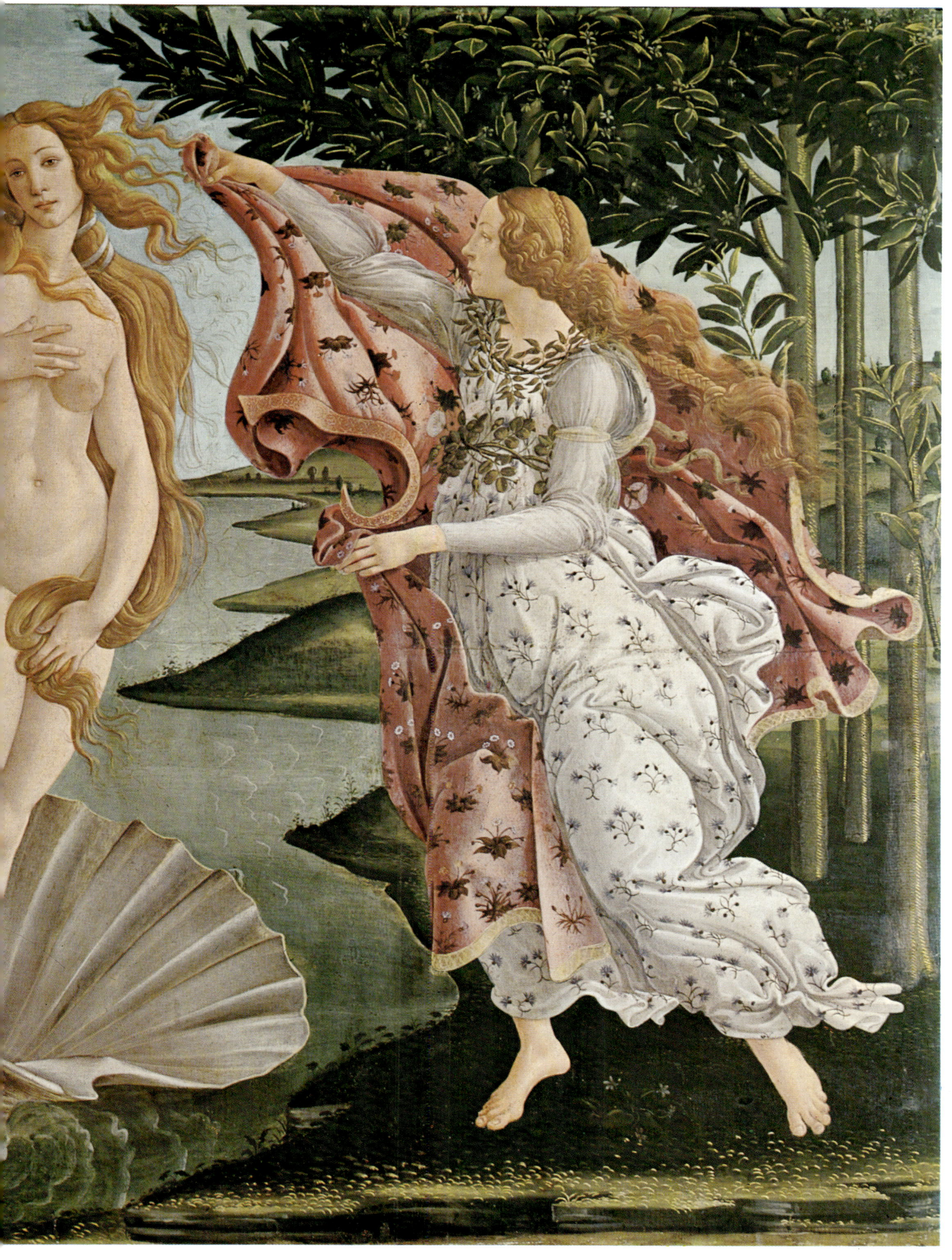

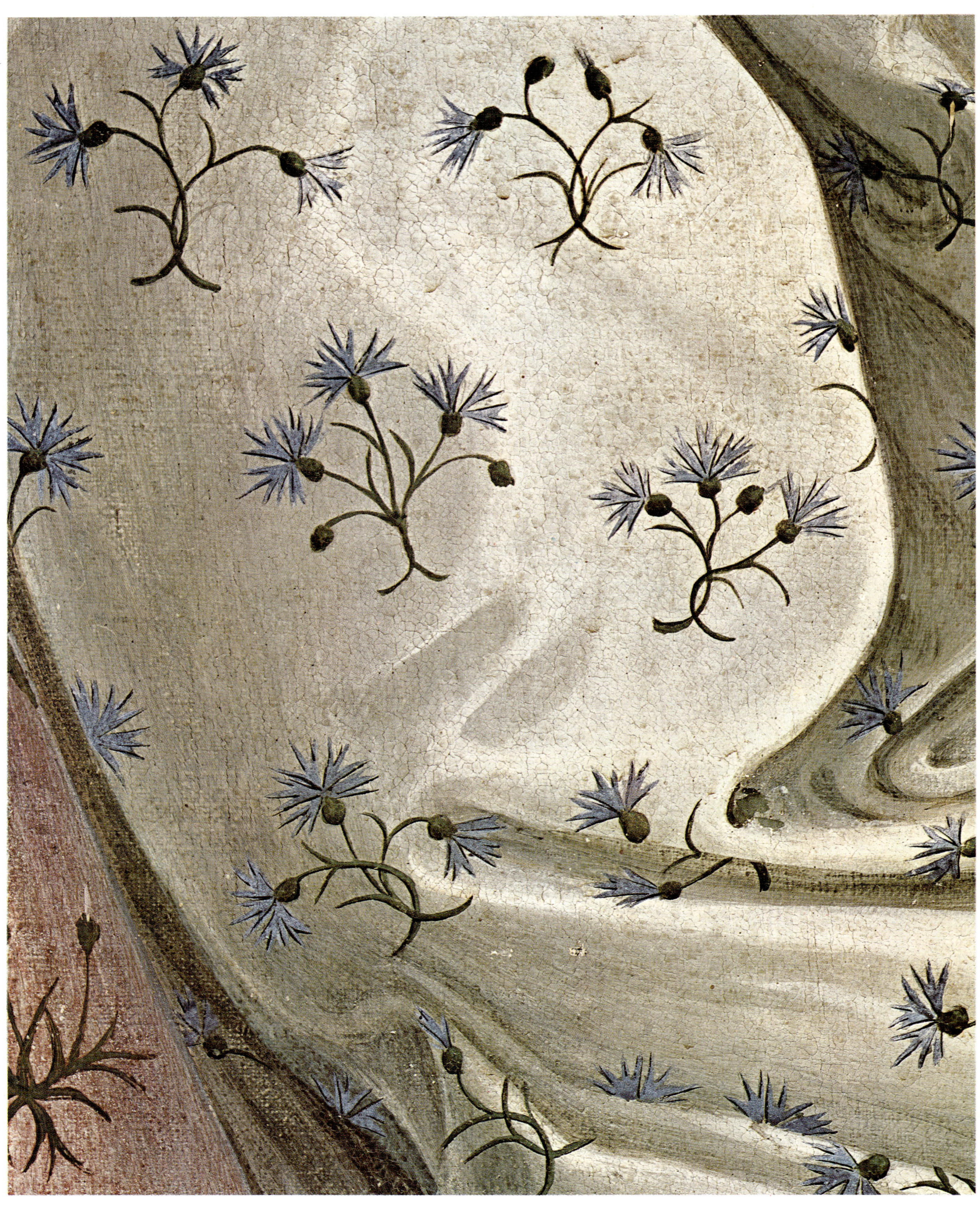

PL. XLVI LA NAISSANCE DE VÉNUS Florence, Uffizi [n. 72]
Détail (grandeur nature).

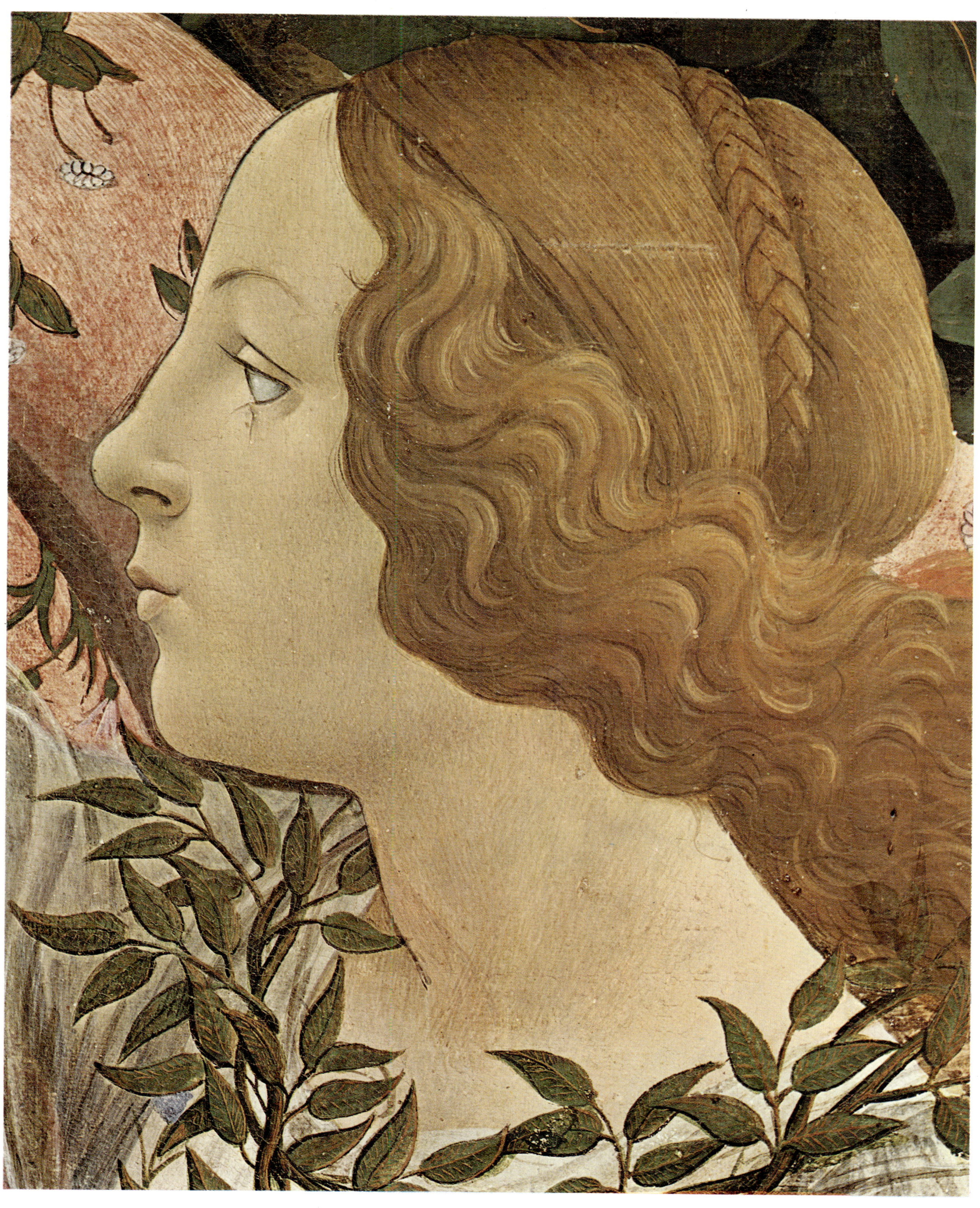

PL. XLVII LA NAISSANCE DE VÉNUS Florence, Uffizi [n. 72]
Détail (grandeur nature).

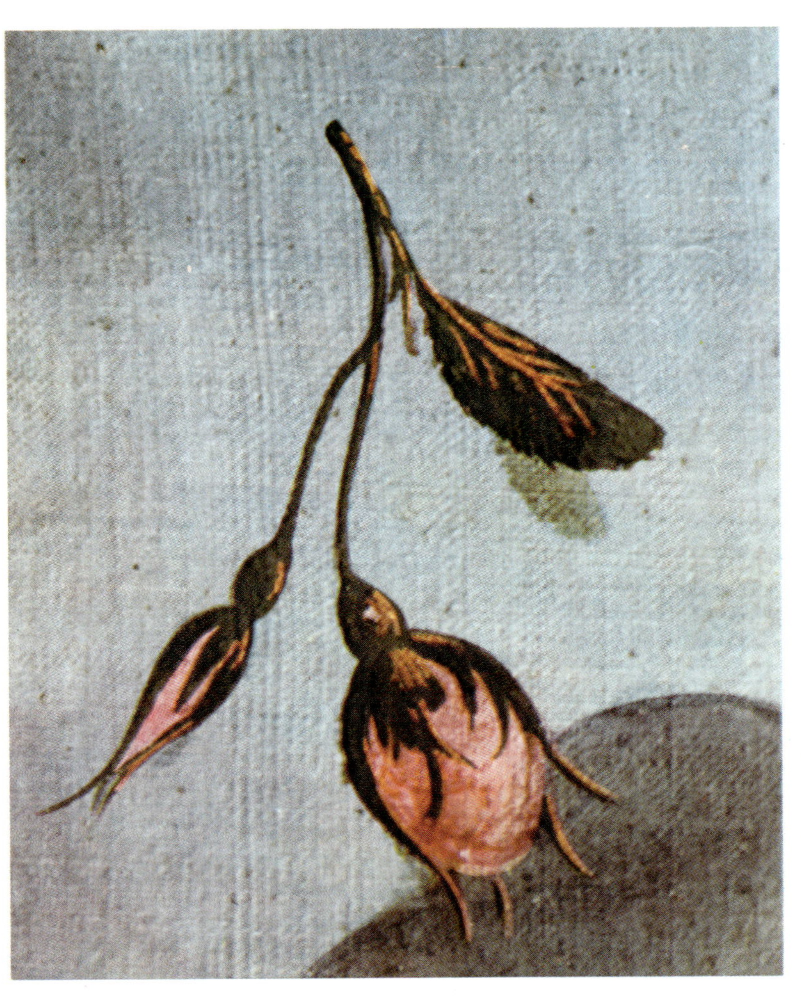
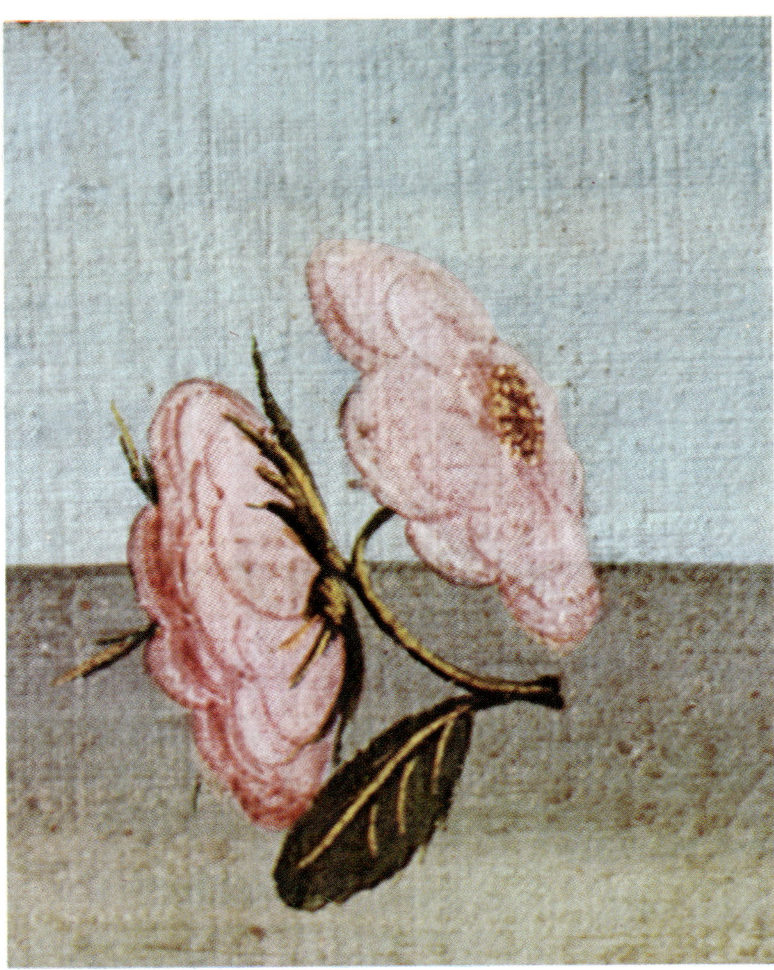
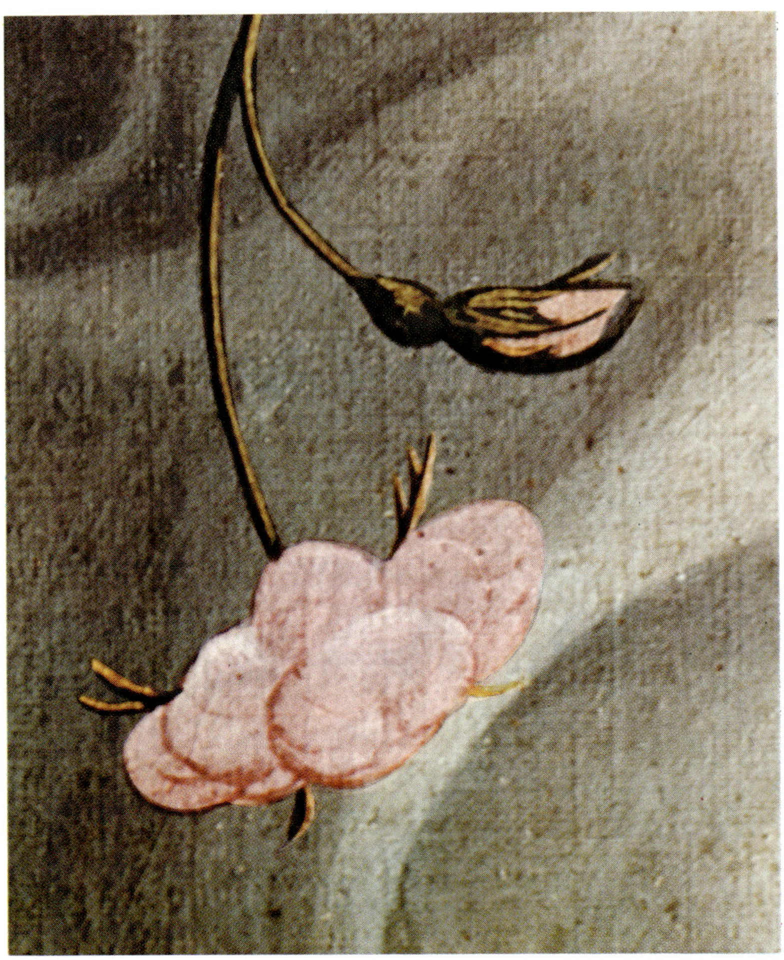
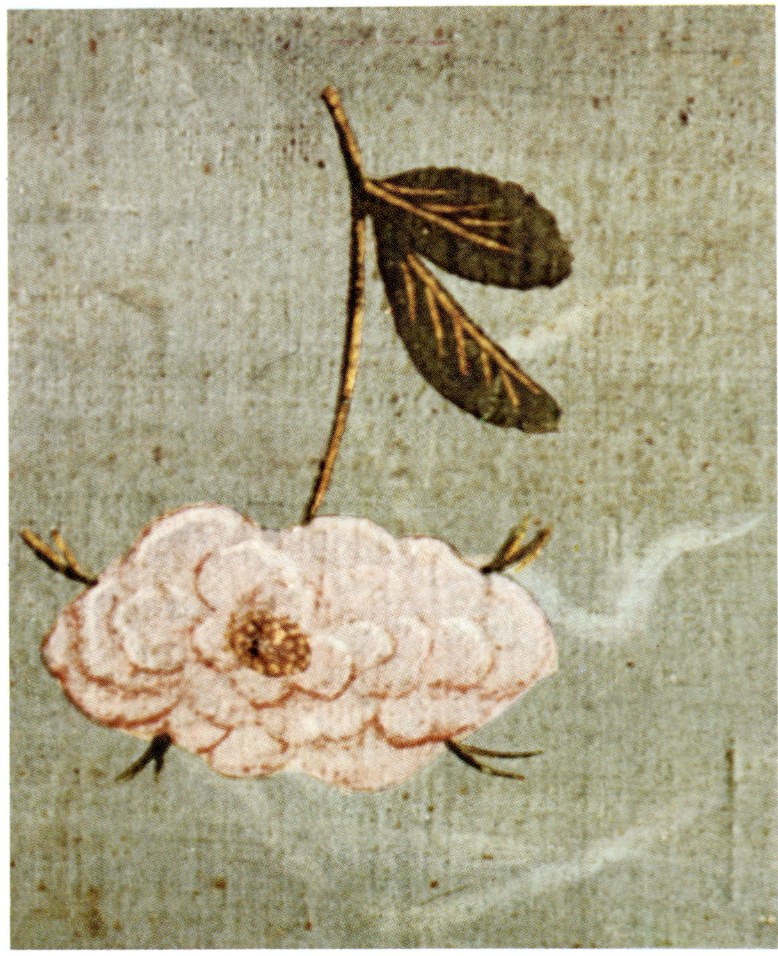

PL. XLVIII LA NAISSANCE DE VÉNUS Florence, Uffizi [n. 72]
Détails (chacun grandeur nature).

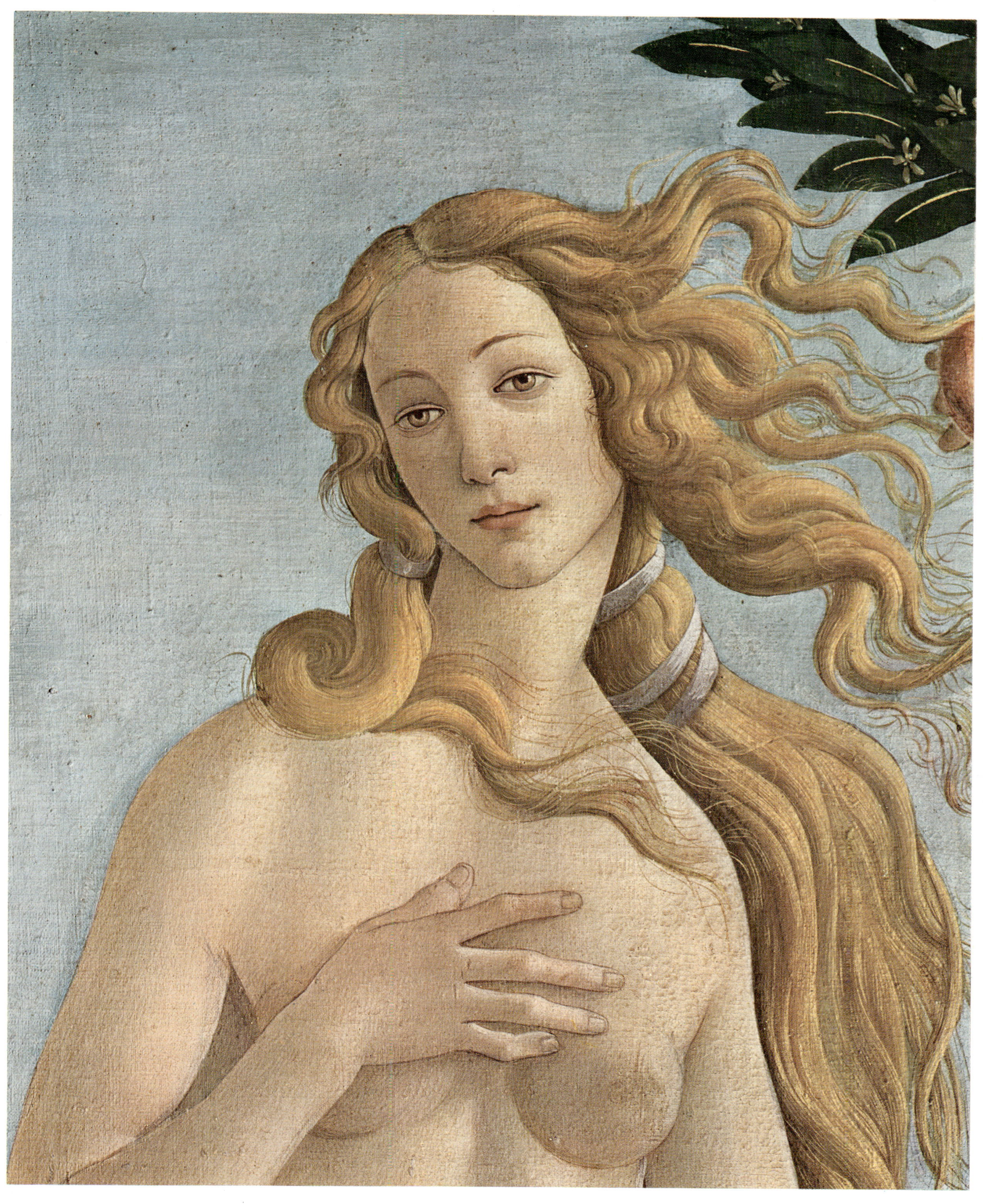

PL. IL LA NAISSANCE DE VÉNUS Florence, Uffizi [n. 72]
Détail (45 cm.).

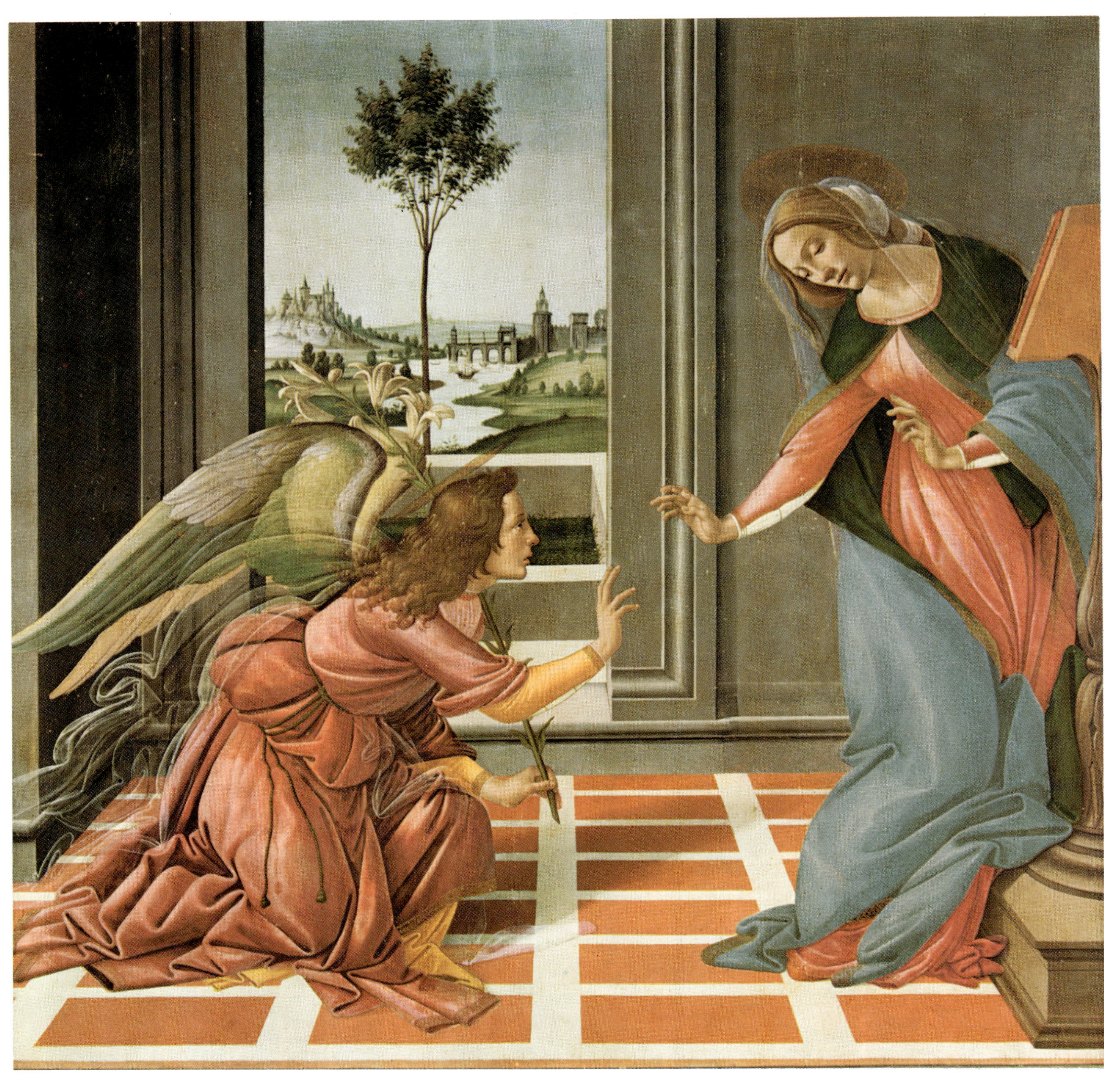

PL. L L'ANNONCIATION Florence, Uffizi [n. 102]
Ensemble (156 cm.).

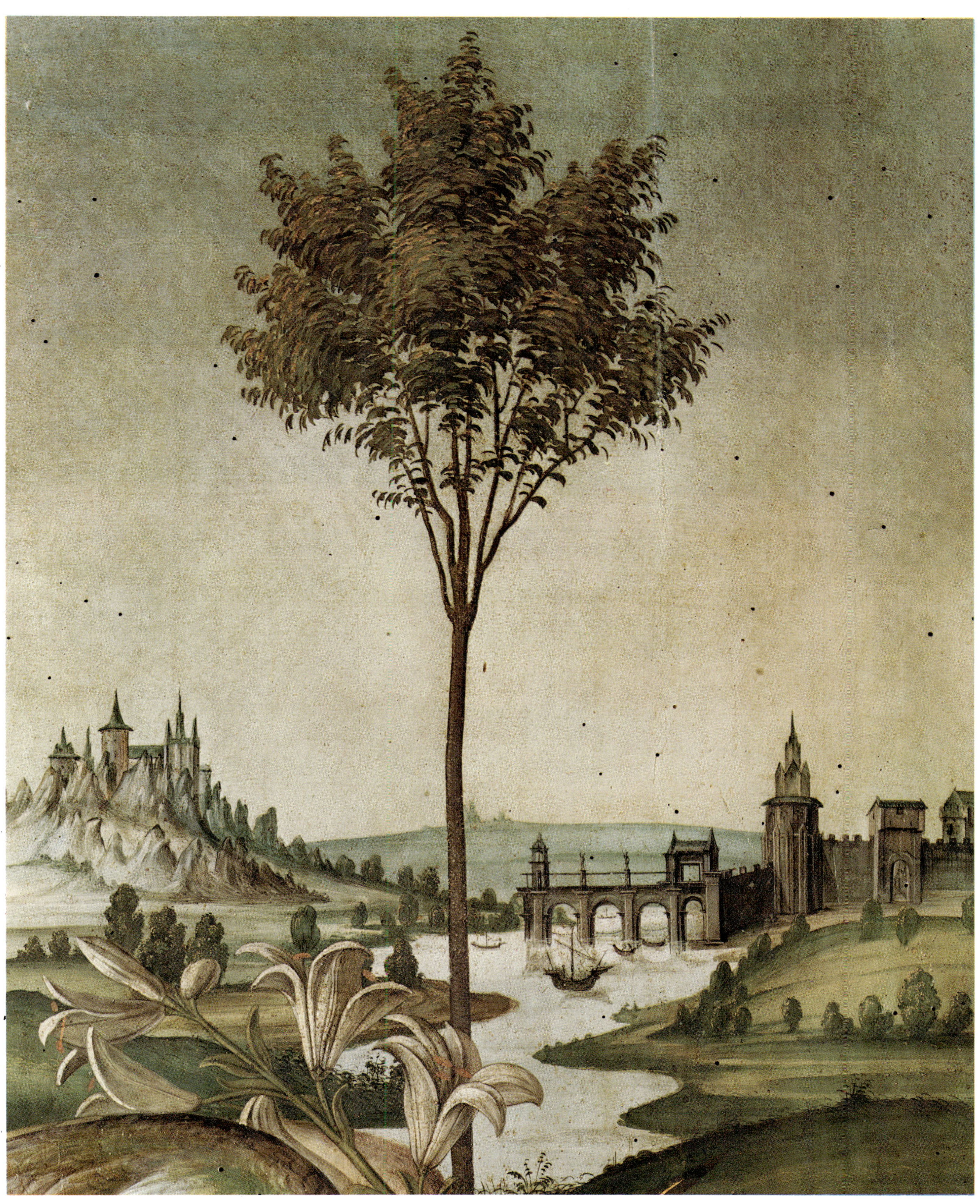

PL. LI L'ANNONCIATION Florence, Uffizi [n. 102]
Détail (47,5 cm.).

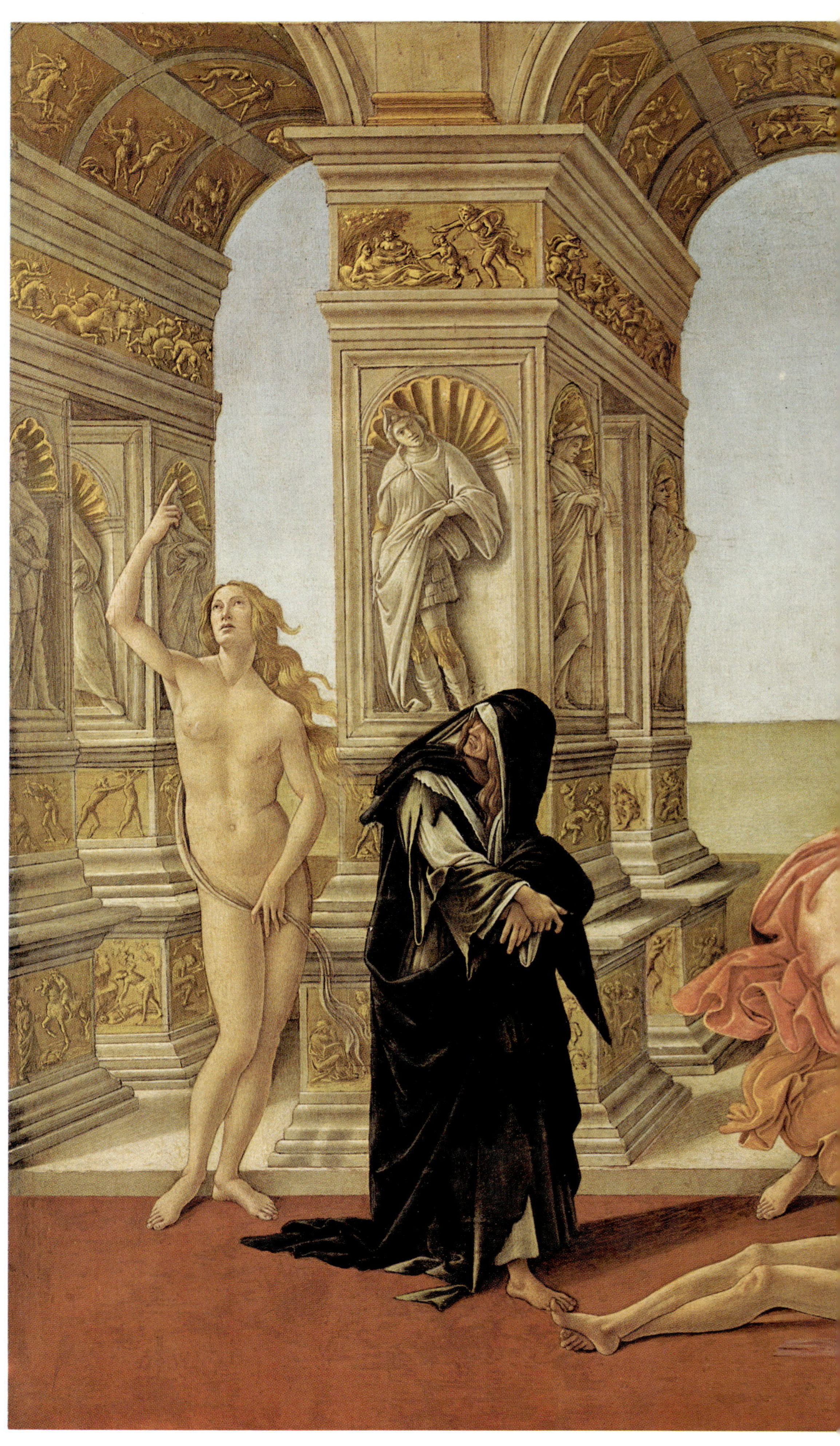

PL. LII-LIII

LA CALOMNIE Florence, Uffizi [n. 127]
Ensemble (91 cm.).

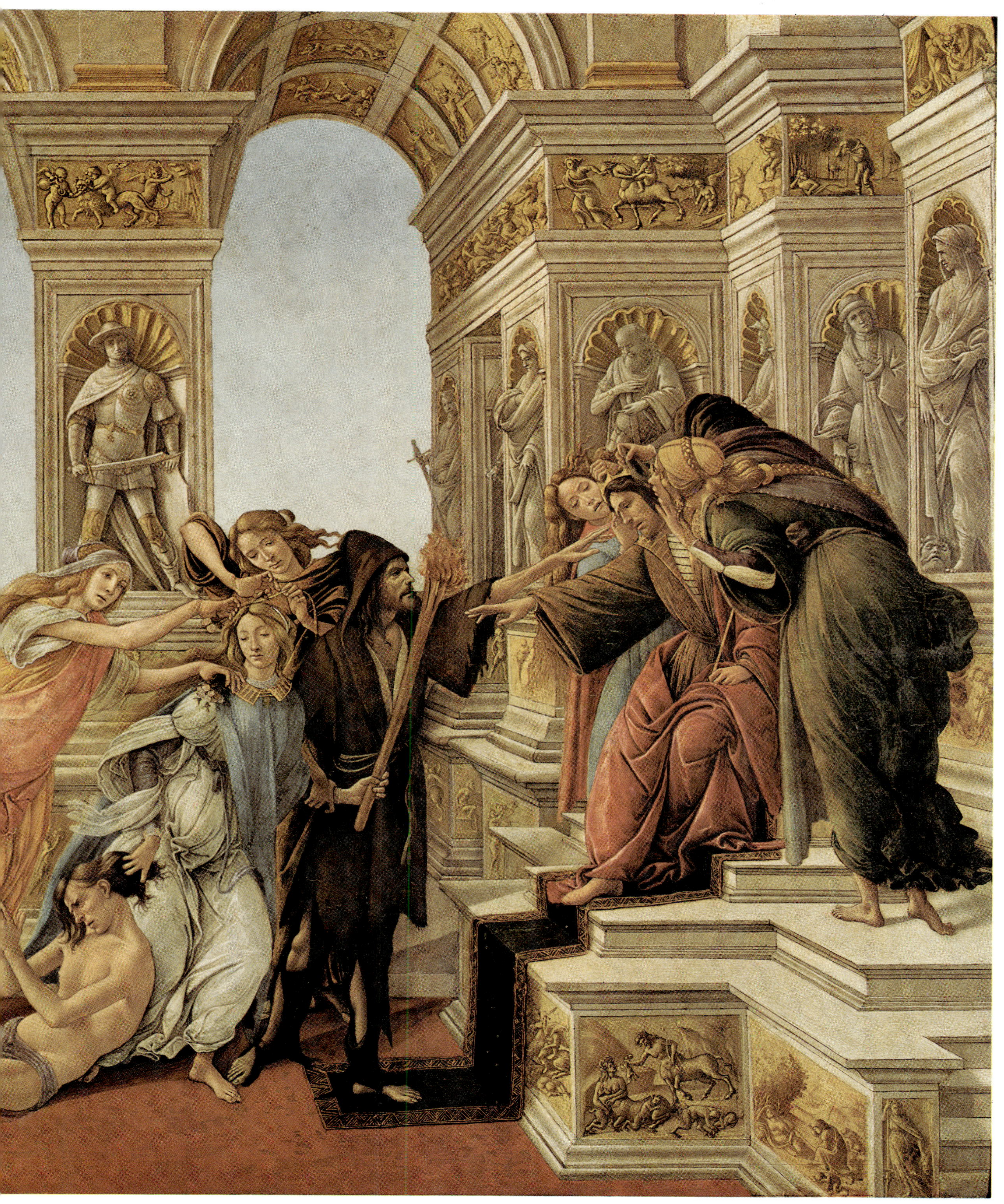

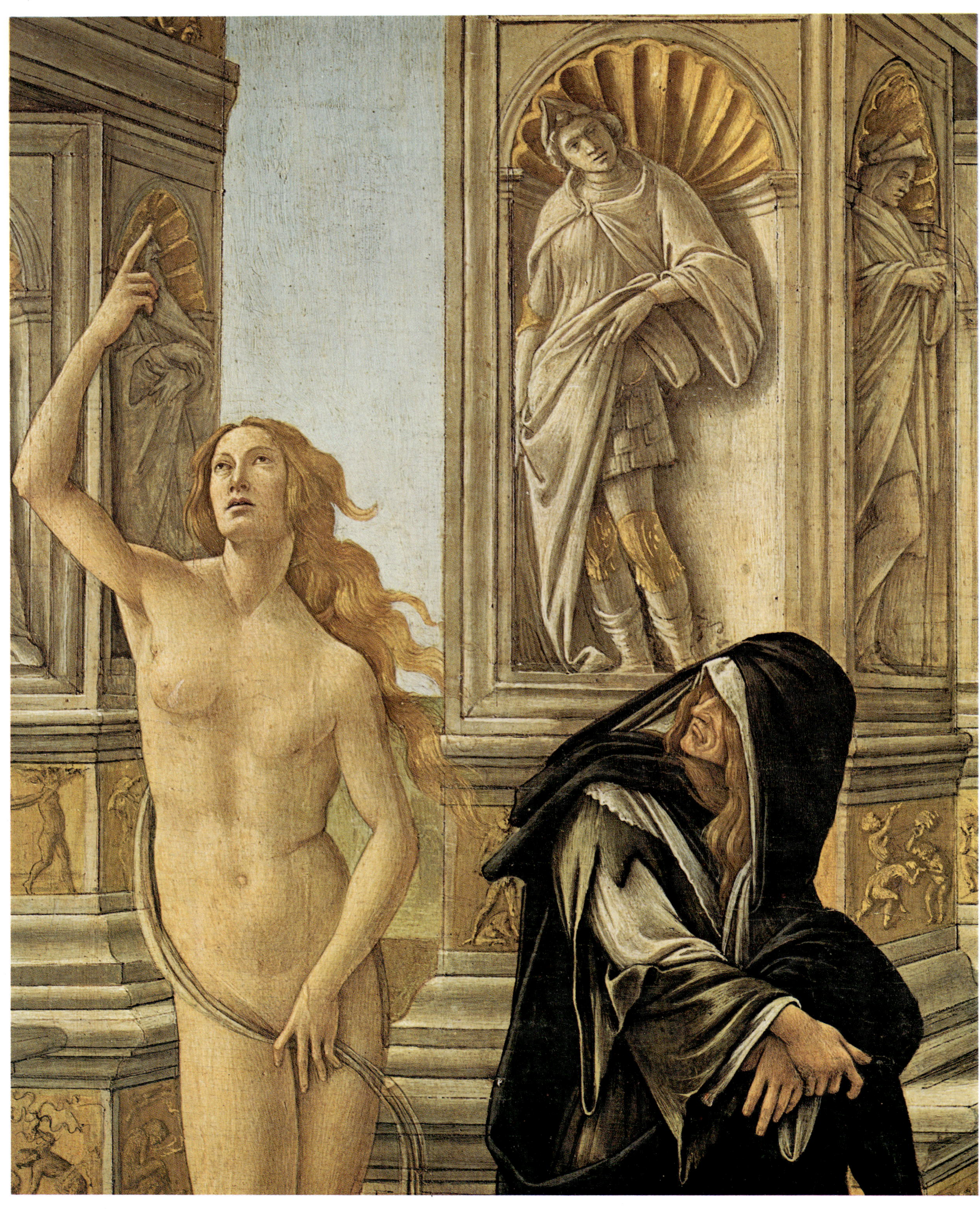

PL. LIV LA CALOMNIE Florence, Uffizi [n. 127]
Détail (grandeur nature).

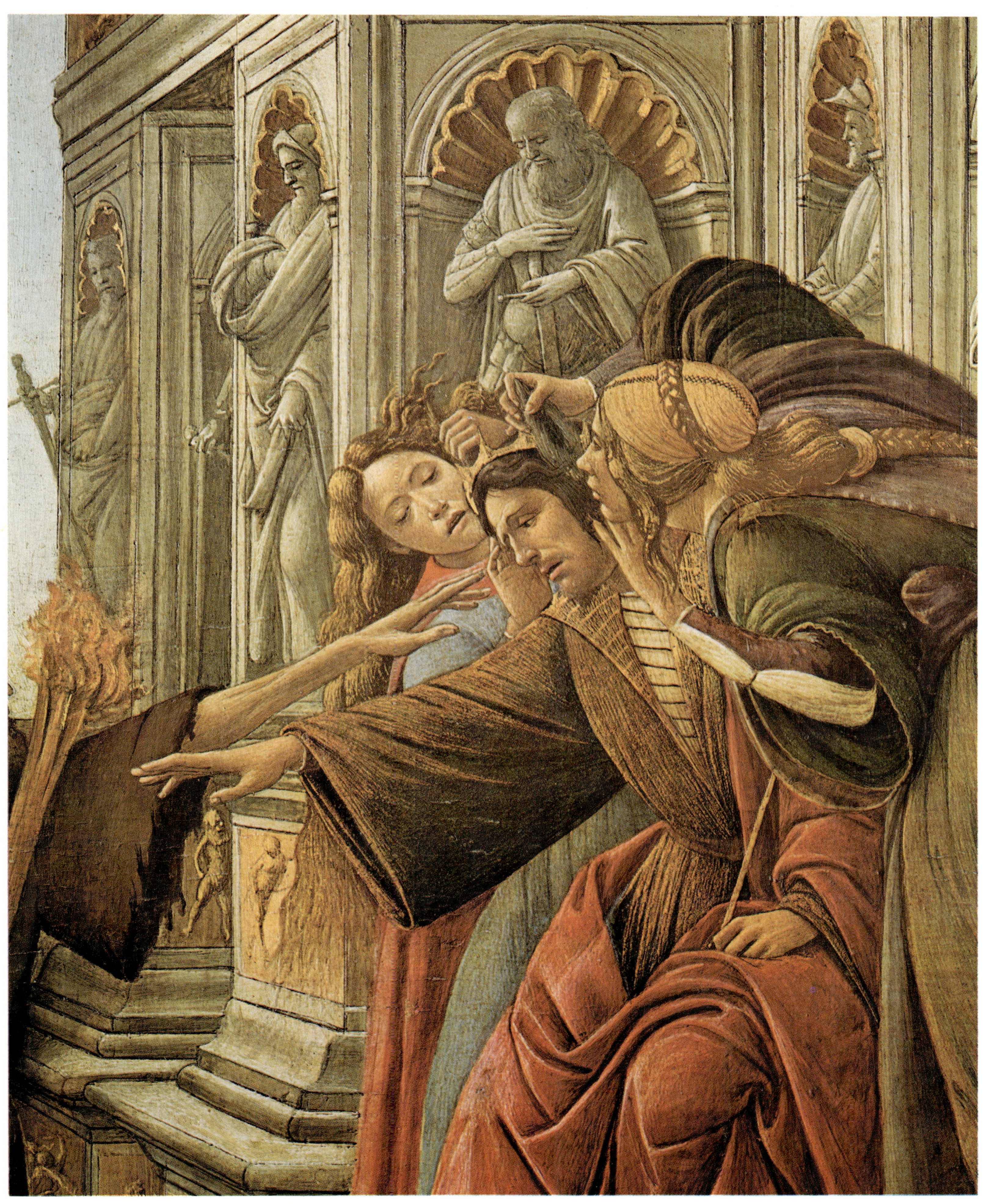

PL. LV LA CALOMNIE Florence, Uffizi [n. 127]
Détail (grandeur nature).

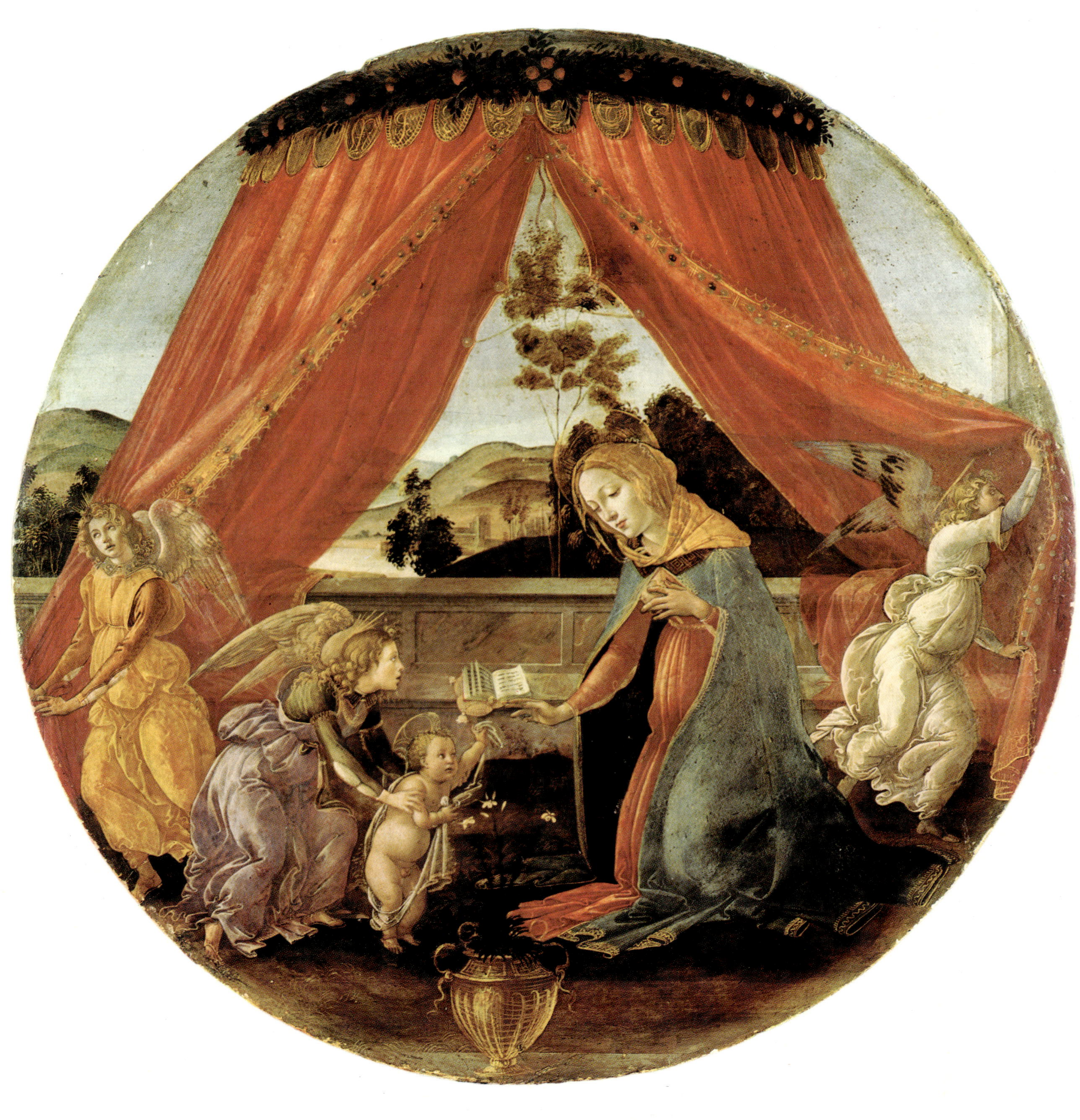

PL. LVI LA MADONE AU PAVILLON Milan, Pinacoteca Ambrosiana [n. 128]
Ensemble (diamètre: 65 cm.).

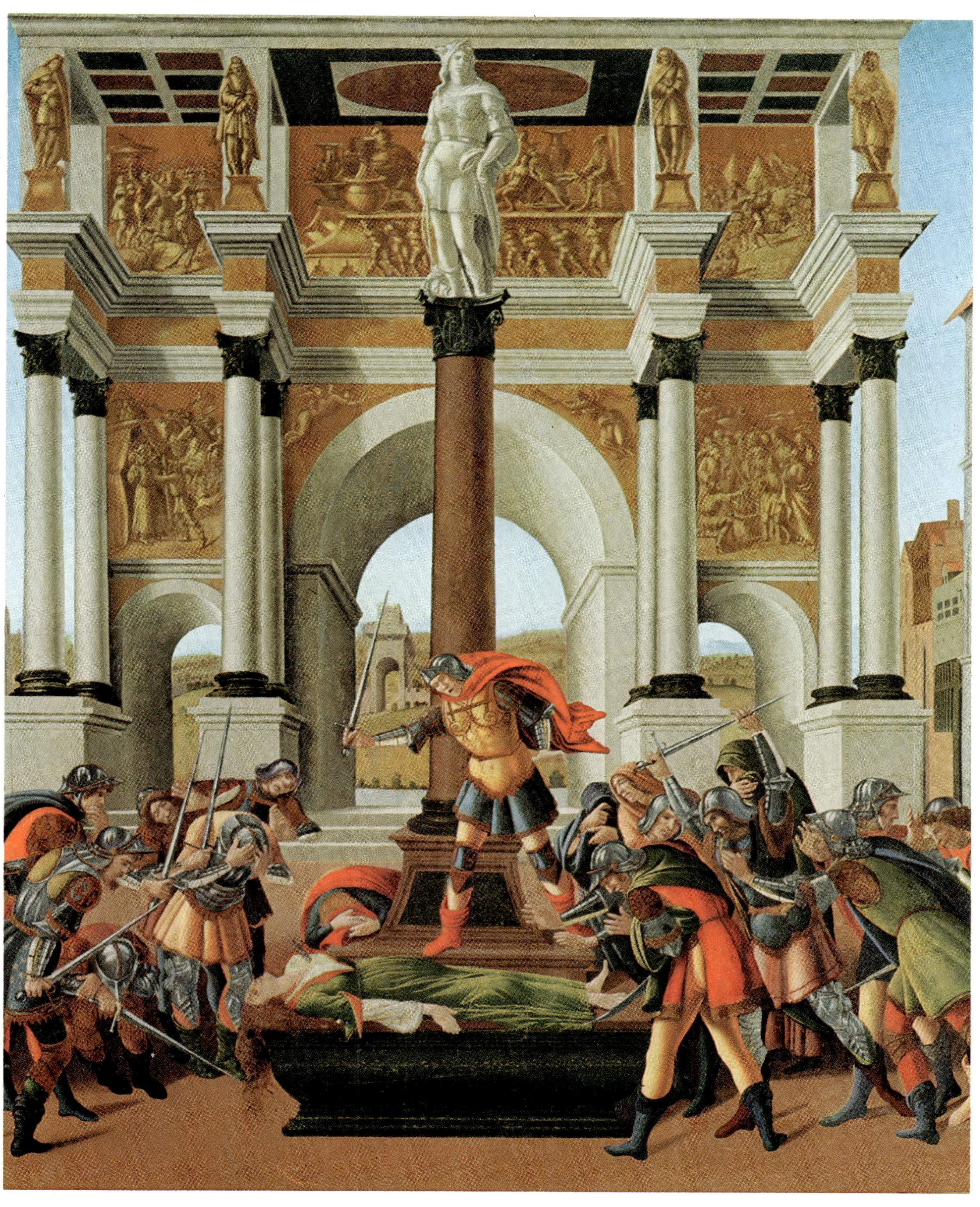

PL. LVII HISTOIRE DE LUCRÈCE Boston, Isabella Stewart Gardner Museum [n. 144 B]
Détail (71 cm.).

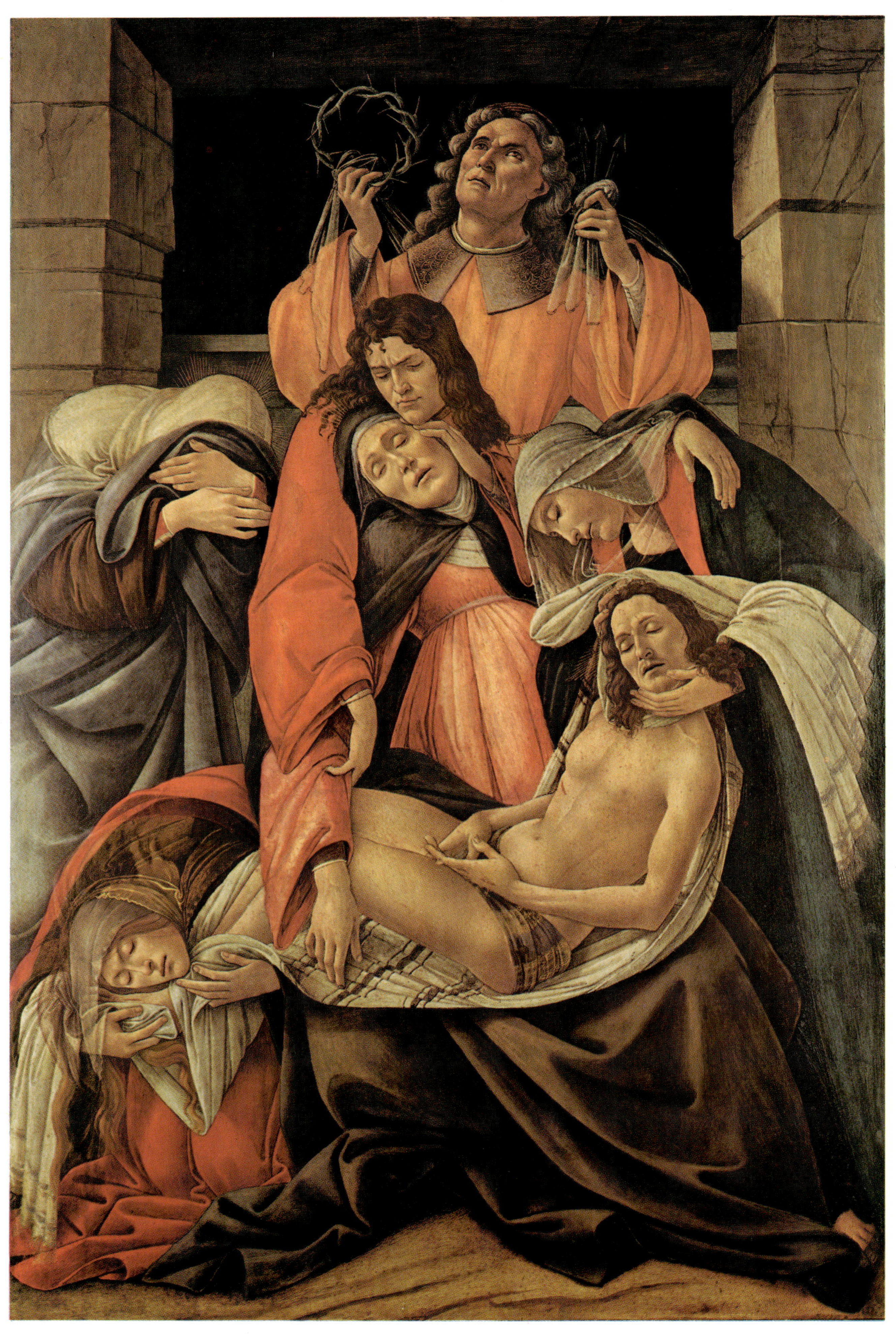

PL. LVIII PIETÀ Milan, Museo Poldi Pezzoli [n. 135]
Ensemble (71 cm.).

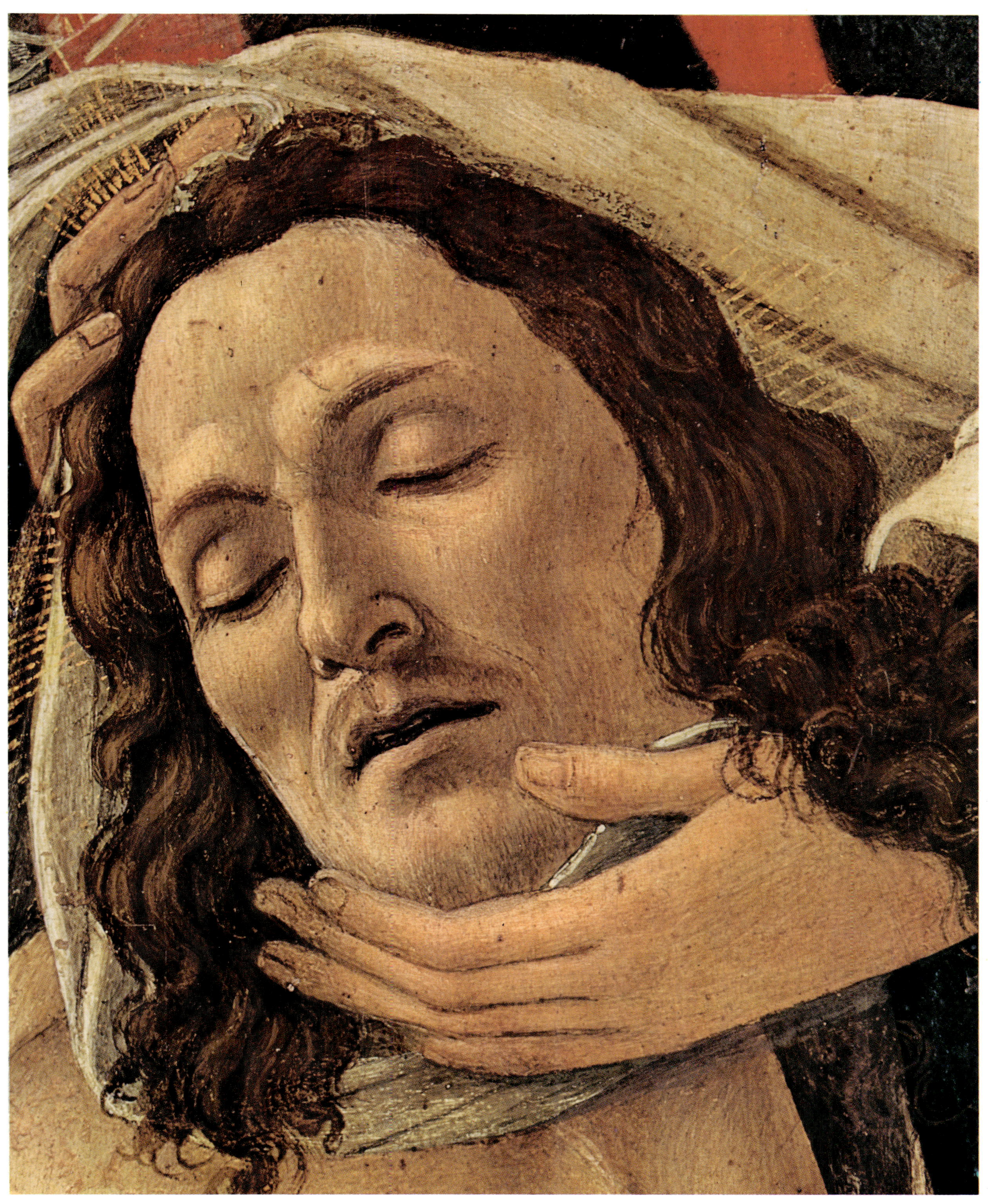

PL. LIX PIETÀ Milan, Museo Poldi Pezzoli [n. 135]
Détail (10,5 cm.).

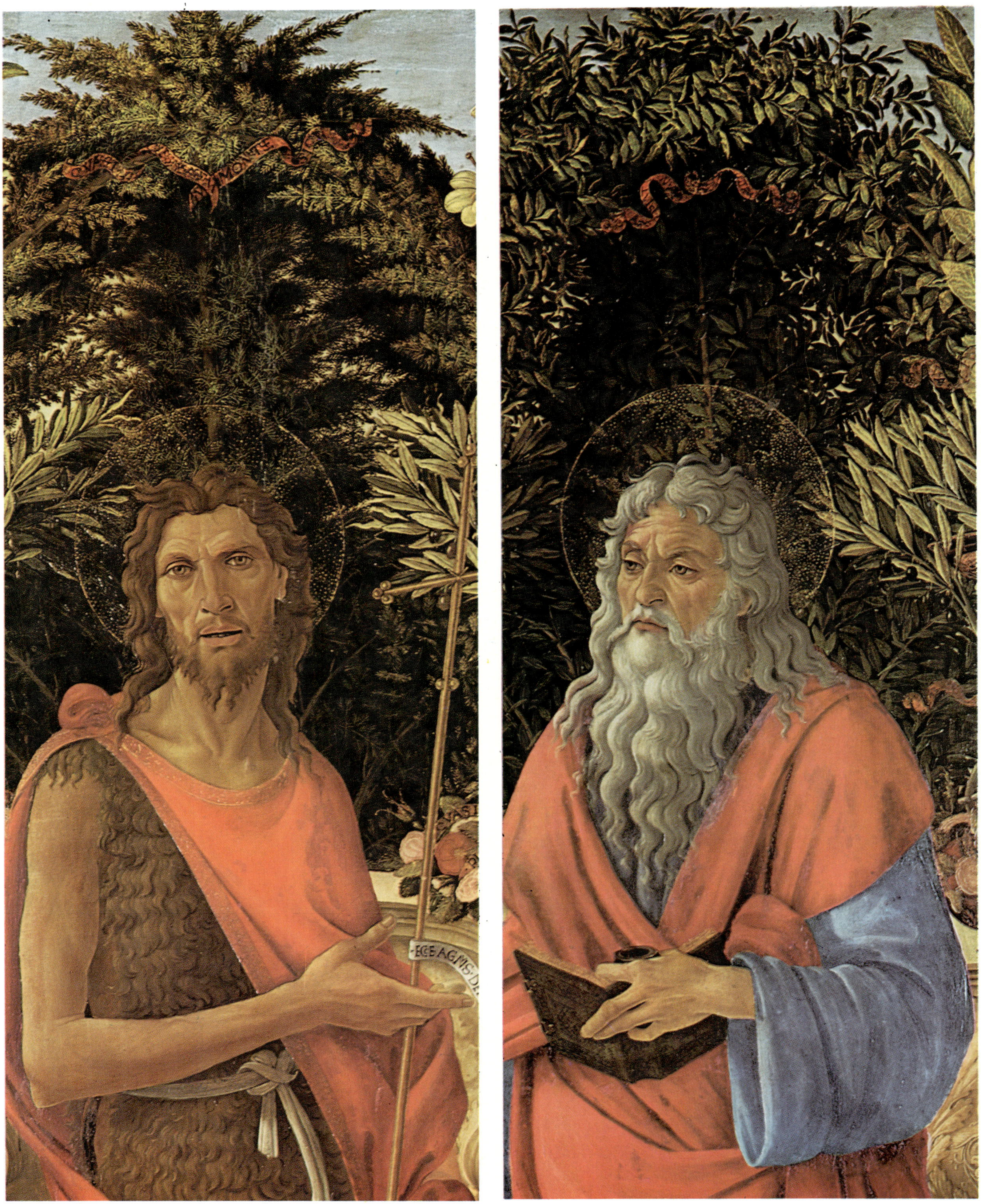

PL. LX LA MADONE BARDI Berlin, Staatliche Museen [n. 87]
Détails (chacun, 43 cm.).

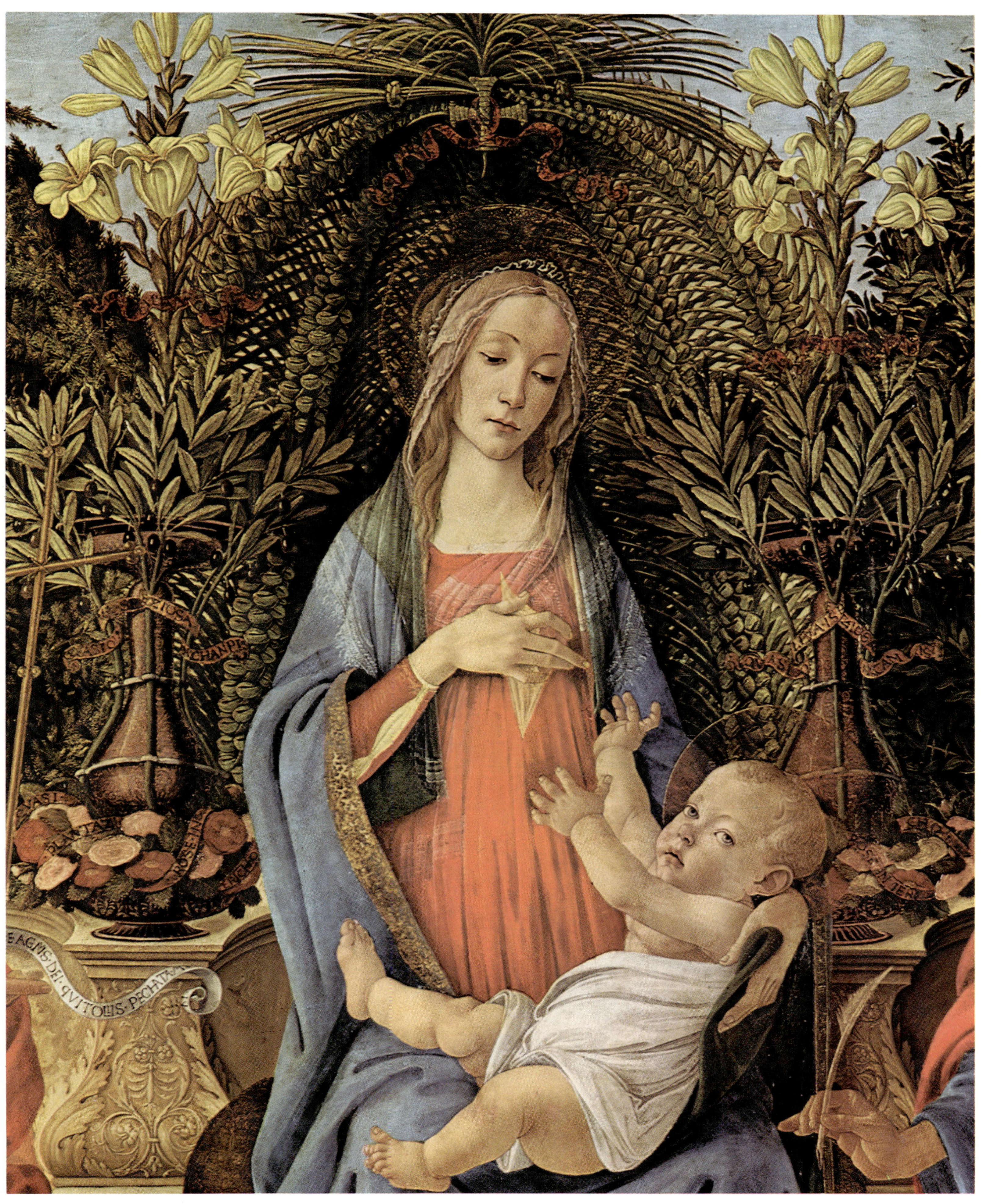

PL. LXI LA MADONE BARDI Berlin, Staatliche Museen [n. 87]
Détail (87 cm.).

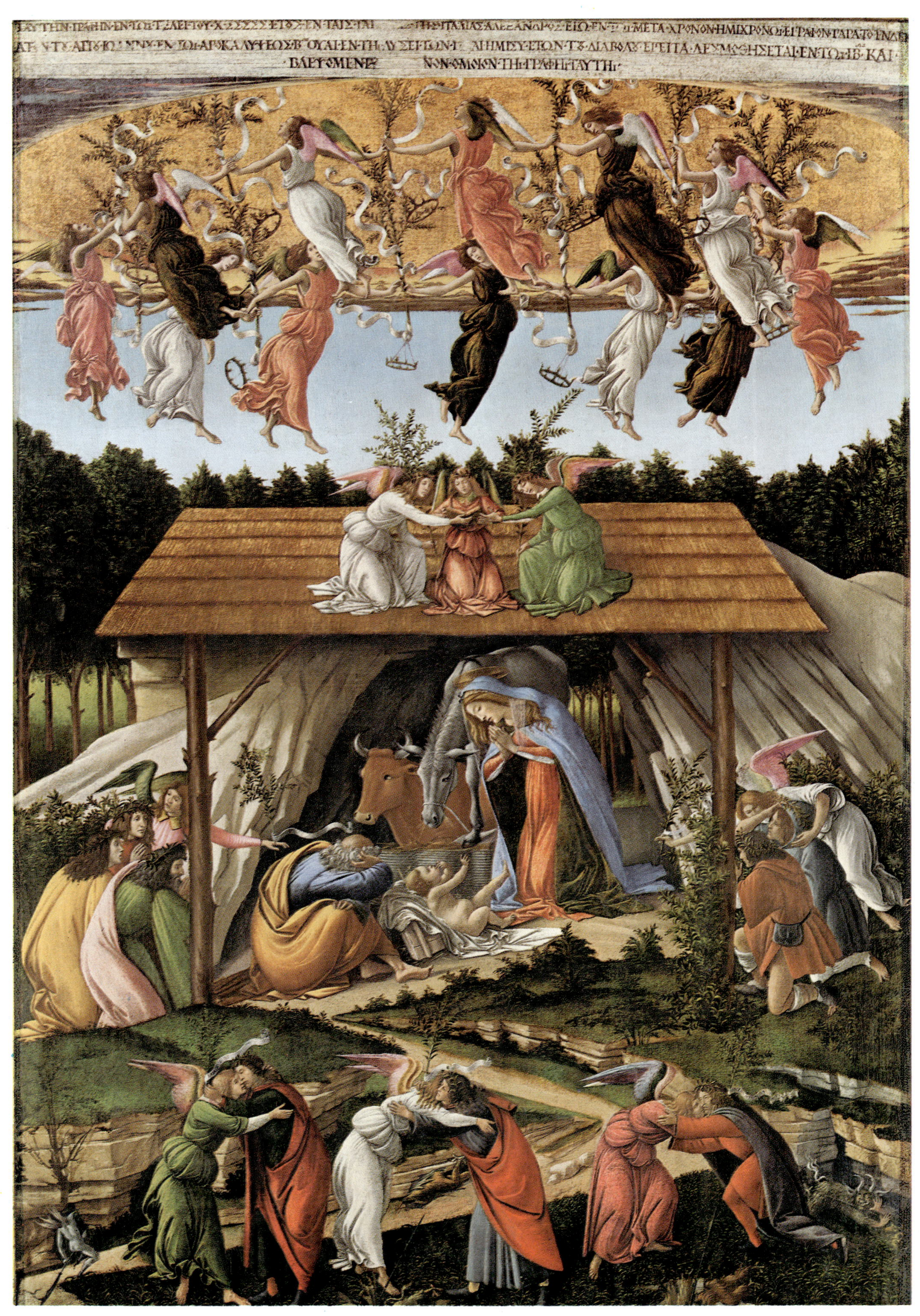

PL. LXII LA NATIVITÉ MYSTIQUE Londres, National Gallery [n. 148]
Ensemble (75 cm.).

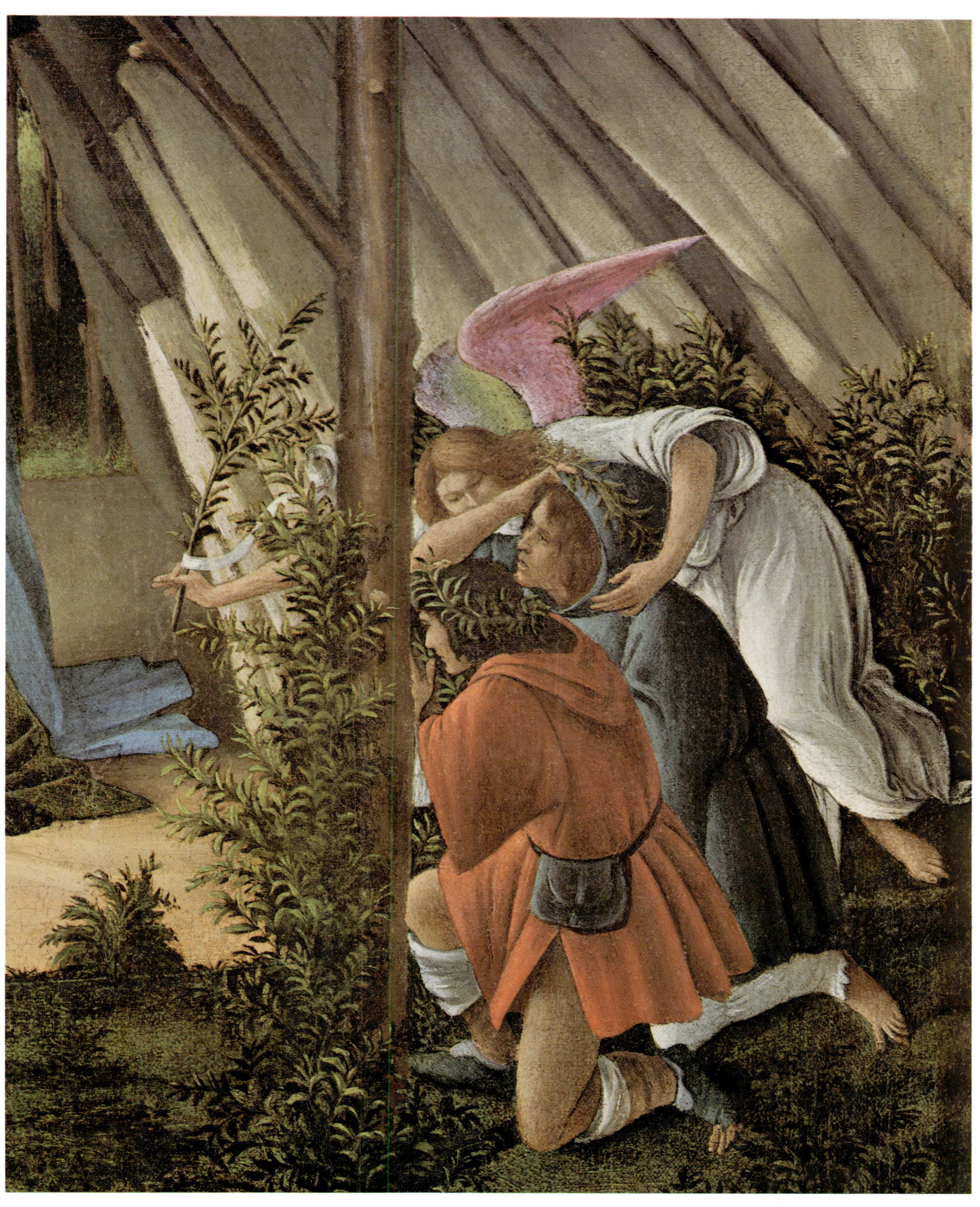

PL. LXIII LA NATIVITÉ MYSTIQUE Londres, National Gallery [n. 148]
Détail (25 cm.).

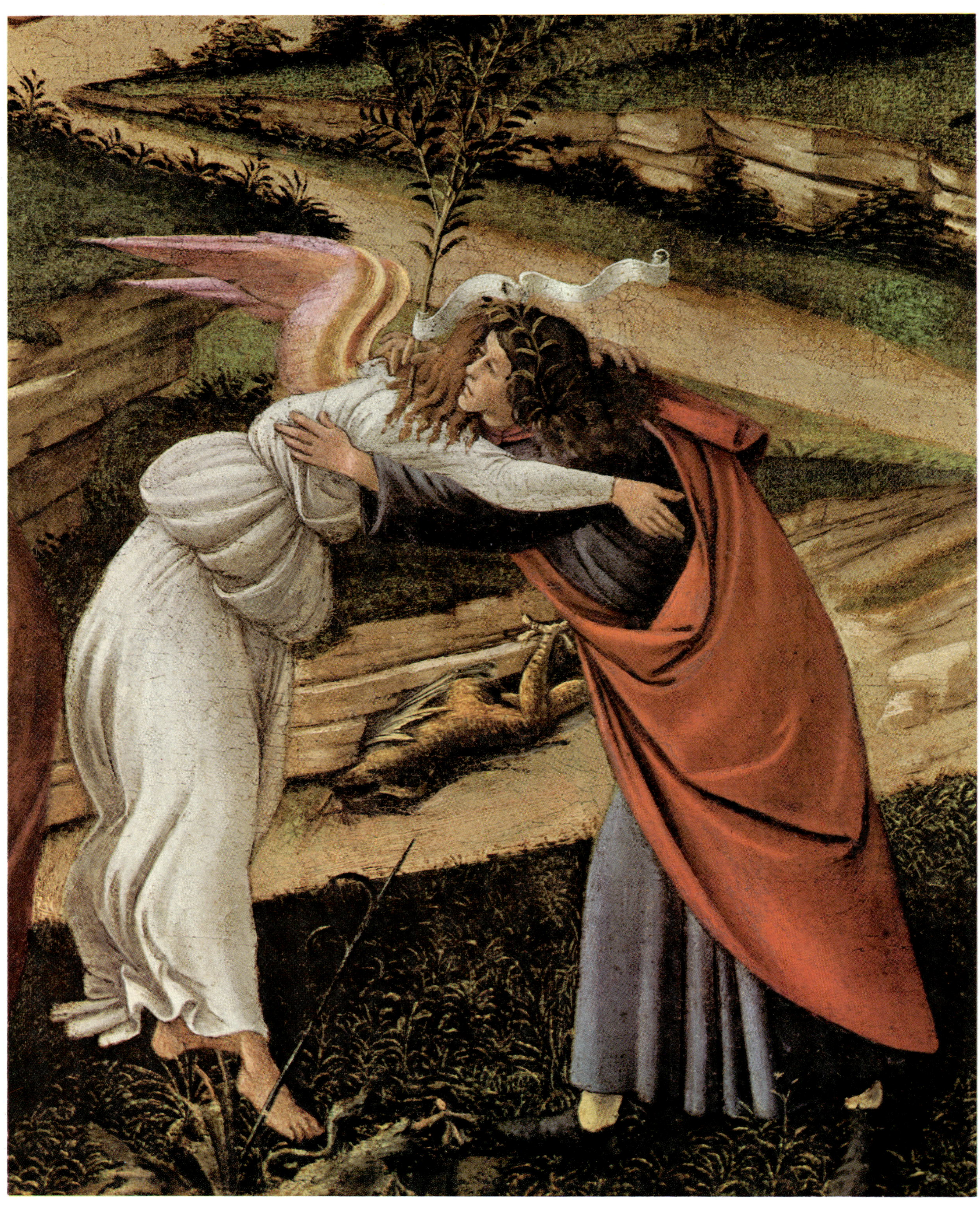

PL. LXIV LA NATIVITÉ MYSTIQUE Londres, National Gallery [n. 148]
Détail (grandeur nature).

Documentation

Afin de mettre en évidence immédiate les éléments caractéristiques de chaque œuvre, chaque notice comportera, après le numéro d'ordre (correspondant à l'ordre chronologique le plus plausible et auquel on se reportera chaque fois que l'œuvre sera citée dans le volume), une série de signes conventionnels concernant: 1) l'exécution, c'est-à-dire son degré d'authenticité; 2) la technique; 3) le support; 4) la localisation; 5) les données suivantes: œuvre signée ou non; datée ou non; complète ou non, actuellement, dans toutes ses parties; achevée ou non. Ces renseignements correspondent à l'opinion qui prévaut aujourd'hui chez les historiens de l'art; toute divergence notable ainsi que toute précision ultérieure est rapportée dans le texte.

Degré d'authenticité

Œuvre entièrement et indiscutablement autographe.

Œuvre en très grande partie autographe, avec l'intervention d'assistants.

Œuvre en grande partie autographe, avec collaboration limitée.

Œuvre en partie autographe, avec une importante collaboration.

Œuvre d'atelier.

Œuvre d'authenticité discutée, mais admise par la majorité de la critique.

Œuvre d'authenticité discutée, contestée par la majorité de la critique.

Œuvre traditionnelement attribuée, mais dont l'état de conservation même après restauration, est tel qu'il est impossible de porter un jugement sur son authenticité.

Œuvre récemment attribuée, mais sur laquelle la critique ne s'est pas encore prononcée.

Technique et support

La partie supérieure indique la technique employée; la partie inférieure, le support utilisé.

Huile — Panneau

Fresque — Mur

Détrempe — Toile

Localisation

Œuvre conservée dans un musée, une collection publique, une église, etc... autrement dit dans un endroit accessible au public.

Œuvre se trouvant dans une collection privée, dans le commerce d'art, etc... autrement dit dans un endroit connu, mais non accessible au public.

Œuvre dont on ne connaît pas l'emplacement actuel.

Œuvre perdue; autrement dit œuvre documentée mais non identifiée. Œuvre détruite. Œuvre disparue.

Données accessoires

Œuvre comportant une signature ou un monogramme autographe.

Œuvre comportant une date autographe.

Œuvre qui ne nous est pas parvenue intégralement; autrement dit, œuvre incomplète ou fragment.

Œuvre inachevée.

Les autres inscriptions, armoiries, etc., sont transcrites ou signalées dans les notices.
Lorsque les données d'une même œuvre se complètent, les indications sont groupées sous le même signe.
Les chiffres inscrits entre les deux groupes de signes qui précèdent chaque notice indiquent, en haut, les dimensions en centimètres de l'œuvre, hauteur par largeur; les dates sont indiquées en dessous. Ces dates sont suivies d'un astérisque lorsqu'elles sont approximatives, et d'un point d'interrogation lorsqu'elles sont conjecturales. Ces données chiffrées sont remplacées par un trait lorsqu'il est impossible, dans l'état présent des connaissances, de les déterminer.

Indications fournies dans le texte.

Bibliographie essentielle

La littérature sur Botticelli, bien que très vaste (la récapitulation la plus complète, jusqu'en 1929, est contenue dans la monographie de Yashiro, citée ci-dessous), peut facilement se réduire à quelques titres dès qu'on la débarrasse des ouvrages de vulgarisation ou s'écartant du sujet. En ce qui concerne les renseignements d'archives, avec F. ALBERTINI (*Memoriale*, Florence 1510), le *"Libro"* de A. BILLI (1516-30; Berlin 1892, édité par C. Frey), l'ANONIMO GADDIANO (vers 1540; id.) et G. VASARI (*Le vite*, Florence 1550 et 1568), il faut tenir compte de: G. GAYE (*Carteggio*, Florence 1831), W. BRAGHIROLLI ("Giornale di erudizione artistica", 1872), E. MÜNTZ (*Les Collections des Médicis*, Paris 1888), E. STEINMANN (*Die sixtinische Kapelle*, Munich 1901-05), D. GNOLI ("Archivio storico dell'arte", 1893), G. B. CAVALCASELLE - J. A. CROWE (*Storia della pittura italiana*, Florence 1894), E. MÜLLER-WALDE ("Jahrbuch der preussischen Kunstsammlungen", 1897), I. B. SUPINO (*Botticelli*, Florence 1900), G. POGGI ("L'arte", 1902, et "Burlington Magazine", 1915), J. MESNIL ("Miscellanea d'arte", 1903), H. HORNE (*Alessandro Filipepi commonly called Sandro Botticelli*, Londres 1908), P. BACCI ("Rivista d'arte", 1917-18) et G. PIERACCINI (*La stirpe dei Medici di Cafaggiolo*, Florence 1924). Des monographies les plus complètes, il convient de rappeler, outre celle d'Horne, citée plus haut, les monographies de: H. ULMANN (*Sandro Botticelli*, Munich 1893), W. BODE (*Botticelli*, Berlin 1921, et Leipzig 1926), A. SCHMARSOW (*Sandro del Botticello*, Dresde, 1923), Y. YASHIRO (*Sandro Botticelli*, Londres-Boston 1925, et 1929), A. VENTURI (*Botticelli*, Rome 1925), C. GAMBA (*Botticelli*, Milan 1936), L. VENTURI (*Botticelli*, Paris 1937, et Vienne 1949), J. MESNIL (*Botticelli*, Paris 1938), S. BETTINI (*Botticelli*, Bergame 1942, et 1947), G. C. ARGAN (*Botticelli*, Genève-Paris-New-York 1957), A. CHASTEL (*Botticelli*, Milan 1957, nouvelle édition en préparation) et R. SALVINI (*Tutta la pittura del Botticelli*, Milan 1958; *Botticelli*, "Enciclopedia universale dell'arte" II, 1959); à côté de ces monographies, et dans le cadre d'œuvres d'intérêt général, les historiens suivants méritent d'être mentionnés: R. VAN MARLE (*The Development of the Italian Schools of Painting* - XII, La Haye 1931), B. BERENSON (*Italian Pictures of the Renaissance*, Oxford 1932, et 1953), L. COLLOBI RAGGHIANTI et C. L. RAGGHIANTI (*Mostra di Lorenzo il Magnifico*, Florence 1949). Sur l'art du portrait, il faut voir en particulier: H. T. KROEBER (*Die Einzelporträts des Sandro Botticelli*, Leipzig 1911) et J. ALAZARD (*Le portrait florentin de Botticelli à Bronzino*, Paris 1924); sur la couleur: N. ALLAN PATILLO ("Art Bulletin", 1954); sur les contenus allégoriques et idéologiques, outre les monographies d'Argan et de Salvini déjà citées: A. WARBURG (*Sandro Botticelli, Geburt der Venus und Frühling*, Leipzig 1893), E. JACOBSEN ("Archivio storico dell'arte", 1897), F. WICKHOFF ("Jahrbuch des preussischen Kunstsammlungen", 1906), C. R. POST ("Art in America", 1914), R. PICCOLI ("Burlington Magazine", 1930), R. WITTKOWER ("Journal of the Warburg and Courtauld Institutes", 1938-39), E. H. GOMBRICH (*ibid.*, 1945), E. WIND ("Burlington Magazine", 1950) et A. CHASTEL (*Art et humanisme à Florence au temps de Laurent de Médicis*, Paris 1959, et 1963); sur les rapports avec l'art ancien: E. TIETZE-CONRAT ("Burlington Magazine", 1925) et R. SALVINI ("Emporium", 1943). Enfin, en ce qui concerne les dessins, les ouvrages suivants revêtent un intérêt déterminant: B. BERENSON (*The Drawings of the Florentine Painters*, Chicago 1903, et 1938), A. VENTURI (*Il Botticelli interprete di Dante*, Milan 1921), Y. BATARD (*Les dessins de Sandro Botticelli pour la Divine Comédie*, Paris 1952) et A. BERTINI (*Botticelli*, Bergame 1953).

Chronologie

1445. Naissance d'Alessandro, dit Sandro, fils de Mariano di Vanni di Amedeo Filipepi, tanneur, âgé de cinquante ans, et de sa femme, Smeralda, âgée de quarante ans, à Florence, via Nuova (aujourd'hui via del Porcellana), borgo Ognissanti, dans la maison contiguë à celle des Vespucci.

1447, Ier MARS. Le père déclare Alessandro, âgé de deux ans, au cadastre. Les Filipepi habitent via della Vigna Nuova, et la maison appartient aux Rucellai; la tannerie de la famille se trouve au delà de l'Arno, près du pont Santa Trinita.

1458, 28 FEVRIER. Mariano Filipepi, âgé de soixante-cinq ans, déclare aux officiers du cadastre qu'il a quatre enfants: Giovanni, courtier au Monte, marié, âgé de trente-sept ans; Antonio, orfèvre, âgé de vingt-huit ans; Simone, âgé de quatorze ans, apprenti à Naples chez le drapier Paolo Rucellai; Sandro, âgé de treize ans, "qui est en train de *legere* et n'est pas en bonne santé". Dans ce 'legere' la plupart voient 'leggere' (lire), ce qui pourrait faire penser qu'il faisait encore ses études; mais d'autres croient qu'il s'agit de 'legare', c'est-à-dire travailler chez un orfèvre comme sertisseur. Cette version est moins probable car dans la graphie de l'époque on aurait plutôt écrit 'leghare'. Selon Vasari [1550], son père "le plaça comme orfèvre chez un camarade appelé Botticello, homme assez expert dans cet art". La critique a rejeté en général cette période d'apprentissage du jeune Botticelli, car il n'a jamais été fait mention d'un orfèvre de ce nom: on croit plus communément que le surnom lui est venu de son frère aîné Giovanni, gras au point d'être appelé Botticella (tonnelet). Mais rien n'étaie cette affirmation; on peut donc admettre une version qui ne contredit pas Vasari: Antonio, le deuxième frère d'Alessandro est souvent cité comme doreur, plutôt que comme orfèvre, et comme tel il fut donc batteur d'or et batteur d'argent, c'est-à-dire 'battigello'; d'où, peut-être, le surnom que reçurent les deux frères, et la possibilité que Botticelli ait travaillé avec Antonio avant d'entrer dans l'atelier de fra' Filippo Lippi, ce qu'il fit d'ailleurs très tard, si l'on se réfère aux habitudes de l'époque. Déjà de son vivant le mot rare de 'battigello' avait dégénéré en 'botticella'.

Vers **1464**. Botticelli entre dans l'atelier de fra' Filippo Lippi, peut-être sur recommandation des Vespucci. Il y restera au moins jusqu'en 1467. C'est Vasari qui le signale, et toute une série d'œuvres de Lippi, dans lesquelles on sent la main de Botticelli, en témoignent; il est probable que le jeune apprenti travailla aussi aux dernières fresques de Lippi à Prato.

1467, 4 AVRIL. Dans le *Libro* de Neri di Bicci on rappelle qu'Antonio, le frère de Sandro, fut doreur. On pense que, Lippi étant parti pour Spolète, Botticelli garda l'atelier ouvert, terminant certaines commandes, ou qu'il fréquenta celui de Verrocchio; on a aussi formulé l'hypothèse que ce dernier avait déjà travaillé avec Lippi et que, immédiatement après son départ, il ait ouvert un atelier avec Sandro, en lui laissant la responsabilité des peintures (sous sa direction), alors qu'il aurait gardé pour lui la direction de tous les travaux plastiques et d'orfèvrerie.

1469. Déclaration au cadastre de Mariano Filipepi (Florence, Archives des dîmes) où il est dit que Sandro, âgé de vingt-trois ans, travaille chez lui; la famille est composée d'à peu près quinze personnes; par héritage, elle possède des terres labourées, des vignes, des boutiques. Le 19 octobre, Filippo Lippi meurt à Spolète.

1470. Botticelli a son propre atelier à Florence, suivant les *Ricordanze* de Benedetto Dei: "un atelier de maître Sandro Botticello, florentin" (Florence, Biblioteca Riccardiana). Entre le 18 juin, date à laquelle la commande fut confirmée, et le 18 août, date du paiement définitif, il peint la *Force* pour le tribunal de Commerce (*Catalogue*, n. 26); cette première commande officielle est obtenue grâce à un nouveau magistrat de ce tribunal, Tommaso Soderini, homme de confiance des Médicis. Un deuxième panneau, qu'on lui avait commandé pour ce même tribunal, ne fut jamais exécuté, peut-être à cause des protestations de Piero del Pollaiolo qui avait été chargé d'exécuter la totalité des sept *Vertus* en 1469.

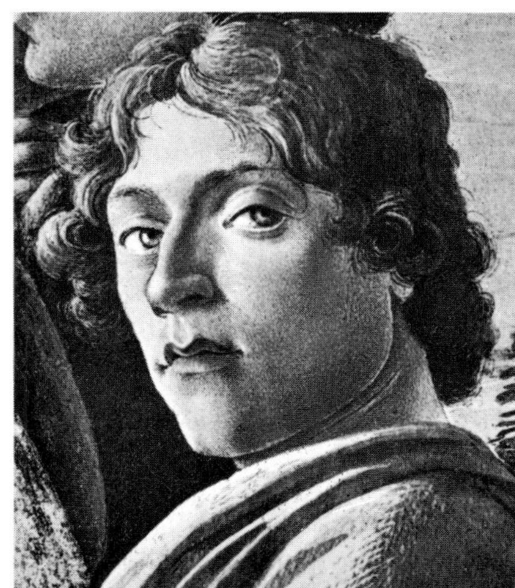

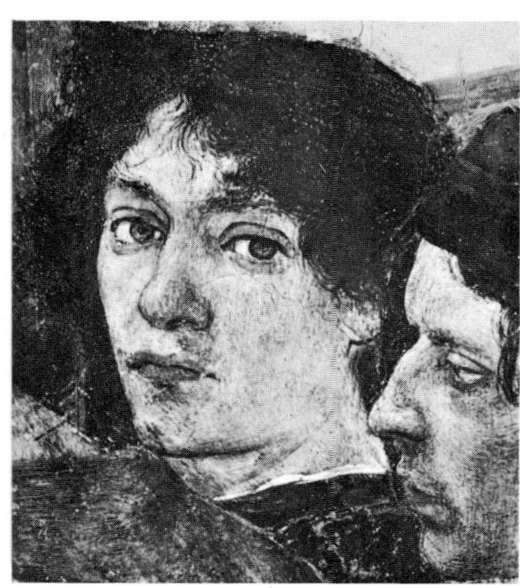

*(A gauche) Autoportrait probable de Botticelli dans l'*Adoration des Mages *(Florence, Uffizi). - (A droite) Portait supposé de Botticelli dans la fresque de Filippino Lippi avec* Saint Pierre et saint Paul devant le proconsul *(Florence, Carmine, Chapelle Brancacci).*

1472, 18 OCTOBRE. Botticelli s'inscrit à la Compagnie des Artistes de Saint-Luc, en versant à Andrea della Robbia, chargé des questions administratives, six sous pour l'admission, cinq pour la cotisation annuelle et un acompte de cinq sous et quatre deniers pour l'atelier. Il y inscrit ensuite, en tant qu'apprenti, Filippino Lippi, âgé de quinze ans: "Filippino Lippi de Prato peintre avec Sandro di Botticello", ainsi qu'il résulte du *Libro rosso de' debitori e creditori* de la Compagnie. Dans ce même *Libro rosso*, on trouve l'inscription de son frère Antonio, en qualité de doreur et orfèvre.

1473. Le *Libro rosso* de la Compagnie de Saint-Luc enregistre d'autres paiements de Sandro.

1474, 20 JANVIER. Suivant l'*Anonimo Gaddiano*, c'est à l'occasion de la Saint Sébastien que l'on place avec solennité, sur un pilier de la nef centrale de Santa Maria Maggiore à Florence le *Saint Sébastien* de Botticelli; on identifie aujourd'hui ce tableau à celui de Berlin (*Catalogue*, n. 39). On appelle le peintre à Pise le 24 janvier pour discuter des fresques qu'il devait exécuter au Camposanto, à côté de celles qu'avait déjà peintes Gozzoli ("Il vint de Florence pour voir à quel endroit du Camposanto il devait peindre, et resta jusqu'au 27 janvier" [*Libro delle Ricordanze* du Dôme de Pise]). Pour prouver son adresse, il doit d'abord exécuter dans le Dôme de Pise une *Assomption de la Vierge*: il y travaille du mois de juillet au 20 septembre sans la terminer, avec, pour paiement, cinq mesures de blé ("Sandro dit Botticella, peintre ... pour la partie d'une peinture commencée dans le Dôme, dans la chapelle de la Vierge Couronnée, représentant l'histoire de l'Assomption de Notre Dame, peinture qu'il fait comme essai, après lequel, si elle plaît, il devra peindre dans le Camposanto" [*Libro delle entrate e uscite* de l'Œuvre du dôme de Pise]). La fresque, inachevée, fut détruite en 1583. On ignore les raisons pour lesquelles Botticelli n'exécuta pas de peintures au Camposanto.

1475, 28 JANVIER. Sur la piazza Santa Croce à Florence, a lieu un tournoi pour lequel de nombreux artistes de la ville ont travaillé; Julien de Médicis y participe avec un étendard peint par Botticelli: cet étendard, décrit dans le Codex magliabechiano, est cité parmi les biens des Médicis, dans l'acte notarié qui fut rédigé à la mort de Laurent le Magnifique. Suivant l'*Anonimo Gaddiano*, Botticelli peint au Palazzo della Signoria, en haut de l'escalier extérieur de la cour, une *Adoration des Mages*, qui fut détruite à la suite des réfections de Vasari.

1478. Entre le 26 avril, date de conjuration des Pazzi, et le 21 juillet, jour du paiement, il peint sur la porte de la Douane près du Palazzo Vecchio les conjurés Jacopo, Francesco, Renato de' Pazzi, et l'archevêque Salviati pendus par la gorge et, pendus par un pied, ceux qui avaient réussi à s'enfuir. Ces peintures furent effacées le 14 novembre 1494, après la fuite de Pierre de Médicis.

1480. Sur une commande de Vespucci, il peint dans l'église d'Ognissanti à Florence, en concurrence avec Ghirlandaio, la fresque de *Saint Augustin* (*Catalogue*, n. 60). D'après une déclaration au cadastre, la famille Filipepi dispose également d'une maison contiguë à celle qu'elle occupait déjà depuis un certain temps. Botticelli déclare au cadastre ses aides Raffaello di Lorenzo di Frosino Tosi, né en 1469, embauché 'à discrétion'; Giovanni di Benedetto Cianfanini, âgé de dix-huit ans, sans salaire; Jacopo di Domenico Papi, avec un salaire de 18 florins. Par ailleurs, il déclare aussi comme aide un certain Ludovico.

1481. Au mois de janvier, son père déclare aux officiers du cadastre: "Sandro di Mariano, âgé de 35 ans, est peintre, il travaille à la maison quand il veut"; à cause de la graphie des anciennes chancelleries, difficile à déchiffrer, on a lu aussi bien '33' que '35'. Entre avril et mai, Botticelli peint la fresque de l'*Annonciation* de San Martino alla Scala pour décorer la paroi du tombeau de Cione Pollini, fondateur de l'hospice (*Catalogue*, n. 62). Il va ensuite à Rome où, avec d'autres peintres, il exécute, sur la commande du pape Sixte IV, une fresque dans la Chapelle Sixtine. Après cet essai, est établi, le 27 octobre, un contrat suivant lequel Cosimo Rosselli, Ghirlandaio, le Pérugin et Botticelli s'engagent à mener à terme, pour le 15 mars 1482, avec leurs assistants, la partie des travaux qui leur incombe (Archives du Vatican).

1482, 17 FEVRIER. Chaque peintre touche pour les fresques de la chapelle Sixtine 250 ducats d'or. Le nombre de sujets à représenter ayant augmenté, on fait appel à d'autres peintres: Signorelli, Pinturicchio et Piero di Cosimo. Botticelli exécute les fresques de la deuxième et de la cinquième section de la paroi gauche, de la deuxième section de celle de droite et, avec ses assistants, de onze à quatorze figures de papes entre les arcs des fenêtres (*Catalogue*, n. 63 A-N). Le 20 février, le père de Botticelli meurt. Il est enseveli dans l'église d'Ognissanti. Le 5 octobre, en présence des peintres, les conservateurs du Palazzo della Signoria à Florence établissent avec Botticelli, le Pérugin, Piero del Pollaiolo et Biagio d'Antonio Tucci, le contrat pour les fresques appelées à décorer la salle des Lys. Echoit à Botticelli, à moitié avec Ghirlandaio, coordinateur des travaux, la paroi qui conduit à la salle des Audiences. En dehors d'un *Saint Zénobe* de Ghirlandaio, ces fresques ne furent pas exécutées. Le 25 novembre, Botticelli contribue pour dix sous à la Compagnie de Saint-Luc.

1483. Sur commande de Laurent le Magnifique, et avec la participation de son atelier, Botticelli exécute, à l'occasion des noces de Giannozzo Pucci et de Lucrezia di Piero di Giovanni Bini, quatre panneaux de coffre représentant des épisodes tirés d'une nouvelle de Boccace (*Catalogue*, n. 74 A-D). Filippino Lippi, depuis longtemps indépendant, peint dans la chapelle Brancacci au Carmine à Florence, le portrait de Botticelli parmi les assistants du *Martyre de saint Pierre*. C'est peut-être cette même année, ou tout au plus la suivante, que Botticelli participe, — avec Filippino Lippi, le Pérugin et Ghirlandaio, — pour le compte de Laurent le Magnifique, à la décoration de la villa dello Spedaletto à Volterra (*Catalogue*, n. 79), ainsi qu'il ressort d'une lettre adressée par un agent inconnu à Ludovic le More [Müller-Walde, 1889], lettre qui, selon certains indices, semble avoir été écrite vers 1485 et se référer à des événements récents.

1485, AOUT. Il reçoit d'Agnolo Bardi des honoraires pour sa *Vierge à l'Enfant entre les deux saint Jean*, exécutée pour l'autel de la chapelle Bardi dans l'Eglise de Santo Spirito (*Catalogue*, n. 87). En février, Giuliano da Sangallo avait obtenu un paiement pour l'exécution de la bordure de ce retable.

1487. Le magistrat des Administrateurs de la Chambre lui commande un "tondo" pour la salle des Audiences du Palazzo Vecchio: on peut identifier cette œuvre à la *Madone à la grenade* (*Catalogue*, n. 89).

1488-90. Il exécute l'*Annonciation* pour l'église de Santa Maria Maddalena de' Pazzi, qui appartenait alors aux moines de Cestello: un document de l'époque (voir *Catalogue*, n. 102), publié par Milanesi, mentionne: "le 19 mars [style florentin: 1489] Benedetto di ser Giovanni Guardi fit bâtir une chapelle à Cestello, dans Florence ... et il dépensa 30 ducats pour le retable de cette chapelle, qu'exécuta Sandro Botticelli".

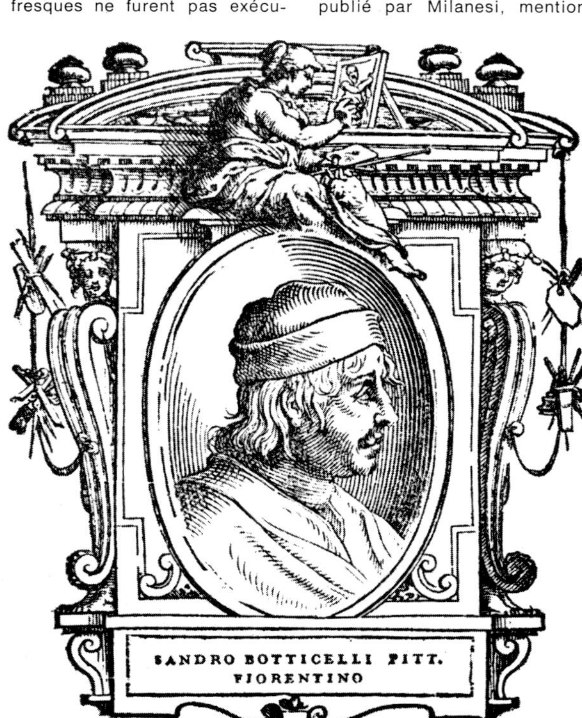

Portrait de Botticelli en tête de sa biographie dans les Vite *de Vasari (Florence 1568).*

1490, 13 OCTOBRE. Dans le *Libro* des officiers de la Nuit et des Monastères, il est noté: "Sander Botticelli fecit contra ordinamenta"; on ne sait de quelle contravention il s'agit.

1491, 5 JANVIER. Il fait partie, avec Lorenzo di Credi, Ghirlandaio, le Pérugin et Alessio Baldovinetti, de la commission qui juge les projets pour l'exécution de la façade du Dôme de Florence. Le 18 mai l'Œuvre du Dôme elle-même le charge, avec Gherardo et Monte di Giovanni, d'exécuter des mosaïques pour décorer deux coupoles de la voûte de la chapelle de Saint Zénobe; les frères Ghirlandaio décorent les deux autres. Pour ces travaux, Botticelli touche un paiement le 25 août, un autre le 13 décembre et un troisième le 18 décembre 1492; mais il n'achève pas son œuvre, qui sera terminée par Davide Ghirlandaio et Monte di Giovanni.

1493, 30 MARS. Son frère aîné Giovanni, courtier, est enseveli dans l'église d'Ognissanti. Son autre frère Simone est rentré de Naples et loge avec lui.

1494, 19 AVRIL. Avec son frère Simone il achète une ferme au delà de la porte San Frediano: "Une maison de gens bien parmi la population de San Sepolcro à Bellosguardo avec une vigne de douze boisseaux. Nous l'achetâmes au prix de 156 florins d'argent de Santa Maria Nuova le 19 avril" (déclaration au cadastre de Simone Filipepi; Florence, Archives de l'Etat). Il s'installe toutefois chez ses neveux Benincasa et Lorenzo dans le quartier de Santa Maria Novella, peut-être dans la maison de ses parents, où il était né.

1495, 25 NOVEMBRE. La femme de Lorenzo de Pierfrancesco de' Médicis écrit dans une lettre que Botticelli est attendu à la villa de Trebbio afin de "peindre certaines choses pour Lorenzo". Vers cette période, le même Médicis commande au peintre des illustrations pour la *Divine Comédie*.

1496, 14 JUIN, 7 et 20 JUILLET, 14 AOUT. Il touche des paiements, jusqu'au solde définitif, pour un *Saint François*, — peut-être une fresque, — qu'il avait exécuté dans le dortoir du monastère de Santa Maria di Monticelli, au delà de la porte San Frediano; cet édifice fut détruit lors du siège de 1529-30. Le 2 juillet, Michel-Ange Buonarroti adresse de Rome, à "Sandro di Botticello à Florence" une lettre destinée à Lorenzo de Pierfrancesco de' Medicis, mal vu à ce moment-là par les Florentins et presque confiné dans sa villa de Trebbio.

1497, 2 JUILLET. L'administrateur de Lorenzo de Pierfrancesco de' Medicis, accorde un crédit à Sandro Botticelli pour les décorations qu'il a exécutées à Castello, avec ses assistants, dans une villa des Médicis. D'une note de frais, envoyée le 3 juillet à Leonardo Strozzi à Florence, il résulte que des ouvriers et des décorateurs travaillaient pour Botticelli dans la même villa ("Moi, Basino, sur ma foi, à Sandro Botticello pour son œuvre, cinquante-sept, avec trois peintres, chacun à 14 s[ous], et un à seize ..."). Plus de trois cents Florentins, partisans de Savonarole, adressent une pétition au pape pour qu'il annule l'excommunication de ce moine: Botticelli qui, suivant la critique d'aujourd'hui, partageait les idées de Savonarole, ne figure pas parmi les signataires.

1498. Le peintre déclare au Bureau des Dîmes qu'il vit avec son frère Simone dans la maison de ses neveux Benincasa et Lorenzo, dans le quartier de Santa Maria Novella; le revenu de sa propriété de Bellosguardo se monte à un total de cent cinquantes-six florins 'larges'. Le 18 février, avec la garantie du *piagnone* (geignard, ainsi appelait-on les partisans de Savonarole, à cause de leur ton larmoyant) Antonio di Migliore Guidotti, Sandro Botticelli et le cordonnier Filippo di Domenico del Cavaliere, son voisin à Bellosguardo, échangent par acte notarié la promesse réciproque de ne pas s'offenser ultérieurement. Le 15 mars, Guidantonio Vespucci achète une maison via de' Servi, et demande à Piero di Cosimo et à Botticelli de la décorer; selon Vasari, ce dernier "exécuta autour d'une chambre plusieurs tableaux représentant des figures très vives et belles enfermées dans des bordures de noyer"; il s'agit peut-être des Histoires de Virginie et de Lucrèce (*Catalogue*, n. 144 A et B). Le 29 mai, a lieu le supplice de Savonarole sur la piazza della Signoria. Le 20 septembre, on publie à Venise la *Summa de arithmetica, geometria, proportioni et proportionalità* de Luca Pacioli, où l'auteur cite Botticelli en même temps que Filippino Lippi et Ghirlandaio, comme un habile maître de la perspective.

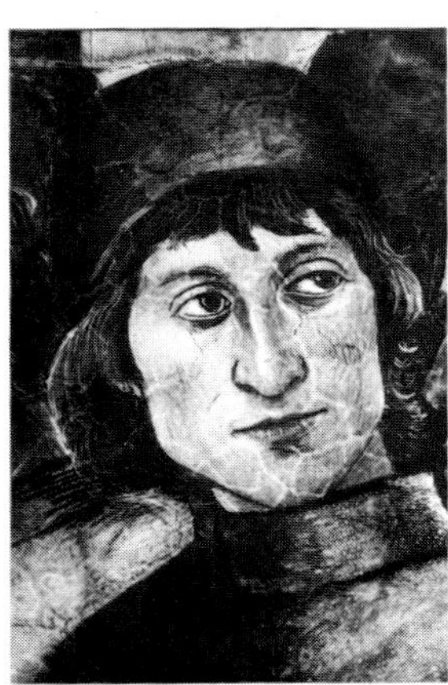

Autoportrait présumé de Botticelli dans la Punition des rebelles *(Vatican, Chapelle Sixtine). On a cru en voir un autre dans la fresque de la* Tentation du Christ, *précisément dans la première figure de face, à gauche; mais cette identification, avancée par Gebhardt, et acceptée par quelques critiques, dont Geffroy, n'a pas été suivie.*

1499, 2 NOVEMBRE. Simone Filipepi enregistre dans son *Journal*: "Alessandro, fils de Mariano Filipepi, mon frère, un des bons peintres que notre ville a en ce moment, alors qu'il se trouvait à la maison vers trois heures de la nuit, devant le foyer, raconta en ma présence qu'un jour, dans son atelier, il avait discuté avec Doffo Spini des affaires de frère Jérôme"; Spini avait été un de principaux juges dans le procès de Savonarole. Le 15 du même mois, Botticelli paie une taxe à la Compagnie de l'Art des Médecins et des Pharmaciens, qui s'était réorganisée et qui comprenait aussi les peintres.

1501, JANVIER. Il termine sa *Nativité mystique* (*Catalogue*, n. 148), la seule peinture datée et signée connue.

1502, 23 SEPTEMBRE. Francesco de' Malatesti écrit à Isabelle Gonzague d'Este, dont il est l'agent, que le Pérugin, à qui la duchesse de Ferrare avait demandé de terminer son cabinet de travail que Mantegna avait laissé inachevé, se trouvait à Sienne; que Filippino Lippi, qu'il avait interrogé à ce sujet, avait trop à faire, mais qu'on "lui avait recommandé quelqu'un d'autre, Alexandro Botechiella, qui lui a été présenté comme un peintre excellent et comme un homme très serviable et qui n'a pas de surcharges comme les susdits: j'ai chargé une personne de prendre contact avec lui et il a répondu qu'il assurerait le travail tout de suite, heureux de servir V[otre] S[eigneurie]". Il est donc probable qu'à ce moment-là, le peintre était libre d'autres engagements. Le 16 novembre, les officiers de la Nuit reçoivent une dénonciation pour sodomie contre Botticelli, dénonciation qui, paraît-il, n'eut pas de suite; ces dénonciations étaient assez courantes.

1503. Dans son poème *De illustratione urbis Florentiae*, Ugolino Verino mentionne, comme peintres fameux: Giotto, Taddeo Gaddi, Pollaiolo, Filippino Lippi, Domenico et Davide Ghirlandaio, Léonard de Vinci et Botticelli, qu'il compare à Zeuxis et Apelle. Cette année-là, et jusqu'en 1505, Botticelli est en dette vis-à-vis de la Compagnie de Saint-Luc.

1504, 25 JANVIER. Avec Giuliano da Sangallo, Cosimo Rosselli, Léonard de Vinci, Filippino Lippi et Bernardo Bandinelli, le père de Baccio, il fait partie de la commission chargée d'indiquer où il convient de placer le *David* de Michel-Ange: Botticelli, en accord avec Sangallo et Rosselli, suggère l'escalier du Dôme; mais on préfère la proposition de Filippino Lippi et de l'auteur lui-même, c'est-à-dire piazza della Signoria.

1505, 18 OCTOBRE. Il paie toutes les dettes qu'il avait contractées à l'égard de la Compagnie de Saint-Luc.

1510, 17 MAI. Comme il résulte du *Libro dei morti* de la ville de Florence, Botticelli est enseveli dans le cimetière de l'église d'Ognissanti. Les modifications qui ont affecté ce cimetière et cette église ont plusieurs fois changé l'emplacement de sa sépulture; elle se situe à présent près de la balustrade de la chapelle de San Pietro d'Alcantara, bâtie en 1722.

Catalogue des œuvres

Liste chronologique et iconographique de toutes les peintures de Botticelli ou qui lui sont attribuées.

L'évolution stylistique du jeune Botticelli apparaît d'une façon assez évidente après ce qui a été exposé plus haut: il passe de ce coloris somptueux, de cette subtilité de lignes de fra' Filippo Lippi aux profils très purs et plastiques de Pollaiolo, aux finitions méticuleuses de Verrocchio. L'enseignement qu'il reçut des deux premiers est à la source de cet accent d'idéal platonicien qui caractérise le premier Botticelli, de ce sens raffiné de la 'décoration' qui le fit assimiler aux Siennois, en particulier à Simone Martini, et aux enlumineurs de l'Extrême-Orient. On pourrait dans une certaine mesure accepter cette parenté, mais en lui donnant la même importance que celle qui fait ranger Botticelli parmi les 'pères' de l'Art Nouveau, ce que justifie à peine le Préraphaëlisme. L'exemple de Verrocchio lui aurait servi à dégager la ligne à travers un réseau plus articulé, et selon une musicalité qui, dans son souci d'espace et de perspective, n'en néglige par pour autant le volume.

A l'issue de ces événements, qui définissent en quelque sorte son langage pictural, la personnalité de Botticelli semble s'être accomplie. L'action laisse place à la contemplation, la réalité devient recherche de beauté fragile, qui disparaît dans une atmosphère translucide de plus en plus impalpable, celle du rêve, du mythe. Puis, les problèmes politiques provoquent un changement profond chez Botticelli, en particulier l'avènement de Savonarole dont les sermons attiraient, comme il a été prouvé, le peintre qui avait déjà subi l'influence du néoplatonisme médicéen: le rêve, la contemplation deviennent alors quête mystique, le mythe n'est plus que l'allégorie tragique d'une humanité incapable de justice. Peu à peu les figures tendent à s'enfermer dans des schémas formels qui, grâce à une grande cohérence, suscitent une composition à la fois figée, âpre et tourmentée.

En ce qui concerne la technique des œuvres de chevalet, Botticelli reste fidèle à celle qui s'appelle habituellement la 'détrempe à l'œuf', qu'il conduit à un grand degré de perfection. Le support qu'il préférait était presque toujours le panneau de noyer: il n'a recours que très rarement à la toile. Il en résulte une surface à peindre préparée avec un mélange de 'blanc d'Espagne' et de 'blanc teinté', liés avec une quantité analogue de colle de menuisier (à raison d'environ quatre-vingts grammes par litre d'eau): Botticelli étalait ce mélange par couches croisées, minces au point que sept ou huit ne dépassent qu'à peine le millimètre d'épaisseur. Sur cette préparation, il inscrivait avec un stylet les lignes directrices de perspective, les architectures, etc.; il dessinait le reste au pinceau, avec une couleur brune très liquide. Il étalait également la couleur par couches successives, séparées les unes des autres, — surtout dans le glacis final, — au moyen d'un 'vernis' composé seulement de colle de parchemin. Dans les œuvres tardives, les fonds et les glacis sont à la détrempe à la caséine.

Dans les œuvres murales, le dessin, — la *sinopia*, — était réduit à de grandes lignes essentielles; Botticelli dut employer ce procédé typiquement médiéval tout au long de son œuvre, car les fresques qu'il exécuta ne révèlent ni transposition de carton ni trace de stylet, sauf pour les lignes médianes, les lignes de perspective, les parties ornementales et autres, que l'on dessinait ainsi même avant lui. Les raccords des 'scènes' sont soigneusement nivelés et retouchés à sec; d'autres parties semblent avoir été reprises ainsi.

Selon les sources (Vasari en particulier), ses élèves qui, suivant l'usage, étaient aussi ses aides, furent: Jacopo di Francesco di Domenico Filippi (? - 1527), Jacopo di Domenico Papi, dit le Toschi (1463 - 1530), Biagio d'Antonio Pucci (1446 - 1515), Raffaello di Lorenzo di Frosino Tosi, dit le Toso (1469 - ?), Giovanni di Benedetto Cianfanini (1462 - 1542). La critique connaît mieux: Filippino Lippi (1457 - 1504), son neveu Mariano d'Antonio (vers 1400 - 1468), — dont l'activité reste en partie encore à définir, — Jacopo del Sellaio (1442 - 1493), — collaborateur peut-être sporadique, mais imitateur constant et copiste. Il faut peut-être ajouter Raffaellino del Garbo (vers 1470 - vers 1525) alors que l''Amico di Sandro', imaginé par Berenson (qui le renia ensuite), a perdu toute consistance critique. On doit rappeler parmi les disciples, Piero di Cosimo (1462 - 1521?), Bartolomeo di Giovanni (? - ?), le même Francesco di Giorgio Martini (1439 - 1502) dans sa période florentine, et surtout Francesco Botticini (1446 - 1497?) qui, à cause de l'analogie du nom, fut parfois identifié à Botticelli. Nous mentionnerons à part, pour terminer, les mosaïstes et les enlumineurs Gherardo et Monte di Giovanni, auxquels certains historiens voudraient attribuer une large participation dans les œuvres de petit format de Botticelli, et Giuliano da Sangallo qui, non seulement exécutait des bordures pour les tableaux de son maître, mais aurait également copié à la mine de plomb ses peintures et ses dessins. Il faut probablement rapprocher de ces artistes les différents copistes et épigones anonymes qui perpétuèrent la facture de Botticelli, alors que son atelier s'était employé pendant des années à produire des répliques de ses œuvres, ce qui souleva des problèmes d'attribution assez embrouillés et souvent insolubles.

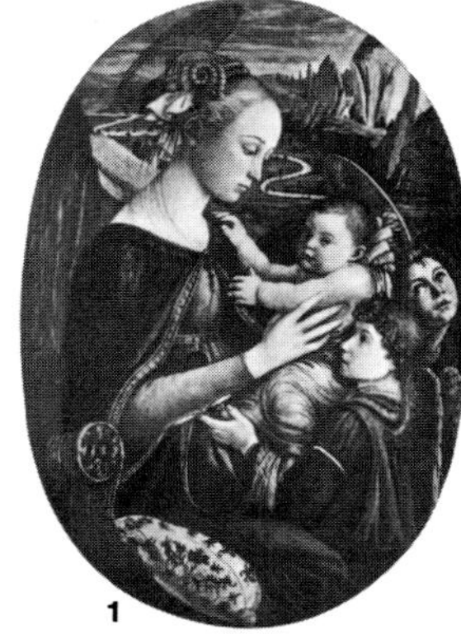
1

1 100×71 1464*

LA VIERGE A L'ENFANT ET DEUX ANGES (Madone Havemayer). New-York, Metropolitan Museum.

Ce tableau passa de la paroisse de Castelfranco di Sopra (Valdarno) à la chapelle de Cerreto des comtes Baglioni qui le vendirent vers 1900. Après avoir fait partie de la collection Harnish de Philadelphie, il passa dans celle des Havemeyer et de là au Metropolitan Museum de New-York. Selon Berenson [1932] et Gamba, c'est la première œuvre connue de Botticelli; Mesnil a des doutes à ce sujet; les autres spécialistes ne la mentionnent pas. C'est une variante, sur un support ovale, d'un tondo de Filippo Lippi (à qui l'attribua Colasanti [1903]), où l'on peut reconnaître l'intervention de Botticelli dans l'ange de droite.

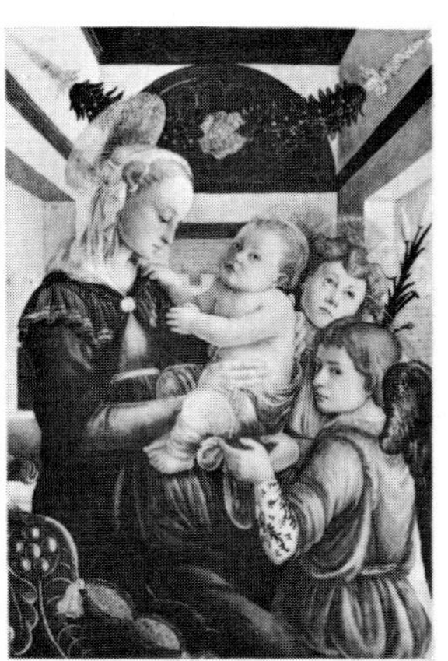
2

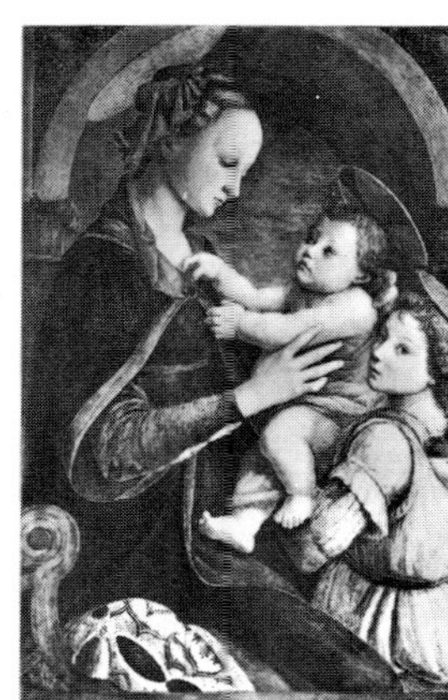
3

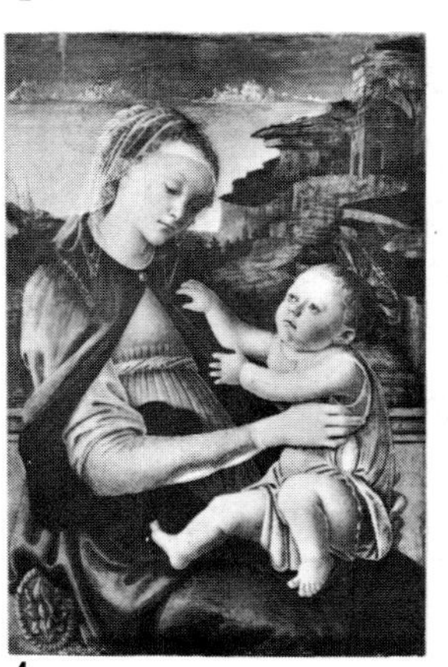
4

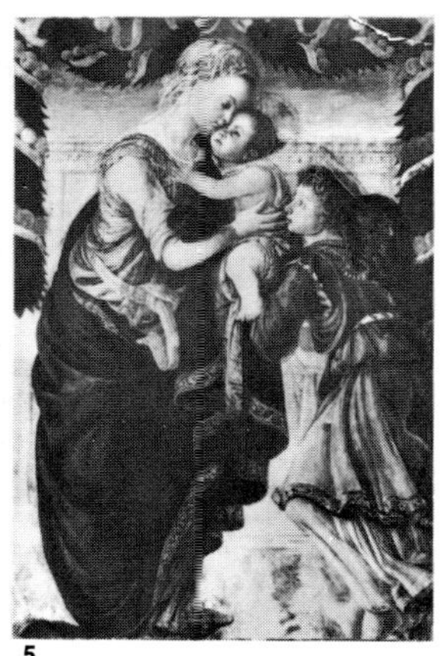
5

2 89×60 1464*

LA VIERGE A L'ENFANT ET DEUX ANGES. Washington, National Gallery of Art (Legs Samuel H. Kress).

Ce tableau a appartenu aux collections Sedelmeyer de Paris, Brady de Long Island et Macaulay de Washington. Berenson l'attribua à Botticelli [1932], ainsi que Gamba, Bettini et Salvini; Mesnil fut d'un avis opposé [1938] et les autres historiens l'ignorèrent.

3 87×60 1465*

LA VIERGE A L'ENFANT ET UN ANGE. Florence, Museo dell' Ospedale degli Innocenti.

Variante d'une œuvre de Lippi exécutée dans son atelier (et à qui elle était attribuée jusqu'à ce que Ulmann [1893] ne la donne à Botticelli) par Botticelli seul, ou pour une très grande part. A beaucoup souffert d'anciens nettoyages, et a été restaurée en 1890. Le glacis est largement enlevé par endroits; on a repeint l'arcade.

4 75,5×49 1466*

LA VIERGE A L'ENFANT (Madone Guidi). Paris, Louvre.

Après avoir appartenu à la collection Guidi de Faenza, cette œuvre fut vendue à Rome par Sangiorgi en 1902. Elle est au Louvre grâce au legs Schlichting. Sortie de l'atelier de Lippi, elle a été entièrement exécutée par Botticelli (selon A. Venturi [1902 et 1907], suivi par différents historiens, tandis que d'autres, à partir de Jamot [1920], l'attribuent à l'école de Lippi). Botticelli s'inspire de la *Madone* de son maître (Munich), et du tondo du Palazzo Pitti.

5 110×70 1466*

LA VIERGE A L'ENFANT ET UN ANGE. Ajaccio, Musée Fesch.

Vient de la collection Fesch (1839). Une bonne partie de la cri-

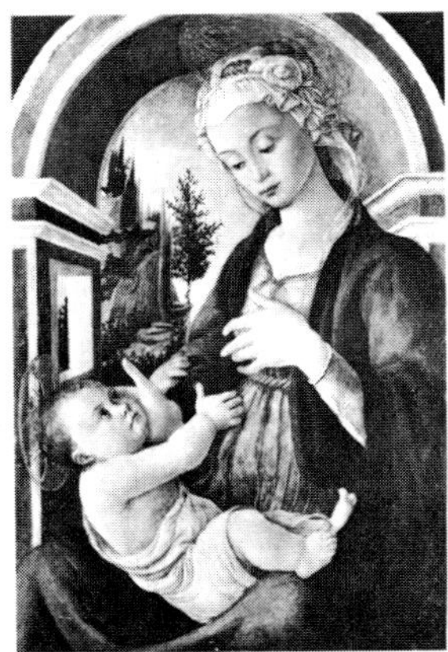
6

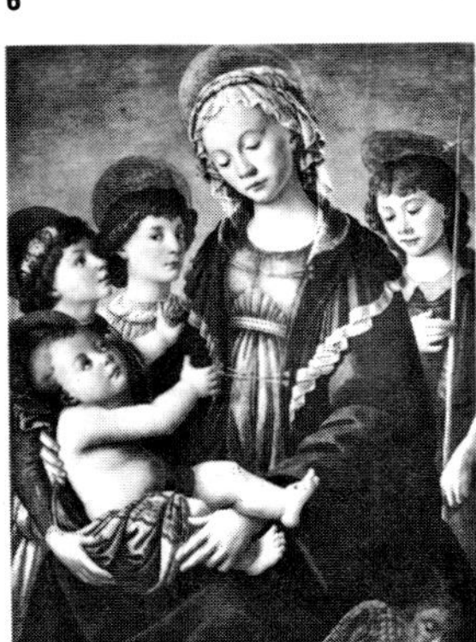
7

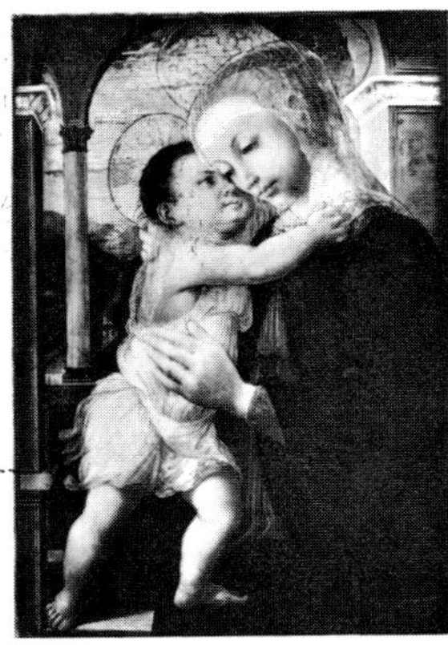
8

tique actuelle [de Vertova, 1948, jusqu'à Salvini] la considère comme une des premières œuvres entièrement autographes, son rythme lyrique étant caractéristique des œuvres ultérieures.

6 72×52 1468*

LA VIERGE À L'ENFANT. Musées nationaux français, Collection Campana.

C'est grâce au legs Campana que ce tableau entra au Louvre en 1863; en 1872, il fut mis pour quelque temps en dépôt au Mu-

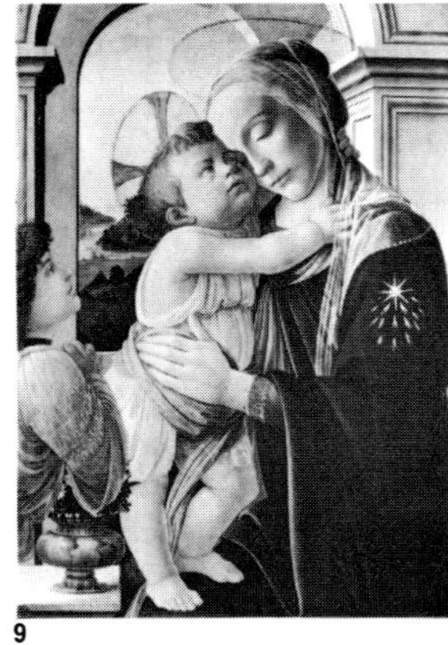
9

sée de Périgueux. Traditionnellement attribué à Lippi; à son école par Berenson [1932] et Pittaluga [1949], tandis que Laclotte [1956] l'attribue au peintre même, vers 1470, date que Salvini avance de deux ans.

7 85×62 1468*

LA VIERGE A L'ENFANT, SAINT JEAN ET DEUX ANGES. Florence, Galleria dell'Accademia.

De l'église de Santa Maria Nuova à Florence, passa aux Uffizi en 1900, puis à l'Accademia (1919). Presque tous les spécialistes la considèrent de Botticelli [de Bode, 1884, à Salvini] sauf Horne [1908] et A. Venturi [1925], qui l'attribuent à son école. Les motifs inspirés de Lippi et de Verrocchio conviennent au style de Botticelli, surtout en raison de certaines préciosités que l'on peut remarquer dans les parties qui ne sont pas originales, et en dépit de regrettables retouches.

8 72×50 1468*

L'ENFANT QUI EMBRASSE SA MÈRE (Madone à la loggia). Florence, Uffizi.

Ce tableau parvint aux Uffizi en 1784, en provenance de la Chambre de Commerce de Florence, et fut attribué à Botticelli. Rejeté par Morelli [1890], suivi d'autres spécialistes [jusqu'à Mesnil, 1938], il fut réattribué à Botticelli par A. Venturi [1911], puis exclu par le même [1925] et par d'autres exégètes; attribué de nouveau à Botticelli [Gamba, 1932, jusqu'à Salvini]. Le peintre harmonise ici les formes de Lippi dans une composition qui s'inspire peut-être aussi, en plus de Verrocchio et de Baldovinetti, d'une *Madone* de Mantegna parvenue à Florence en 1467. La peinture est abîmée, surtout dans le manteau de la Vierge, et le paysage semble entièrement repeint.

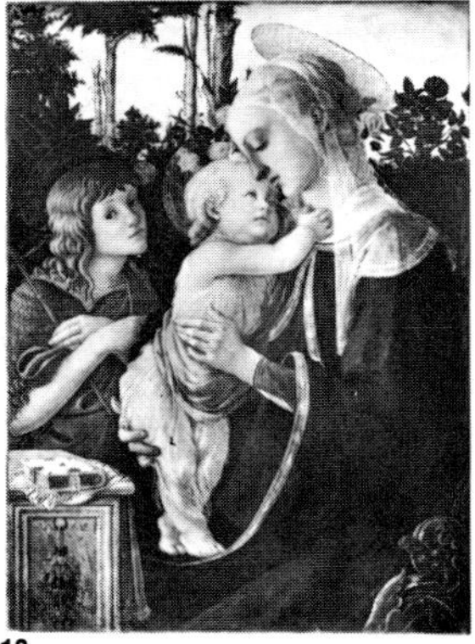
10

9 83,2×59,1 1468*

LA VIERGE A L'ENFANT ET UN JEUNE HOMME EN PRIÈRE. Chicago, Art Institute (Collection Max et Leola Epstein).

Vendu après 1907 par Féral de Paris à van Buren d'Amsterdam, ce tableau passa aux Epstein en 1925. De Botticelli, selon A. Venturi [1907], Yashiro, Bode [1926] et van Marle, alors que pour Gamba et Salvini il s'agit d'une copie d'atelier. Exécuté sans doute dans le genre de la *Madone à la loggia* (n. 8), il en diffère par la primauté de la ligne sur la couleur. Ce tableau est un peu mutilé sur la gauche et la robe de la Vierge est en partie abîmée.

Il existe un autre exemplaire (85×66 cm.) chez les Duveen de New-York, qui provient de la collection Austen de Horsmonden (Kentucky). L'aspect superficiel des formes et des ornementations, quelques détails mal interprétés et le peu de fermeté de l'ensemble incitèrent certains critiques [Yashiro, van Marle, etc.] à soutenir qu'elle n'était qu'une simple réplique du tableau de Chicago, tandis que L. Venturi [1937], Gamba, Mesnil et Salvini en admettent l'authenticité.

10 93×69 1468*

LA VIERGE A L'ENFANT ET SAINT JEAN (Madone à la roseraie). Paris, Louvre.

Acheté en 1824 par Louis XVIII. Déjà attribué à Botticelli par Cavalcaselle, confirmé à partir d'Ulmann [1893]. Œuvre d'une qualité si élevée que certains spécialistes auraient tendance à la situer vers 1472 [Yashiro, jusqu'à L. Venturi, 1937]; alors que la plupart des critiques la placent entre 1468 et 1469 à cause de l'influence insistante de Lippi et de l'ascendant toujours plus important de Verrocchio. On ne trouve pas encore dans le feuillage ce mélange de noir et de jaune (vert pompéien) qui est typique des œuvres postérieures de Botticelli, et qu'il étalait en couches épaisses. On retoucha déjà ce tableau à partir de 1490; le glacis manque par endroits.

11 74×56 1468*

LA VIERGE A L'ENFANT (Madone Corsini). Washington, National Gallery of Art (Legs Mellon).

De la galerie des Corsini à Florence, ce tableau passa chez les Duveen de New-York pour faire ensuite partie de la collection Mellon de Washington. Là, après avoir été soigneusement nettoyé des vieux repeints, il témoigna pleinement [Bode, 1893, etc.] de l'art délicat d'un Botticelli (on l'avait cru au début de Filippino Lippi) encore influencé par Filippo Lippi, mais désormais tourné vers le style de Verrocchio.

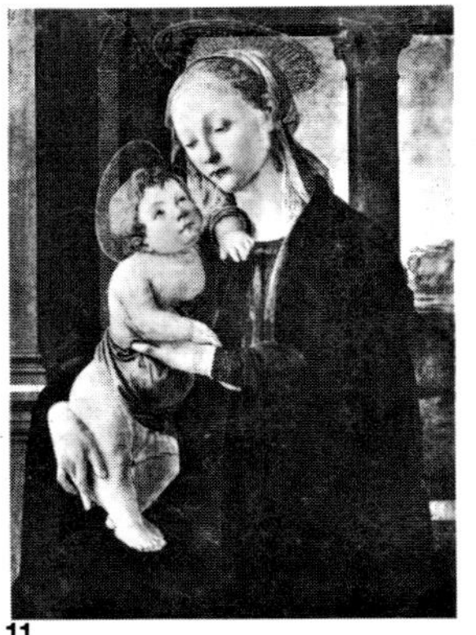
11

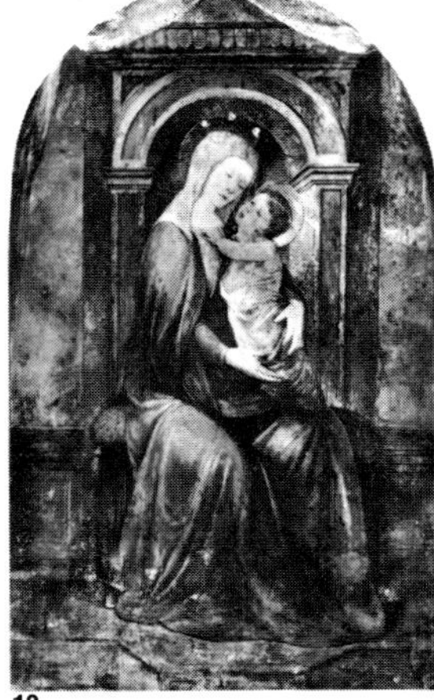
12

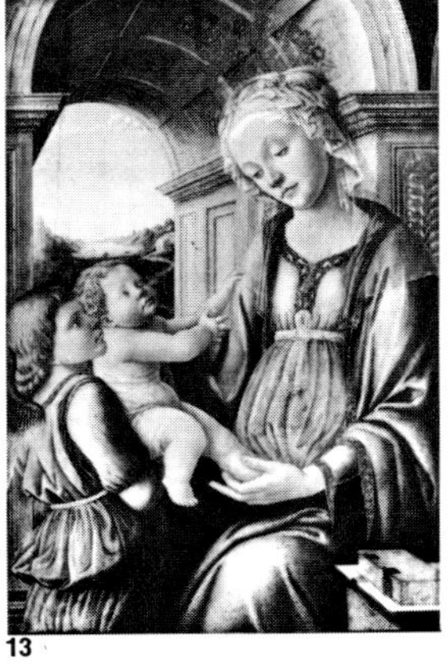
13

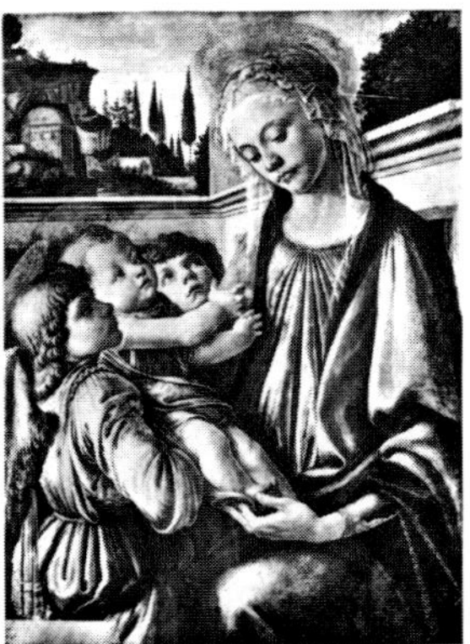
14 [Pl. I]

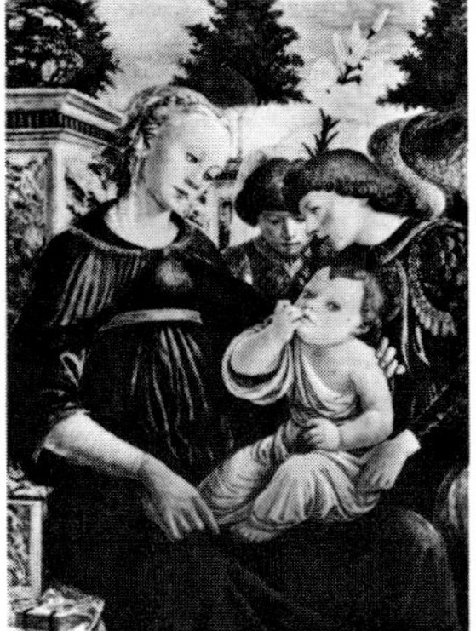
15

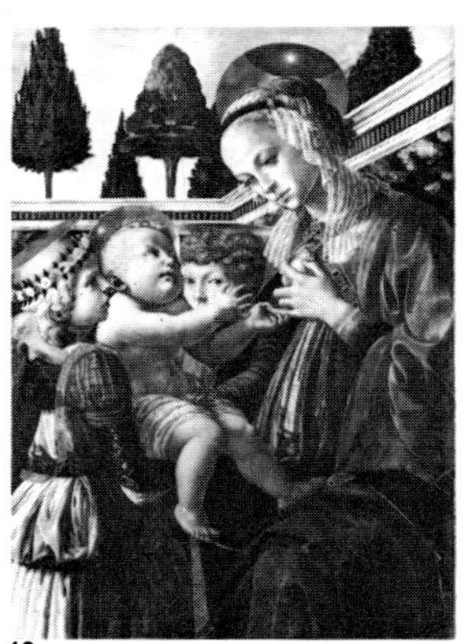
16

12 168×112 1468*

LA VIERGE AU TRONE. Settignano (Florence), Cappella della Vannella.

Gravement endommagée par de nombreux repeints, il reste seulement quelques légères traces d'origine dans le contour des visages. Toutefois, l'ensemble trahit encore la manière de Botticelli, ainsi que l'admet la critique moderne [Horne, 1901, etc.] qui situe l'exécution vers 1468.

13 70×48 1468*

LA VIERGE A L'ENFANT ET UN ANGE. Londres, National Gallery.

C'est en 1857 que les Zambrini de Imola cédèrent ce tableau. Bien que plusieurs critiques [Cavalcaselle, jusqu'à Davies, 1951] en aient discuté l'authenticité, on peut toutefois, — avec Mesnil et Salvini, — le considérer comme de Botticelli, au moment où il se détache du style de Lippi pour assimiler celui de Verrocchio.

14 100×71 1468-69

LA VIERGE A L'ENFANT ET DEUX ANGES. Naples, Galleria Nazionale di Capodimonte.

Provenant du Palais Farnèse à Rome, où il se trouvait dès 1697, ce tableau était curieusement catalogué comme une œuvre de "fra" Filippino". Mais il est accepté par la majorité de la critique comme original de Botticelli; l'union de certains éléments propres à Lippi et à Verrocchio font penser que cette œuvre fut exécutée entre 1468 et 1469. Presque totalement repeinte, et restaurée en 1957.

15 107×75 1469*

LA VIERGE A L'ENFANT ET DEUX ANGES. Strasbourg, Musée des Beaux-Arts.

Attribué à Botticelli par Bode [1921] et plusieurs à sa suite [jusqu'à Salvini]; rejeté par Berenson et Mesnil. Plus dégagée de structure et de composition que les œuvres précédentes, cette œuvre paraît en résumer tout l'acquis avec une subtile richesse de détails. L'Enfant y est défini dans une pose caractéristique du Botticelli de la maturité. Cette œuvre a plusieurs parties retouchées, et le visage de la Vierge est très abîmé.

16 69,5×50 1469*

LA VIERGE A L'ENFANT ET DEUX ANGES. Londres, National Gallery.

Ayant appartenu jusqu'à la fin du siècle dernier à la collection Callcott, cette œuvre passa successivement dans les collections Davenport, Bromley, Fairfax Murray, etc., jusqu'à ce qu'elle entre à la National Gallery (1910), grâce au legs Salting. Les spécialistes sont en désaccord (Waagen [1857] l'attribue à Pesellino; elle est attribuée à Lippi, puis à Botticel

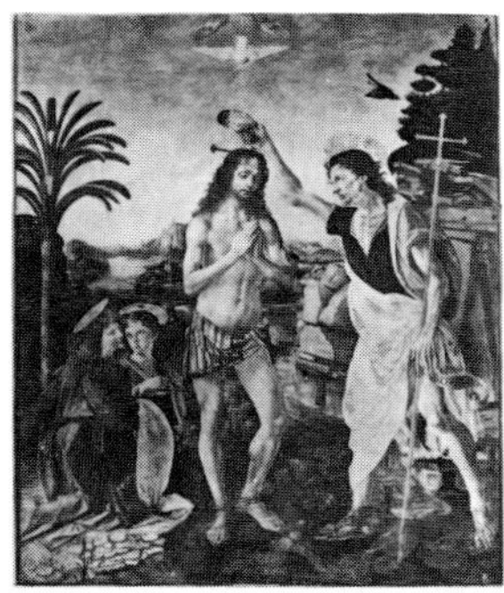

17

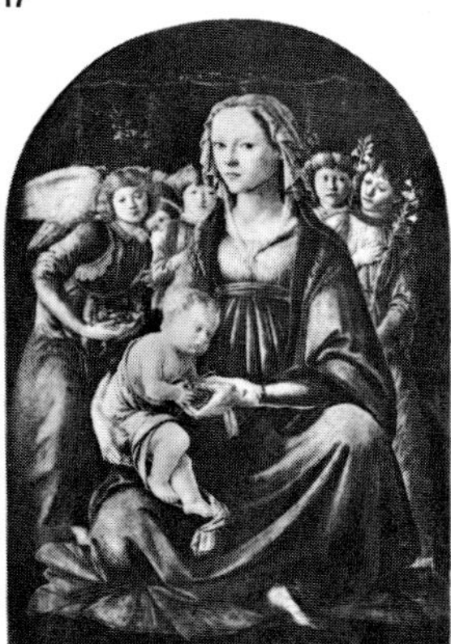

18

li, par Ulmann [1893], que contredisent Bode [1926] et d'autres; Gamba [1932] et la plupart des historiens modernes sont au contraire de son avis) en raison de la solidité de la composition et de la couleur plus forte que dans n'importe quelle autre œuvre du jeune Botticelli. Il n'est pas impossible que Verrocchio même, ou un de ses meilleurs assistants, y ait travaillé, surtout en ce qui concerne les auréoles (celle de la Vierge en particulier, qui est si polie qu'elle réfléchit la nuque), la robe de l'ange de gauche et dont la peinture restitue scrupuleusement l'aspect métallique, et le profil si net des arbres.

17 177×151

LE BAPTÊME DU CHRIST. Florence, Uffizi.

Traditionnellement attribuée à Verrocchio, avec le document bien connu du jeune Léonard, cette œuvre fut ensuite attribuée à Botticelli par Ragghianti [1954] non seulement pour des raisons de style mais parce qu' il était impossible de prouver avec certitude que Verrocchio en était l'auteur. Le problème se posait alors pour d'autres peintures que l'on avait jusqu' alors attribuées à Verrocchio. Il est toutefois possible que Botticelli ait exécuté dans son atelier, avec d'autres collaborateurs, dont Léonard, des œuvres pour lesquelles Verrocchio ne joue que le rôle d'entrepreneur. Jusqu'à ce jour, la majorité des critiques continue à exclure de la production de Botticelli le *Baptême* et autres œuvres semblables, du fait que l'on manque de données précises, et en raison de certains détails techniques, comme par exemple l'addition d'huile dans la détrempe à l'œuf, l'empâtement par couches estompées au moyen d'un tampon et avec des vernis épais, procédés que Botticelli n'employa jamais. L'avis de Ragghianti doit être pris toutefois en considération, mais en se réservant d'y souscrire avant que les peintures en question aient été comparées.

18 64×43 1469*

LA VIERGE A L'ENFANT ET CINQ ANGES. Paris, Louvre.

Le tableau, encore enfermé dans sa bordure d'origine, comporte de larges repeints et des remaniements ne permettant pas de bien juger un ensemble qui, à l'origine, peut-être, était déjà mal composé et assez lourd. On peut y trouver pourtant quelques traits du style de Botticelli (sur indication de Bode [1887] suivi par la majorité des critiques modernes [Schmarsow, 1923; jusqu'à Salvini]), désormais très proche de celui de la *Force* (n. 26), grâce à certains éléments sûrement inspirés de Pollaiolo.

19 53,3×36,2 1469*

PORTRAIT DE JEUNE HOMME. Santa Monica (Californie), Collection Barbara Hutton.

Exposé en 1886 à la Royal Academy de Londres comme étant de Fiorenzo di Lorenzo. Autrefois dans la collection Heart de New-York. Ce fut Berenson qui le rattacha à l'œuvre de Botticelli, suivi par Gamba et Salvini. Le ciel et le paysage appartiennent à une iconographie que Baldovinetti avait mise à l'honneur et que Pollaiolo avait reprise. Nous retrouvons une préparation du ciel analogue dans des œuvres authentiques, comme le *Portrait d'homme* n. 41.

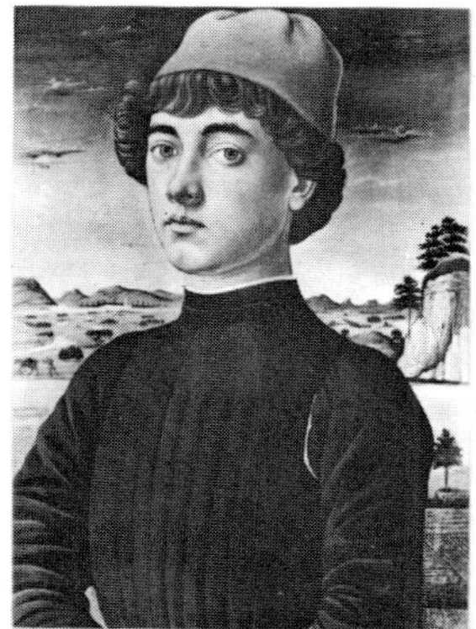

19

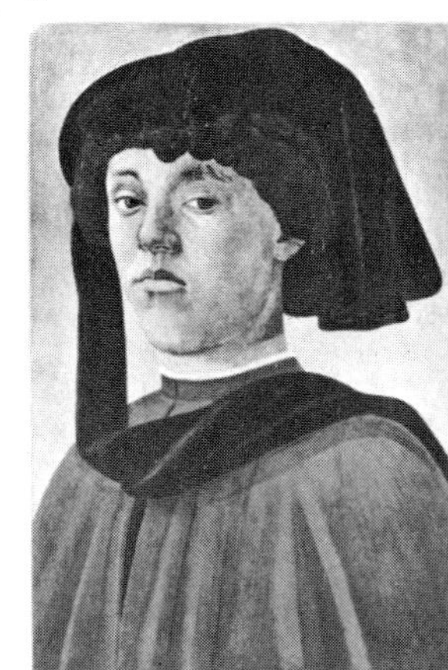

20

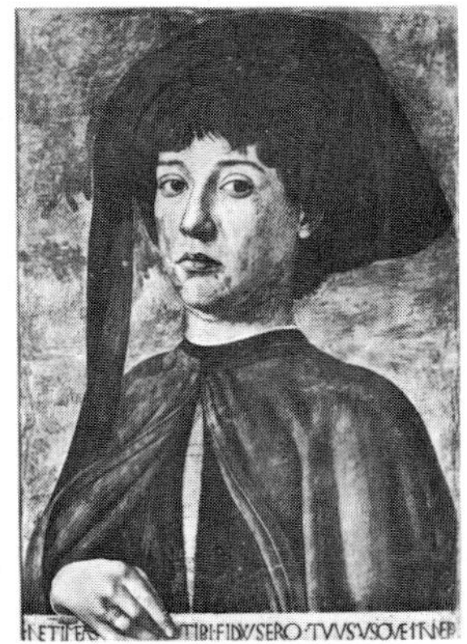

21

20 51×33,7 1469*

PORTRAIT DE JEUNE HOMME. Florence, Pitti.

L'attribution à Botticelli, avancée par A. Venturi en 1891, fut longuement contestée; elle fut réaffirmée par Gamba [1932 et 1936] qui rencontra un assentiment plus large de la critique [Rusconi, 1937; Bettini, 1942; Collobi Ragghianti, 1949; Ciaranfi Francini, 1956], et aujourd'hui elle est généralement admise. La date, vers 1475, qu'avait proposée Bode [1921] (et qu'il avait reportée à 1480-85 [1926]) a été avancée de plus de cinq ans. Malgré le nettoyage effectué en 1935, ce tableau demeure encore assez sombre. Cela vient peut-être d'un mauvais mélange de la détrempe plutôt que d'une tentative du peintre [Kroeber, 1911] pour se rapprocher de la technique flamande.

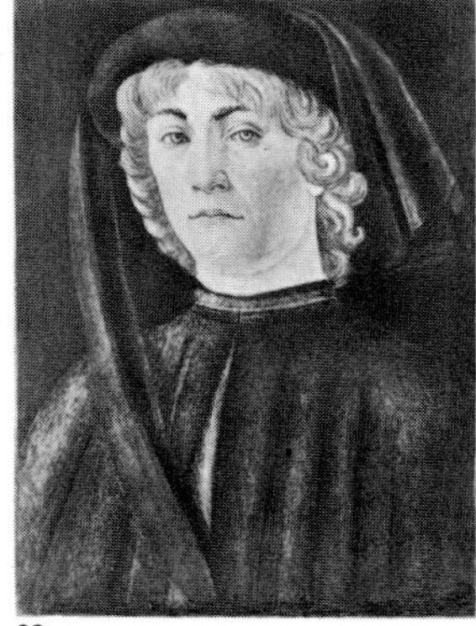

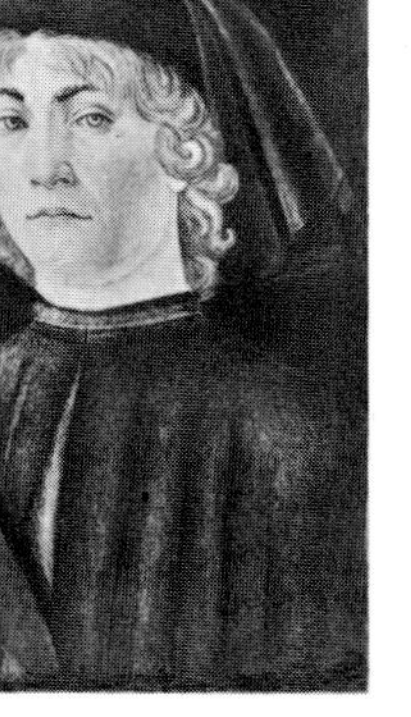

22

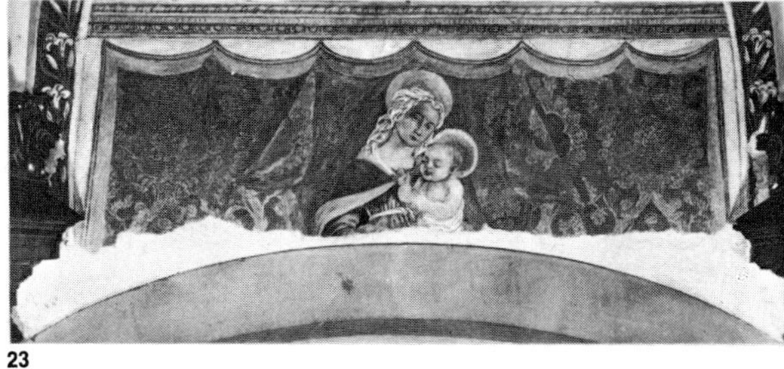

23

21

PORTRAIT DE JEUNE HOMME. Autrefois à Naples, Museo Filangieri.

Attribué à Botticelli d'après les inventaires. Kroeber [1911] le refusa à juste titre; cette figure statique a fait penser [van Marle] à une imitation du n. 20. Aujourd'hui disparu.

22 *52×33*

PORTRAIT D'HOMME. New-York, Collection Duveen.

Yashiro [1925] le considère comme autographe. Les autres spécialistes ne le mentionnent pas, malgré de vagues éléments qui rappellent Botticelli.

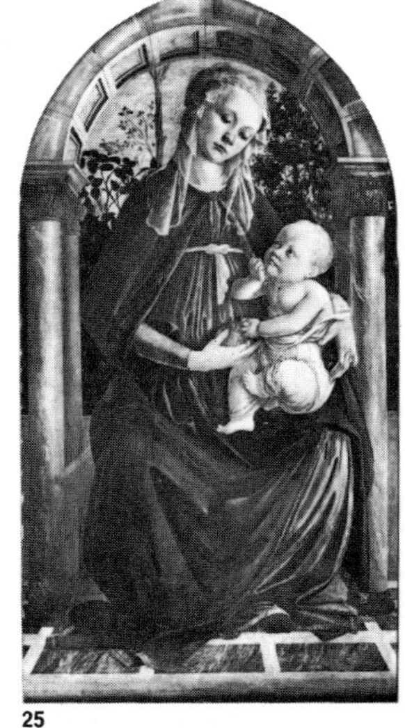

25

23 70×250*

LA VIERGE A L'ENFANT. Florence, Église de la Santissima Annunziata.

Fragment d'une fresque, autrefois dans la chapelle de la Madonna degli Angeli annexée à l'église. La chapelle ayant été transformée en sacristie, on ouvrit une porte à l'endroit où se trouvait la fresque et on plaça au dessus ce fragment qui fut découpé avec le mur. La tenture est presque entièrement authentique; la Vierge est très abîmée, l'Enfant est complètement repeint: il y a trop peu d'éléments pour admettre l'attribution de Gamba [1934 et 1936] et la date qu'il fixe, avec Salvini, aux environs de 1470.

24 120×65 *1469-70*

LA VIERGE A L'ENFANT DANS UNE GLOIRE DE SÉRAPHINS. Florence, Uffizi.

Dans les inventaires de 1784 ce tableau fut enregistré comme l'œuvre d'un anonyme; attribué à Botticelli par Bode [1893]; sauf A. Venturi [1925], toute la critique se rallia à cette attribution. C'est la première œuvre à témoigner de cet allongement volontaire des figures qu'aimait Botticelli. Le panneau est toujours dans sa bordure sculptée originale. Le glacis est parti par endroits et la couleur, surtout dans le manteau de la Vierge, paraît épaissie; les dorures se sont estompée ou elles ont bruni; ce panneau est d'ailleurs fâcheusement altéré par un vernis verdâtre.

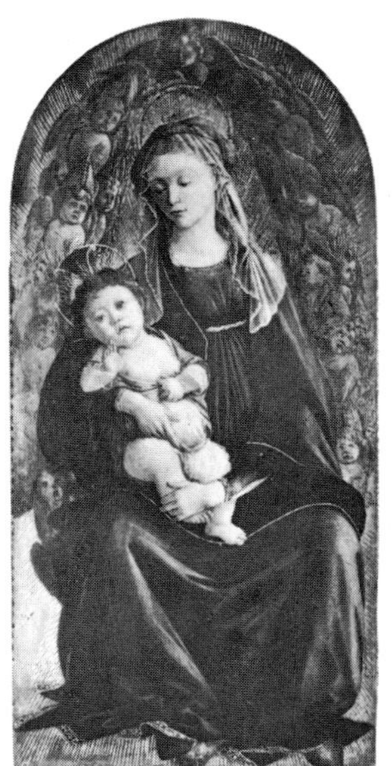

24

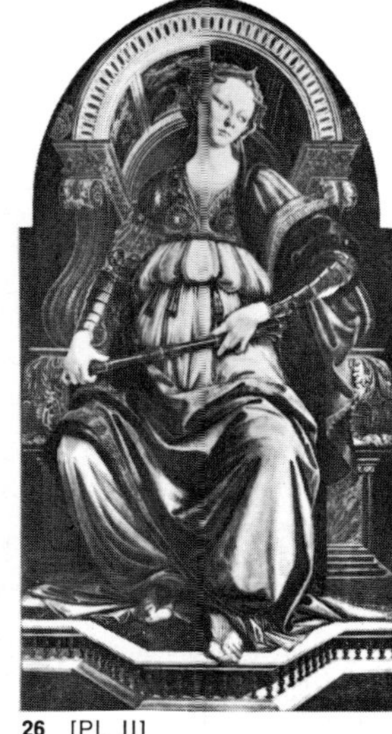

26 [Pl. II]

25 124×64 *1469-70*

LA VIERGE A L'ENFANT (La Madone à la roseraie). Florence, Uffizi.

De la Chambre de Commerce de Florence, ce tableau parvint, au XVIIIe siècle, dans ce Musée, où il fut catalogué comme œuvre de Botticelli. Depuis Ulmann [1893], les critiques admettent son authenticité (seul Morelli [1897] fut en désaccord) en situant son exécution à l'époque de la *Force* (n. 26), en raison des qualités évidentes de la préparation. Ce panneau a été mal verni au siècle dernier.

26 167×87 1470

LA FORCE. Florence, Uffizi.

C'est la première œuvre de Botticelli citée par les sources anciennes [Albertini, 1510; etc.]. Elle a été exécutée pour la salle du tribunal de la Corporation des Commerçants, piazza della Signoria, au coin de la via de' Gondi; placée ensuite au rez-de-chaussée du palais des Uffizi, où Cinelli la mentionne en 1677; le tribunal ayant été supprimé (1777), elle est mise au dépôt et puis exposée aux Uffizi à partir de 1861. La série des Sept Vertus avait été commandée à Piero del Pollaiolo le 18 décembre 1469; c'est en mai 1470 que Tommaso Soderini, nouveau magistrat du tribunal de Commerce commanda la *Force* à Botticelli; cette commande fut confirmée par le tribunal le 18 juin, et l'œuvre fut définitivement payée le 18 août. On avait commandé une deuxième 'Vertu' à Botticelli, mais elle ne fut jamais exécutée, Pollaiolo ayant dû faire valoir ses droits: c'est peut-être à cela que se réfère la protestation qu'un groupe de peintres présenta, au mois de janvier 1471, à la corporation à laquelle ils appartenaient (celle des Médecins et des Pharmaciens) "pour qu'on veille à ce que des œuvres commandées à un peintre ne soient ensuite confiées à d'autres". Dans ce tableau, es dorures, les dé-

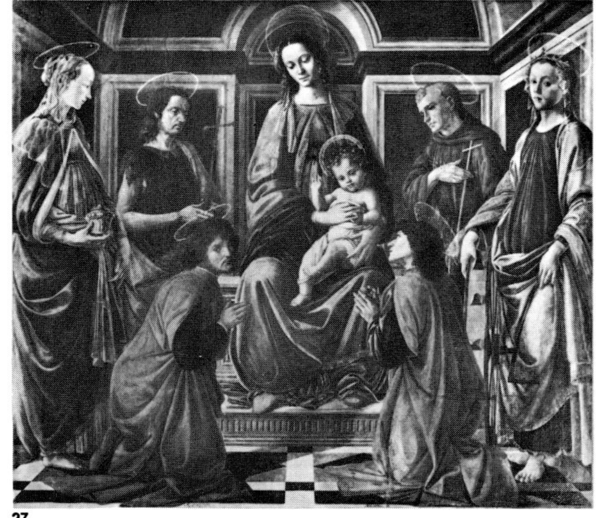
27

corations et les métaux, admirablement rendus, prouvent qu'il connaissait très bien le métier d'orfèvre.

27 167×195 1470*

SAINTE CONVERSATION (Retable des Converties [?]). Florence, Uffizi.

Elle fut transférée de l'église de Sant'Ambrogio à l'Accademia, et de là aux Uffizi en 1946. Elle représente la Vierge sur son trône entourée de sainte Madeleine, saint Jean-Baptiste, saint François et sainte Catherine d'Alexandrie debout, et des saints Côme et Damien à genoux, ces deux derniers ayant les traits de Laurent et Julien de Médicis. Les sources du XVIe siècle mentionnent un "retable dans l'église des Sœurs religieuses augustines de Sainte Elisabeth des Converties" (où il se trouvait encore en 1802) et on a essayé de l'identifier à celui-ci [Gamba, 1931, 1932 et 1936] sans parvenir à des conclusions positives, tout d'abord parce qu'il n'en existe pas de description, et puis parce que les saints représentés ne correspondent pas aux patrons de ce monastère. Ce doute fut partagé par Yashiro [1929] qui propose, à la place, la *Trinité* Lee (n. 151), bien que ce soit encore moins probable. La date d'exécution semble en tout cas assez proche de celle de la *Force*. Plusieurs repeints du XVIe siècle ont altéré l'aspect des Médicis et tellement modifié la Vierge, qu'elle semble être du Pérugin. Il se peut que cette dernière ait été, à l'origine, semblable à celle du n. 28.

28 83,5×45,5

LA VIERGE A L'ENFANT SUR LE TRONE. Autrefois à Lockinge House (Wantage), Collection Thomas Loyd.

Cette œuvre fut retirée en 1900 de la chapelle Graziani à Comezzano (Vaggio); Giovanni Magherini Graziani la vendit en novembre 1903 à l'antiquaire florentin Elia Volpi, qui la céda à Lady Wantage en 1904: elle resta dans cette collection jusqu'en 1947. En 1904-05 l'Arundel-Club la présenta comme autographe; Berenson [1924], suivi par plusieurs critiques, l'attribua à l'atelier de Botticelli, et c'est ainsi qu'il faut la considérer, bien qu'elle ait été exécutée sous la surveillance directe du peintre (on dirait qu'elle est de la même main que la réplique de la *Madone* Duveen et de la *Madone* Epstein [n. 117 et 9]). C'est probablement, avec des variantes, une réplique du groupe qui figure dans le présumé retable des Converties (n. 27), tel qu'il devait être avant les retouches du XVIe siècle [Berenson, 1927].

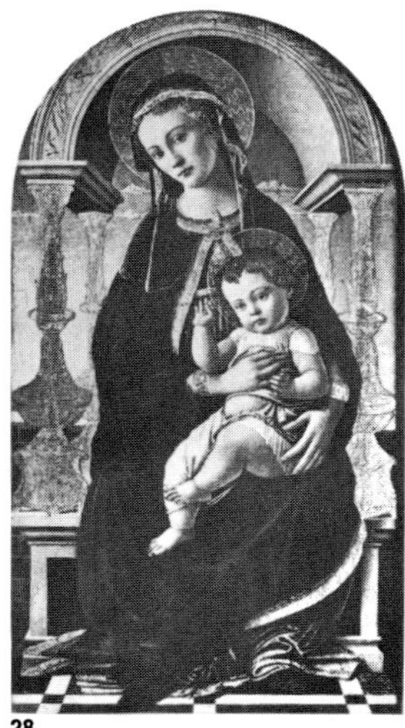
28

29 50×136 1472*

L'ADORATION DES MAGES. Londres, National Gallery.

De la collection Orlandini, elle passa en 1845 à la collection Lombardi-Baldi, toujours à Florence, et de là à la National Gallery en 1875. Œuvre très discutée en raison, également, de nombreuses parties délavées, des retouches, des repentirs que la restauration a mis en lumière en 1940. Au côté gauche, assez confus, s'oppose le côté droit, clair et presque dépouillé, que l'on dirait peint plus tard. Parmi les assistants en adoration, se détachent des têtes que l'on pourrait attribuer à Filippo Lippi, à l'époque où il subissait encore l'influence de fra' Angelico. Les figures du roi à genoux, du personnage qui, derrière, regarde l'étoile et de son compagnon, de la Vierge, de saint Joseph et des deux bergers, du nain et des personnages qui l'entourent, sont sûrement de Botticelli; le reste semble plutôt dû à Filippino Lippi. On peut formuler deux hypothèses: ou c'est Filippo qui a établi la composition du tableau qu'il aurait ensuite donné à Botticelli, pendant qu'il était dans son atelier, ou c'est Filippino Lippi qui a commencé le travail quand il était encore avec son père, travail qui a été poursuivi dans l'atelier de Botticelli et que celui-ci termina peut-être hâtivement. De toute façon c'est une œuvre achevée en 1472 ou, au plus tard, en 1475, suivant les historiens depuis Horne [1908] à nos jours.

30 8,2×12,6 1471*

L'ANNONCIATION. Glens Falls (New-York), Collection Louis F. Hyde.

L. Venturi [1933] et la majorité des critiques la situent dans les œuvres de jeunesse de Botticelli, datant son exécution de l'époque du supposé retable des Converties de 1471. Van Marle la croit de 1490, mais Salvini défend la chronologie traditionnelle, en raison des motifs inspirés de Verrocchio.

31 84×65 1471*

LA VIERGE A L'ENFANT ET UN ANGE QUI PORTE DU BLÉ ET DU RAISIN (Madone de l'Eucharistie). Boston, Isabella Stewart Gardner Museum.

Ce tableau parvint à Boston au début de ce siècle après avoir été au Palais Chigi à Rome. La critique (à partir de Morelli [1891], qui en confirma l'attribution traditionnelle) le considère comme autographe et le situe vers 1471-72, à l'exception de Schmarsow [1923] qui le place après le séjour de Botticelli à Rome. Synthèse des influences de Verrocchio et de Pollaiolo, cette œuvre, riche déjà d'allusions à l'Eucharistie, — en opposition au motif employé par Lippi (au lieu de la grenade dont l'enfant cueille quelques graines, le pain et le vin de la messe sont en effet représentés par des épis de blé et des grappes de raisin), — est peut-être aussi inspirée par des sentiments néoplatoniciens [Post, 1914]. Une réplique (84×61 cm.) d'atelier se trouve au Musée Condé a Chantilly; à la place du paysage il y a un espalier fleuri, et la corbeille est remplie de roses .Une autre (82×42 cm.), dans la collection R. Benson de Londres, présente des différences considérables dans la partie architecturale et le ciel; on y trouve aussi un vase de fleurs. Il existe enfin une bonne copie ancienne de la tête de la Vierge dans la collection Yashiro.

32 65×41 1471*

PORTRAIT D'ESMERALDA BANDINELLI (?). Londres, Victoria and Albert Museum.

De la collection Pourtalès il passa à Dante Gabriele Rossetti qui le restaura peut-être, en y ajoutant la légende "Smeralda di M. Bandinelli moglie di Vi. Bandinelli", de toute façon apocryphe [Ulmann, etc.]. Donné au Victoria and Albert Museum par Jonides. La date varie de 1470 [Schmarsow; van Marle] à 1482 [Gamba; Ulmann; Kroeber]. Mais l'influence de Verrocchio, cédant ici le pas à celle de Pollaiolo [Salvini], 1471 est plus probable.

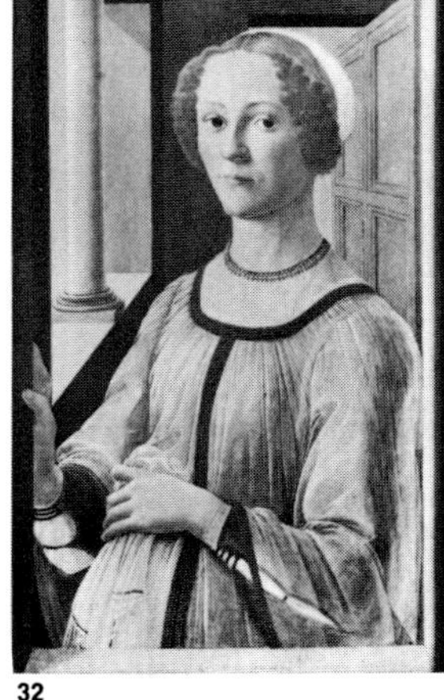
32

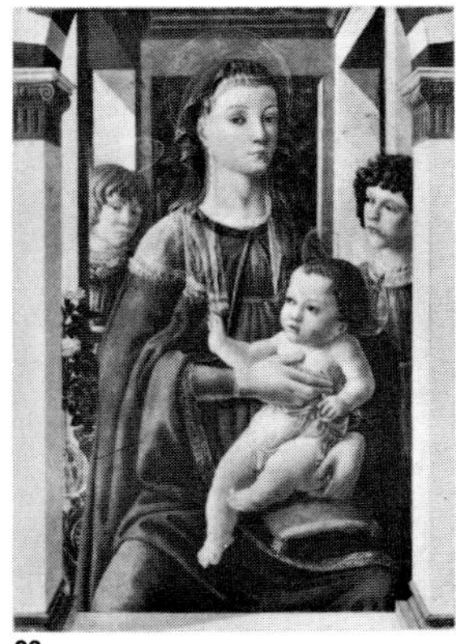
33

33 78×55,4

LA VIERGE A L'ENFANT ET DEUX ANGES. Chicago, Art Institute (Collection Ryerson).

Ce tableau provient de la collection Martin A. Ryerson, où il était parvenu, après diverses pérégrinations, de la collection E. F. Weber de Hambourg. Berenson le cite comme une copie ancienne; attribué à l'école de Botticelli et daté vers 1475 dans le catalogue du musée où l'on fait état, aussi, de sa technique "mixte" (détrempe et huile).

34 *55×30*

PORTRAIT DE JEUNE HOMME. Autrefois à Zurich, Collection Günther Abels.

Attribué à Botticelli par Bode [1926] qui le situe antérieurement à 1475, en accord avec van Marle, alors que le reste des critiques l'ignore.

35 89,5×44,4

PORTRAIT DE JEUNE HOMME. New-York, Metropolitan Museum.

Il passa en 1912 de la collection Jean Dollfus à la Rogers Foundation, qui le légua en 1918 au Metropolitan Museum. Attribué à Botticelli par van Marle,

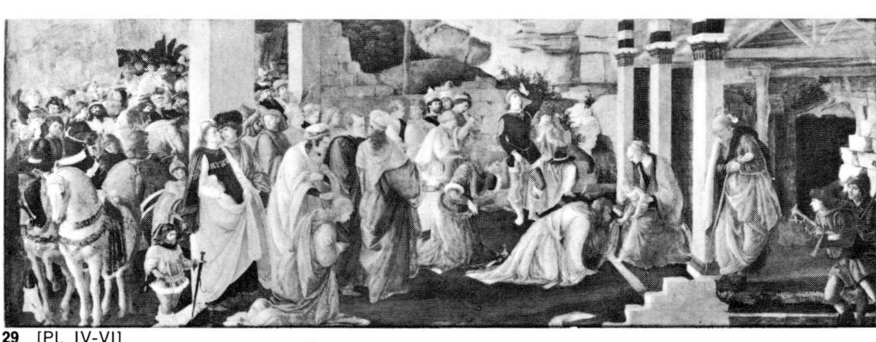
29 [Pl. IV-VI]

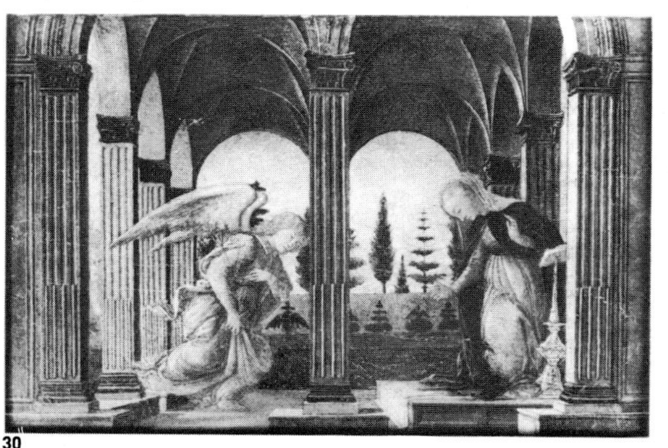
30

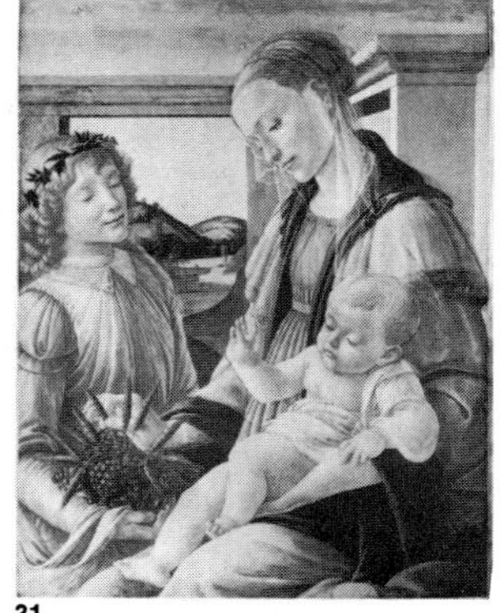
31

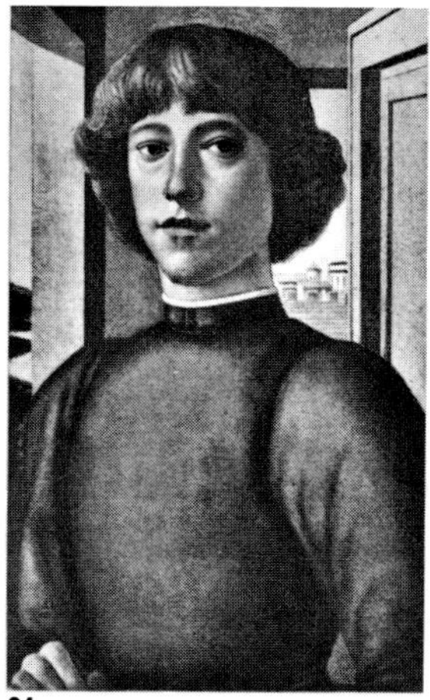

34

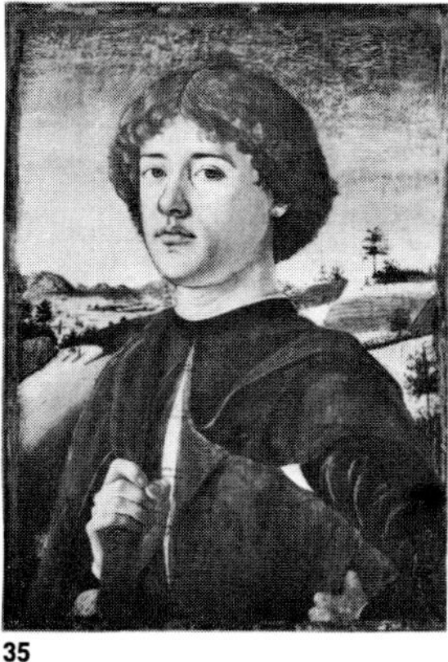

35

qui le date de 1470-72 et par Berenson [1932]. Il est plus probable que ce soit l'œuvre d'un élève proche de Sellaio ou de Raffaellino del Garbo, ainsi que le suggère Salvini.

36 81,3×53,2 1471*

PORTRAIT D'UNE DAME AVEC LES ATTRIBUTS D'UNE SAINTE MARTYRE (Catherine?). Altenburg, Staatliches Lindenau Museum.

Ceux qui acceptent de l'attribuer à Botticelli (il était attribué traditionnellement à Ghirlandaio) proposent la date de 1471 [van Marle; Schmarsow; Gamba; Kroeber], au moment de la visite que Galeazzo Sforza rendit à Laurent le Magnifique à Florence (à cette époque-là Piero del Pollaiolo fit le portrait du duc milanais et Verrocchio celui de sa femme Bonne de Savoie). Ce portrait serait donc celui de la duchesse Bonne ou d'une autre femme de la famille; à moins que ce tableau ne date de 1481, quand Catherine Sforza épousa à Rome Girolamo Riario. Selon toute vraisemblance, il s'agit plutôt de cette dernière en raison des affinités existant entre ce portrait et les médailles et les fresques, à Milan et à Rome, où elle est représentée. Mais la date de 1481 ne peut convenir pour Botticelli. A. Venturi (qui le croit de Piero di Cosimo), Gottschewski [1908] et Mesnil se refusent de l'attribuer à Botticelli. Yashiro et Bettini l'ignorent.

37 diam. 131,5 1473*

L'ADORATION DES MAGES. Londres, National Gallery.

Vasari [1568] la cite chez les Pucci, où elle était encore en 1698, selon les catalogues; elle arriva [1720] chez les Guicciardini, avec la dot de Luisa Ninfa de' Pucci; elle passa ensuite dans différentes collections anglaises. Il s'agit probablement d'une "table d'accouchée"; dans ce cas, il faut voir le tableau à plat, presque à "œil frisant". Nous aurions là une anticipation d'anamorphose, par rapport même à Léonard qui est considéré habituellement comme le premier en Occident à y avoir recouru. Dans le jeune homme qui, au premier plan, se tourne vers le spectateur, nous pouvons peut-être reconnaître un autoportrait de Botticelli [Konody, 1908]; il semble toutefois qu'on ne puisse pas attribuer toute la préparation de ce tableau au peintre, car certains détails laissent supposer que Filippino Lippi y a participé [Salvini]. Les avis les plus dignes de foi, en ce qui concerne la chronologie, hésitent entre 1472 [Yashiro; A. Venturi; van Marle; Gamba; Mesnil] et 1476 [Horne; Chastel]; ce tableau paraît en tout cas antérieur à l'*Adoration des Mages* des Uffizi (n. 50).

38 31×25* 1472-73

A. LA DÉCOUVERTE DU CADAVRE D'HOLOPHERNE. Florence, Uffizi.

Cette œuvre constituait peut-être un diptyque avec l'œuvre qui suit: Rodolfo Sirigatti (vers 1580) la donna à Bianca Cappello, femme du grand duc de Toscane Francesco I [Borghini, 1584]; avec l'héritage de Bianca Cappello, elle passa à son fils Antoine de Medicis, prince de Capistrano, et aux Uffizi, après la mort de celui-ci (1632). On retrouve dans la finesse des détails, ainsi que dans la précision de la composition, non seulement les influences habituelles, tout de suite après 1470, de Verrocchio et de Pollaiolo, mais aussi le "far piccolo" de Mantegna et la préciosité des peintres de Ferrare [Salvini]. La majorité des critiques la situe autour de 1472, sauf Argan [1957] qui la croit de 1470, tandis que Yashiro et Bettini avancent son exécution à 1467 environ.

38 31×24 1472-73

B. LE RETOUR DE JUDITH A BÉTHULIE. Florence, Uffizi.

Voir le commentaire du n. 38 A.

Une réplique fidèle sur panneau ovale (30,5×22 cm.) passa de Bardini de Florence à la New Gallery de New-York [Yashiro, 1925].

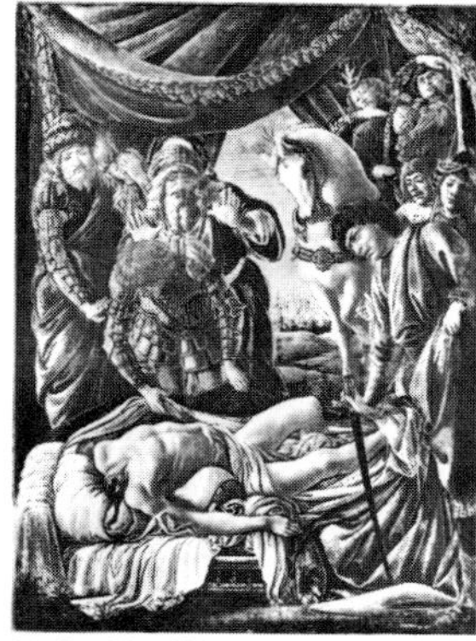

38 A [Pl. X]

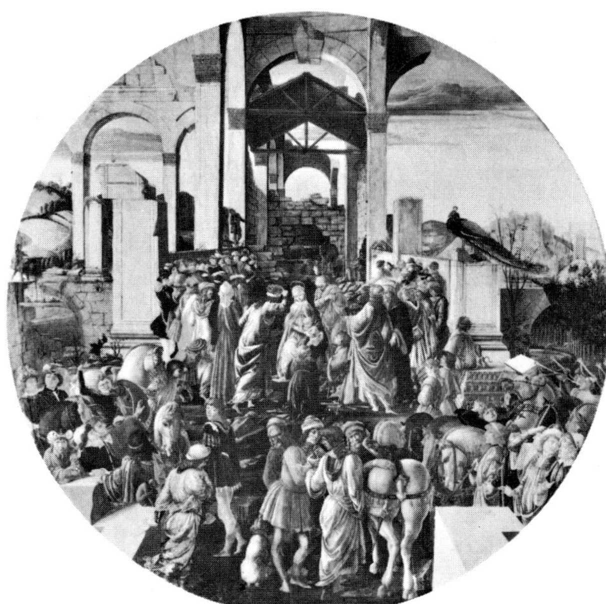

37 [Pl. VII-IX]

39 195×75 1473*

SAINT SÉBASTIEN. Berlin, Staatliche Museen.

Acheté en 1821 avec la collection Solly. On l'avait cru de Pollaiolo, jusqu'à ce que Cavalcaselle [1864] ne l'attribue à Botticelli. On peut y reconnaître la peinture décrite par l'Anonimo Gaddiano, et qui avait été placée, le 20 janvier 1474, sur un pilier de la nef centrale de l'église de Santa Maria Maggiore à Florence; selon toute probabilité, il ne se trouvait déjà plus dans cette église à l'époque de la deuxième édition des *Vite* de Vasari [1568]; il est presque sûr, en tout cas, qu'il n'y était pas en 1677 puisque Cinelli l'ignore. D'une composition analogue au *Saint Sébastien* qu'Andrea del Castagno avait peint vingt ans plus tôt (New-York, Metropolitan Museum), ce tableau est plus spiritualisé que le *Saint Sébastien* de Pollaiolo qui lui est contemporain (Londres, National Gallery): on y trouve un Botticelli déjà tourné vers l'introspection et la méditation mélancolique. Le panneau en bois de peuplier apparaît quelque peu mutilé sur les côtés, surtout à droite.

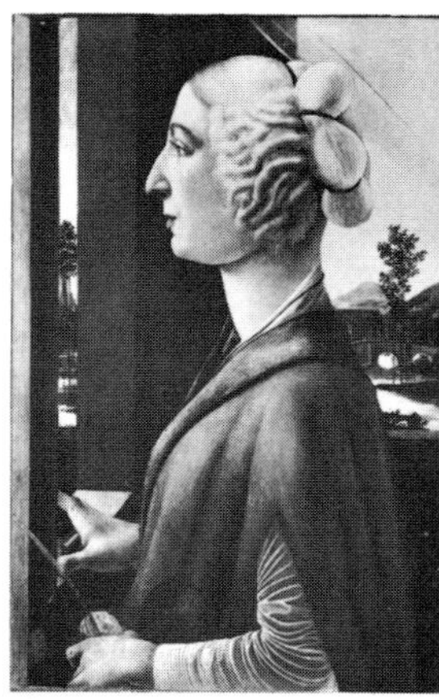

36

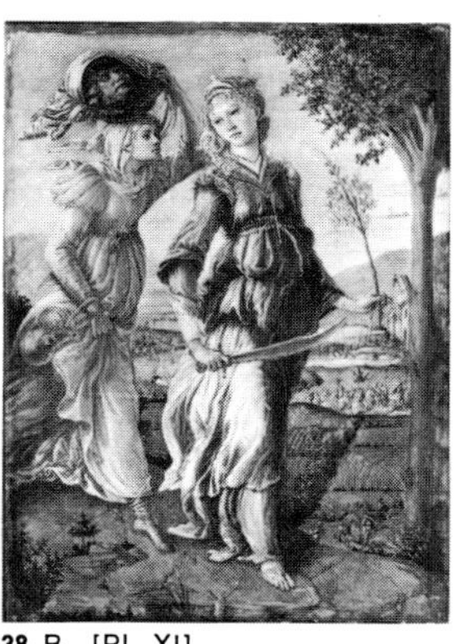

38 B [Pl. XI]

40 79,5×54,5 1473-75*

LA VIERGE A L'ENFANT ET DEUX ANGES. Paris, Louvre.

Cette œuvre, copie de Sellaio d'après Botticelli [Berenson, 1932], semble avoir plutôt été exécutée par Botticelli et Filippino Lippi, mais c'est au premier qu'il convient d'attribuer une grande partie de la Vierge et de l'Enfant. Une réplique, avec un ange en moins, passa de la galerie Campana au Musée Longchamp de Marseille, où elle fut mise en dépôt (1861) comme œuvre de Filippino Lippi; elle fut attribuée ensuite à l'atelier de Botticelli; on trouve, au verso, une vieille étiquette avec le mot "Uboldi". Une autre copie, sans anges, est entrée au Louvre en 1961 (73×43 cm.; donation Côte).

41 57,5×44 1474*

PORTRAIT D'HOMME AVEC LA MÉDAILLE DE CÔME L'ANCIEN. Florence, Uffizi.

Il entra au Musée avec l'héritage du cardinal Charles de Médicis (1666). C'est d'une façon presque unanime, à partir de Morelli et Frizzoni [1888], qu'on en a admis l'authenticité (exception faite de Bode [1921 et 1926]). S'effondrent au contraire les interprétations relatives au nom du personnage qui tient dans ses mains la médaille posthume de Côme l'Ancien "pater patriæ" (médaille de terre cuite, encastrée dans le panneau évidé à dessein, et dorée ensuite): après avoir passé en revue les personnalités du temps des Médicis, on a songé que ce pourrait être l'auteur de la médaille non encore identifié (Michelozzo ou Niccolò Fiorentino, ou Cristoforo Geremia); à ce sujet, et avec les réserves d'usage, on peut évoquer une feuille de comptes des Médicis (Florence, Archives de l'État), d'où il résulte qu'en 1475 Antonio, frère de Botticelli, reçut des paiements pour la refonte de médailles; dans d'autres papiers, le même Antonio est mentionné pour la dorure de médailles et l'exécution de répliques de médailles originales dues à Pisanello, aujourd'hui en Russie [Mandel, 1955]. Il est donc loisible d'envisager que nous avons ici un portrait d'Antonio Filipepi, portant dans ses mains une des médailles qu'il refit, d'autant plus que, — par rapport à l'autoportrait présumé de Botticelli dans l'*Adoration des Mages* des Uffizi (n. 50), — on

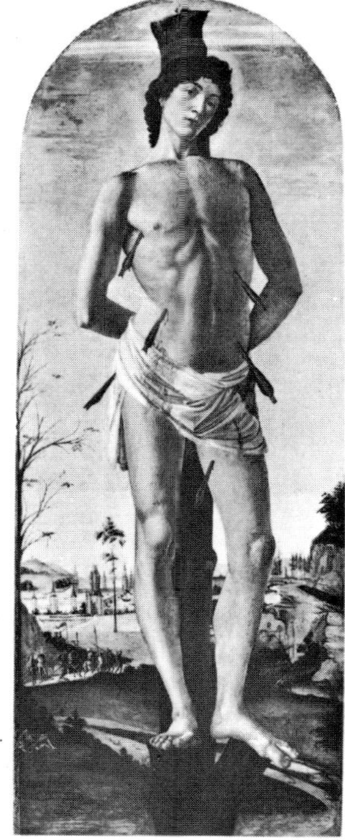

39

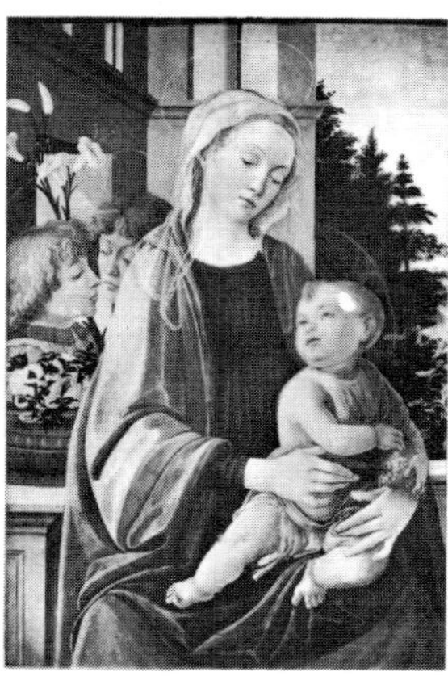

40

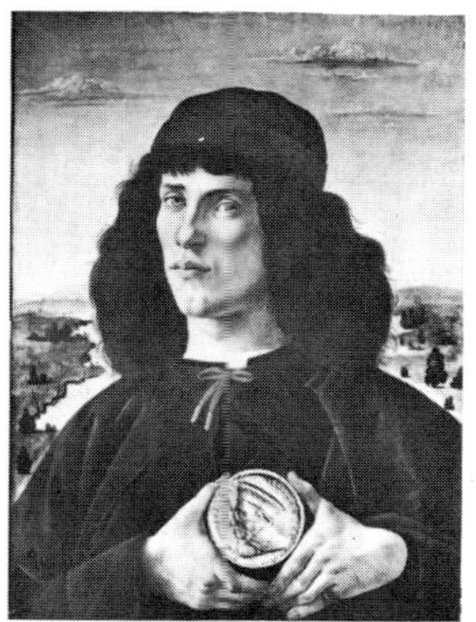

41 [Pl. III]

relève des analogies morphologiques. L'identification proposée concorderait avec la chronologie admise, c'est-à-dire entre les années 1470 [Gamba] et 1477 [Yashiro] (seul Ulmann le situait en 1492, l'ayant identifié à Piero il Gottoso).

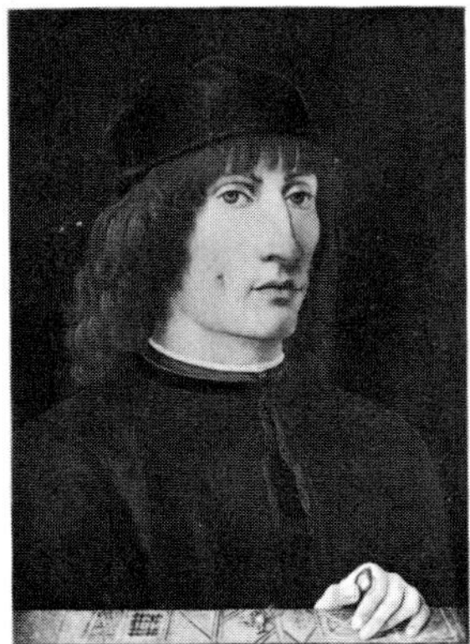

42

42 — 44×32 — 1474*

PORTRAIT D'UN MEMBRE DE LA FAMILLE DES MEDICIS. Autrefois à Florence, Galleria Corsini.

Ce personnage serre dans sa main la bague à pointe de diamant, emblème des Médicis. L'attribution à Botticelli fut longuement défendue [Morelli, 1873; Bode, 1893; Waetzold, 1908; A. Venturi, 1924 et 1925; Berenson, 1932] et repoussée (en faveur de Pollaiolo, ou de son entourage) [Ulman, 1893; Horne, 1908; Kroeber, 1911; van Marle; Mesnil], mais confirmée par Salvini qui le date vers 1474.

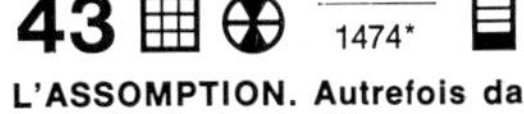

43 — 1474*

L'ASSOMPTION. Autrefois dans la Cathédrale de Pise.

Grâce à des paiement de 1474 et à une indication de Vasari, on sait que cette peinture fut commencée dans la chapelle de la Vierge Couronnée. Inachevée, elle fut détruite en 1583.

44 — 1475

MINERVE. Autrefois à Florence, Palais Médicis.

Etendard exécuté à l'occasion du tournoi organisé à Florence en 1475. Mentionné dans l'inventaire (1492) des biens de Laurent le Magnifique et décrit dans une relation découverte par Magliabechi, d'où il ressort que le thème était semblable à celui de la *Minerve* d'Urbin, en marqueterie (Cf. page 116).

45 — *55×37* — 1475*

PORTRAIT DE LAURENT LE MAGNIFIQUE. Autrefois à Paris, Collection Lazzaroni.

Il appartint (vers 1895) aux comtes Isolani di Castelvecchio (Bologne) ainsi que le *Portrait de Julien de Médicis* (n. 46) avec lequel il faisait pendant. On peut croire, — avec Yashiro [1925], van Marle, Mesnil et Salvini, — qu'il est autographe, et qu'il a été exécuté aux environs de 1475.

46 — 54,5×36,5 — 1475*

PORTRAIT DE JULIEN DE MEDICIS. Milan, Collection Crespi.

Ayant appartenu aux comtes Isolani di Castelvecchio (voir n. 45), il passa en 1914 dans la collection Kahn de New-York, ensuite chez les Thyssen à Lugano, qui le cédèrent aux Crespi en 1956. Œuvre d'une bonne facture où toutefois les caractéristiques du style de Botticelli ne sont pas très affirmées. La composition indique qu'il devait faire pendant au n. 45. A cette œuvre se relient les trois autres effigies de Julien de Médicis, celles-ci inversées (n. 47 et 48) et, sur la valeur desquelles la critique a été souvent divisée. En ce qui concerne celle qui se trouve à Milan, — que Fry [1914] et Logan Berenson [*id.*] firent reconnaître comme une œuvre de Botticelli, — A. et L. Venturi, Valentiner [1926], Gamba, Mesnil, Berenson et Salvini pensent qu'elle est autographe. Les trois autres répliques semblent au contraire de 1478, ayant été exécutées pour les amis du disparu, tout de suite après son assassinat. Quant à leur inversion, on ne saurait en donner la raison: elles sont ici étudiées séparément, en raison des problèmes d'attribution et de la possibilité de constituer le prototype.

50 [Pl. XIII-XV]

47 — 54×36 — 1478?

PORTRAIT DE JULIEN DE MEDICIS. Berlin, Staatliche Museen.

Provient du Palais Strozzi de Florence, où Cavalcaselle l'avait classé en 1864 comme œuvre de Botticelli, suivi par Bode et van Marle. Aujourd'hui on le considère plutôt comme une réplique inversée du n. 46 (voir tableau à côté) et hâtivement exécutée dans l'atelier du peintre qui ne serait intervenu qu'à la fin.

Schéma pour l'identification des contemporains de Botticelli représentés dans la peinture n. 50.

Une autre réplique simplifiée (à la détrempe sur panneau, 54 ×36 cm.), parvint à l'Accademia Carrara de Bergame par le legs Morelli. On n'est pas très enclin à admettre que Botticelli y ait beaucoup travaillé, en raison de la dureté du dessin, même si Morelli, Ulmann, Berenson et Wittgens la considèrent autographe, ou mieux, comme le prototype.

48 — 75,6×52,6

PORTRAIT DE JULIEN DE MEDICIS. Washington, National Gallery (Collection Kress).

Kress l'acquit (1949) d'une collection italienne. Dans la série des répliques du portrait de Julien de Médicis (voir n. 46), celle-ci paraît la plus sensible et la mieux composée, à tel point que Bettini [1942], Suida et Shapley [1956] la considèrent comme l'archétype (même du n. 46), exécuté du vivant du personnage, malgré la présence d'une tourterelle sur une branche morte [Friedmann, 1956] et d'une porte à moitié ouverte [Salvini], symboles classiques de la mort. Ce qui n'exclut pas toutefois que Botticelli ait largement contribué à cette œuvre qui, par rapport aux autres répliques, est la plus réussie.

49 — 61×40 — 1475*

PORTRAIT DE JEUNE FEMME. Florence, Pitti.

Parmi les différentes hypothèses formulées (et refusées) pour identifier le personnage (Simonetta Vespucci, Clarice Orsini, Fioretta Gorini, etc.) aucune ne parait indiscutable. Ce qui semble plus sûr c'est qu'on puisse attribuer ce portrait à Botticelli et le dater aux environs de 1475 (Ulmann pense toutefois qu'il a été exécuté vers 1482; Bode, vers 1490; Schmarsow, vers 1481); Cavalcaselle, Ulmann, Bode, Schmarsow, les deux Venturi, van Marle, Mesnil, Bettini, Ciaranfi Francini, Chastel et Salvini admettent l'authenticité; Milanesi [1879], Morelli, Berenson (qui l'attribuait avant [1899] à l'"Amico di Sandro", ensuite [1932] à Ghirlandaio), Horne (qui la donnait à l'école), Yashiro (qui la considérait comme une imitation) la refusent. Il est à remarquer que l. manche couvre la main d'une façon peu naturelle; l'harmonie de la composition a été en outre altérée par un repeint qui, en cachant le pilastre foncé et une partie du mur qui existait primitivement derrière le personnage, réduisait originairement le panneau clair de neuf centimètres et demi à partir du bas. Une réplique avec variantes se trouve aux Staatliche Museen de Berlin; Rouchès la croit autographe [1950], les autres critiques n'en parlent pas. Il faut en effet l'attribuer à l'atelier.

50 — 111×134 — 1475*

L'ADORATION DES MAGES. Florence, Uffizi.

Mentionnée par Albertini [1510], "Billi" [1515-16] et par l'Anonimo Gaddiano [1542-48], Vasari en fit une ample description. Ces sources (ainsi que Borghini et Baldinucci) s'accordent également sur l'emplacement: Santa Maria Novella, sur l'autel du donateur Giovanni di Zanobi del Lama, ou Lami, personne éminente de la corpora-

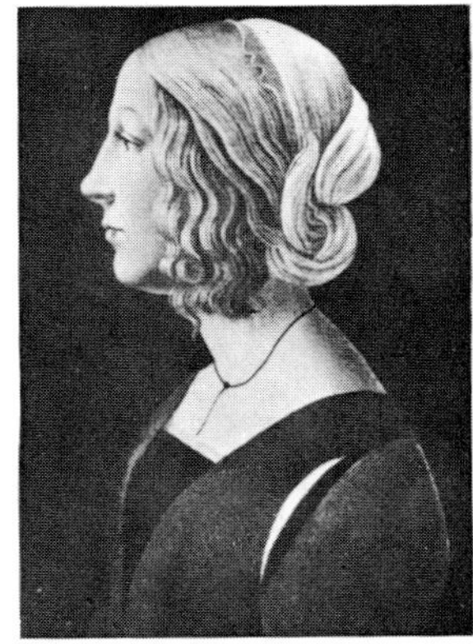

Variante du n. 49 (Berlin, Staatliche Museen). - (Ci-dessous) Réplique avec variante du n. 47 (Bergame, Accademia Carrara).

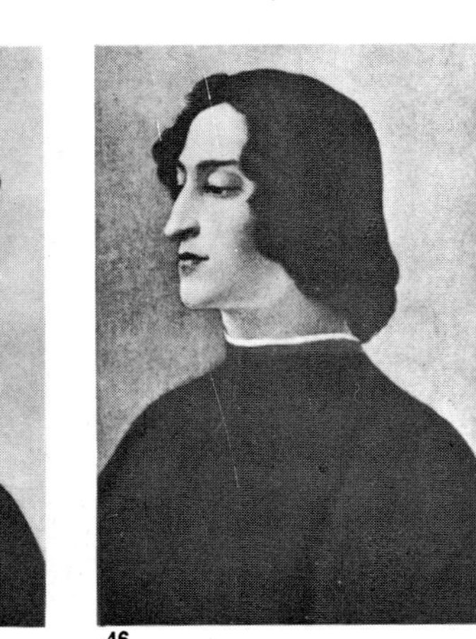

45

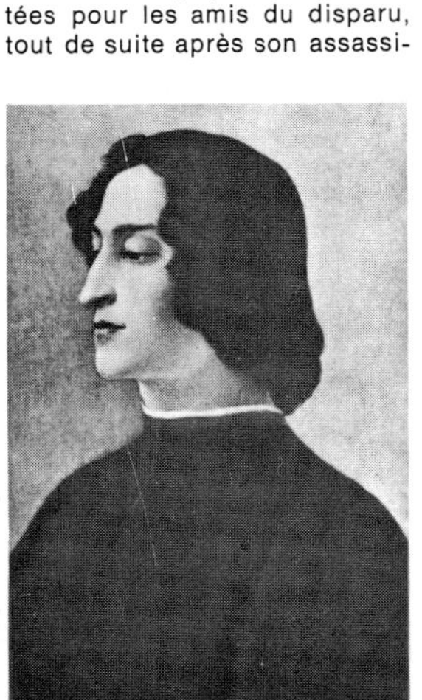

46

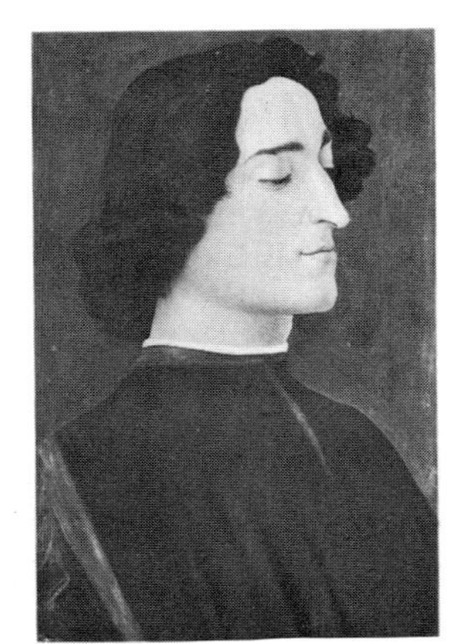

47

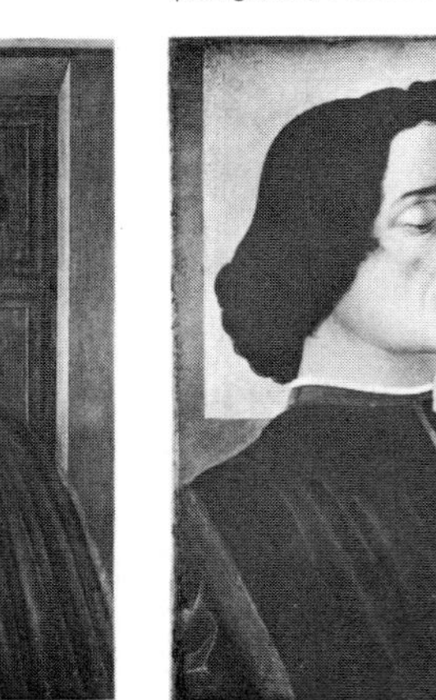

48

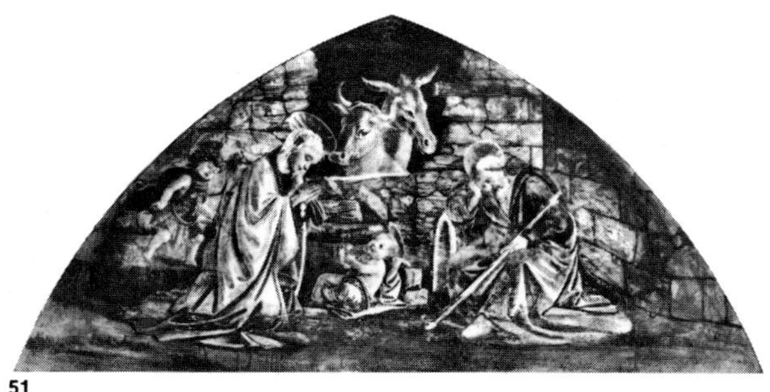

51

tion des changeurs et intime des Médicis. La charge de cet autel passa aux Fedini, puis au marchand espagnol Fabio Mandragoni, qui renouvela les bordures à partir d'un dessin de Vasari et vendit plus tard l'ensemble à Bernardo Vecchietti. Ce dernier remplaça l'*Adoration des Mages* par une *Annonciation* de Santi di Tito. Cette œuvre, d'abord placée à la villa de Poggio Imperiale, fut transférée aux Uffizi en 1796. Il est probable que le donateur s'appelait Gaspard plutôt que Giovanni comme la plupart le soutiennent, puisque l'"histoire" représente l'hommage du roi Gaspard. Quant aux identifications, nous indiquerons les plus courantes en nous référant au schéma que nous reproduisons: (*5*) Côme l'Ancien; (*6*) Pierre le Goutteux; (*7*) Jean de Médicis; (*8*) Julien de Médicis; (*9*) le donateur Lami qui se désigne lui-même [Bode] (pour Ulmann, il s'agirait de Filippo Strozzi); (*10*) peut-être Giovanni Argiropulo; (*12*) Botticelli lui-même; (*11*) peut-être Lorenzo Tornabuoni; (*2*) Laurent le Magnifique; (*3*) Politien; (*4*) Pic de la Mirandole (suivant Gamba, c'est au contraire le donateur Lami pour lequel d'autres proposent le n. *1* ou *2*). En ce qui concerne la date, on formule aussi différentes hypothèses: 1475 [Bode, Gamba]; 1476 [van Marle] ou vers 1476 [Salvini]; 1477 [Horne; A. Venturi; Mesnil; Chastel] et 1478 [Ulmann; Schmarsow], cette dernière date pouvant avoir un rapport avec les événements de la conjuration des Pazzi (26 avril 1478); Yashiro et Bettini enfin situent cette peinture plus tard. Elle fut très endommagée et il fallut la restaurer considérablement, surtout dans le manteau de la Vierge, de saint Joseph et du roi Gaspard. L'œuvre marque un moment essentiel de l'évolution de Botticelli: il a assimilé ce qui lui venait de Pollaiolo et il s'exprime dans un langage tout à fait personnel, tendu, massif, et pourtant porté encore à une sorte de souple fantaisie (voir les arbres et la petite barque de la plance XV, dont le détail, deux fois grandeur nature, révèle aussi l'ampleur de la restauration dans le visage et dans le ciel), qui s'effacera ensuite avec la manière plus cohérente qu'inaugure le *Printemps* (n. 58).

51 *200×300* 1476*

LA CRÈCHE. Florence, Église Santa Maria Novella.

Selon Gamba, suivi par Mesnil, Bettini et Salvini, cette œuvre décorait la chapelle Lami; de là, — où elle avait la forme d'un tondo, — elle fut transportée sur le côté intérieur de l'entrée de l'église, adaptée à la lunette ogivale et entourée d'une large frise de remplissage en forme de festons. Malgré les dégâts, on peut y retrouver les caractéristiques de Botticelli; Berenson [1932] fut le premier à la reconnaître alors que cette œuvre avait été généralement attribuée à l'école florentine ou à Lippi. On peut la dater entre 1476 et 1477.

Une réplique, une fresque elle aussi (161,3×137,2 cm.), passa de la galerie Böhler de Munich à la collection Kress de New-York, qui la donna au Museum of Art de Columbia: on peut accepter l'opinion de Mesnil, selon laquelle il s'agirait d'une œuvre de l'atelier de Botticelli, œuvre à laquelle le peintre aurait peu travaillé alors qu'en revanche Filippino Lippi aurait largement contribué à sa préparation.

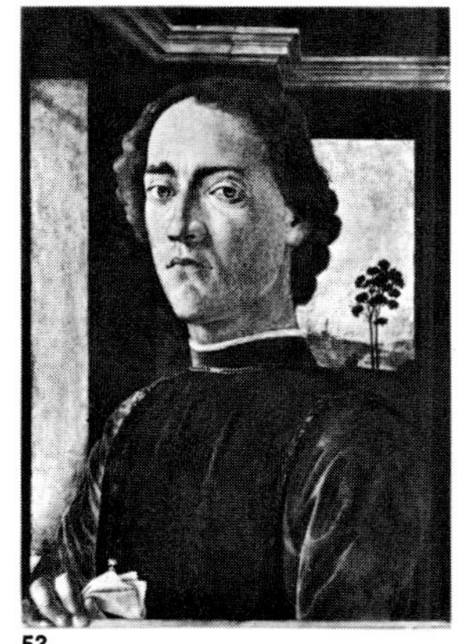

53

52 48,3×32,7

PORTRAIT DE JEUNE HOMME. Philadelphie, Museum of Art (Collection John G. Johnson).

De Botticelli, selon Bode [1910] suivi par Berenson [1932] qui l'avait attribué auparavant [1899] à l'"Amico di Sandro", Perkins étant du même avis [1905] et identifiant le personnage à Julien de Médicis; Kroeber [1911] et van Marle nient qu'il provienne de l'atelier de Botticelli; selon Salvini, œuvre d'un élève. Bien qu'avec réserves, on peut songer à Mariano d'Antonio, quand il travaillait dans l'atelier de Botticelli.

53 51,5×35 1476*

PORTRAIT D'HOMME. Autrefois à Naples, Museo Filangieri.

Détruit pendant la deuxième guerre mondiale. Provenait du château des Filangieri à Sapio (Avellino). Considéré comme autographe par Frizzoni [1889], van Marle, Gamba, Bode, Bettini, Mesnil et Salvini; refusé par Berenson et A. Venturi [1925]. Très près du graphisme nerveux que Botticelli déploie dans l'*Adoration* n. 50, on peut donc le situer vers 1476 [Salvini]. Il est possible que le personnage ici représenté (selon Mesnil, un Médicis), soit le donateur de la *Madone de la mer* (n. 56).

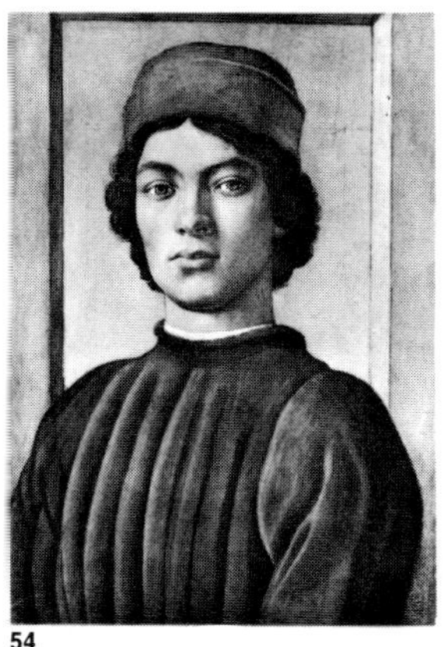

54

54 51×36 1477*

PORTRAIT DE JEUNE HOMME. Washington, National Gallery of Art (Collection Mellon).

Cédé par la Galerie Liechtenstein de Vienne à la collection Stout de Chicago, il passe de celle-ci à Mellon. Attribué primitivement à Botticelli [Bode; Ulmann, 1893; jusqu'à Mesnil]. Presque tous les critiques penchent ensuite pour Filippino Lippi [Scharf, 1935; jusqu'à Berti et Baldini, 1957]; Salvini l'attribue à nouveau à Botticelli [1957 et 1958], et à juste titre, étant donné certains éléments que l'on peut voir dans d'autres œuvres de la même époque, par exemple les n. 49 et 50 (de 1470-1471 pour Kroeber [1911]; de 1478-80 pour Schmarsow, L. Venturi et Mesnil; de 1475-78 pour Bode [1926]; vers 1474 pour van Marle). On ne peut cependant pas oublier que Filippino, déjà dans sa maturité, travaillait encore dans l'atelier de Botticelli: on pourrait lui attribuer la préparation du vêtement à condition toutefois que celui-ci n'ait pas été altéré à une époque postérieure.

55 75,2×42 1477*

PORTRAIT DE JEUNE HOMME. Paris, Louvre.

Acheté en 1882 à la collection Pillet de Paris, où il figurait comme le "portrait de Burchiello" par Filippino Lippi. Donné à Botticelli par Ulmann [1893] et daté par celui-ci de 1470-78, il fut immédiatement rendu [Berenson, 1899; jusqu'à A. Venturi, 1925] à l'atelier; mais Bode en confirma l'authenticité [1921], ainsi que Schmarsow [1923], Yashiro et Mesnil tandis que Scharf [1935], avec Berti et Baldini [1957] l'attribuaient à Filippino Lippi, en admettant toutefois une collaboration entre les deux peintres; Gamba et Salvini le datent autour de 1478.

Une réplique (55×40,7 cm.) se trouve à la National Gallery of Scotland d'Edimbourg. Tous les critiques l'attribuent à l'atelier de Botticelli, sauf Bodkins [1933] qui la considère comme autographe.

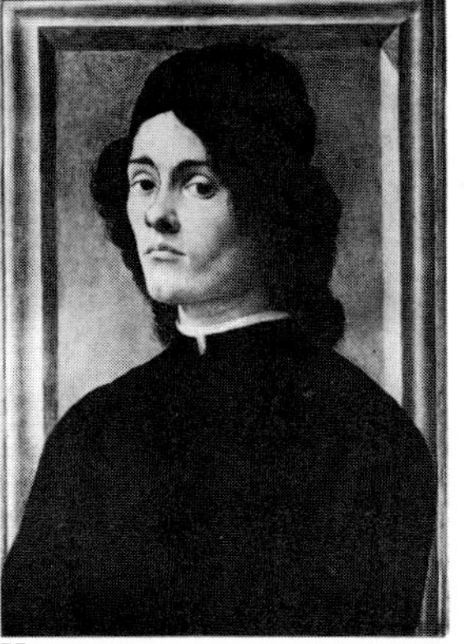

55

56 40,3×28,4 1477*

LA VIERGE A L'ENFANT (La Madone de la Mer). Florence, Galleria dell'Accademia.

En provenance du couvent de Santa Felicita à Florence. Aimable œuvre pieuse, dont la composition a beaucoup de fraîcheur, de souplesse et de vivacité. Après qu'Ulmann l'eut signalée [1893] comme une œuvre proche du style de Botticelli, elle fut considérée comme autographe par Gamba et Salvini; et comme une œuvre de son école par Procacci [1951]; Boeck [1954], Berti et Baldini [1957] l'attribuent à Filippino Lippi, dont on peut tout au plus admettre une intervention intermittente. Il est probable qu'elle fut commandée par le personnage représenté dans le *Portrait* qui se trouvait à Naples (n. 53), puisqu'on retrouve ici et là le même emblème héraldique cryptographique. Ce panneau, abîmé et repeint à plusieurs endroits, a été restauré en 1956.

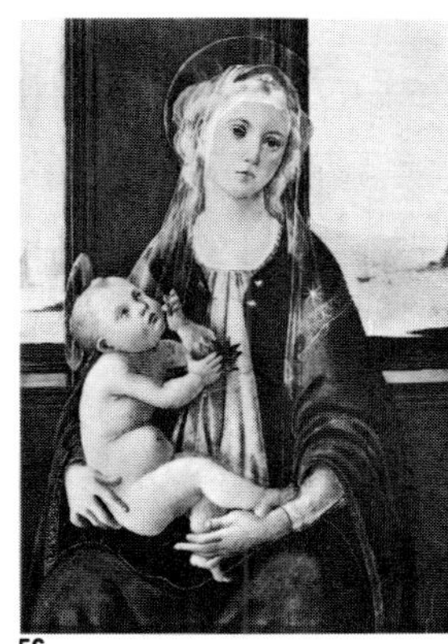

56

57 diam. 135 1477*

LA VIERGE A L'ENFANT ET HUIT ANGES (Tondo Raczinsky). Berlin, Staatliche Museen.

Parvenue à Paris avec les œuvres dont s'était emparé Napoléon, elle fut achetée pour deux mille cinq cents francs par le comte Raczinsky (1824). Vasari parle d'un tondo, avec une Vierge et des anges presque grandeur nature, dans l'église San Francesco près de la porte San Miniato à Florence (l'église San Salvatore al Monte); il en cite ensuite une copie faite par un élève, à l'occasion d'une plaisanterie. Puisqu'on ne connaît pas d'autres tondi de Botticelli avec huit anges, on n'est pas loin de penser que ce soit celui-ci qui a été exécuté pour San Salvatore al Monte, bien qu'on n'en ait qu'un faible indice. La haute qualité de l'ensemble (considéré comme au-

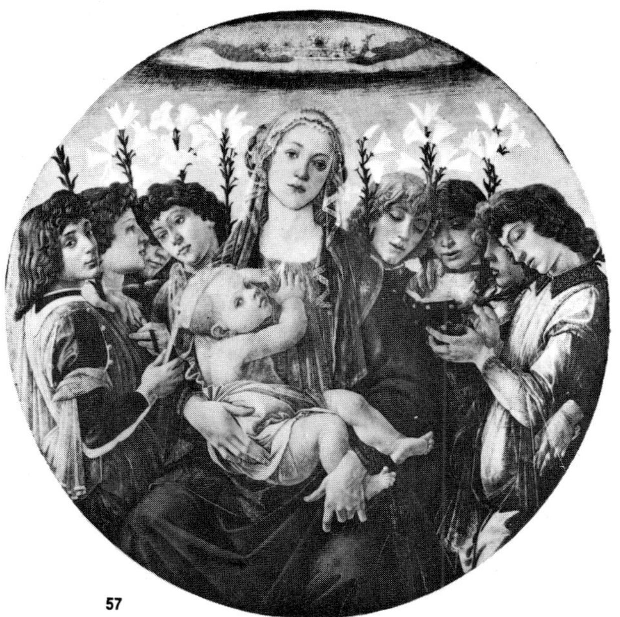

57

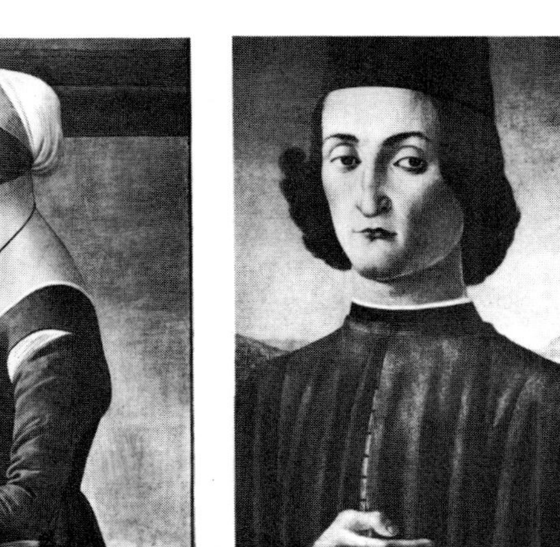

49 [Pl. XII]

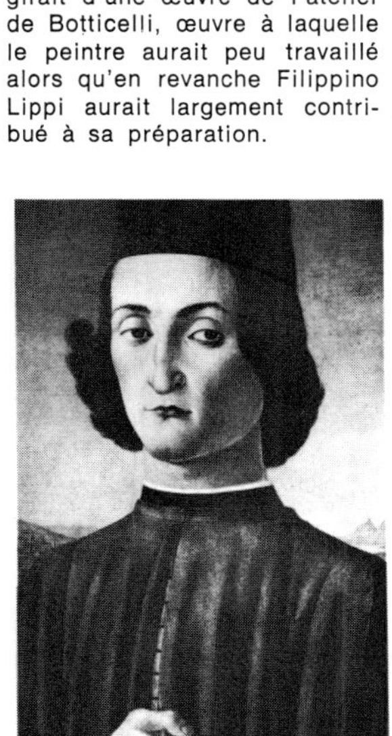

52

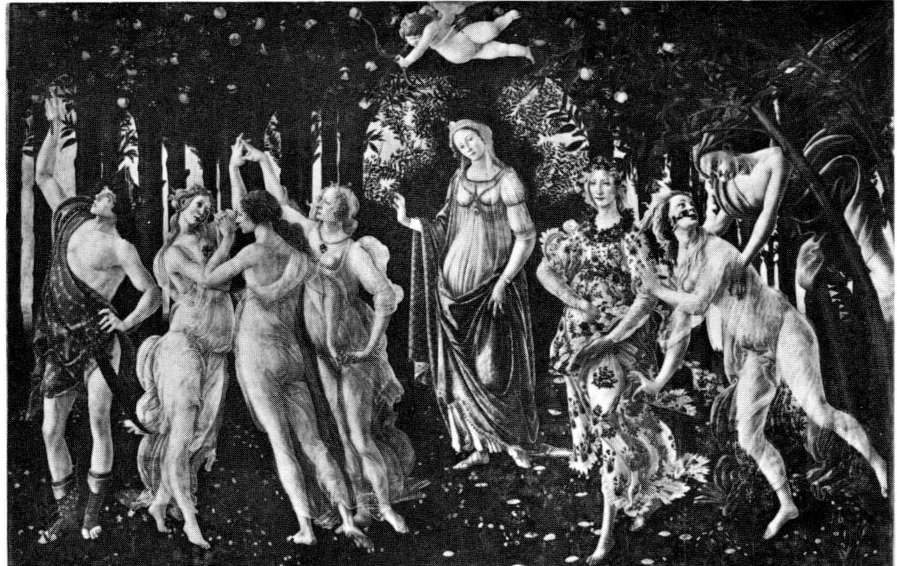
58 [Pl. XVI-XXI]

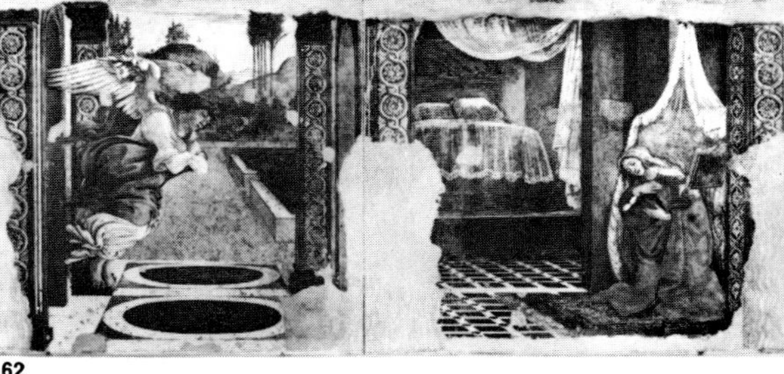
62

tographe déjà par Cavalcaselle [1864]; suivi par Bode [1888], Ulmann, Schmarsow, Gamba et Salvini) n'exclut pas une large collaboration de l'atelier (ainsi que le croient Horne, Yashiro, A. et L. Venturi, Berenson, van Marle et Chastel), mais on retrouve partout la main du maître. Quant à la date, Ulmann et Gamba donnent celle de 1475; Salvini vers 1477; tandis que Bode préfère entre 1478 et 1480. Cette peinture exécutée sur panneau de peuplier est assez abîmée, surtout dans le visage de la Vierge, qui est presque entièrement refait.

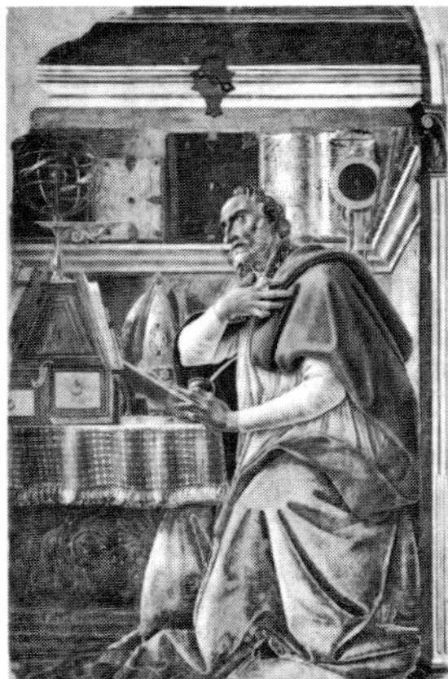
60 [Pl. XXIII-XXV]

58 203×314 *1477-78*

LE PRINTEMPS. Florence, Uffizi.

Citée par les anciennes sources (Anonimo Gaddiano, Vasari, les inventaires de la famille Médicis, etc.), cette œuvre fut exécutée pour la villa de Castello, et achetée par Lorenzo et Giovanni de Pierfrancesco de Médicis en 1477; à la mort de Lorenzo elle passa, avec la villa, à Jean des Bandes Noires puis, en 1526, au fils de ce dernier, Côme Ier; en 1815, elle fut transférée de Castello aux Uffizi; elle passa ensuite à l'Accademia, pour revenir aux Uffizi en 1919. L'interprétation de cette allégorie est incertaine; parmi les hypothèses dignes de foi on peut accepter celle avancée par Warburg [1893], qui y voit le règne de Vénus chanté par les poètes anciens et par Politien: à droite, Zéphyr poursuit Flore qui, possédée, devient l'incarnation du printemps et répand des fleurs sur le monde; au milieu, Vénus représente l'*Humanitas* sous la domination de laquelle se mirent les humanistes de l'époque des Médicis; puis, les trois Grâces qui exécutent des danses, et Mercure qui écarte les nuages. Jacobsen [1897] y aperçoit au contraire un "mystère" sur la mort de Simonetta Vespucci, ravie par la Mort mais qui renaît dans les Champs Elysées. Gombrich [1945] fait allusion au jugement de Pâris, au moment où Vénus entre en scène, suivant la description d'Apulée dans l'*Ane d'or*. Il faut toutefois se rappeler que Marsile Ficin et d'autres humanistes avaient condamné ce jugement, car ils se représentaient Vénus comme le symbole de l'amour matériel, — ce serait ainsi un anti-jugement, — même en tenant compte que pour les humanistes de la cour des Médicis, Mercure représentait le bon conseil et la raison, et les trois Grâces, — voir Alberti, — s'identifiaient à la libéralité (*Castitas*, *Pulchritudo*, *Amor*). C'est encore Alberti qui reprend l'idée d'Hésiode (dans la *Théogonie* qui, à son tour, décrit une peinture de Pythagore de Paros décrite dans la *Description de la Grèce* de Pausanias) et l'interprétation correspondante de Sénèque (*De beneficiis*): "Aglaé, Euphrosyne, Thalie, telles qu'on les dépeignait se prenant par la main l'une l'autre, rieuses, tout juste couvertes d'une robe bien propre, ce par quoi on entendait signifier la libéralité, car de ces trois sœurs, l'une donne, l'autre reçoit et la troisième rend le bienfait". Plutôt que du texte d'Alberti, Botticelli semble s'inspirer de l'original d'Hésiode, car on découvre dans son tableau beaucoup de détails que l'auteur grec donne et qu' Alberti néglige. Une autre interprétation s'accorderait bien avec des vers de Politien, selon lesquels on pourrait voir dans les personnages du tableau les mois de l'année, depuis février (Zéphyr) jusqu'à septembre (Mercure), en nous souvenant que les anciens avaient horreur de nommer ou de décrire les mois d'hiver [Battisti, 1954]. Récemment Welliver [1957] croyait qu'il s'agissait d'un encouragement à Julien de Médicis pour qu'il demande le chapeau de cardinal à Sixte IV. Le sens humaniste du tableau est certain, ainsi que l'identification de Vénus à l'*Humanitas* qui sépare les sens et les amours matérielles à droite, des valeurs spirituelles à gauche. Le sujet a pu avoir comme origine une lettre de 1477 où Marsile Ficin souhaitait au jeune Laurent de trouver dans la dévotion à Vénus-*Humanitas* l'équilibre de tous ses dons et dont il confiait le commentaire aux amis Naldi et Vespucci; il est donc probable que ce dernier aurait commandé le tableau à Botticelli. Il est possible qu' avec la *Naissance de Vénus* (n. 72) et *Minerve et le centaure* (n. 71), ce tableau ait constitué un ensemble analogue aux décorations (alors inconnues) de la villa des Mystères à Pompei.

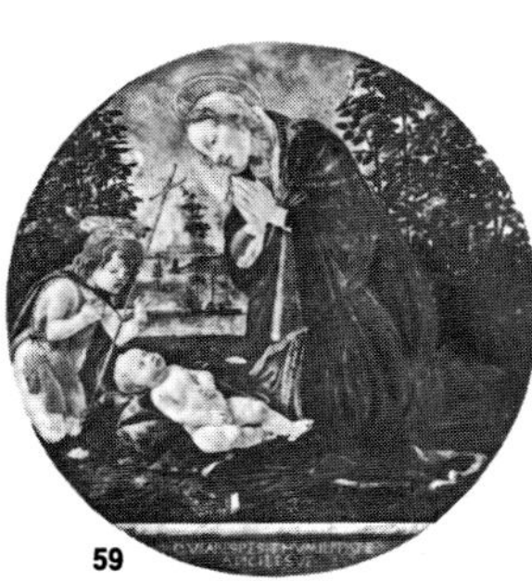
59

59 diam. 95 1480*

LA VIERGE ET SAINT JEAN ADORANT L'ENFANT. Plaisance, Pinacoteca Civica.

Provient du château des Bardi (1860). Considéré comme authentique par Pollinari [1890], suivi par Ferrari [1903], Gamba, Mesnil et Chastel; l'avis de Berenson et de Salvini est plus vraisemblable, qui y voient une collaboration entre Botticelli et son atelier, vers 1480-81; tandis que, selon Bode et van Marle, ce tableau appartient à son école. Il est abîmé à cause d'anciennes restaurations et additions; il semble qu'il n'ait plus sa forme et ses dimensions originales, bien qu'il soit difficile de partager l'opinion de Pucci [1955] suivant lequel il s'agirait d'une fresque détachée du mur, entoilée et transposée sur bois.

60 152×112 1480*

SAINT AUGUSTIN. Florence, Église d'Ognissanti.

Le saint est assis dans une bibliothèque de style humaniste, c'est-à-dire de l'époque où l'on plaçait les livres sur les étagères à plat et non pas de dos; dans le volume qui se trouve ouvert derrière lui, sur une étagère, sont inscrits les théorèmes de Pythagore. Cité par les anciennes sources, à partir d'Albertini [1510] comme une œuvre commandée à Botticelli par un des Vespucci, en concurrence avec Ghirlandaio, qui exécuta la fresque de *Saint Jérôme* sur le pilier d'en face; en 1564, les cloisons du chœur furent abattues, et les deux fresques transposées sur la paroi de la nef par des moyens techniques minutieusement décrits par Borghini [1584]. Le blason des Vespucci sur l'architrave confirmerait le nom du donateur. La vigueur de cette fresque tient peut-être à l'étude que Botticelli fit des œuvres d'Andrea del Castagno, ainsi que le suggère Horne [1908].

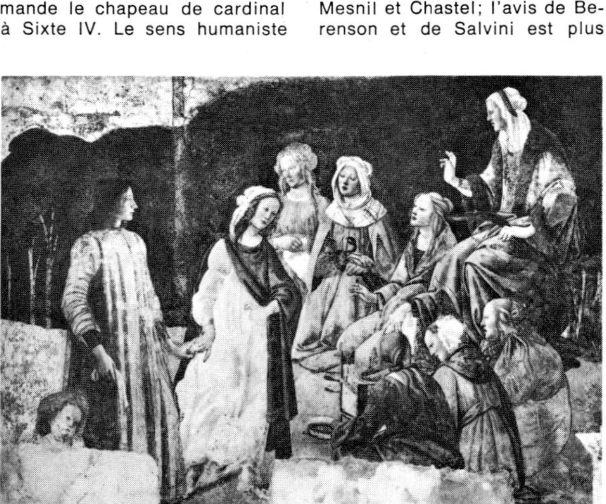
61 A

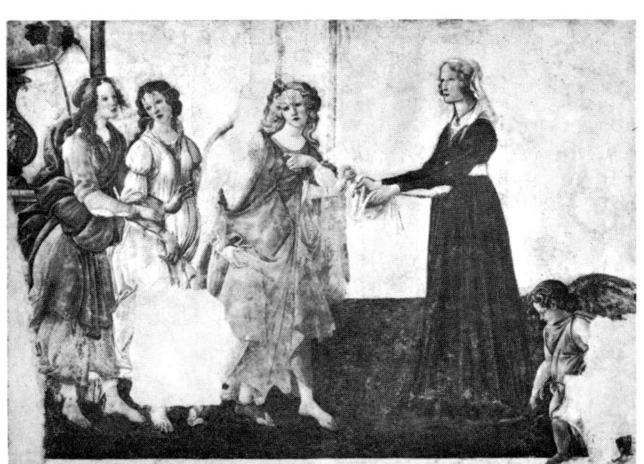
61 B

Les fresques de la villa Lemmi

Elle décoraient la loggia d'une villa située sur la route dite Chiasso Macerelli qui appartenait, paraît-il, aux Tornabuoni et qui passa ensuite aux Lemmi: on découvrit ces fresques en 1873, sous un badigeon. Les deux premières, après avoir été détachées, furent achetées par le Louvre; la troisième, complètement dégradée, resta sur place. Au début on les rapprocha des noces de Lorenzo Tornabuoni avec Giovanna degli Albizi [1486]; Thieme [1897] doutait déjà de l'identification de la jeune mariée dans le n. 61 B et l'on eut vite la confirmation que le cycle précédait la date de la cérémonie. Mesnil, après avoir affirmé que la présumée Giovanna différait beaucoup des autres effigies que l'on a d'elle, fit remarquer que le blason peint à ses côtés n'est pas celui des Albizi, alors que celui qui se trouve sur l'autre côté et qui appartient réellement aux Albizi, a ultérieurement été ajouté "à sec" sur la peinture. La figure de cette jeune femme ressemble plutôt à l'inconnue, — peut-être une sœur de Lorenzo Tornabuoni, — qui, dans la *Visitation* de Ghirlandaio, une fresque du chœur de Santa Maria Novella à Florence, suit justement Giovanna degli Albizi. Gombrich [1945] met aussi en doute que la villa Lemmi ait appartenu d'abord aux Tornabuoni; elle pourrait être celle même que Lorenzo de Pierfrancesco de Médicis acheta au moment de son mariage avec Semiramide di Giacomo Appiani. Ces objections s'accordent finalement avec le style des fresques, antérieures, assurément, aux noces Tornabuoni-Albizi et de celles de la chapelle Sixtine (n. 63). Avec Salvini, on pourrait les situer vers 1483.

61 237×269 1480*

A. JEUNE HOMME DEVANT L'ASSEMBLÉE DES ARTS. Paris, Louvre.

Le présumé Lorenzo Tornabuoni introduit par une jeune fille, peut-être Minerve, se trouve en présence de l'Assemblée des arts du Trivium et du Quadrivium présidée par la Rhétorique. Larges lacunes en bas.

61 212×284 1480*

B. VÉNUS OFFRANT DES PRÉSENTS A UNE JEUNE FILLE ACCOMPAGNÉE PAR LES GRÂCES. Paris, Louvre.

Comme on l'a vu, on a par erreur identifié à Giovanna degli Albizi la jeune fille qui y est représentée. Même état de conservation que le précédent.

61 1480*?

C. PAYSAGE AVEC UNE PERSONNE AGÉE. Florence, Villa Lemmi.

On peut à peine voir la figure du personnage habillé en rouge, étant donné le mauvais état de la peinture.

---

62 243×550 1481

L'ANNONCIATION. Florence, Forte del Belvedere.

Des documents du XVe siècle, retrouvés par Poggi [1915-16] indiquent que Botticelli l'exécuta contre paiement de dix florins, entre avril et mai de 1481, pour décorer, — dans la loggia de l'hôpital de San Martino alla Scala à Florence, — la paroi où se trouvait le tombeau de Cione Pollini, fondateur de l'hospice. En 1624, alors que l'hôpital était passé au couvent de San Martino alle Panche depuis 1531, la loggia fut transformée en portique de l'église et une voûte à double travée découpa la fresque en deux lunettes: en 1920 on enleva ces adjonctions et on détacha la fresque; on la restaura en 1952. Cavalcaselle [1866] l'attribua à Filippino Lippi; mais à partir de Horne [1908] (en donnant toutefois comme date vers 1490), toute la critique l'attribue à Botticelli. Il subsiste d'anciennes dorures, en partie brunies.

Les fresques de la Chapelle Sixtine

Pendant la courte période où le désaccord entre le pape Sixte IV della Rovere et la Florence des Médicis s'était apaisé, on fit venir de Florence, peut-être sur le conseil de l'architecte florentin Giovannino de' Dolci, commissaire des Fabriques apostoliques et constructeur présumé de la Chapelle Sixtine, Cosimo Rosselli, Sandro Botticelli, Domenico Ghirlandaio et le Pérugin, afin de décorer les murs de la salle que Sixte IV avait fait ériger à l'intérieur des Palais Vaticans à Rome. Comme Botticelli, en mai 1481, terminait la fresque de San Martino (n. 62) et que le 5 octobre 1482 il était à nouveau dans sa ville natale, où il acceptait personnellement une commande pour le Palazzo della Signoria, on peut situer avec certitude son séjour à Rome entre ces deux dates. Par la minute d'un contrat passé avec Dolci le 27 octobre 1481 (Archives Secrètes du Vatican), les peintres s'engageaient à décorer, avec leurs aides, avant le 15 mars 1482, la chapelle et ce, contre un paiement établi en fonction de la qualité des 'histoires' qu'ils peindraient comme essai. Ce fut le 27 janvier 1482 que les honoraires furent fixés: deux cent cinquante ducats chacun. On ne sait pas si ce fut en vue d'augmenter le nombre d''histoires' ou pour hâter la fin de cette entreprise que l'on engagea aussi Signorelli et d'autres peintres. L'affirmation de Vasari suivant laquelle Botticelli fut le responsable des travaux est peu digne de foi car le Pérugin avait déjà commencé depuis un certain temps la fresque au-dessus de l'autel; toutefois les différents éléments du cycle (voir l'ensemble partiel que nous reproduisons ici; quant à la voûte, — sur laquelle Michel-Ange exécuta ses fameuses fresques, — elle fut peinte en ciel étoilé par Piermatteo d'Amelia vraisemblablement dans la même année 1481) paraissent ordonnés dans une structure architecturale dont certains attribuent l'idée à Botticelli. En plus des 'histoires' dans la partie médiane des murs (et des fausses tentures qui se trouvent en dessous), ce cycle comprend vingt-huit figures de Pontifes martyrs, réparties deux par deux dans l'arc de chaque fenêtre (à l'origine, il y en avait aussi sur le mur de l'autel, mais elles furent détruites pour laisser la place au *Jugement* de Michel-Ange). On peut les reconnaître grâces aux légendes (dictées par Platina, dit-on), inscrites à leurs pieds et qui indiquent aussi leur nationalité, la durée de leur règne et la date de leur martyre. Les histoires, comme les Pontifes, sont peintes à fresque, vraisemblablement en partant de *sinopie* [Camesasca, 1965] et avec la technique de la détrempe "à sec" pour les touches finales qui, d'ailleurs, cachent le joint des scènes (les nombreux repeints, certains à l'huile, ont le même but); c'est aux touches finales également que l'on doit les rehauts en or qui étaient sûrement plus abondants à l'origine; dans les figures des Pontifes, certaines pièces en forme de pastille (la plupart sont tombées) donnaient du relief aux pierres précieuses, aux ornements des robes, des livres, etc. Les aides intervinrent dans la préparation, mais dans le cas de Botticelli ils furent moins nombreux que ceux qui participèrent au travail du Pérugin et d'autres peintres. Il est probable que les aides se chargèrent des tentures se trouvant sous les 'histoires'.

Nous examinerons ci-dessous, avec les trois 'histoires' que les sources donnent à Botticelli, les figures des Pontifes qu'on attribue, avec un maximum de certitude [Cavalcaselle; Ulmann; Schmarsow; Berenson; Salvini; Camesasca] à ce peintre ou à son atelier (en admettant, bien entendu, que l'idée soit du maître). Les dimensions correspondent à la hauteur de la figure et à la largeur (intérieure, à la base) de la niche qui l'abrite.

Les Histoires

63 348,5×558 1481-82

A. LES ÉPREUVES DE MOÏSE.

Conformément au parallélisme entre l'Ancien et le Nouveau Testament, qui commande toute la série des histoires murales de la Sixtine, cette fresque fait pendant à la *Tentation du Christ*. En nous référant au schéma ici reproduit, les épisodes représentés sont les suivants: Moïse (*6*), qui ne se sait pas encore juif, tue l'Egyptien qui avait maltraité un Israélite, tandis que celui-ci (*8*) est secouru par une femme; il s'enfuit ensuite (*7*) vers le pays de Madian, où il chasse les bergers qui empêchaient les filles du prêtre Jéthro d'abreuver leur troupeau; il aide les jeunes filles (*4*) et, après avoir été engagé comme gardien par Jéthro lui-même, il enlève ses sandales (*2*) pour entrer dans le buisson ardent, d'où sort la voix de Yahvé (*1*); ayant surmonté cette épreuve, Moïse (*3*) revient en Egypte avec sa famille. Ce dernier épisode toutefois, est interprété par Steinmann, Bode, Gamba et Mesnil comme l'exode des Juifs, bien que cela ne concorde pas avec l'enchaînement général.

63 345,5×555 1481-82

B. LA TENTATION DU CHRIST.

Cette fresque est aussi désignée comme la *Purification du lépreux*, d'après son épisode principal. Au fond, la série des tentations évangéliques: le Diable, habillé en franciscain, — non pas pour railler l'ordre auquel appartenait Sixte IV, comme on l'a prétendu, mais pour en démontrer l'intelligence rusée, — demande (*1*) au Christ, prostré par son long jeûne, de changer les pierres en pain pour se rassasier; ensuite, (*2*) il l'invite à se jeter du haut du Temple de Jérusalem; le Rédempteur refuse les royaumes de la terre que Satan lui propose; le Diable se jette en bas du rocher (*3*) et des anges surviennent pour servir le Christ. Celui-ci, ayant surmonté la tentation, revient en Galilée (*4*) (ou, suivant une autre version, assiste à la purification du lépreux qu'il a guéri). L'épisode au premier plan concerne le rite de la purification du lépreux selon la prescription du *Lévitique* (XIV, 27). Dans la foule des personnages, on a reconnu, sans trop de certitude: (*9*) Gerolamo Riario, neveu du pape (Schmarsow croit toutefois que c'est un Della Rovere, maître de palais); (*8*) Julien della Rovere, le futur Jules II (selon Gamba il s'agit de Raffaello Ria-

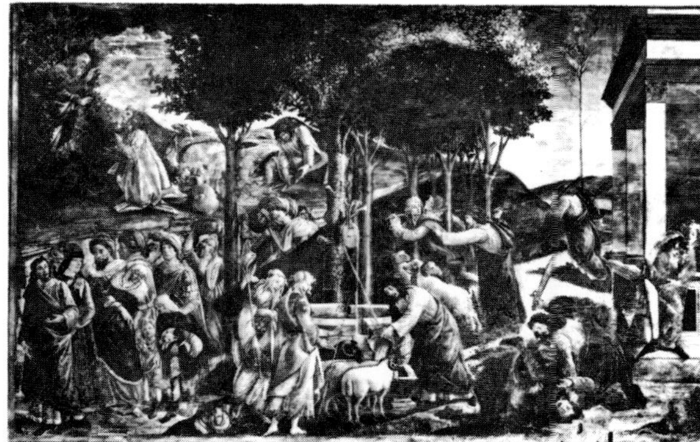

63 A [Pl. XXX-XXXI]

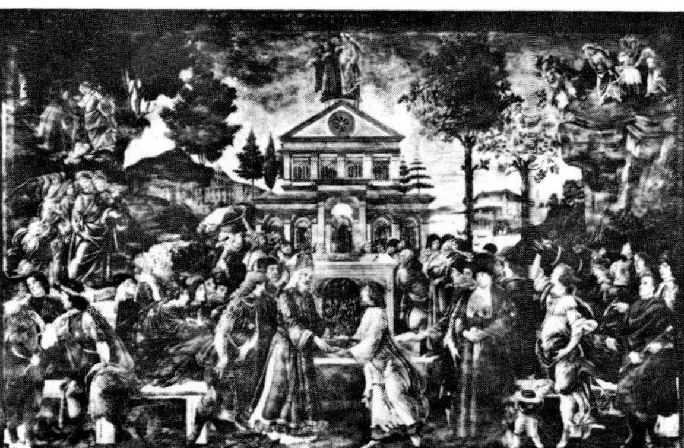

63 B [Pl. XXXII]

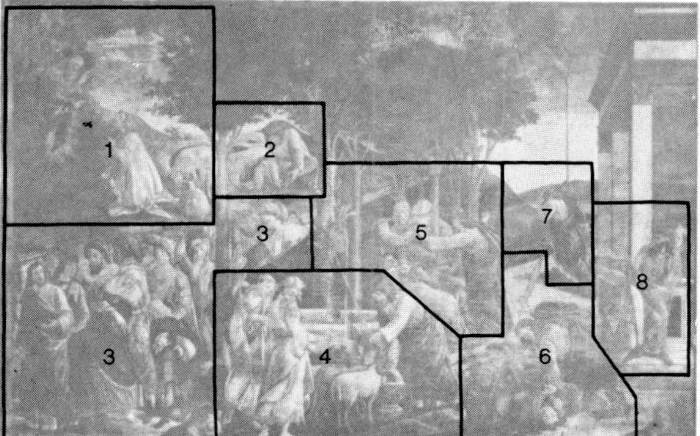

Schéma pour l'identification des épisodes et des personnages bibliques représentés dans la peinture n. 63 A.

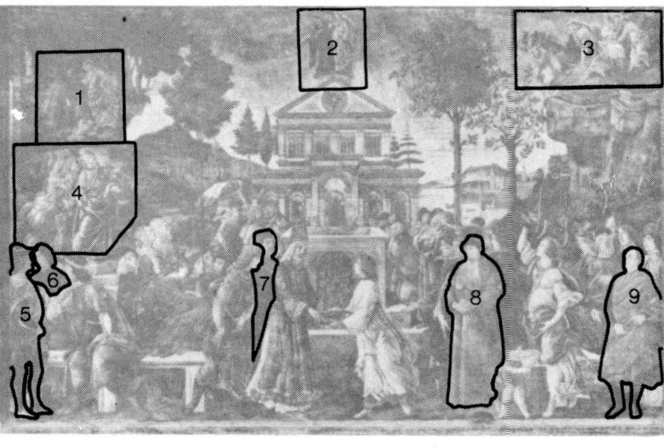

Schéma pour l'identification des épisodes évangéliques et des contemporains de Botticelli représentés dans la peinture n. 63 B.

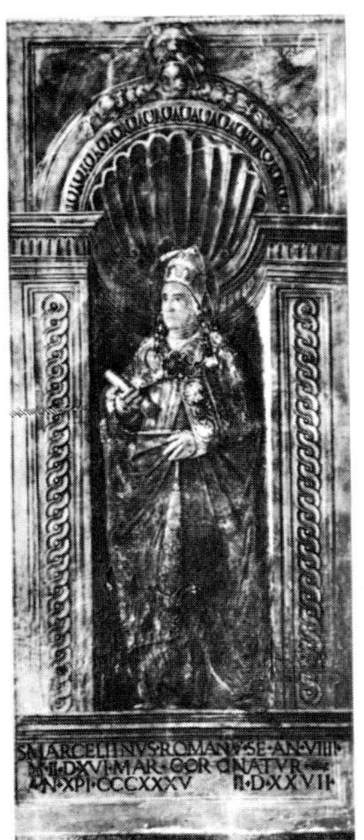

63 D

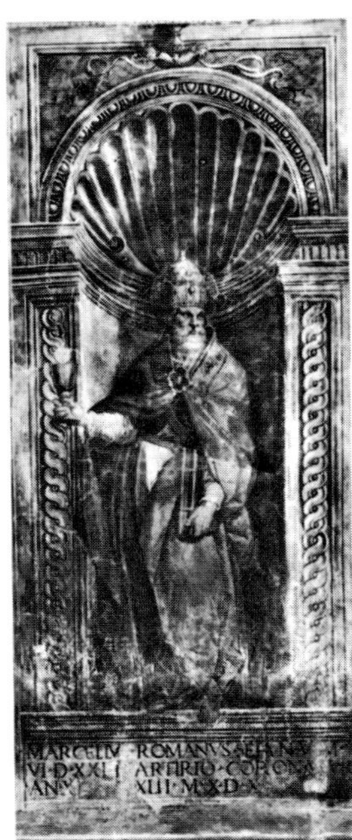

63 E

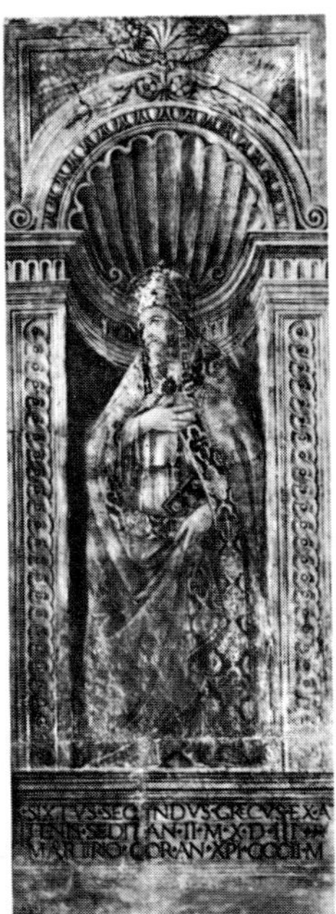

63 F

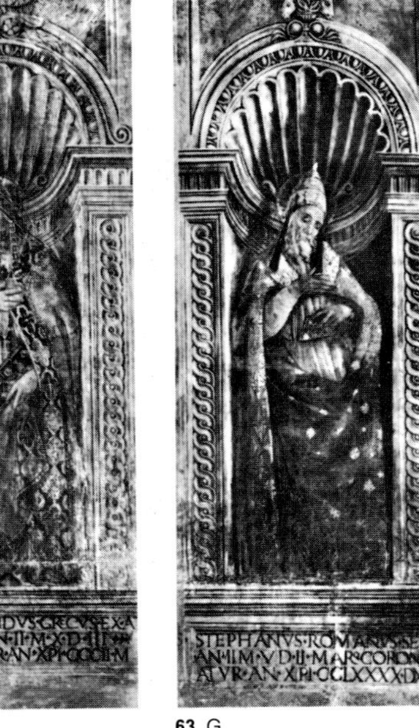

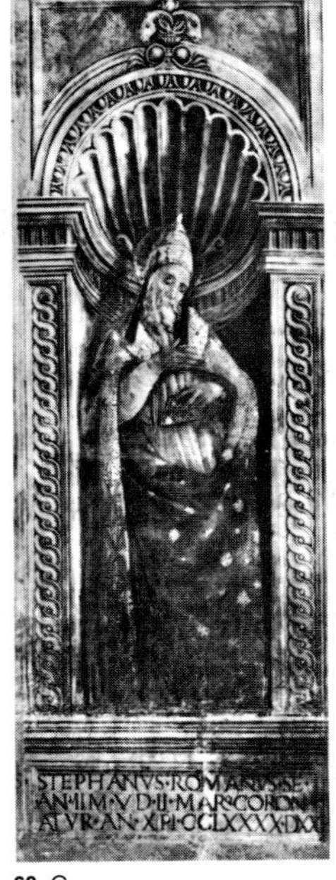

63 G

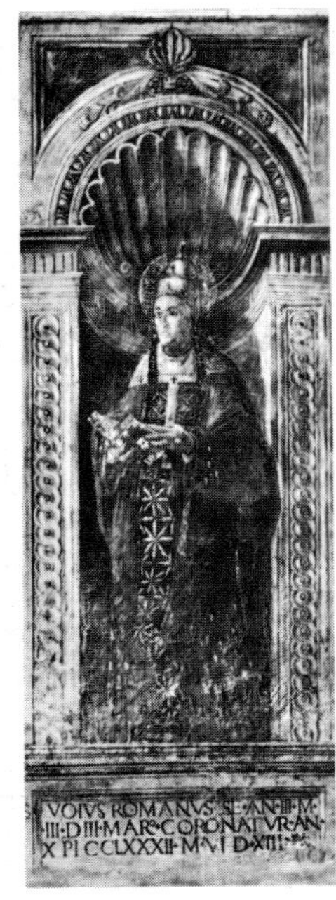

63 H

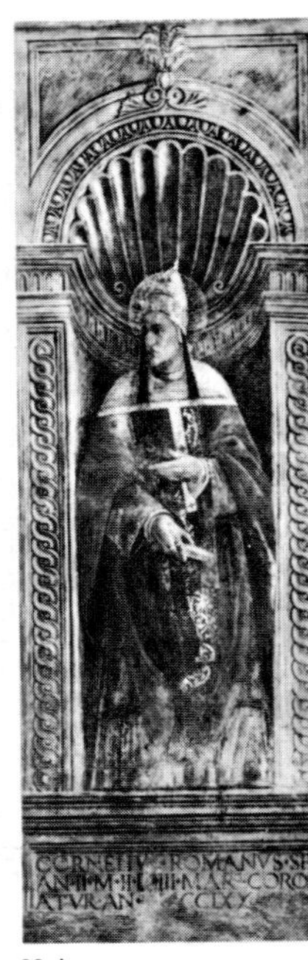

63 I

rio); (7) un Della Rovere, général de la Confrérie du Saint-Esprit (selon Gamba, Ferrante d'Aragon, roi de Naples); (5) Botticelli; (6) Filippino Lippi. Suivant l'hypothèse de Horne [1908], généralement acceptée, la scène illustre un passage des *Synoptiques* (Matthieu, VIII 4), ce qui relierait mieux l'histoire au Nouveau Testament. Il est toutefois possible d'y voir l'intention de célébrer le pape donateur, à travers l'édifice central qui représente l'hôpital du Saint-Esprit, — édifié par Pontelli juste à l'époque où Botticelli exécuta la fresque, — et par les deux grands chênes à valeur héraldique [Steinmann, 1905]. Moins probables les interprétations symboliques de Schmarsow qui voudrait voit un parallèle entre le sacrifice pour la guérison du lépreux et celui à venir du Rédempteur; et une allusion à la purification des Florentins, interdits par le Pape pour avoir pendu, après la conjuration des Pazzi, l'archevêque de Pise. La préparation paraît être entièrement de Botticelli.

63 348,5×570 1481-82

C. LA PUNITION DES REBELLES.

Cette fresque fait symboliquement pendant à la *Remise des clefs*, qui se trouve en face et fut exécutée par le Pérugin. Coré, Datân, Abiram et leurs partisans, se révoltèrent contre le prêtre Aaron en refusant son autorité; à l'issue de leur confrontation, Dieu se manifesta en faveur d'Aaron, et Moïse punit alors les rebelles. En nous référant au schéma ici reproduit, nous avons: à droite, les rebelles, qui serrent dans leurs mains des pierres pour lapider, sont retenus par Achariot (*8*) pendant que Moïse les harangue; au milieu, l'épreuve de l'encens; sur l'invitation de Moïse (*6*) les prêtres accomplissent le rite, la fumée des encensoirs d'Aaron (*5*) et du fidèle Eléazar (*7*) monte au ciel, tandis que celle des rebelles, transformée en flammes, se retourne contre eux et les jette à terre (*4*); à gauche, Moïse (*3*) fait précipiter les rebelles (*2*) alors que les deux fils d'Aaron, Eldad et Médad (*1*) sont miraculeusement soutenus. Dans le fond, l'édifice de style Renaissance à gauche représente peut-être la Synagogue; au centre, l'arc de Constantin à Rome, avec l'épigraphe: "NEMO SIBI ASSVMM/AT HONOREM NISI / VOCATVS A DEO / TAMQVAM ARON"; l'édifice de style classique à droite a été identifié au Settizonio tel qu'on devait encore le voir à l'époque de Sixte IV. A partir de Steinmann, on a voulu voir dans le cycle, outre son sens général, une allusion aux ordres et à l'autorité de Sixte IV, dont il fallait tenir compte, bien que l'archevêque de Kraijn, Andrea Zamometic, les eût mis en cause; au printemps 1481, celui-ci en effet avait ouvertement critiqué le pape et la curie romaine, essayant ensuite de réunir un concile pour déposer Sixte IV qu'il appelait "le fils du Diable"; arrêté d'abord (juin 1481) et déposé de sa charge de légat impérial, Zamometic fut remis en liberté deux mois après et renvoyé en Allemagne, où il reprit sa campagne contre Rome, avec l'appui caché de l'empereur Frédéric III. Cette thèse pourrait trouver sa confirmation dans l'épigraphe de l'arc de Constantin et dans la tiare papale, chère à Sixte IV, représentée sur la tête d'Aaron. Certains personnages ne sont pas identifiés de façon certaine: Botticelli (*11*), suivant Steinmann et Gamba, auxquels s'opposent d'autres critiques; Pomponius Laetus (*12*) (Schmarsow y voit le cardinal Giorgio Costa; et Gamba, le référendaire Chierigati); Alessandro Farnese (*10*) devenu pape Paul III, selon Steinmann, suivi par presque tous les critiques (selon Schmarsow, il s'agit de Raffaello Riario). L'atelier paraît ici avoir travaillé davantage: il faut peut-être lui attribuer la préparation des architectures à droite.

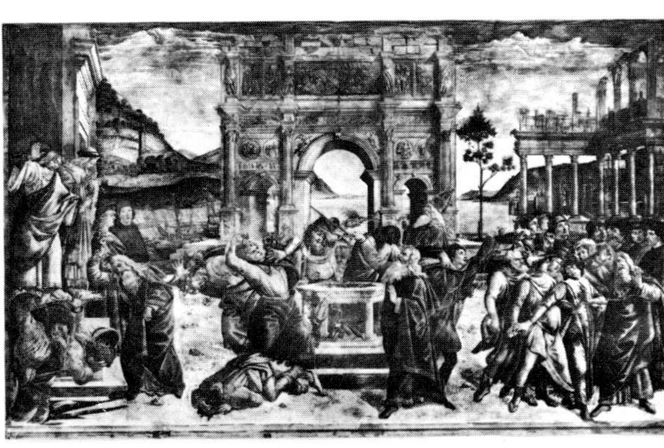

63 C [Pl. XXXIII-XXXIV]

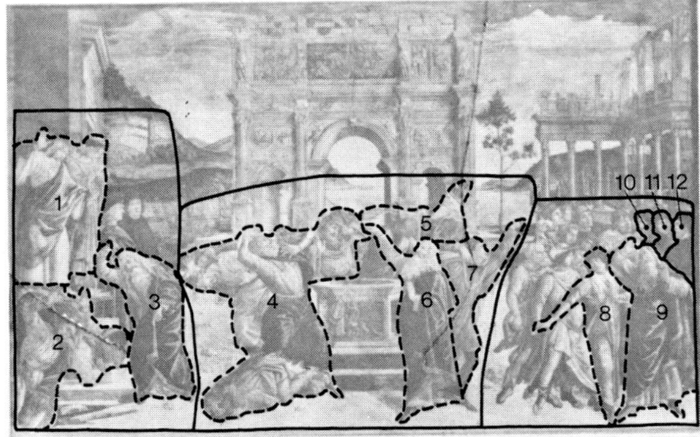

Schéma pour l'identification des personnages bibliques et des contemporains de Botticelli représentés dans la peinture n. 63 C.

Dessin (118×196 mm.; Florence, Uffizi) avec une composition semblable à celle du n. 63 C, considéré soit comme travail préparatoire de Botticelli, soit comme réplique due à Filippino Lippi.

Les Pontifes

63 210×85* 1481-82

D. SAINT MARCELLIN.

Dans le 'titre' au-dessous de la fresque, la dénomination "S. MARCELLINVS ROMANVS" permet d'identifier le vingt-huitième successeur de Pierre. Selon Ulmann, œuvre de l'atelier de Ghirlandaio; il est plus vraisemblable que ce soit à l'atelier de Botticelli que l'on attribue l'exécution du visage. La figure est très endommagée et paraît avoir été restaurée du bassin jusqu'en bas.

63 *210×90* 1481-82

E. SAINT MARCEL Ier.

On lit: "S. MARCELLVS ROMANVS", référence au vingtneuvième successeur de Pierre. On peut l'attribuer à l'atelier de Botticelli avec une intervention du maître pour la tête seulement. Cette fresque a été très repeinte.

63 *210×80* 1481-82

F. SAINT SIXTE II.

Suivant le 'titre', le vingt-troisième successeur de Pierre ("S. SIXTVS. SECVNDVS. GRECVS"), peut-être athénien. C'est une des plus belles figures de la série. On y voit une participation importante de Botticelli. Reprise de la taille jusqu'en bas.

63 *210×80* 1481-82

G. SAINT ÉTIENNE Ier.

La légende qui porte: "S. STEPHANVS. ROMANVS" renvoie au vingt-deuxième successeur de Pierre. Œuvre que l'on peut presque sûrement attribuer à Botticelli. Assez restaurée dans la partie inférieure.

63 *210×80* 1481-82

H. SAINT LUCIUS Ier (?).

Dans l'état actuel, on peut lire: "S. VOIVS ROMANVS", et certains ont pensé que cette figure représentait un pape s'appelant Voius, qui n'a jamais existé. Selon Kraus [1902] il pourrait s'agir de Lucius Ier (à cause de la place occupée, par rapport à la chronologie des papes). Les critiques modernes attribuent en général à Botticelli le visage qui est presque intact; le reste est endommagé et repeint.

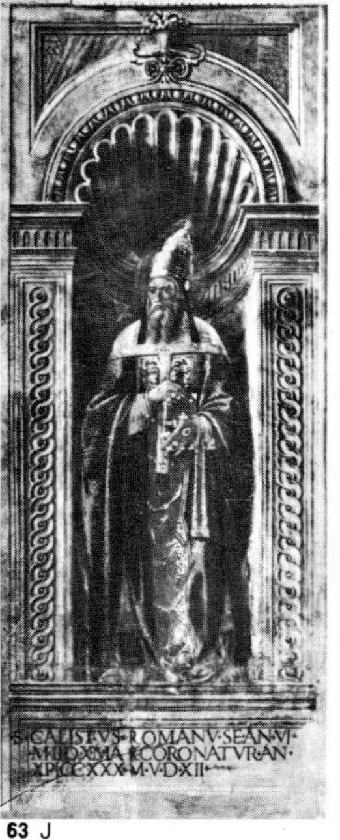

63 J

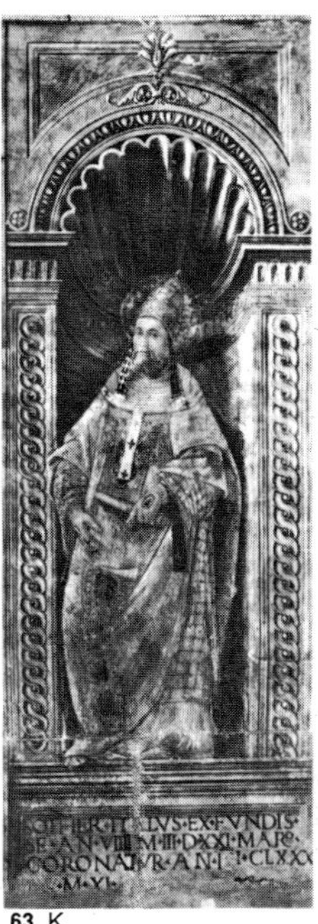

63 K

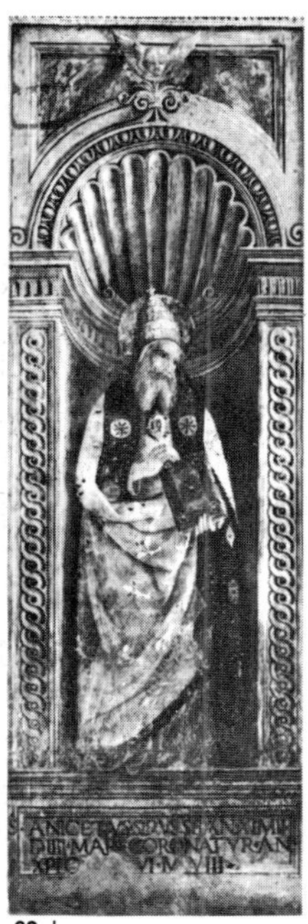

63 L

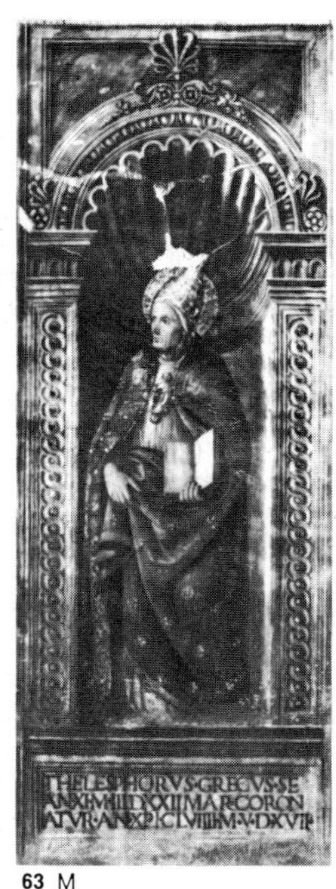

63 M

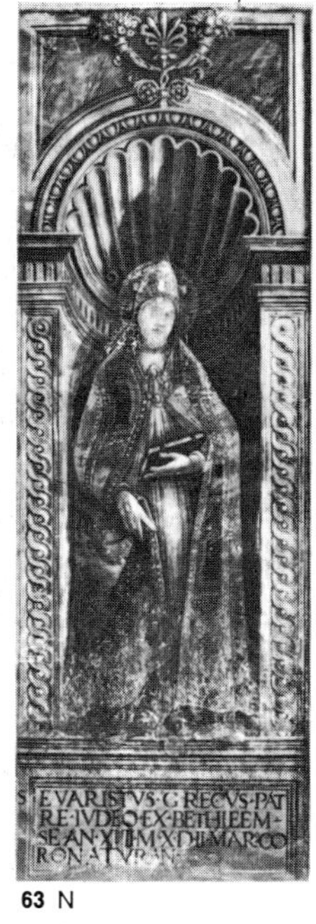

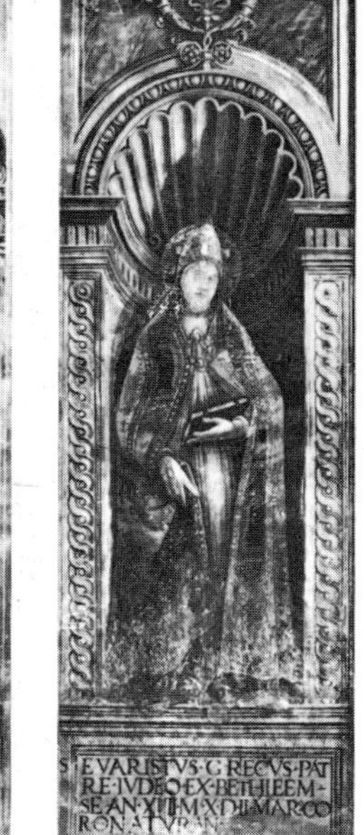

63 N

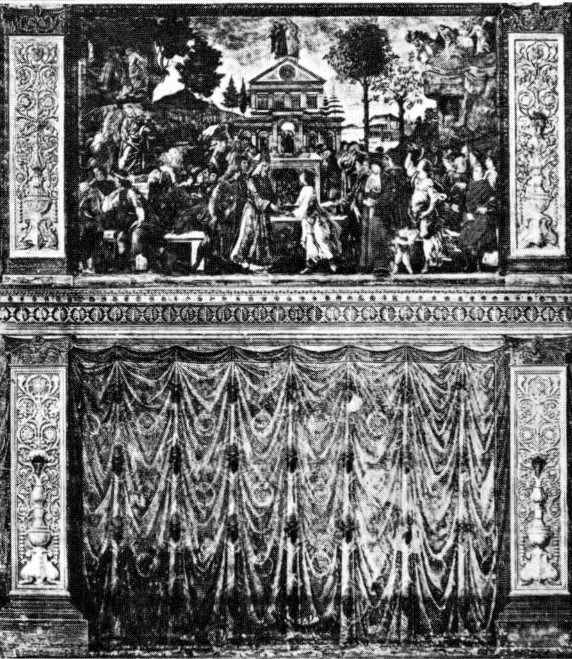

Détail du mur de droite de la Chapelle Sixtine, avec les n. 63 B et 63 M (au-dessus du précédent, à gauche); au-dessous de la Tentation du Christ, *la fausse tenture, exécutée probablement par les aides de Botticelli, auxquels on peut attribuer en outre la préparation de certains éléments (demi-piliers, corniches, etc.).*

63 *215×80* 1481-82

I. SAINT CORNEILLE.

D'après le 'titre' ("S. CORNELIVS. ROMANVS") on aurait ici le vingtième successeur de Pierre. Malgré de nombreuses réfections on retrouve dans le visage les caractéristiques du style de Botticelli.

63 *210×85* 1481-82

J. SAINT CALIXTE Ier.

Le seizième pape ("S. CALISTVS. ROMANVS"). Selon toute probabilité, entièrement exécuté par l'atelier. Très endommagé.

63 *210×80* 1481-82

K. SAINT SOTER.

Le douzième pape ("S. SOTHER. ITALVS. EX. FVNDIS"), né peut-être à Fondi. La conception est probablement de Botticelli, mais l'exécution, sûrement, de son atelier. Assez abîmé.

63 *210×80* 1481-82

L. SAINT ANICET.

Le 'titre' ("S. ANICETVS. SIRVS") permet de reconnaître le onzième pape, natif peut-être d'Emesa. Les dégâts, tout en laissant transparaître l'idée du peintre, empêchent de juger de la préparation.

63 *220×80* 1481-82

M. SAINT TÉLESPHORE.

Le 'titre' ("THELESPHORVS GRECVS") renvoie au septième successeur de Pierre, né peut-être à Turio, dans la Grande-Grèce. On y reconnaît le plan de Botticelli, sans pouvoir arriver à d'autres précisions en raison des dégâts considérables.

63 *210×80* 1481-82

N. SAINT ÉVARISTE

L'inscription ("S. EVARISTVS. GRECVS") renvoie au cinquième pape. Malgré les nombreux dégâts (ceux du visage sont assez récents, d'après des photographies assez anciennes), on peut y voir une large participation de Botticelli.

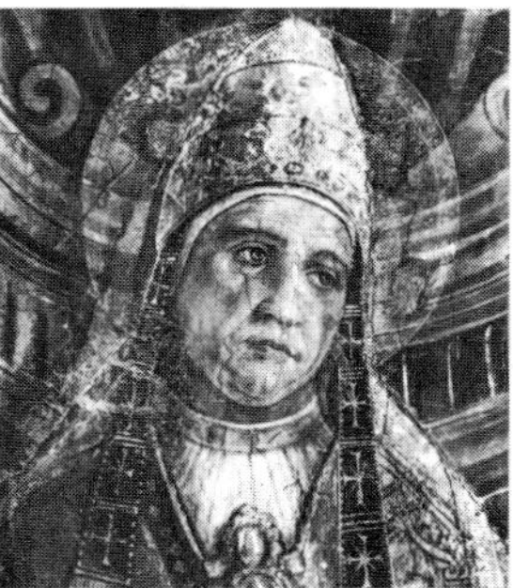

Détail du n. 63 N, d'après une photographie assez ancienne: comparé à l'ensemble reproduit au-dessus d'après une photographie récente, on constate une grave détérioration dans le visage dont les traits sont presque effacés.

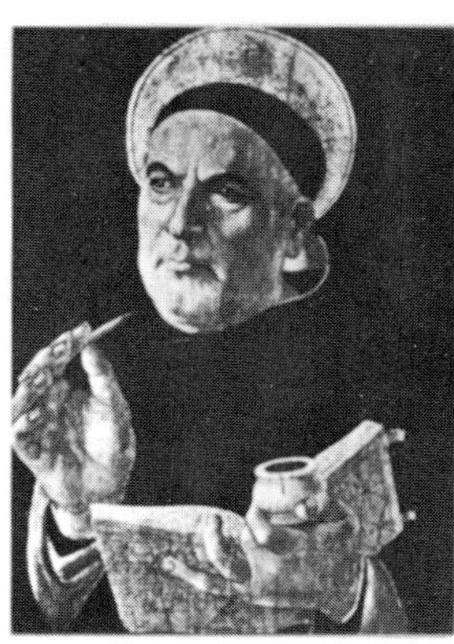

64

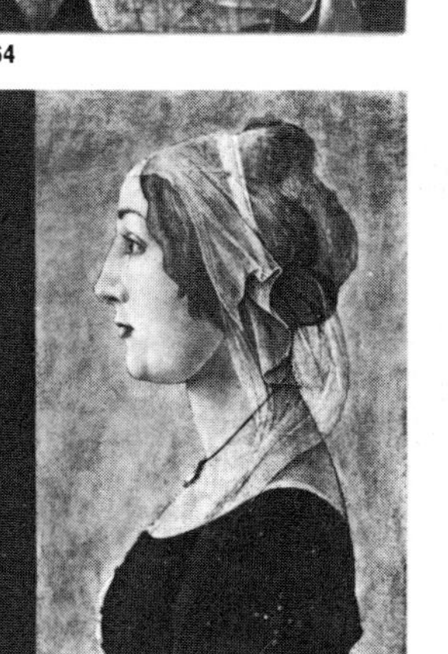

65

64 47×35,5 1481-82

SAINT THOMAS D'AQUIN. Zurich, Collection Abbeg Stockar.

Plusieurs reproductions en donnent une image inversée, alors qu'en réalité la figure regarde à gauche. Les traits sont peut-être ceux de Sixte IV; de toute manière, la vigueur de l'expression indique un portrait d'après nature. Provient de la collection Holford de Westonbirt (Gloucestershire). Attribué a Botticelli par A. Venturi [1922], suivi par Berenson [1932], Gamba, Mesnil, Bettini et Salvini, qui accepte la date de 1481-82 avancée par Venturi (pour Mesnil: 1495); suivant d'autres critiques, pourrait être de Tura [Phillips], de Baldassarre Estense [Cook], de Montagna, de Gentile Bellini [Fry], de Bonsignori ou de Signorelli. Exécuté sur toile marouflée sur panneau.

65 48×35,5 1481-82

PORTRAIT DE FEMME. Londres, Collection Rothermere.

Autrefois dans la collection Trivulzio à Milan. Considéré comme authentique par Berenson [1936], L. Venturi (dans Konody, 1932), van Marle, Gamba et Salvini, qui à juste titre ne le situe pas loin des fresques de la Chapelle Sixtine (mais en 1475-76, selon L. Venturi; et vers 1478, selon Gamba); rejeté par A. Venturi [1925] et Mesnil. Nombreuses restaurations.

66 44,5×29 1481-82

LE RÉDEMPTEUR BÉNISSANT. Detroit, Institute of Arts.

Il passa de la collection Gavet de Paris à la collection Belmont de Newport, puis à la collection Valentiner de Detroit. Vraisemblablement authentique [Yashiro; van Marle; Berenson; Salvini] et probablement prototype de nombreuses répliques et imitations (voir n. 136); selon Mesnil, œuvre d'atelier. Il n'est pas impossible que Botticelli ait imité un *Christ bénissant* d'Antonello da Messina, disparu, que Sixte IV vénérait et exécuté à Rome en 1450 [Mandel, 1956], ce qui va avec la date de 1481-82 que donne van Marle suivi par Salvini (selon Yashiro, de 1483-84).

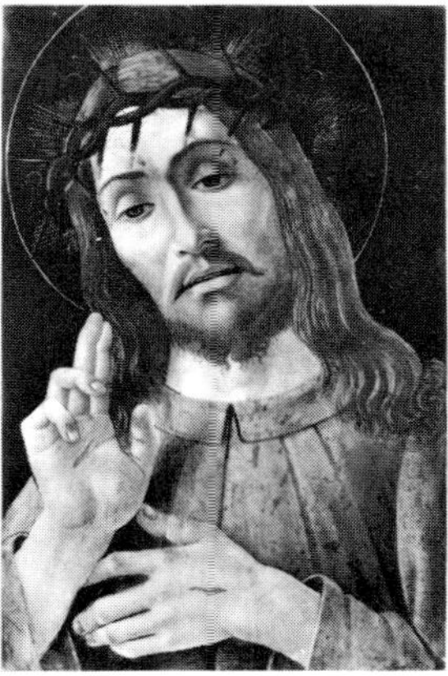

66

67 70,2×104,2 1481-82*

L'ADORATION DES MAGES. Washington, National Gallery (Collection Mellon).

On a voulu reconnaître dans certains personnages les neveux de Sixte IV. Achetée à Rome par le graveur français Perallis, qui la céda en 1808 au Musée de l'Ermitage de Léningrad comme œuvre de Mantegna (mais Waagen [1864] l'attribua à Botticelli); mise en vente en 1933, elle entra (1940) dans la collection Mellon. Elle peut être identifiée à cette *Adoration des Mages* dont l'Anonimo Gaddiano dit qu'elle a été exécutée à Rome; les chênes élancés, emblème héraldique des Della Rovere semblent le confirmer, ainsi qu'un style assez proche de celui du Pérugin et de Signorelli, avec lesquels Botticelli travailla dans la Sixtine. Bode et Schmarsow la situent au contraire entre 1473 et 1475; van Marle en 1484. Le clair-obscur plus prononcé fit supposer à Mesnil que le peintre avait pris comme modèle l'*Adoration* que Léonard exécuta à Florence en 1481.

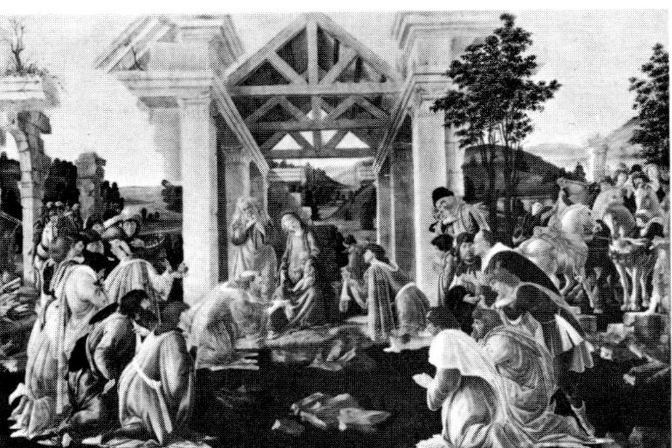

67 [Pl. XXVIII-XXIX]

Une copie sur toile, qui se trouvait dans les dépôts des Uffizi à Florence, fut reproduite par le "Burlington Magazine" [1903] et par Reinach.

68 162×74

SAINT SÉBASTIEN A LA COLONNE. Rome, Pinacoteca Vaticana.

Ce tableau vient des dépôts de Castelgandolfo (1923). Considéré comme authentique par A. Venturi [1924 et 1925], et de l'époque des *Pieta* de Munich et de Milan (n. 134 et 135); mais plus justement attribué à un imitateur par van Marle, Gamba et Salvini, et de la période romaine. Abîmé; le glacis est parti; restauré en 1924.

69 174×77 1482*

VÉNUS. Turin, Galleria Sabauda.

Du Palais Ferroni à Florence, cette œuvre parvint en 1844 dans la collection Davenport Bromley de Londres; en 1863 elle passa à la collection Ashburton à Bath House; ensuite de 1920 à 1930 dans la collection Gualino à Turin; puis à l'ambassade d'Italie à Londres, jusqu'en 1940. Après Waagen [1854], A. Venturi [1925 et 1927], L. Venturi [1926], van Marle et Gabrielli la considèrent comme authentique; mais en général, — avec Cavalcaselle, — elle est attribuée à l'atelier, tout en admettant [Salvini] la participation du peintre. Il doit s'agir en tout cas de la copie d'un marbre classique: soit la *Vénus* citée par Benvenuto Rambaldi jusqu'en 1375 parmi les biens des Médicis, soit une œuvre vue à Rome. En admettant cette hypothèse, il est alors certain que Botticelli se servit de cette figure pour *Minerve et le centaure* et pour la *Naissance de Vénus* (n. 71 et 72). Une réplique (148×62 cm.), d'atelier, (seul A. Venturi [1925] la croyait authentique) passa du Palais Ferroni à Florence à la collection Davenport Bromley, de là à la collection Ashburton à Bath House (1863) et ensuite à la galerie Böhler de Munich, qui la céda à un collectionneur de Lucerne d'où elle revint dans le commerce d'art. Une autre réplique (157×68 cm.) se trouve aux Staatliche Museen à Berlin, venant de la collection Solly; elle est considérée comme authentique et prototype des *Vénus* analogues par Bode [1888, 1921 et 1925] et Schmarsow [1923], alors que pour Ulmann c'est une réplique autographe, et pour les autres, de l'atelier.

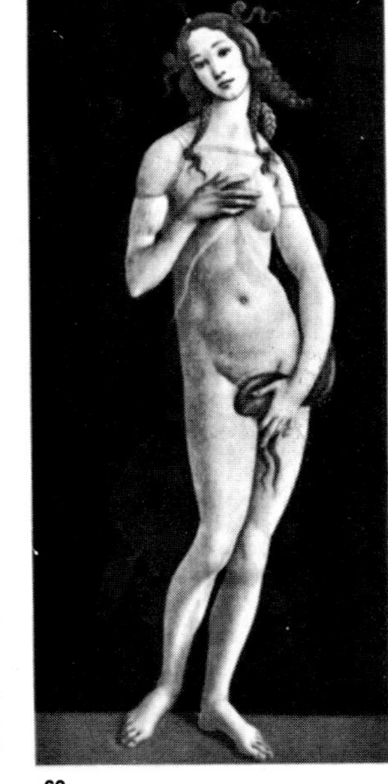

69

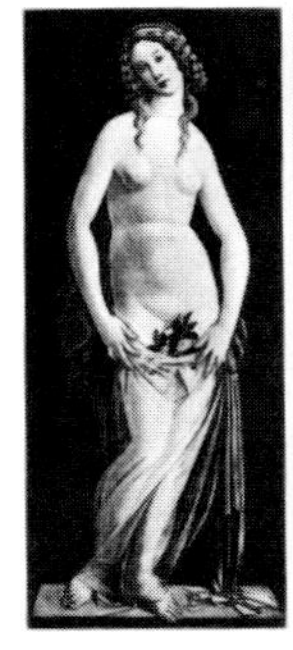

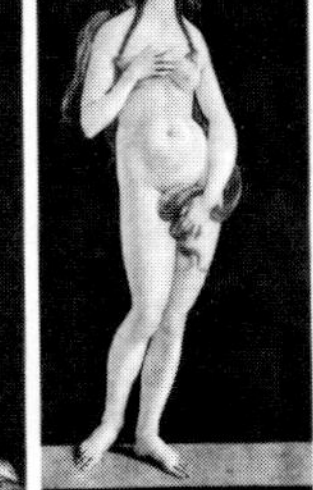

Répliques du n. 69 (autrefois à Lucerne, et à Berlin). - (Ci-dessous) Dessin (317×253 mm.; Londres, British Museum), unanimement attribué à Botticelli, pouvant se rapporter au n. 70.

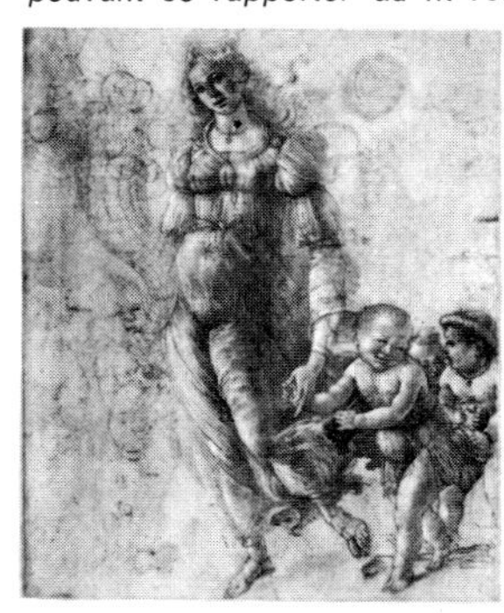

70 192×105

POMONE ou L'AUTOMNE. Chantilly, Musée Condé.

De Rome, cette œuvre parvint à la collection Reiset, où Cavalcaselle la découvrit et, le premier, l'attribua à Botticelli [1864] (elle était attribuée initialement à Mantegna [Selvatico]); A. Venturi [1911], Bode [1926], Gamba, Mesnil et Salvini l'attribuent à l'atelier. Elle présente des analogies iconographiques avec le dessin de l'*Abondance* de Botticelli (Londres, British Museum) et avec la femme qui porte des fagots dans les *Epreuves de Moïse* (n. 63 A); il n'est pas impossible toutefois qu'il s'agisse d'une imitation posthume. Il en existait une réplique dans la collection Chennevière à Alençon et deux autres dans la collection Roseberry à Londres.

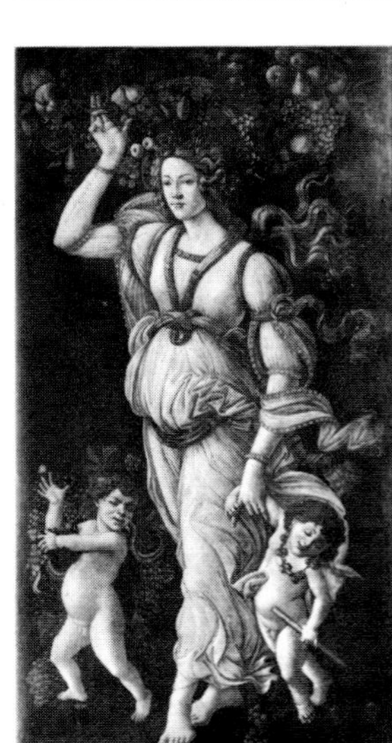

70

71 207×148 1482*

MINERVE ET LE CENTAURE. Florence, Uffizi.

Ayant appartenu autrefois à Lorenzo et à Giovanni di Pierfrancesco de Medicis (inventaire de 1516); transmis par héritage à Jean des Bandes Noires, les inventaires de 1598 et 1638 le font encore figurer dans la villa de Castello; il passa au Palazzo Pitti vers 1830; de là, dans les appartements royaux (1856); enfin aux Uffizi, depuis 1893. Quant à l'interprétation du sujet, les critiques sont partagés entre l'allégorie politique et l'allégorie morale. Dans le premier cas, suivant E. Ridolfi [1893], il serait en relation avec l'habileté diplomatique de Laurent le Magnifique qui, en 1480 convainquit le roi de Naples de quitter la ligue de Sixte IV contre Florence: la villa et le golfe dans le fond seraient ceux de Naples; le centaure, le symbole de Rome; et Minerve, qui tient l'hallebarde florentine, Florence. Selon Horne, l'allégorie politique est en rapport avec l'alliance de Laurent avec Innocent VIII (1487). L'allégorie morale, — affirmée par Wittkower [1939] et Gombrich [1945], et jugée plus vraisemblable par Salvini, — se rattacherait plutôt à la phrase de Marsile Ficin: "Bestia noster [*sic*], id est sensus; homo noster, id est ratio", par laquelle on décrit le centaure, et il faut l'entendre comme une invitation à Lorenzo di Pierfrancesco à se laisser guider par Laurent le Magnifique dont l'emblème privé décore la robe de Minerve. Les dates que l'on propose varient surtout suivant l'interprétation du sujet: vers 1480 [Ridolfi; Berenson, 1895; Yashiro], vers 1488 [Horne; L. Venturi, 1937], vers 1485 [Bode, 1921; Mesnil; Bettini]; 1482-83 [A. Venturi, 1925; van Marle; Gamba], vers 1482, suivant l'opinion de Salvini, avec référence, pour le centaure, à un sarcophage se trouvant au Vatican [Tietze-Conrat, 1925] et en ce qui concerne l'ampleur du paysage, au Pérugin et à Signorelli. Restauré en 1953.

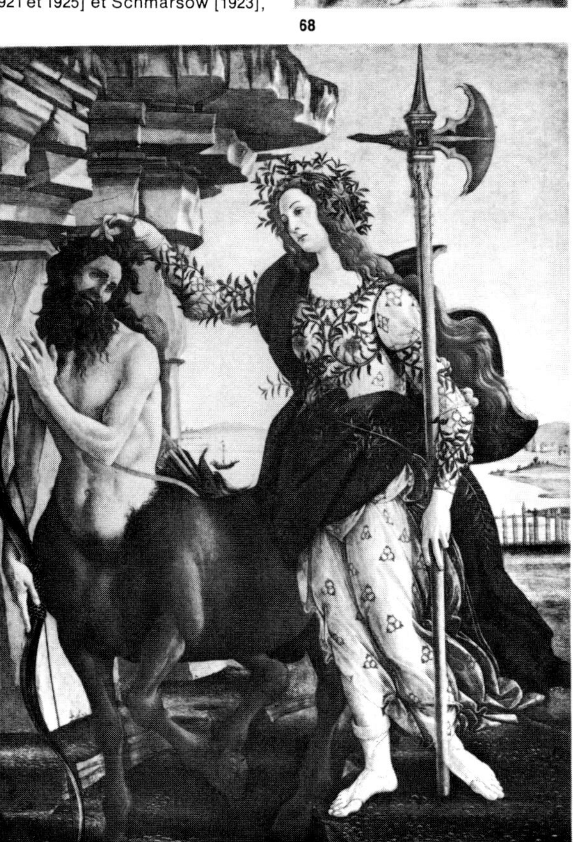

71 [Pl. XXXV]

72 172,5×278,5 1482*

LA NAISSANCE DE VÉNUS. Florence, Uffizi.

Comme les n. 58 et 71, cette œuvre a appartenu à Lorenzo et à Giovanni di Pierfrancesco de Médicis; placée dans la villa de Castello, elle suivit le sort du *Printemps*, sortant du trésor des Médicis en 1815 pour être placée aux Uffizi. Le sujet a été pris [J. Meyer, 1890] dans Homère, dans la littérature latine, — surtout celle d'Ovide (*Métamorphoses*, II, 27; *Fastes*, V, 217) qui décrit l'Heure (le Printemps) présentant le manteau à Vénus Anadyomène, et dans la littérature humaniste qui en dérive. Certains y virent l'arrivée de Vénus poussée par Zéphyr et Chloris (Flore), soit sur les rivages de la Sicile (en rapport avec le poème anonyme *Pervir-*

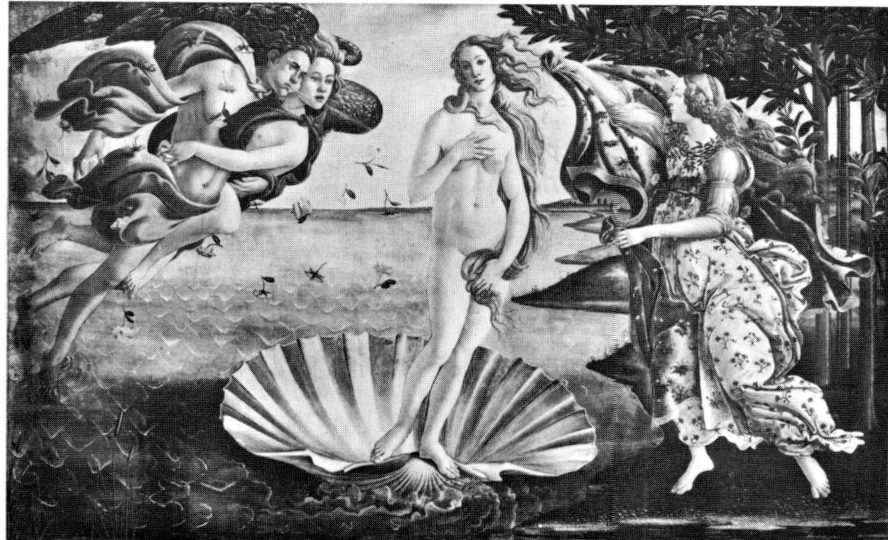

72 [Pl. XLIV-XLV]

gilium Veneris du II-IIIe siècle) [Wickhoff, 1906], soit directement à Portovenere, l'ancienne résidence de Simonetta Vespucci [Schmarsow, 1923]. Il est plus probable qu'il y ait dans cette œuvre une dimension néoplatonicienne, ainsi que l'affirmèrent Argan [1956] et mieux Gombrich [1945], pour qui l'œuvre symboliserait la naissance de l'*Humanitas*, engendrée par la Nature avec ses quatre éléments et par l'union de l'esprit avec la matière. Politien, en chantant dans ses *Stanze* la naissance de Vénus, semble décrire le sujet de ce tableau plus encore que le suggérer. L'exécution paraît assez proche de celle de *Minerve et le centaure*. En en analysant la composition, on est amené à supposer que ce tableau est amputé, en haut, de trente à trente cinq centimètres; ainsi le *Printemps*, exécuté tout de suite après le départ pour Rome, *Minerve*, et *La Naissance de Vénus* eurent non seulement un emplacement analogue mais une hauteur identique; les deux derniers furent vraisemblablement exécutés après le retour à Florence, pour compléter une commande globale. Les dates les plus courantes sont: vers 1478 [Bode] et 1485-86 [Schmarsow, jusqu'à Argan], tandis que Yashiro [1929] penche pour 1487; van Marle propose de la rapprocher de la période romaine et Salvini la date de 1482.

73 — 54,5 × 47,4 — 1481-83 ?

DANTE ALIGHIERI. Cologny (Suisse), Collection Martin Bodmer.

La bordure est peinte et forme un ensemble avec le portrait.

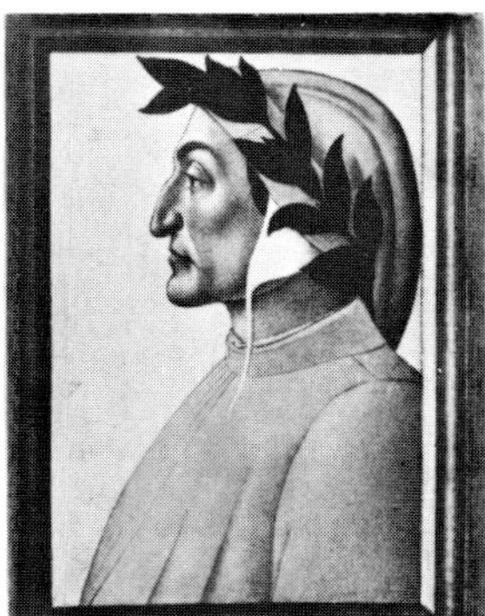

73

Histoire de Nastagio degli Onesti

Ce fut peut-être Laurent le Magnifique qui commanda à Botticelli cette série de quatre éléments à l'occasion des noces de Giannozzo Pucci avec Lucrezia Bini, célébrées en 1483 [Horne]. Chez les Pucci jusqu'en 1868, ces tableaux furent vendus cent mille lires à Barker, de Londres [Milanesi, 1879]; ils appartinrent ensuite, pour une brève période, à la collection Leyland; Aynard, de Lyon, les acheta en 1892, mais il revendit les trois premiers à la collection Spiridon à Paris, — d'où il passèrent dans la collection Cambó à Barcelone, ensuite au Prado à Madrid, — et le dernier à la collection Donaldson: de là à la collection Watney (Charlbury) et enfin (1967) à une collection particulière américaine, après avoir été acquis chez Christie par la galerie parisienne Antiquitas. Préparés par Botticelli, c'est l'atelier qui y travailla le plus (mais à de différents degrés) et surtout Jacopo del Sellaio et Bartolomeo di Giovanni [Richter, "Kunstchronik" XV; jusqu'à Salvini]; mais J. A. Gaya Nuño [Catalogue du Prado, 1958] les considère en grande partie autographes. Le sujet est tiré de la nouvelle bien connue de Boccace [*Décameron*, V, 8].

Chez lord Seymour à Londres jusqu'en 1892, il passa dans la collection Langton Douglas, et (vers 1930) chez les Burns à Hatfield qui le vendirent en 1947. Selon les critiques, sauf Kroeber [1911] et Mesnil, œuvre authentique. La chronologie est controversée: selon Berenson et Gamba elle est proche de la *Naissance de Vénus* (n. 72); vers 1495, selon Ferri et Bertini; l'opinion prédominante est celle qui la met en relation avec les derniers dessins pour la *Divine Comédie* (1498); l'impossibilité d'examiner ce tableau ne permet de donner, sous toutes réserves, que la date de 1481-83. De nombreuses restaurations ont en partie nui à la mise en place originale.

74 — 83 × 138 — 1483

A. PREMIER ÉPISODE. Madrid, Prado.

Nastagio degli Onesti, repoussé par la fille de Paolo Traversari (dans le fond à gauche), s'étant réfugié dans la pinède de Ravenne, erre pensif (à gauche, au premier plan) quand une femme lui apparaît poursuivie par un cavalier et ses chiens, qui la mordent cruellement en dépit des efforts de Nastagio pour la défendre (au milieu et à droite).

74 A

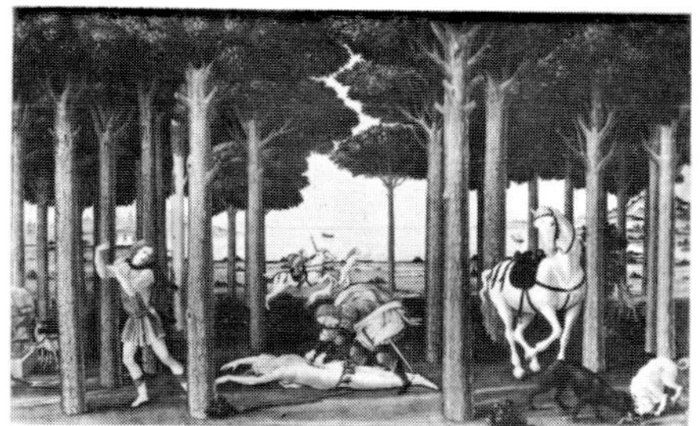

74 B

74 C

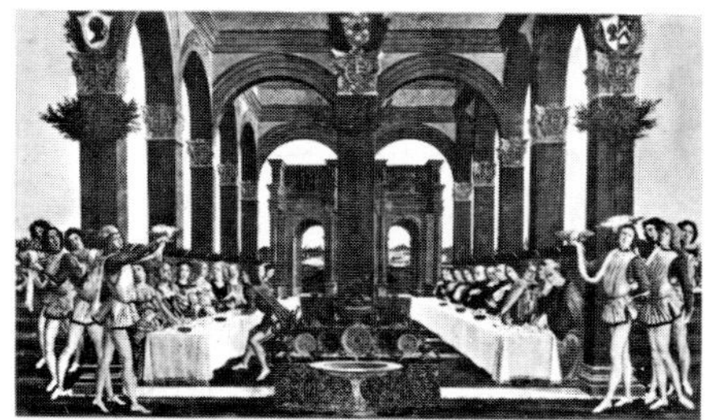

74 D

74 — 82 × 138 — 1483

B. DEUXIÈME ÉPISODE. Madrid, Prado.

Au premier plan, Nastagio est saisi d'horreur en voyant que le cavalier, ayant atteint la femme, lui arrache le cœur et le donne en pâture à ses chiens. Mais la femme ressuscite et la poursuite reprend. Le cavalier explique à Nastagio qu'il est Guido, un de ses ancêtres, bafoué de son vivant par une femme qu'il aimait, au point qu'il s'est tué; la justice divine les a puni tous les deux, en les obligeant à réapparaître dans ce lieu et pendant autant d'années et de mois que la femme bafoua son amour.

74 — 84 × 142 — 1483

C. TROISIÈME ÉPISODE. Madrid, Prado.

Nastagio invite les Traversari avec leur fille et donne un banquet sur le lieu même de l'apparition; quand celle-ci soudainement se répète, le jeune homme en explique les raisons à ses invités. Ce voyant, la fille de Paolo Traversari consent au mariage (à l'extrême droite). Dans les pins, à gauche, les armes des Pucci, au milieu celles des Médicis, à droite celles des Pucci écartelées avec celles des Bini: ce qui indique les noces d'un Pucci avec une Bini; la supposition des commentateurs de Vasari [1846] selon lesquels il s'agirait du mariage de Pierfrancesco Bini avec Lucrezia Pucci, célébré en 1487, s'effondre; l'hypothèse de Horne subsiste. Une copie libre, par Jacopo del Sellaio, se trouve dans la collection Johnson à Philadelphie.

74 — 83 × 142 — 1483

D. QUATRIÈME ÉPISODE. Etats-Unis, Collection particulière.

Le banquet pour les noces de Nastagio degli Onesti avec la fille de Paolo Traversari. Sur les chapiteaux, en premier plan, les armes des Pucci, celles des Médicis et encore celles des Pucci écartelées avec celles des Bini, soutiennent des arbrisseaux de laurier, symbole de Laurent, oncle du marié; de la deuxième enseigne pend un anneau en pointe de diamant, emblème privé des Médicis. Les invités se servent de fourchettes, qui étaient très rares en Europe à cette époque-là. Le panneau précédent, comme celui-ci, rappelle le *Festin d'Hérode* exécuté à Prato par Filippo Lippi, peut-être avec l'aide de Botticelli. L'intervention de Jacopo del Sellaio est ici considérable.

75 — 69 × 173,5 — 1483*

MARS ET VÉNUS. Londres, National Gallery.

Acheté à Florence par sir Alexander Barker (vers 1865); à la National Gallery en 1874. Exécuté peut-être pour les Vespucci, étant donné que des guêpes sortent d'une souche dans l'angle de droite [Gombrich, 1945]. C'est probablement un panneau de coffre. Une signification néoplatonicienne cachée n'est pas exclue: *Vénus-Humanitas* a un pouvoir bienfaisant sur Mars, dieu de la guerre [Robb, *Neoplatonism in Italian Renais-*

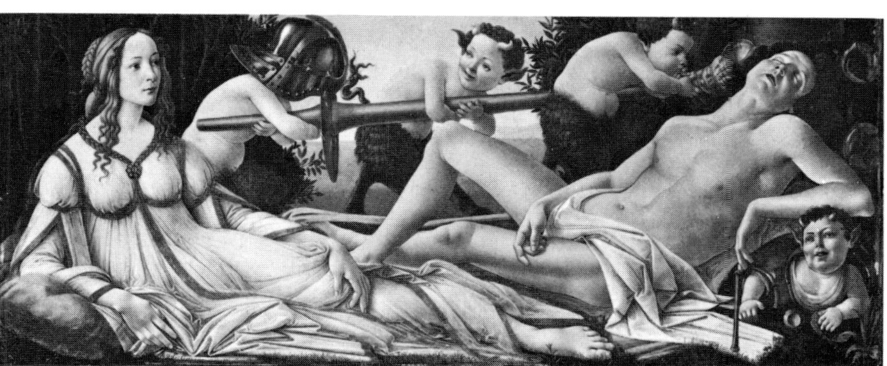

75 [Pl. XXXVI-XXXVII]

sance, s.d.; Gombrich]; Vénus (amour et concorde), s'oppose à Mars (haine et discorde), le domptant en vertu de l'harmonie des contraires, suivant Marsile Ficin et Pic de la Mirandole [Wind, 1950]. Autres sources littéraires: Lucrèce, Politien (*Stanze per la Giostra*), Laurent le Magnifique (*Inno a Marte et a Venere*) [Palm, 1944], Reposiano (*De concubitu Martis et Veneris*, IIIe siècle) [Wickhoff, 1906]. Quant à la chronologie, Bode [1921 et 1926], avec van Marle, penche pour 1476-78; Schmarsow et Argan l'avancent vers 1475; Horne, Yashiro, les deux Venturi, Gamba, Mesnil, Bettini et Davies proposent 1485-86; la date que donne Salvini, vers 1483, est la plus probable. En 1943 on ôta différents repeints.

76

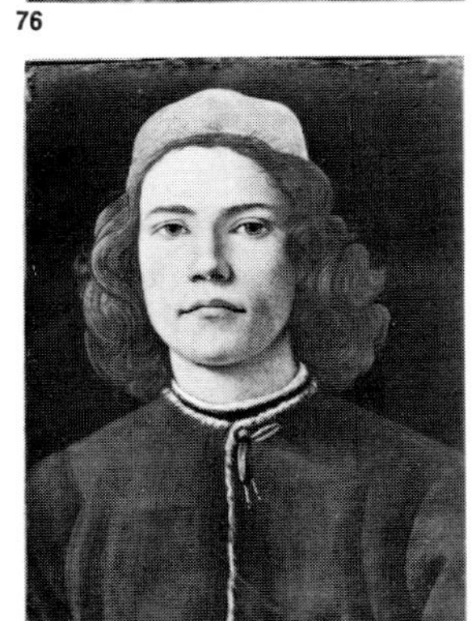

77 [Pl. XXXIX]

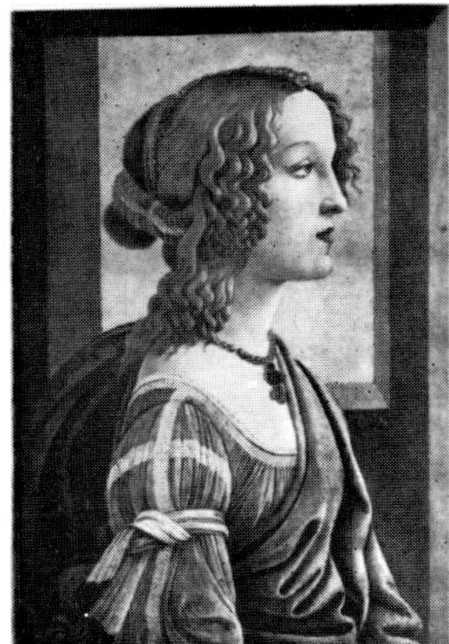

80

76 82×54 1480-85

PORTRAIT DE JEUNE FEMME. Francfort, Städelsches Kunstinstitut.

Cette jeune femme porte au cou une gemme aux effigies d'Apollon et de Marsias, qui, au XVe siècle, appartint aux Médicis. Warburg [1892], — qui présenta ce tableau comme une œuvre authentique de Botticelli, — voit dans cette jeune femme Simonetta Vespucci; Van Marle est du même avis en raison de la ressemblance de ce portrait avec celui, bien connu, de Piero di Cosimo à Chantilly. Ulmann et van Marle partagent aussi l'opinion de Warburg quant à l'attribution; Bode [1926] émet quelques réserves; d'autres spécialistes l'attribuent à l'atelier, tout en le trouvant sensible et bien exécuté: il n'est pas à exclure toutefois que Botticelli soit intervenu dans la mise en page et dans la préparation qui est due pourtant, en grande partie, à Jacopo del Sellaio. Les dates varient entre 1478 [Bode], 1485 [Gamba] et les environs de 1490 [A. Venturi, 1925].

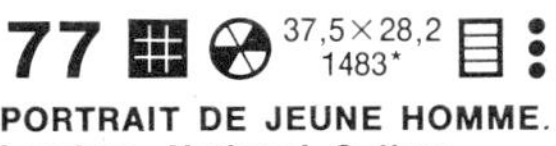

77 37,5×28,2 1483*

PORTRAIT DE JEUNE HOMME. Londres, National Gallery.

Peut-être dans la collection Udny jusqu'en 1804, avec attribution à Giorgione; puis dans la collection Northwick, — où Waagen l'attribua tout d'abord [1837] à Filippino, ensuite [1854] à Masaccio, de là il entra à la National Gallery en 1859. Rendu à Botticelli par Cavalcaselle [1864], suivi par Richter [1883], Frizzoni [1891], Horne, Berenson et la majorité des critiques modernes (à l'exception, toutefois, d'Ulmann et de Bode) avec référence à la période qui va de 1483 à 1484, sauf Gamba qui penche pour 1490.

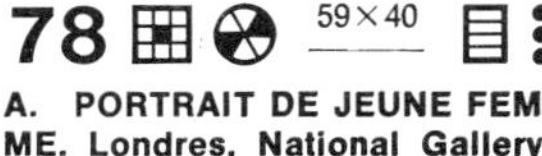

78 59×40

A. PORTRAIT DE JEUNE FEMME. Londres, National Gallery.

De la collection Barker à Londres, où il était considéré comme autographe, il passe en 1874 dans celle de Samuel; ensuite dans la collection Cohen, d'où il revint chez Samuel, qui en 1906 le donna à la National Gallery. Il porte au verso un *Ange* (n. 78 B), attribué à l'atelier par Kroeber [1911], qui considère le portrait comme authentique, tandis que Mesnil affirme catégoriquement qu'il a été exécuté par l'atelier. Mais dans l'ensemble, — avec Davies [1951], — il est attribué à un "médiocre disciple".

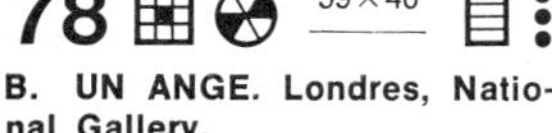

78 59×40

B. UN ANGE. Londres, National Gallery.

Peint au verso du tableau précédent, il représente peut-être la Bonté qui finalement triomphe des misères du monde et se trouve emportée au Ciel. Selon Salvini il est probablement sorti de l'atelier de Botticelli en raison de son "genre botticellien"; de toute façon, les critiques modernes l'ignorent ou le rejettent.

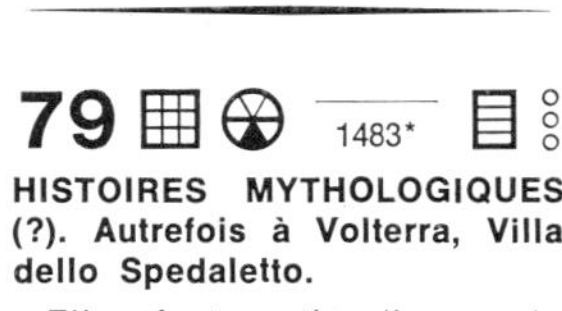

79 1483*

HISTOIRES MYTHOLOGIQUES (?). Autrefois à Volterra, Villa dello Spedaletto.

Elles font partie d'un cycle qu'un agent de Ludovic le More mentionne dans une lettre adressée à celui-ci vers 1485 (voir *Chronologie*, 1483).

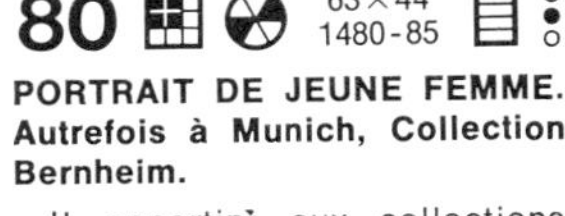

80 63×44 1480-85

PORTRAIT DE JEUNE FEMME. Autrefois à Munich, Collection Bernheim.

Il appartint aux collections Seymour de Londres, Marcus Kappel et Noak de Berlin. Autographe pour Bode, Schmarsow, Yashiro et L. Venturi; copie ancienne, pour Horne [1908] et A. Venturi [1925]; œuvre d'atelier, pour van Marle et Gamba, qui n'exclurait pas, selon Salvini, une intervention du peintre.

81 58×40

PORTRAIT DE JEUNE FEMME. Autrefois à Richmond, Collection Cook.

Autrefois dans la collection Stirling à Londres, comme portrait de Simonetta Vespucci. Cook [1902] contesta l'attribution de cette œuvre à Botticelli, Horne la repoussa [1908]; Bode [1926] considère en revanche ce portrait comme authentique, ainsi que Schmarsow [1923] qui le date des environs de 1475, et L. Venturi selon lequel il aurait été exécuté en 1490. La préparation diffère de celle qui est habituelle à Botticelli.

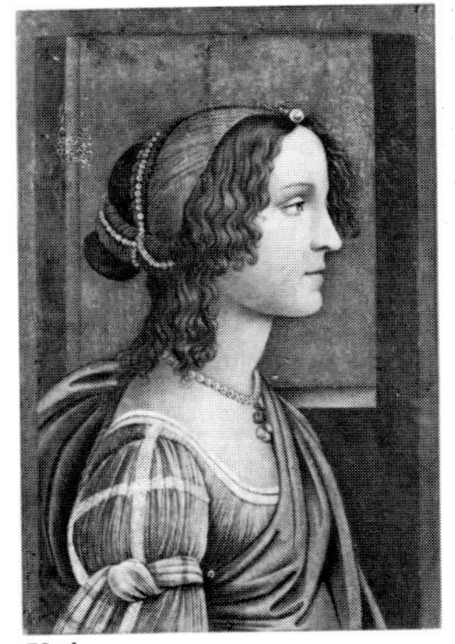

78 A

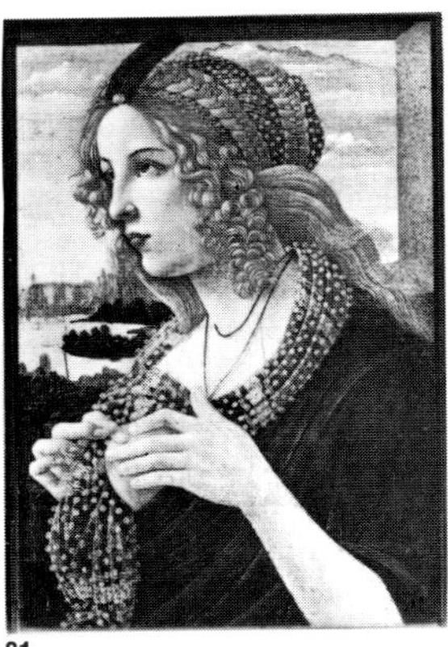

81

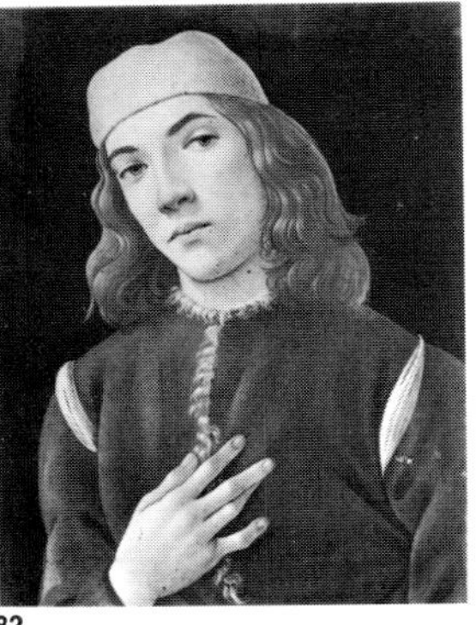

82

87 [Pl. LX-LXI]

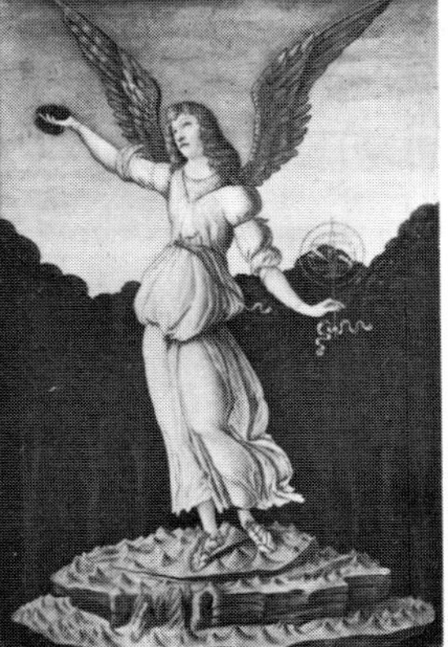

78 B

82 45,2×31,8 1483*

PORTRAIT DE JEUNE HOMME. Washington, National Gallery of Art (Collection Mellon).

Il appartint aux collections Pourtalès et Schickler de Paris; Duveen, Hamilton, Mackay à New-York; Mellon à Washington. Berenson [1922] le restitue à Botticelli, après qu'on l'eut longuement attribué à Masaccio; les critiques, sauf R. Fry [1926] et Mesnil, suivent son opinion. La mièvrerie, rare ou inconnue dans des tableaux analogues de Botticelli, annonce le sentimentalisme des œuvres religieuses qui viennent immédiatement après. Situé entre 1482 et 1487.

83 diam. 84,5

LA VIERGE ALLAITANT L'ENFANT, AVEC SAINT JEAN ET UN ANGE. Londres, National Gallery.

Léguée par l'abbé Carlo Bianconi de Bologne à un parent [1802], qui vendit cette œuvre à la National Gallery en 1855 comme œuvre de Botticelli. Elle a au verso la légende "M[aestro (?)] Giuliano da San Ghallo", d'où l'on suppose que Sangallo en aurait exécuté la bordure d'origine (qui a été perdue), ainsi qu'il l'a fait pour d'autres œuvres de Botticelli (Mesnil pense au contraire qu'il s'agit du nom du propriétaire). Degenhardt [1955], — suivant la vieille hypothèse de Richter [1898], — voit dans ce nom de Sangallo l'auteur du tableau, sans que cela exclue une mise en page générale de Botticelli. Les critiques, à partir d'Ulmann [1893] s'accordent à exclure toute intervention directe du peintre dans ce tableau. Une réplique fidèle est dans la collection Yerkers à New-York.

84 diam. 118,5

LA VIERGE A L'ENFANT, SAINT JEAN ET DEUX ANGES. Glasgow, Art Gallery and Museum.

Cette œuvre est généralement ignorée par les spécialistes: elle est autographe, selon Spender [Catalogue du musée, 1945], qui la situe entre 1481 et 1484. La sensibilité de l'ensemble fait penser qu'il s'agit, au moins en partie, de l'œuvre d'un peintre inconnu et raffiné.

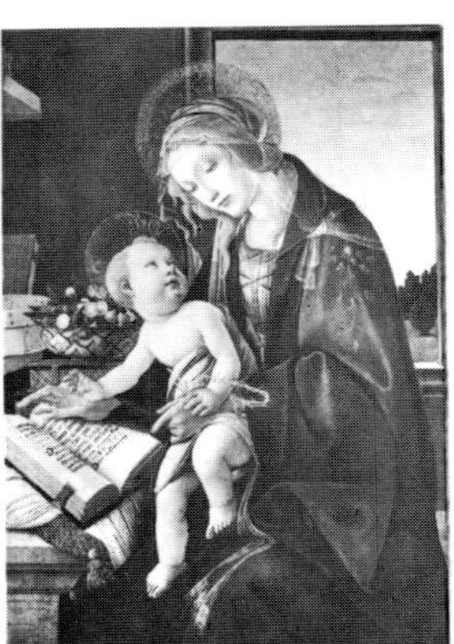

85 [Pl. XXII]

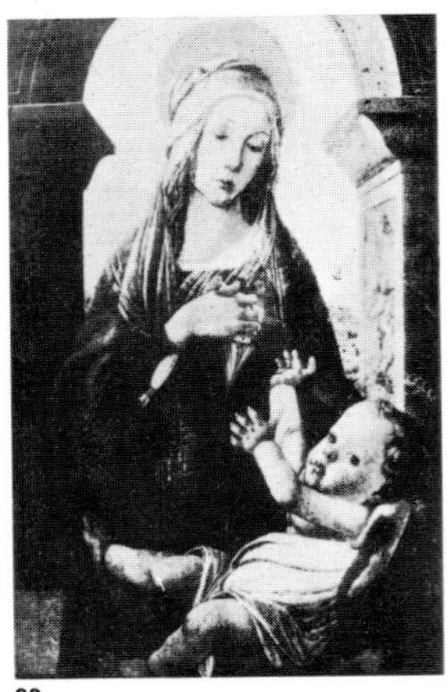

88

85 58×39,5 1483*

LA VIERGE A L'ENFANT (La Madone au livre). Milan, Museo Poldi Pezzoli.

Attribuée depuis 1881 à Botticelli. En 1890, Morelli déplora l'accumulation des couches de vernis, qu'on enleva en 1951.

Les réserves émises (travail d'école), — comme le pensait A. Venturi [1913], — furent alors levées. On la situe en général entre 1481-85 (mais, selon Russoli [1955], entre 1480 et 1490).

86 diam. 118 '1483-85*

LA VIERGE A L'ENFANT ET CINQ ANGES. (Madone du Magnificat). Florence, Uffizi.

Ottavio Magherini la vendit aux Uffizi en 1784. La composition s'inscrit dans une fenêtre ronde inhabituelle. Sous une couronne d'étoiles, surmontée d'un nimbe doré et du Saint-Esprit, la Vierge est assise et écrit le *Magnificat*. Attribuée à Botticelli à partir de Cavalcaselle [1864]. Ulmann, Horne, A. Venturi, Gamba et Argan la situent en 1482; Yashiro et van Marle, en 1481; Bode, Schmarsow, L. Venturi et Bettini, en 1485; Salvini en 1482-83: il est en fait difficile d'en fixer exactement la date à cause de certains repeints, du glacis enlevé et des dégâts dans le visage de la Vierge et celui de l'Enfant; elle paraît toutefois plus proche de 1485.

Le sujet analogue qui se trouve au Louvre (diam. 114), mais avec un ange en moins à gauche, doit être considéré comme une réplique d'atelier, ainsi que, en dépit des interpolations et des suppressions, celui de la Morgan Library à New-York (provenant peut-être des Alessandrini à Florence), et un troisième, dans les dépôts fédéraux suisses, avec également des variantes, et qui a été partagé en deux octogones.

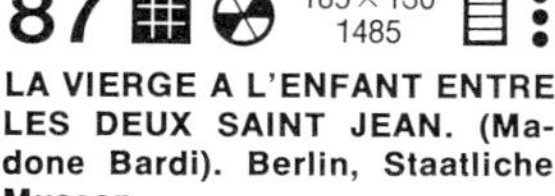

87 185×180 1485

LA VIERGE A L'ENFANT ENTRE LES DEUX SAINT JEAN. (Madone Bardi). Berlin, Staatliche Museen.

Agnolo Bardi commanda cette œuvre vers la fin de 1485 à Botticelli pour l'autel de sa chapelle du Santo Spirito à Florence; les documents publiés par Supino [1899] mentionnent en février 1485 un paiement à Sangallo pour l'exécution d'une bordure; et un autre à Botticelli en août 1485, solde définitif des honoraires (trente-cinq florins pour le travail, deux pour la dorure et deux pour le bleu outremer; à Sangallo, vingt-quatre pour la 'décoration'). Pour l'identifier on se sert des anciennes descriptions de 'Billi', de l'Anonimo Gaddiano et de Vasari. Déposée chez les Bardi avant 1677, cette œuvre fut vendue en 1825 à un antiquaire, et achetée en 1829 par Rumohr pour les Staatliche Museen. La prédelle a disparu.

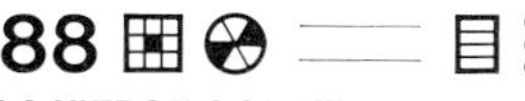

88

LA VIERGE A L'ENFANT. Autrefois à Berlin, Collection Simon.

Ce tableau vient de la collection James Mann en Ecosse. C'est une reprise du groupe central de la *Madone* Bardi (n. 87); selon A. Venturi [1925] et d'autres, il est de Botticelli; selon van Marle, Gamba et Salvini, c'est une œuvre d'atelier.

Une autre réplique, passa des Panciatichi-Ximenes de Florence à la collection Carmichael, ensuite à la collection Benson à Londres, d'où elle partit pour une destination inconnue.

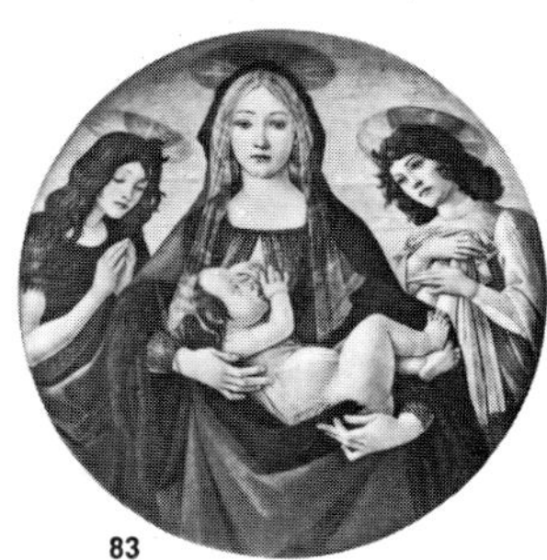

83

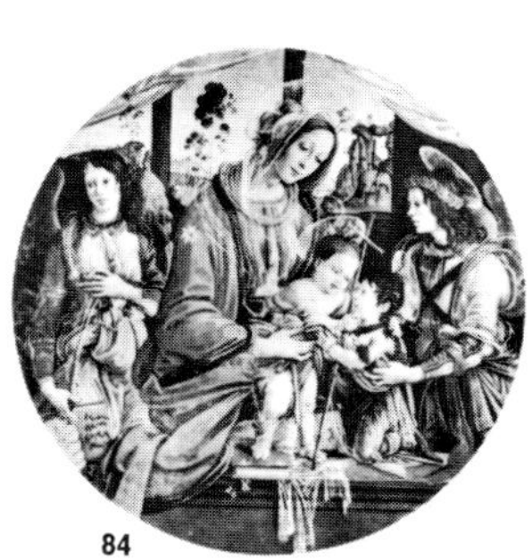

84

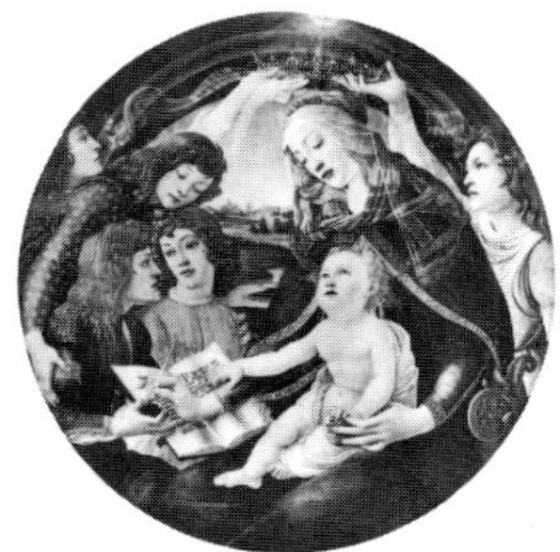

86 [Pl. XXVI-XXVII]

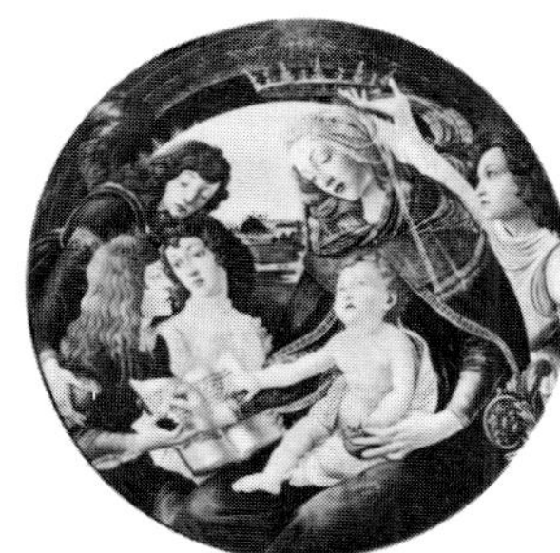

Réplique avec variante du n. 86 (Paris, Louvre).

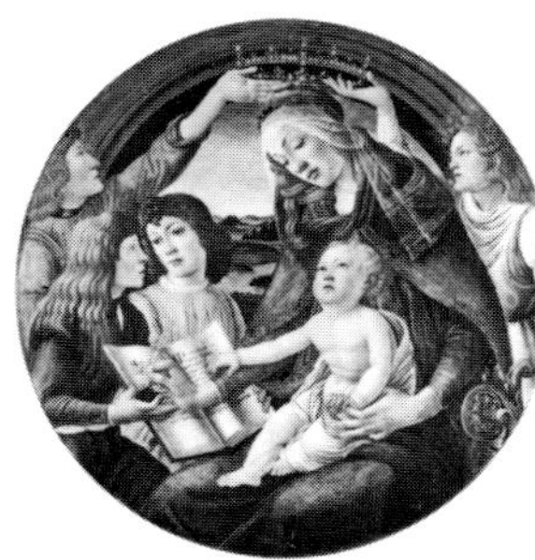

Réplique avec variante du n. 86 (New-York, P. Morgan Library).

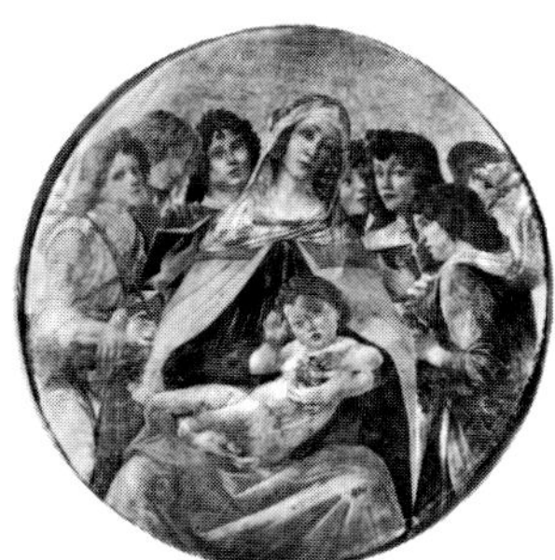

89 [Pl. XXXVIII]

89 diam. 143,5 1487*

LA VIERGE A L'ENFANT ET SIX ANGES. (La Madone à la grenade). Florence, Uffizi.

Passa de la collection du cardinal de Médicis à celle des grands ducs de Toscane en 1675; et du trésor des grands ducs aux Uffizi, en 1780. Horne [1908] propose d'y voir le tondo que le magistrat des Administrateurs de la Chambre commanda en 1487; à l'appui de cette hypothèse, nous avons la bordure originale décorée d'une frise avec des lys, donc exécutée pour un service public, et le style qui concorde avec cette date [Salvini]. A. Venturi [1925], Gamba, Chastel [1957] sont du même avis, tandis que Bettini [1958] émet quelques réserves; selon Ulmann, antérieure à 1480; suivant van Marle entre 1480-81; Bode, avec Schmarsow, Yashiro et L. Venturi [1937], la datent vers 1482. Doré autrefois, ce tondo a aujourd'hui perdu tout éclat car l'or est tombé et les couleurs sont devenues opaques.

Dans les Staatliche Museen à Berlin se trouve une réplique d'atelier avec un ange en plus. Des répliques ou copies ultérieures des figures centrales existent dans la collection Aynard à Lyon et, à fresque, dans une chapelle de la via Panicale à Florence. Une réplique avec deux anges en moins, autrefois chez Julius Wernher, se trouve dans la collection Ludlow à Londres.

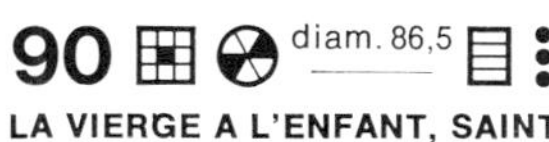

90 diam. 86,5

LA VIERGE A L'ENFANT, SAINT JEAN ET UN ANGE. Cincinnati, Collection Edwards.

Ce tableau passa [1885] de la collection Salting à Londres à la collection Benson à Philadelphie. Il fut classé par Fiocco [1930] comme un Botticelli des environs de 1487; il paraît en effet d'une bonne facture, bien qu'il faille exclure l'intervention du peintre en ce qui concerne la préparation.

91 diam. 192

LA VIERGE A L'ENFANT ET SIX ANGES PORTANT DES TORCHES (Madone aux candélabres). Autrefois à Berlin, Kaiser Friedrich Museum.

L'attribution traditionnelle à Botticelli fut confirmée par Morelli [1893], alors que Meyer [1890] y voyait l'intervention prépondérante de l'atelier, suivi en cela par les critiques, excepté Bode [1921 et 1926], qui y voit une participation importante de Botticelli. Détruit pendant les bombardements de 1945. Une réplique d'atelier (70×40 cm.) avec variantes (l'Enfant s'appuie sur une colonne renversée, ce qui a sûrement un sens allégorique) en forme de retable, se trouve au Municipio de Poppi (Casentin).

92 diam. 110

LA VIERGE ADORANT L'ENFANT ET QUATRE ANGES. (La Madone aux roses). Florence, Pitti.

Aucun critique moderne ne l'a attribuée à Botticelli; généralement ignorée ou attribuée à l'école, elle mérite d'être rappelée parce qu'elle fut désignée par Berenson comme la réplique d'un tableau authentique aujourd'hui disparu, ce que confirme partiellement le tableau mentionné ci-après.

Une réplique (diamètre: 129,5 cm.) avec cinq anges, au Museum of Art de Baltimore, venue de la collection Henry Jacob (1935) après avoir été dans celle de Lady Louisa Ashburton, est attribuée à l'atelier [Berenson], tandis que d'autres [Hendy, Kuehnel] la croient authentique mais avec l'intervention d'aides.

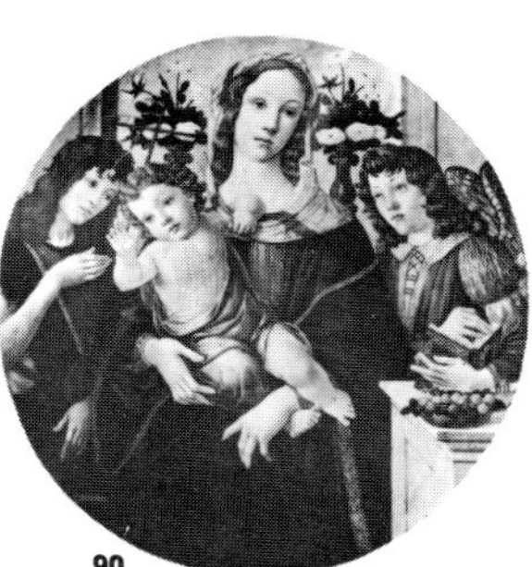

90

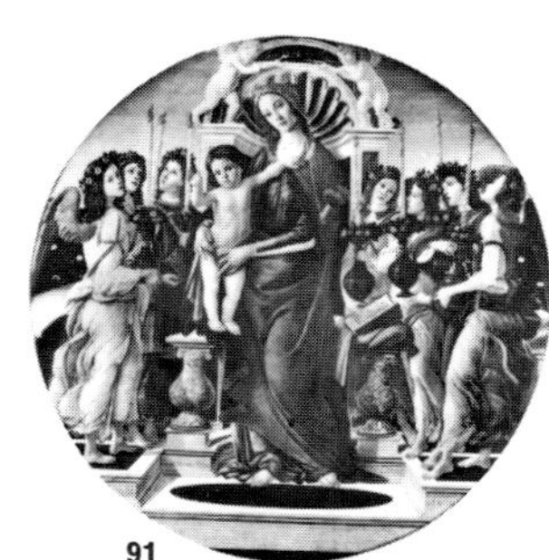

91

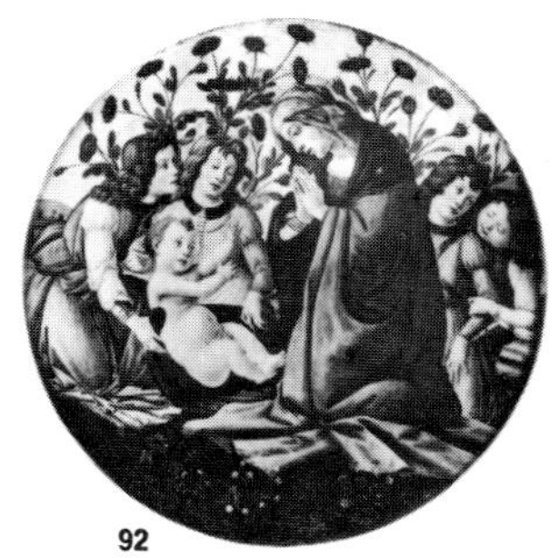

92

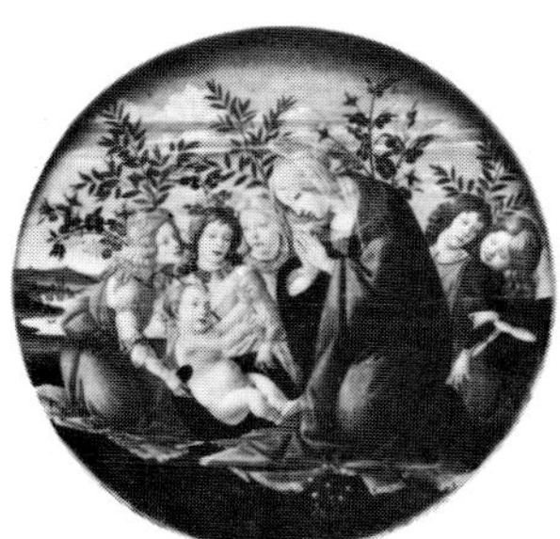

Réplique avec variante du n. 92 (Baltimore, Museum of Art).

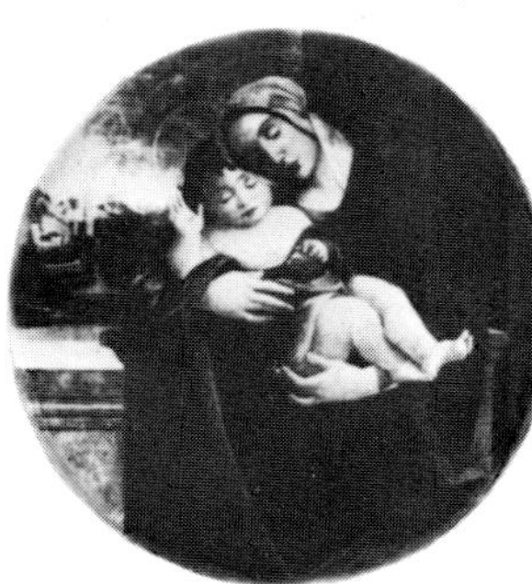

Réplique réduite du n. 93 (jadis à Moscou, Coll. Mestchersky).

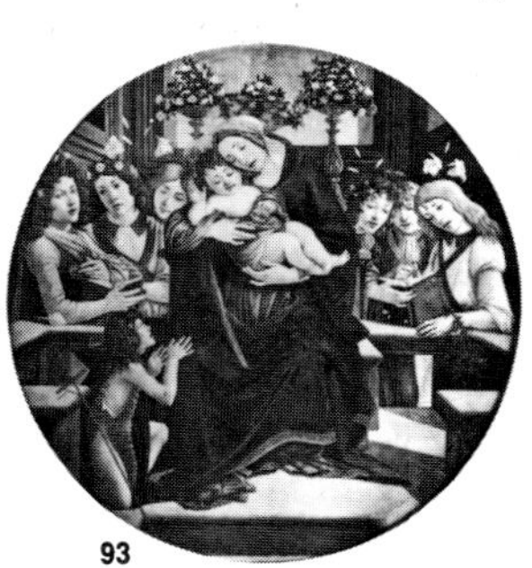

93

93 diam. 170 *1490

LA VIERGE A L'ENFANT, SAINT JEAN ET SIX ANGES. Rome, Galleria Borghese.

Œuvre exécutée avec l'atelier [Berenson; Gamba], avec l'ajout, vraisemblablement ultérieur, d'un petit saint Jean disproportionné, personnage qui, selon Mesnil, rappelle l'enfant ressuscité que peignit Filippino Lippi au Carmine. En raison de sa bonne qualité, Salvini y voit la main de l'aide qui exécuta la *Pomone* de Chantilly (n. 70) et le date vers 1490. Une réplique des figures centrales, avec paysage, tondo (diamètre, 170 cm.) ayant appartenu au prince Mestchersky à Moscou, fut décrite par Muratoff ["Starye Godye", 1911]. Une autre, avec l'Enfant qui embrasse sa Mère, un saint Jean-Baptiste adolescent, et un ange qui tient un livre, fit partie de la collection Nardus à Suresnes, mentionnée seulement par Reinach.

Le retable de San Barnaba

Ce furent les magistrats de la confrérie des médecins et des pharmaciens, patrons de l'église San Barnaba, sur l'autel de laquelle ce retable resta jusqu'en 1700, où le commandèrent. Placé ensuite sur le mur du fond et agrandi par Agostino Veracini en 1717, qui ajouta un arc et un baldaquin sur les deux tondi derrière le trône. Le couvent et l'église ayant été supprimés par décret napoléonien [1808], le retable passa à l'Accademia, et puis aux Uffizi (1919), où on enleva ce que Veracini avait ajouté. De la prédelle, qui à l'origine comportait sept compartiments, et qui était encore unie au panneau principal en 1717, il n'est resté que quatre éléments, eux aussi aux Uffizi, que les historiens attribuent à Botticelli, alors que Cavalcaselle [1864] et Bode [1921] l'attribuent à l'atelier. La date la plus probable, — aux environs de 1488, mais il faudrait peut-être la retarder de deux ans, — est admise par Gamba, Bettini, Argan et Salvini; Mesnil et Chastel préfèrent 1486; Horne, Bode, Schmarsow, Yashiro, les deux Venturi le situent entre 1482 et 1483; van Marle près de 1494. Nombreux dégâts et retouches très importantes.

94 268×280 *1490

A. LA VIERGE A L'ENFANT SUR LE TRÔNE, ENTOURÉE DE QUATRE ANGES ET DE SIX SAINTS.

Les saints sont les suivants: Catherine d'Alexandrie, Augus-

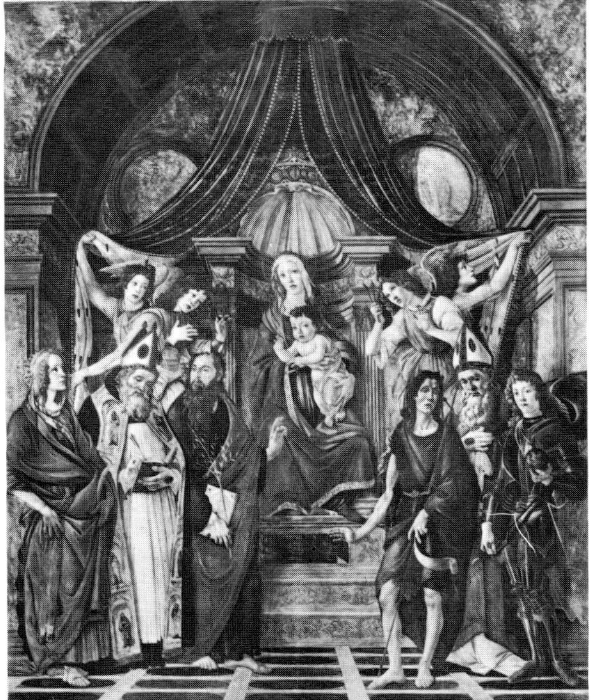
94 A [Pl. XLII-XLIII]

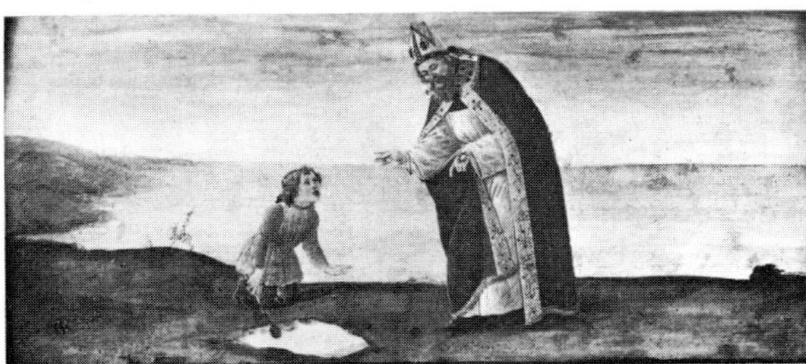
94 B

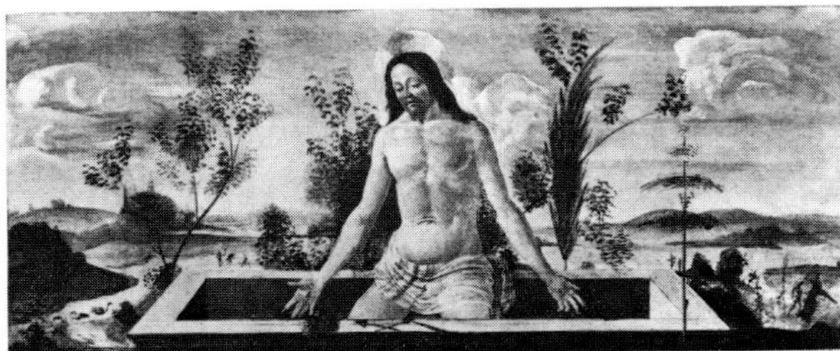
94 C

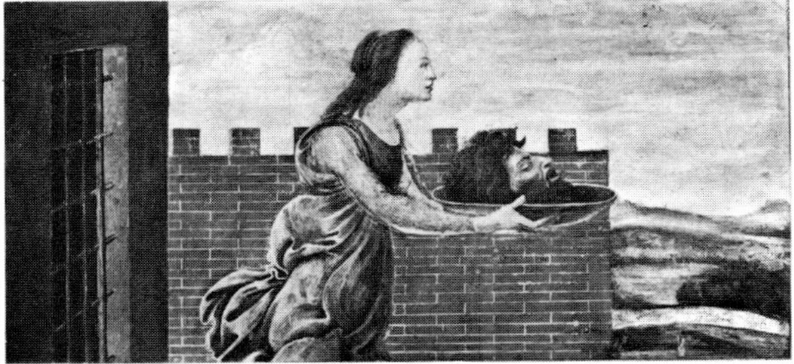
94 D

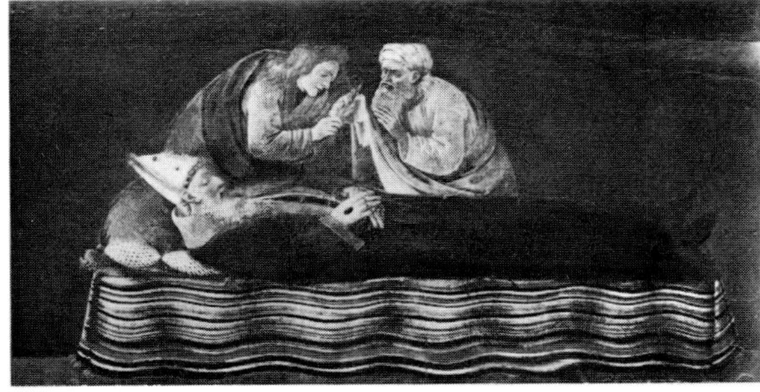
94 E

tin et Barnabé, Jean-Baptiste, Ignace et Michel. Les anges à l'extérieur soulèvent le baldaquin du trône, les autres montrent les clous et la couronne d'épines de la Passion. Les deux tondi derrière le trône représentent, en camaïeu sur fond d'or, l'archange Gabriel de l'Annonciation et la Vierge. Sur la marche du trône est inscrit le vers: "Vergine madre, figlia del tuo Figlio" (Vierge mère, fille de ton Fils") [Dante, *Paradis*, XXXIII, 1]. On l'a reproduit ici avec les éléments ajoutés par Veracini (au sujet de ce retable et pour sa chronologie, voir ci-dessus), puisque d'une certaine manière, ils remplacent des parties essentielles qui ont été sans doute enlevées de l'original.

Une réplique où ne figurent que la Vierge et l'Enfant se trouvait dans la collection Benson à Londres, après être passés de la collection Panciatichi-Ximenes à Florence à celle de Carmichael à Londres.

94 — 20×38 *1490

B. LA VISION DE SAINT AUGUSTIN.

Deuxième élément de la prédelle. Saint Augustin, méditant sur le mystère de la Trinité, voit un enfant qui veut transvaser toute l'eau de la mer dans un petit creux; au saint qui lui objecte l'impossibilité de cette entreprise, l'enfant répond: "Et toi, comment peux-tu prétendre transvaser dans ta petite cervelle l'immense mystère de la Trinité?", et il disparaît. La source littéraire se trouve dans la *Légende dorée*, de Jacopo da Voragine. (Pour les autres parties voir aussi la présentation générale de ce retable).

94 — 21×41 *1490

C. PIETÀ.

Quatrième élément, — central, — de la prédelle. Dans l'angle inférieur à droite, en miniature, la montée au Calvaire.

94 — 21×40,5 *1490

D. SALOMÉ AVEC LA TÊTE DE SAINT JEAN-BAPTISTE.

Cinquième compartiment de la prédelle. La tête barbue, qui représente le Baptiste, est un motif iconographique très cher à Botticelli.

94 — 21×38 *1490

E. L'EXTRACTION DU CŒUR DE SAINT IGNACE.

Sixième élément de la prédelle. Suivant le *Catalogus sanctorum* de Pietro de' Natali, le saint, torturé sur ordre de Trajan, refuse d'abjurer sa foi, affirmant qu'il porte inscrit dans son cœur le nom du Christ; après sa mort on extrait son cœur, où justement le nom du Rédempteur se trouve par miracle gravé en lettres d'or.

---

95 — diam. 147

LA VIERGE A L'ENFANT ET SIX ANGES PORTANT LES INSTRUMENTS DE LA PASSION. Florence, Galleria Corsini.

De la villa des Médicis à Careggi, ce tableau parvint chez les Corsini au XVIIe siècle. C'est une variante probable exécutée par l'atelier d'après le retable de San Barnaba (n. 94), suivant l'opinion de Horne et de Salvini. Ce dernier la date vers 1495. Altéré par de vieux repeints qui empêchent d'en déterminer la vraie valeur.

Une réplique (88×64 cm.) avec variante (il n'y a que deux anges) passa de la collection des comtes Constabili de Ferrare au Musée Bonnat de Bayonne; d'une bonne facture, mais Berenson [1963], — qui est le seul à la mentionner, la considère comme une simple copie.

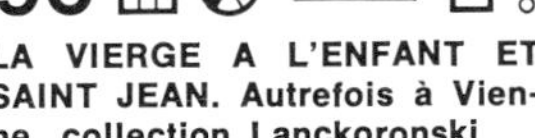

96

LA VIERGE A L'ENFANT ET SAINT JEAN. Autrefois à Vienne, collection Lanckoronski.

De la collection Leclanché, ce tondo, sur bois, passa (vers 1890) à la collection Lanckoronski. Ulmann [1893] le considérait comme un autographe tardif; van Marle et Salvini l'attribuèrent à l'atelier; le reste de la critique l'ignore.

Une réplique (détrempe sur bois, 124×85 cm.) passa de la collection Bammeville à la collection Barker à Londres et (1895) au Museum of Fine Arts à Boston. La critique s'accorde pour l'attribuer à l'atelier, sauf Hendy [1932] qui la considère comme un autographe de 1480-1485. Restaurée en 1930.

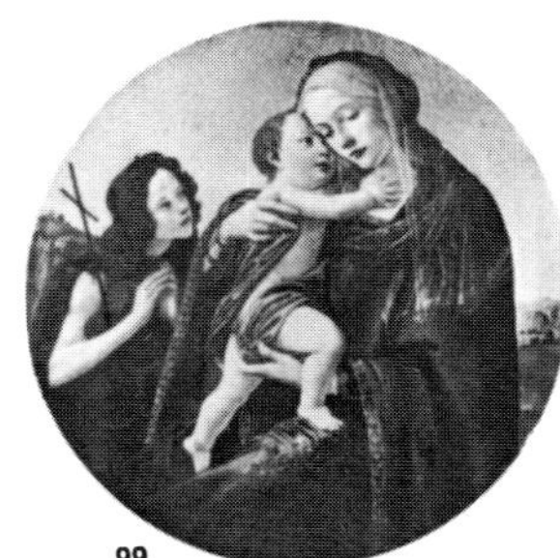
99

97 — 47×29 1490*

LA VIERGE A L'ENFANT. Rome, Galleria Colonna.

La majorité des critiques ne mentionne pas ce tableau; van Marle l'attribue à l'école; Salvini, à l'atelier, vers 1490; Gamba au contraire, le considère comme authentique. Il est en effet très agréablement exécuté, mais difficile à analyser à cause des dégâts et des retouches.

Une réplique en forme de petit retable (110×65 cm.), — avec pour variantes une petite balustrade soutenant un pot de fleurs, au premier plan à gauche, et un paysage planté d'arbres au fond, — passa par la vente Durand-Ruel à Paris.

98 — diam. 84,5

LA VIERGE A L'ENFANT. El Paso (Texas), Museum of Fine Arts (Collection Samuel H. Kress).

Cette œuvre passa de la collection du comte de Sarty à Paris à celle du baron de Vendeuvre, puis aux Grasset, toujours à Paris; ensuite, chez Duveen, où elle fut achetée par Samuel H. Kress. De Botticelli, suivant A. Venturi [1924 et 1925], Berenson, Gamba, Chastel [1957] et ceux qui ont dressé le catalogue du Museum of Fine Arts; en dépit d'une bonne facture, elle semble avoir été coupée de façon irrégulière, ce qui laisse supposer que le format d'origine était différent.

99 — diam. 68 *1490?

LA VIERGE A L'ENFANT ET SAINT JEAN. Autrefois à Rome, collection Lazzaroni.

Acheté vers 1925 chez l'antiquaire Ehrich. Malgré les nombreuses retouches à gauche et une réduction probable du format, on peut y déceler l'intervention directe de Botticelli [Salvini], insuffisante toutefois pour en garantir l'authenticité

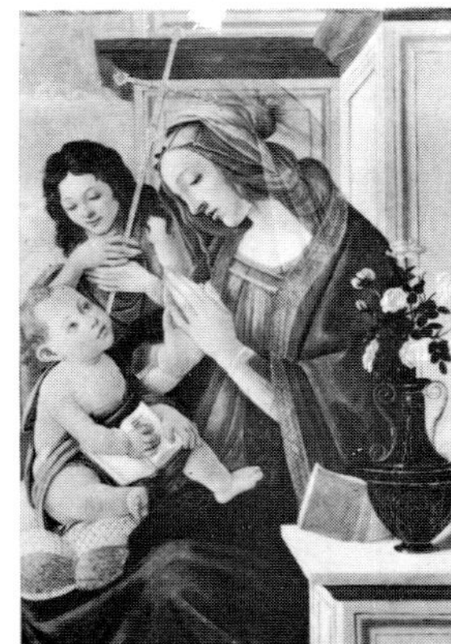
Réplique avec variante du n. 96 (Boston, Museum of Fine Arts).

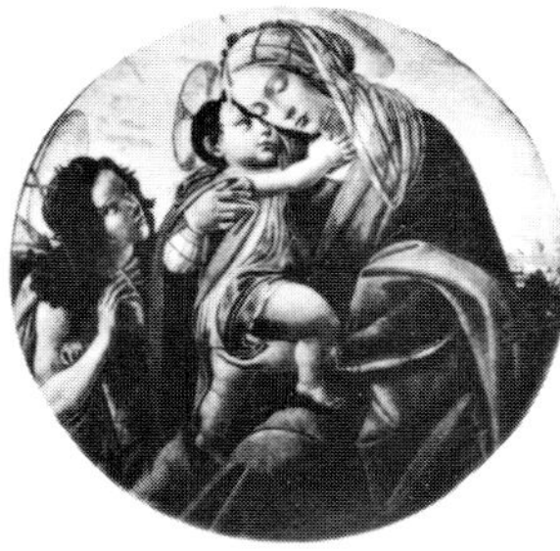
Réplique avec variante du n. 99 (Montpellier, Musée Fabre).

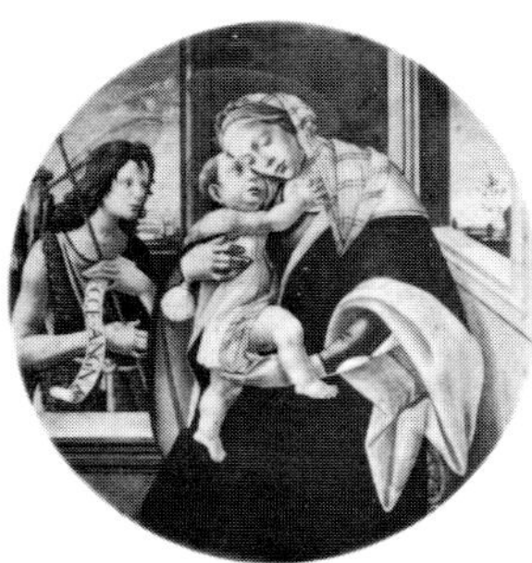
Réplique avec variante du n. 99 (Modène, Galleria Estense).

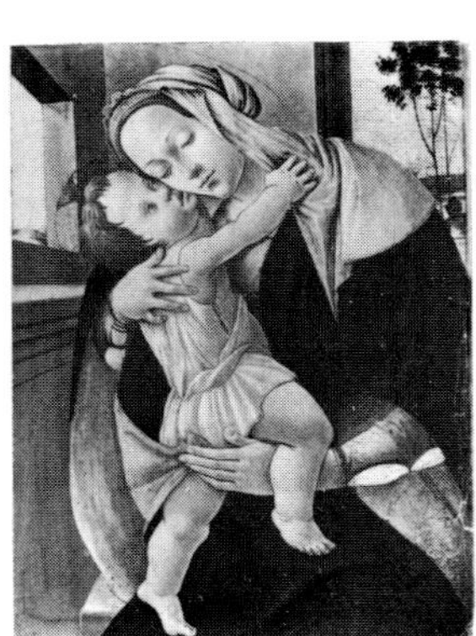
Réplique réduite et avec variante du n. 99 (New-York, Collection Duveen).

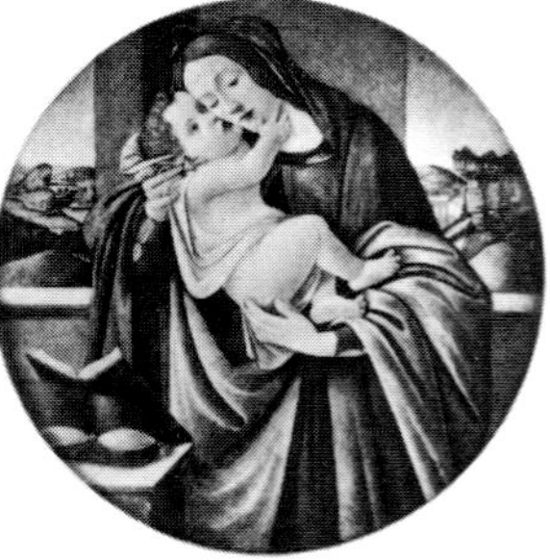
Réplique avec variante du n. 99 (Florence, Palazzo Vecchio).

absolue, comme le voudraient A. Venturi [1925 et 1926], van Marle, Gamba et Bettini; pour Mesnil et Chastel [1957], travail d'atelier. La date, vers 1490, que donnent van Marle et Mesnil, convient peut-être mieux à ce tableau que les environs de 1483, proposés par Gamba, que suivent Bettini et Salvini.

Une réplique avec de légères variantes se trouve au Musée Fabre de Montpellier, venant (1863) de la collection Campana. Une autre (diamètre: 68 cm.) avec un décor d'intérieur, se trouve dans la Galleria Estense à Modène, après avoir été autrefois dans la collection Obizzi del Catajo (1805); Castellani-Tarabini [1854] et S. Ricci [1925] l'attribuent à Botticelli, tandis que A. Venturi [1883], van Marle, Yashiro, Zocca [1933] Gamba et Pallucchini [1945] à juste titre l'attribuent à l'école. Une troisième réplique, de format rectangulaire (37×29 cm.), appartient aux Duveen de New-York après avoir été dans les collections de Sarty, de Vendeuvre et Grasset à Paris; elle est reconnue comme autographe par L. Venturi [1932], que suit Langton-Douglas [1941], alors que plus justement Mesnil et Salvini l'attribuent à l'atelier. Une quatrième (diamètre: 85 cm.), avec les deux figures placées entre deux fenêtres ouvertes sur un paysage montagneux, se trouve dans la Chambre Verte du Palazzo Vecchio à Florence "provenant de la manufacture [florentine des tabacs] de Sant'Orsola" ainsi que l'atteste une vieille mention au verso; il est difficile de se prononcer sur l'œuvre en raison des dégâts, mais on peut l'attribuer à l'atelier. Une réplique identique appartient au Fitzwilliam Museum à Cambridge.

Le Retable de San Marco

Commandé vers 1488 ou au plus tard avant 1490 par la Corporation des orfèvres pour la chapelle de Sant'Alò dans l'église de San Marco à Florence. Remplacé en 1596 par une *Transfiguration* de G. B. Paggi, il passa dans le Chapitre; de là il parvint (1807) à l'Accademia et enfin (1919) aux Uffizi où il se trouve actuellement. Il conserve encore sa prédelle intacte avec ses cinq 'histoires' sur un seul panneau. Il est considéré généralement comme autographe (sauf par Mesnil et Bettini, qui y voient une intervention de Filippino Lippi) et apartenant à la période 1488-1490. Cette date fut fixée d'après des documents découverts par Mesnil [1903] et Horne [1908].

100 378×258 *1490

A. LE COURONNEMENT DE LA VIERGE ET QUATRE SAINTS.

Les saints représentés sont les suivants: Jean l'Evangéliste, Augustin, Jérôme, Eloi, patron des orfèvres. Il est clair que le sujet est inspiré par Dante. Le travail des aides se remarque surtout dans les vêtements des saints et dans le paysage. Ce retable fut légèrement réduit. Une réplique (avec figures des donateurs), généralement attribuée à l'atelier, est passée de San Giusto de Volterra à la collection John Bass à New-York; malgré les dégâts et les repeints, Berenson y reconnaît le style de Bartolomeo di Giovanni. Une autre réplique d'atelier (tardive selon Yashiro) se trouve au Kunstmuseum à Bâle.

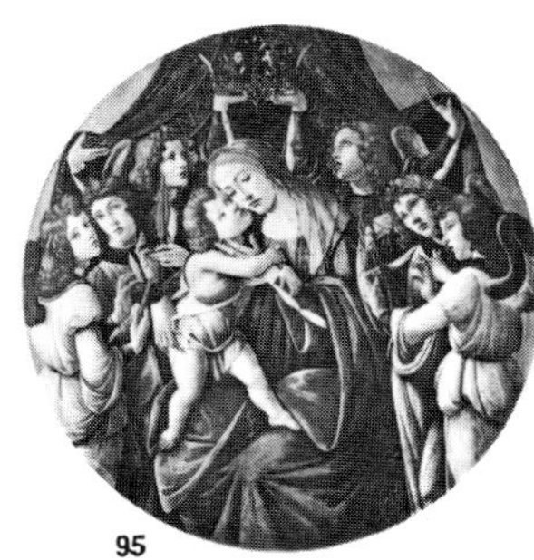

95

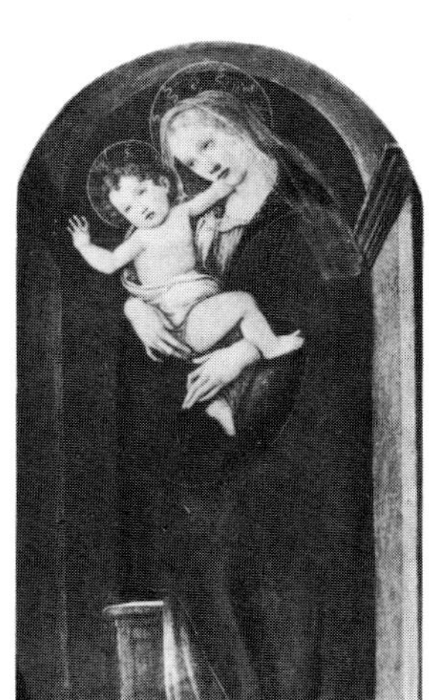

97

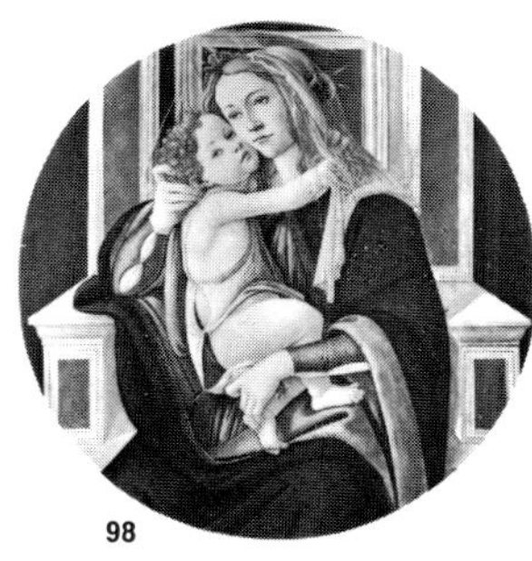

98

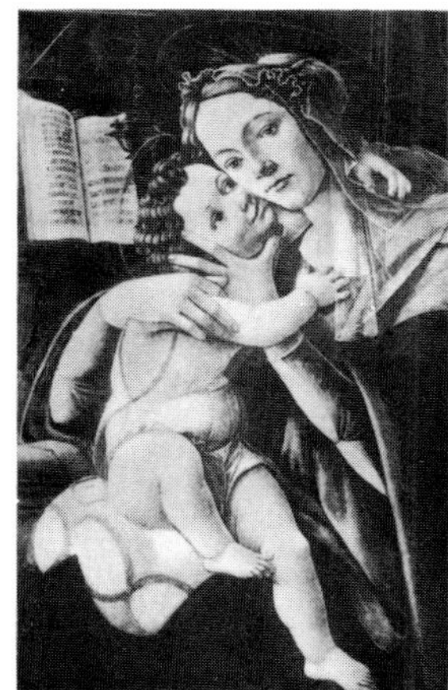

101

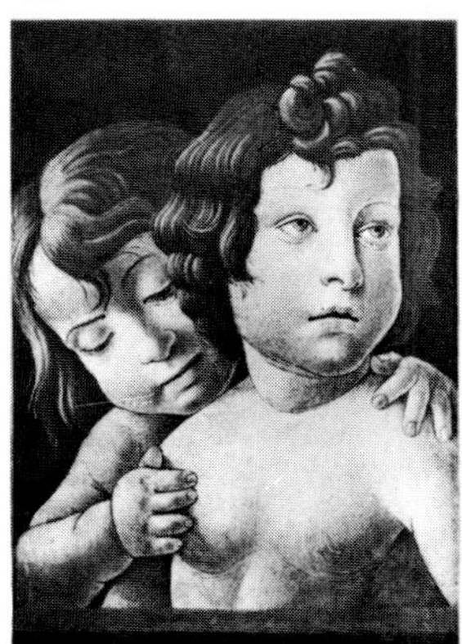

103

100 21×269 *1490

B. HISTOIRES SAINTES.

Prédelle du retable de San Marco (voir plus haut). Les figures représentent: saint Jean l'Evangéliste à Patmos, saint Augustin dans son cabinet de travail, l'Annonciation, saint Jérôme pénitent et le miracle de saint Eloi. Dans cette dernière 'histoire' le patron des orfèvres ferre le sabot d'un cheval avant de lui remettre sa patte, alors qu'on voit au centre une femme dont le nez a été recollé par le saint.

101 86×60 1490-95?

LA VIERGE A L'ENFANT. Autrefois à Paris, Collection Trotti.

Passa du château du Trebbio à la collection Spencer Stanhope à Florence; ensuite (1922) vendu à Paris par G. Rabit comme autographe; A. Venturi [1925] accepte cette attribution, tandis que les critiques postérieurs la repoussent, à la suite de van Marle qui l'attribua à l'école en la datant vers 1490-95.

102 150×156 1489-90

L'ANNONCIATION. Florence, Uffizi.

Du *Libro* des bienfaiteurs du monastère de Cestello à Pinti, il résulte que cette œuvre fut, vers le 14 mai 1489, commandée à Botticelli par Benedetto di ser Giovanni Guardi,

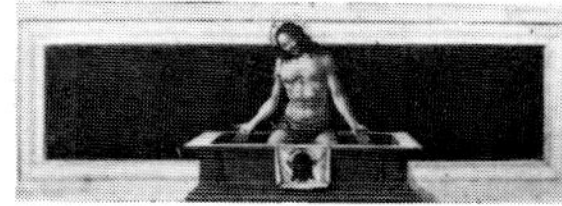

Partie centrale de la prédelle du n. 100.

pour la chapelle de l'église de Cestello (Santa Maria Maddalena de' Pazzi); le peintre reçut comme honoraires trente ducats. On la retrouva en 1870 à Fiesole dans une villa appartenant aux religieuses de Santa Maria Maddalena de' Pazzi. Elle entra aux Uffizi deux ans après. Ulmann, Bode [1921 et 1926], A. Venturi [1925], L. Venturi [1937] et Mesnil confirment son authenticité; tandis que suivant les autres critiques elle est le résultat d'une collaboration entre le peintre et son atelier, ou, selon Bettini [1942], entre Botticelli et Filippino Lippi. Elle a encore sa bordure originale qui, sur la partie inférieure, encadre, dans l'Annonciation même, une Pietà de petit format, bon travail d'atelier [Salvini]. Une réplique (bois, 106×113 cm.) était autrefois au Kaiser Friedrich Museum à Berlin (détruite dans les bombardements de 1945); réduite à une époque que l'on ne peut préciser, Mesnil y voyait l'intervention de Botticelli, mais il est difficile de l'admettre et l'on croit plutôt à un travail d'atelier.

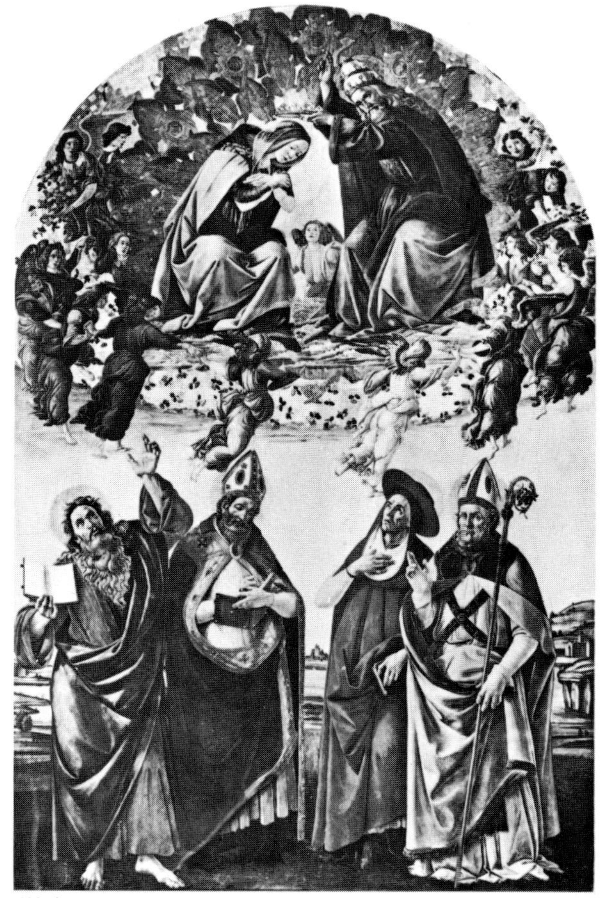

100 A

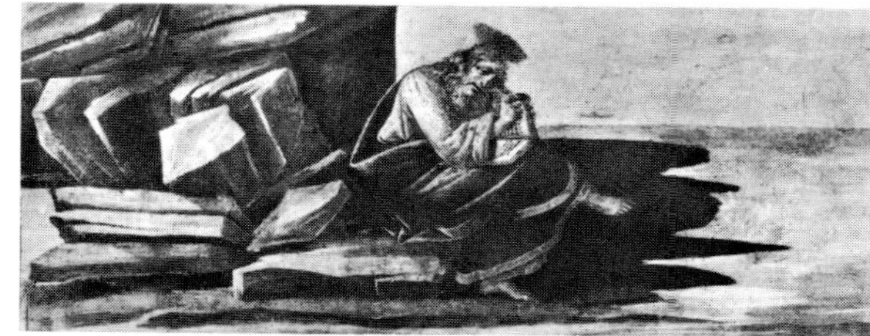

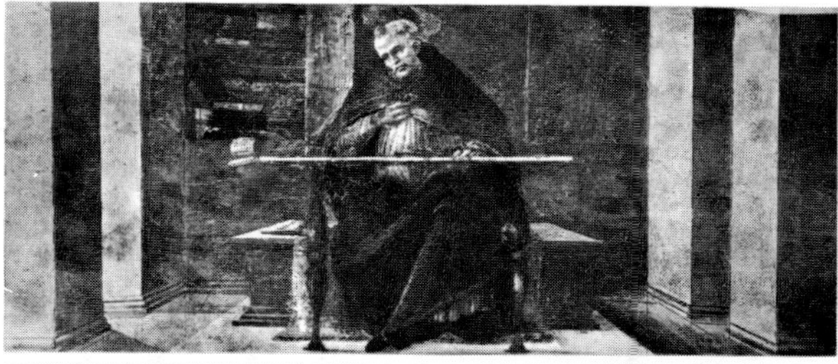

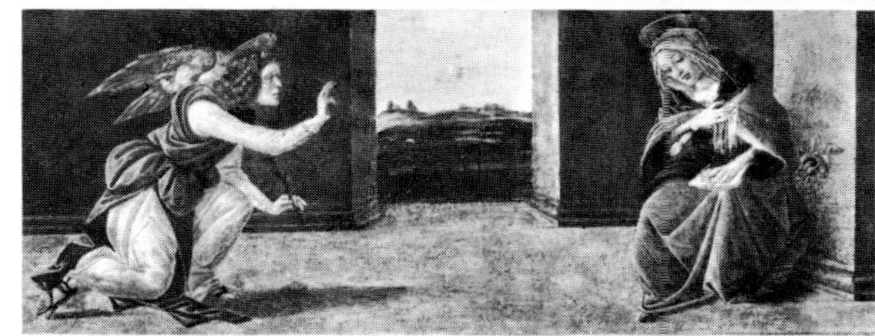

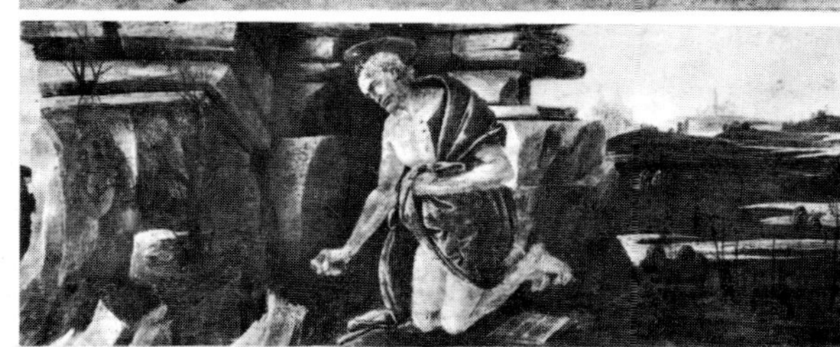

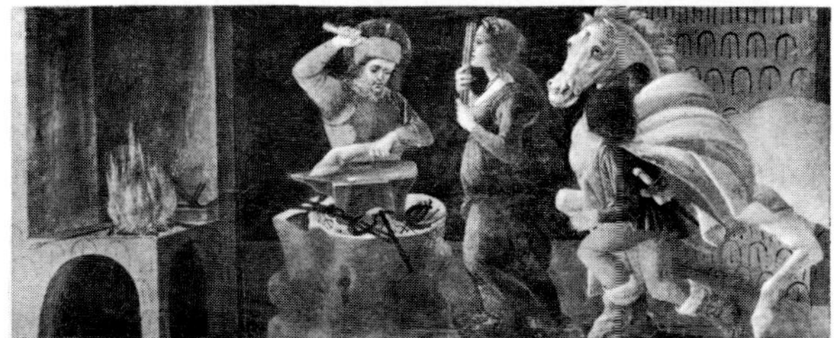

100 B

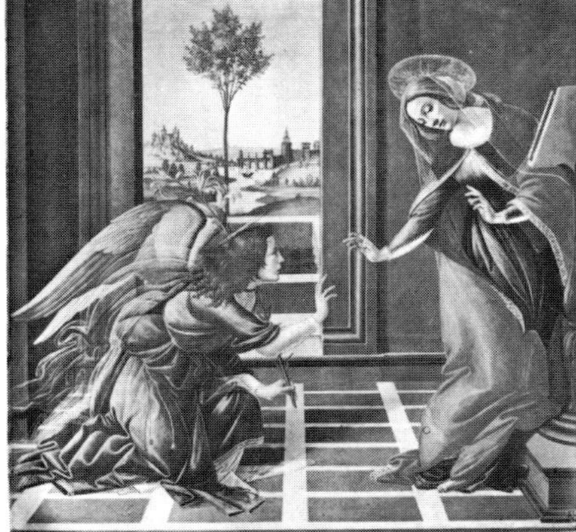

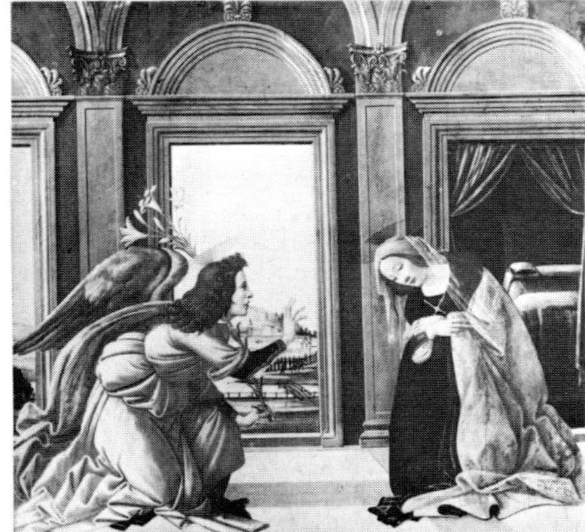

102 [Pl. L-LI]

Réplique avec variante de la peinture n. 102 (autrefois à Berlin, Kaiser Friedrich Museum).

103 37,5×25,5

JÉSUS ET SAINT JEAN (?). Ottawa, National Gallery of Canada.

Ce tableau fut acheté en 1927 chez l'antiquaire Böhler à Lucerne. Suivant A. Venturi et Bode (qui donnent 1490-1494 comme date), Yashiro (qui le date vers 1487) et van Marle (qui penche pour 1485-1490), il est authentique. Berenson, Gamba, Salvini et Collobi-Ragghianti [1949], selon qui il s'agirait plutôt du fragment d'une *Vénus avec de petits Amours*, le considèrent comme un travail d'atelier.

104

PIETÀ AVEC SAINT FRANÇOIS ET SAINT JÉRÔME. Kaliningrad (Königsberg), Musée d'Etat.

Elle vient de Berlin; Berenson l'attribua à l'atelier seul; Rajackrizn à Botticelli ["Vrade Iskustvo", 1960]; les autres spécialistes l'ignorent.

Une réplique (mais qui comporte la Vierge et saint Jean, ainsi qu'un repentir dans la position des bras du Christ) se trouve à la Soprintendenza alle Gallerie de Florence: Berenson l'attribue à l'école.

105 57×37

PORTRAIT DE JEUNE GARÇON. Paris, Louvre.

Attribué à D. Ghirlandaio, il passa de la collection Frizzoni Salis à la collection Hainauer à Berlin; puis dans la collection Schlichting à Paris, et de là au Louvre. L'attribution de cette œuvre à Botticelli fut longtemps discutée; récemment [1949] Collobi-Ragghianti la restitua à Botticelli, mais Salvini la repousse encore. Elle est peut-être de Mariano d'Antonio, sous l'influence directe de Botticelli.

106 49×35 1490*

PORTRAIT DE MICHELE MARULLO. Barcelone, Collection H. Cambó de Guardans.

Au XIXe siècle, quand il appartenait au duc de Leuchtenberg à Saint-Pétersbourg, il était sur un panneau de plus grandes dimensions et attribué à Masaccio; il passa (1906) à la collection Simon à Berlin, où F. Laban [1906] l'attribua à Botticelli. Ce fut Berenson qui identifia le personnage représenté: Michele Marullo, dit le Tarcaniota, un grec humaniste, homme de lettres et guerrier; il fut l'invité des Médicis de 1489 à 1494 et revint à Florence en 1496 pour épouser la poétesse Alessandra Scala; il quitta la ville en 1500 et, peu après, se noya en passant la Cecina à gué; sa femme se retira dans un couvent et lui survécut quelques années. Le tableau remonte probablement [Salvini] à son premier séjour à Florence.

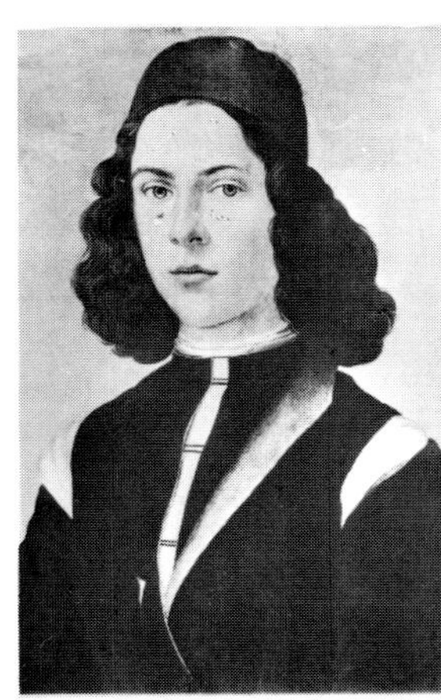

105

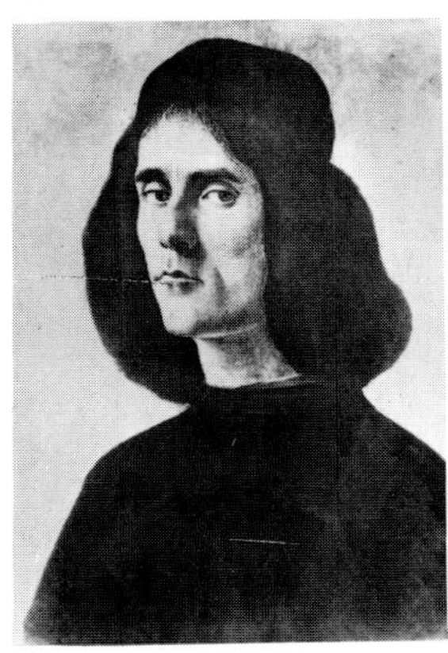

106

107 50,8×36,5 1490*

PORTRAIT DE LORENZO LORENZANO. Philadelphie, Museum of Art (Collection J. G. Johnson).

Les Lazzaroni de Paris le cédèrent à John G. Johnson qui acheta ce tableau sur la recommandation de Berenson. Le florentin Lorenzano, un savant de la cour des Médicis, occupa à l'université de Pise la chaire de dialectique, puis celle de physique, ensuite celle de médecine; devenu fou, il se tua, en 1502, en se jetant dans un puits. Généralement attribué à Botticelli et daté vers 1490, ou immédiatement après. Yashiro [1929] donne comme date 1487. Mauvais état de conservation.

108 100×178 1490*

LE COURONNEMENT DE LA VIERGE ET QUATRE SAINTS. New-York, Metropolitan Museum.

Les saints représentés sont: à gauche, Antoine abbé et Jean-Baptiste; à droite, Miniato et François. Passa de la collection Burne-Jones à Londres à la collection Cassirer à Berlin, ensuite à la collection von Lichnowski à Kuchelna (Autriche), puis à Julius Bache à New-York, qui le légua au Metropolitan Museum. Généralement considéré comme autographe il est toutefois possible qu'il soit la réplique d'un original perdu que Botticelli aurait exécuté à l'intention de son frère Giovanni pour une église ou une chapelle non identifiée de San Miniato, d'après ce que nous avons pu déduire en examinant le mémorial du chapitre du cimetière florentin d'Ognissanti. L'attitude de la Vierge est typique des œuvres de Botticelli à partir de 1490, date que donnent Gamba, Bettini et Salvini.

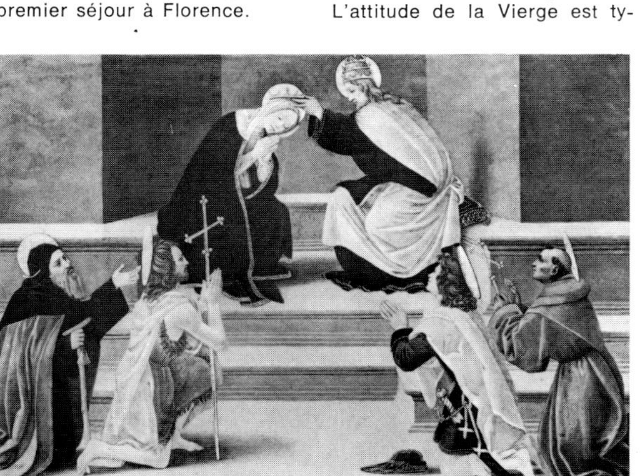

108

109 diam. 84 1490*

LA VIERGE A L'ENFANT ET SAINT JEAN. Williamstown, Sterling Clark Museum.

Autrefois à Paris dans la collection de H. de Triqueti, qui légua cette œuvre à sa fille Blanche Lee Childe; puis dans la collection Nolleva (1886); elle passa ensuite en vente à la Galerie Charpentier (Paris, décembre 1951). Autographe, elle date des environs de 1490 (selon Longhi, Gamba et Salvini).

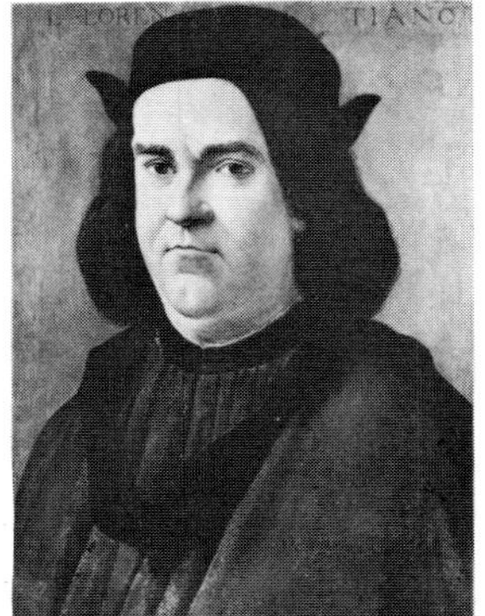

107

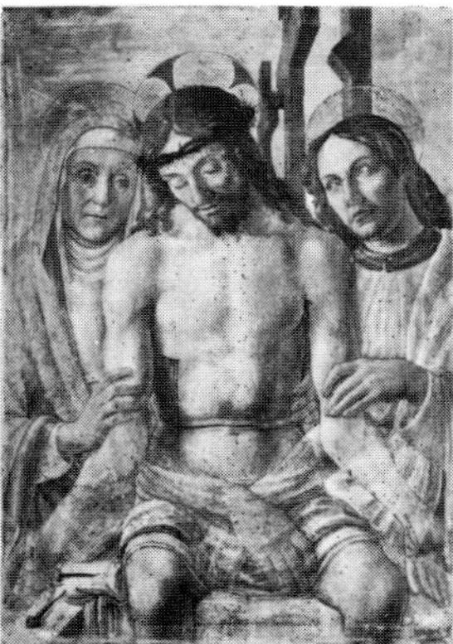

Réplique avec variante de la peinture n. 104 (Florence, Soprintendenza alle Gallerie).

110 89,5×73,5 1490*

LA VIERGE A L'ENFANT ET SAINT JEAN. Dresde, Gemäldegalerie.

Thème de jeunesse, repris vers la fin du XVe siècle, propre à Botticelli. L'idée est sûrement de lui; quant à la mise en page, Morelli [1891], Jähnig [1929], Gamba et Salvini la lui attribuent, alors que Ulmann, A. Venturi, van Marle, Berenson et Mesnil croient plutôt qu'elle est le fait de l'atelier, bien que la qualité en soit telle qu'on puisse considérer ce tableau comme le prototype de différentes répliques connues. On persiste dans ce sentiment en le comparant à la réplique (81×66,5 cm.) qui se trouve à Florence au Palazzo Vecchio (Salle de Pénélope), bien que Cirri [1966] n'exlue pas ici l'intervention de Botticelli.

Les œuvres que nous indiquons ci-après sont sans doute des répliques: le panneau (90×71 cm.), autrefois à Duisburg dans la collection Ruth Buller, provenant de la collection Vernon Watney à Londres, passé récemment en vente chez Christie (1966); l'autre (91×73,7 cm.) au Städelsches Kunstinstitut à Francfort; une troisième (94×62,5 cm.), sans le petit saint Jean, remplacé par une fenêtre ouverte sur un beau paysage fluvial, autrefois chez les Ginori, puis dans la collection du prince de Liechtenstein, et maintenant à Milan dans la collection Aldo Crespi. Semblable à cette dernière, le panneau (83×65 cm.) passé (1867) à la National Gallery de Londres en provenance de l'hôpital florentin de Santa Maria Nuova, qui l'avait reçu en cadeau (1863) du comte Galli Tassi: Frizzoni [1879], Ulmann, etc. le considèrent comme autographe. Deux autres panneaux présentent les mêmes variantes: l'un d'eux, qui se trouve au Musée des Beaux-Arts de Lille (63×47 cm.), autrefois à Capodimonte, arrivée en France avec les œuvres d'art que Napoléon emporta d'Italie (1803) et déposée dans ce musée en 1873; l'autre dans la collection H. T. G. à Oxford (environ 80×60 cm.). On peut aussi ajouter à ce groupe un tondo (diamètre: 120 cm.) qui se trouve au Palazzo Chigi Saracini à Sienne, avec deux anges au lieu du petit saint Jean, vraisemblablement exécuté vers 1540. Enfin, des répliques du groupe de la Vierge à l'Enfant, dans la collection Arthur Severn à Londres (avec un château gothique dans le fond) et dans celle de L. Harris dans la même ville (avec un Putto nu).

111 diam. 115 1490-1500

LA VIERGE A L'ENFANT ET TROIS ANGES. Florence, Pitti.

Les deux anges qui se trouvent en arrière sont identiques aux archanges Michel et Gabriel. Œuvre d'atelier, avec une intervention probable sauf en ce qui concerne saint Jean qui paraît avoir été ajouté.

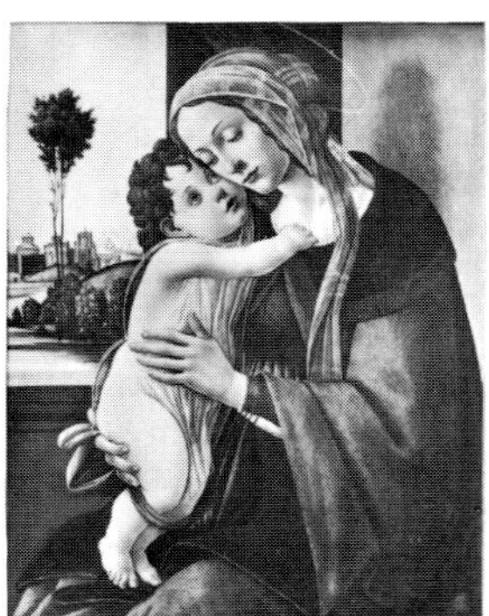

Réplique réduite du n. 110 (Londres, National Gallery).

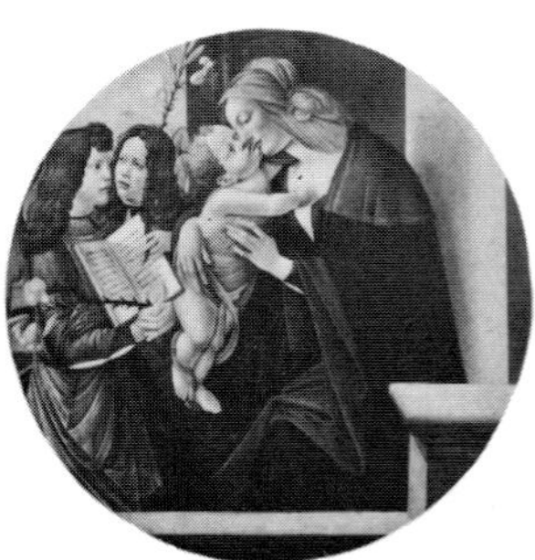

Réplique avec variante de la peinture n. 110 (Sienne, Collection Chigi Saracini).

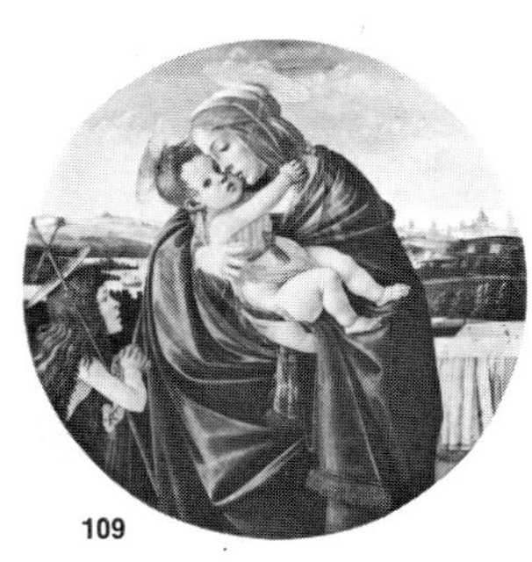
109

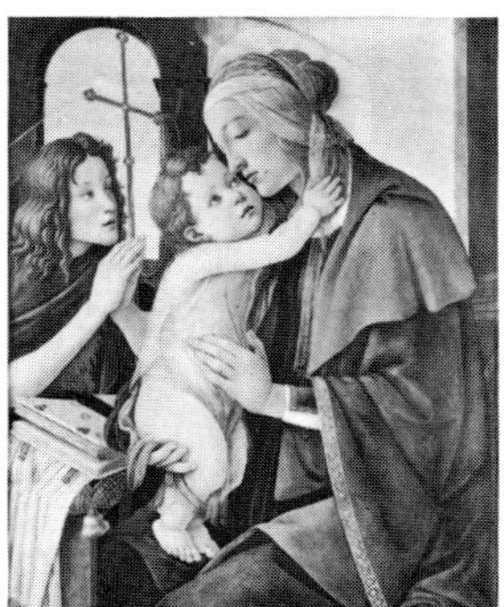
110

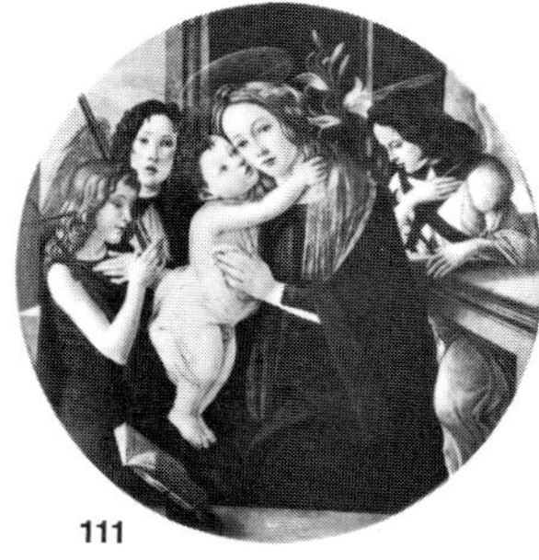
111

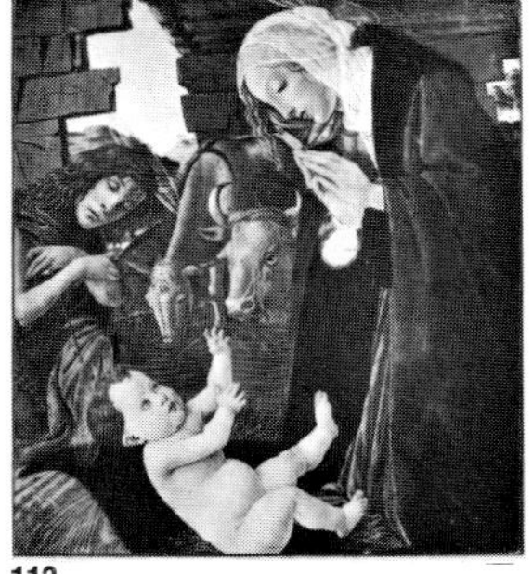
112

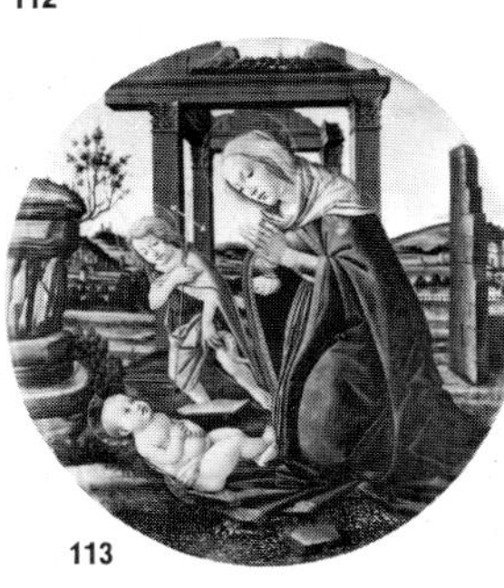
113

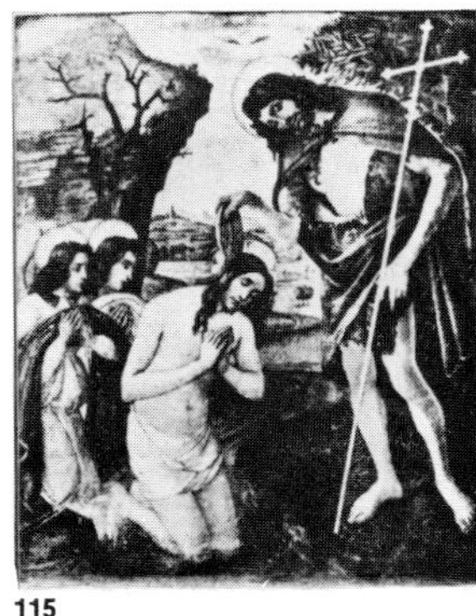
115

de Botticelli à la fin, suivant l'opinion de Gamba. Exécutée en 1490, ou au plus tard en 1500 [Chastel].

Il y avait dans la collection Sulzbach à Paris un panneau rectangulaire, réplique de la Vierge et l'Enfant, avec à droite, dans l'encadrement d'une fine loggia carrée, ouverte sur un paysage, un petit saint Jean en vénération.

112 46×41 1490-95*

LA VIERGE ET SAINT JEAN ADORANT L'ENFANT. Edimbourg, National Gallery of Scotland.

Cette œuvre vient de la collection Fuller Maitland. Fragment d'une composition plus vaste, considérée comme autographe par A. Venturi [1925] et Salvini, qui la datent des environs de 1485 (mais elle paraît postérieure); suivant Berenson [1932] en grande partie autographe; selon van Marle, Gamba et Mesnil, œuvre d'atelier.

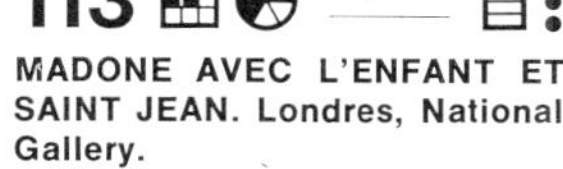

113 95,5×94

MADONE AVEC L'ENFANT ET SAINT JEAN. Londres, National Gallery.

Achetée à Rome aux Patrizi par Salting qui la céda à la National Gallery en 1910. Selon Ulmann [1893], autographe; van Marle, avec Mesnil, Davies [1951] et Salvini l'attribuent à l'atelier.

Il en existe une réplique (diamètre: 115 cm.), qui est passée par les collections anglaises de lord Grimthorpe, Fairfax-Murray et Cassel avant d'entrer dans la collection américaine De Navarro à Glen Head. Bien qu'exposée comme autographe à la Royal Academy de Londres, au Musée de Caracas, à l'Université de Mexico, au Palacio de Belas Artes de Ciudad Trujillo et, récemment au Palais Royal de Milan, elle paraît avoir été exécutée postérieurement à la période durant laquelle s'est prolongé, après sa mort, le style de Botticelli.

Il y a une autre réplique (diamètre: 90 cm.), comportant un saint Joseph, achetée (1847) par lord Ward à Rome chez les comtes de Bisenzo, passée (1892) chez Deprez, puis (1893) chez Wickham Flower, chez Agnew (1904) et maintenant chez Faringdon à Buscot Park; bien que Waagen [1854] la considère comme un autographe de la dernière période, il s'agit d'un travail d'atelier selon Berenson et Gebhardt. Dans une troisième réplique, appartenant à la collection Ocampo à Paris, la Vierge agenouillée se détache contre un pilier formé de gros blocs, l'Enfant, nu, par terre, lui tend les bras, le petit saint Jean de face se trouve derrière lui et, sur les côtés, on aperçoit un paysage montagneux sillonné par des fleuves: c'est peut-être le prototype de l'exemplaire De Navarro; œuvre d'atelier.

114 1478

LES PENDUS. Autrefois à Florence, Antico Palazzo del Bargello.

Il s'agit des Pazzi et de ceux qui ont participé à la conjuration contre les Médicis; Botticelli fut chargé en 1478 de les représenter pendus sur la porte de la Douane dans l'ancien Bargello à Florence (situé auprès du Palazzo Vecchio). Cette peinture fut effacée en 1494.

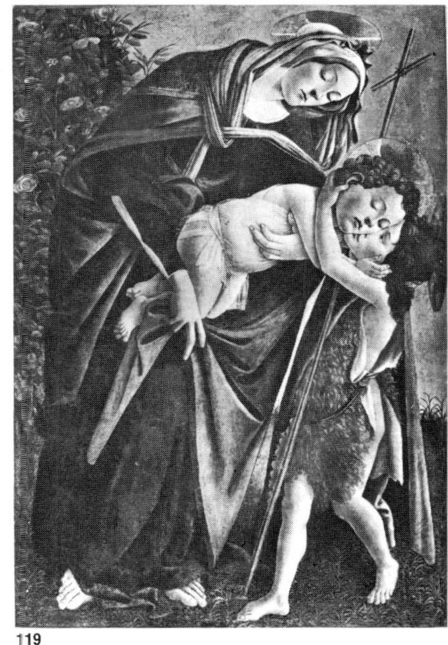
119

115 150×130

LE BAPTÊME DU CHRIST. Autrefois à Faenza, collection Guidi.

Vendu à Rome en 1902 par Sangiorgi avec la collection des comtes Guidi de Faenza; ce fut à cette occasion que A. Venturi le signala comme un autographe tardif, assez abîmé. Ragghianti [1954] est du même avis; pour Gamba et Salvini c'est une œuvre d'atelier. Comme cette œuvre demeure pour l'instant introuvable, il est impossible d'en juger.

116 46×37 1490-95*

LA VIERGE ET L'ENFANT ADORÉS PAR SAINT JEAN. New-York, Coll. J. D. Rockefeller jr.

Cette œuvre passa de la collection Charles Somerwell (1884) à la collection de J. P. Heseltine à Londres. Considérée comme autographe par Ulmann [1893], qui la date des environs de 1482, et par Yashiro [1929], van Marle, Berenson et Gamba qui la datent des environs de 1491; travail d'atelier selon Horne [1908], Bode [1921 et 1926], Mesnil et Salvini qui au contraire y voient l'intervention finale de Botticelli. Certaines finesses annoncent l'admirable *Saint Augustin* de Florence (n. 120).

Une réplique à peu près semblable mais seulement de la Vierge et de l'Enfant, sur un fond sombre, était autrefois chez Colnaghi à Londres et se trouve aujourd'hui dans la collection Esk, aussi à Londres.

117 diam. 85 1495*

LA VIERGE A L'ENFANT ET SAINT JEAN. New-York, collection Duveen.

Autrefois dans les collections Bauer et Schaeffer à Francfort, et dans la collection Leyland à Woolton-Hall (Liverpool). Exposée plusieurs fois comme autographe, — c'est ainsi que Berenson, Langton-Douglas et M. W. Brockwell ont considéré cette œuvre, la datant de la fin du XVe siècle, — on peut toutefois envisager, à la suite de Mesnil et de Salvini, qu'il s'agit d'un travail de l'atelier sur une idée du peintre.

Une réplique avec des variantes, — dont une balustrade au premier plan, — se trouve dans une collection particulière à Rome; exécutée entre 1490 et 1495, suivant Mesnil.

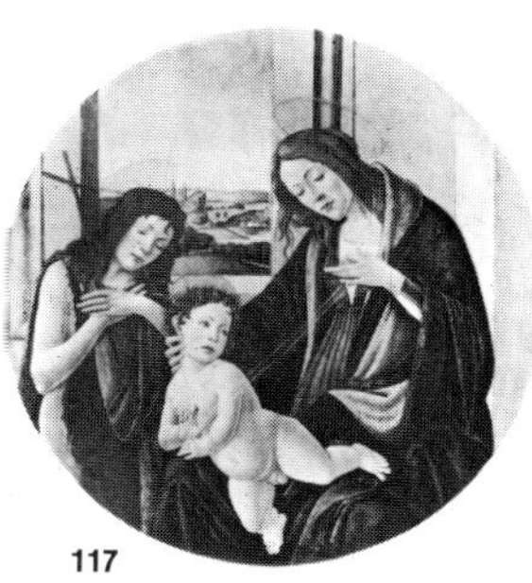
117

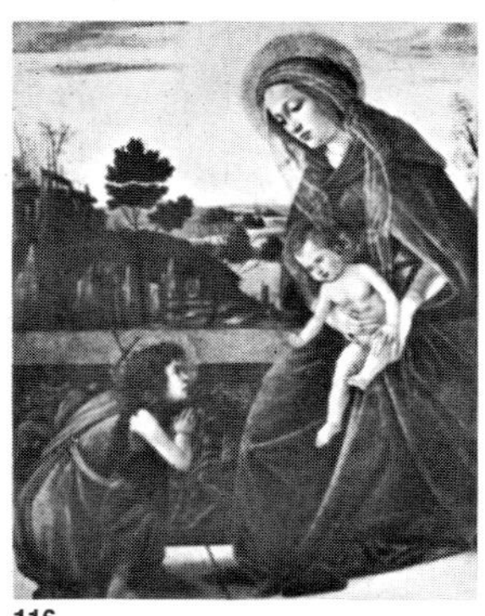
116

118 diam. 114,5

LA VIERGE A L'ENFANT ET DEUX ANGES. Vienne, Akademie der bildenden Künste.

Cette œuvre vient de chez Canigiani à Florence; elle fut achetée par le prince de Liechtenstein, qui la donna à l'Akademie der bildenden Künste en 1889. De Botticelli selon Ulmann; de l'atelier selon Horne [1908] et van Marle; de l'école, selon Salvini; probablement exécutée par le même élève qui collabora à l'*Annonciation* des Uffizi (n. 102).

118

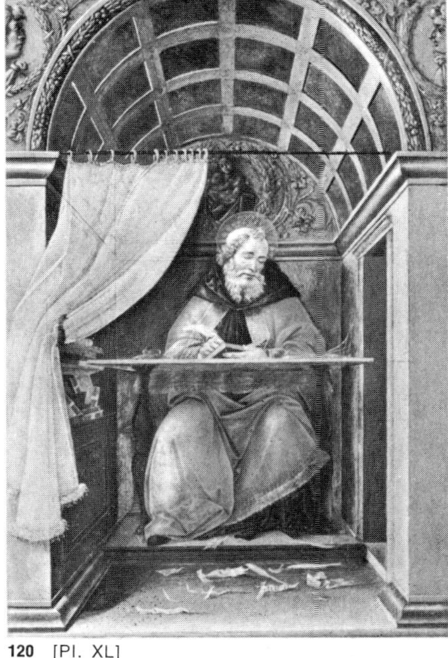
120 [Pl. XL]

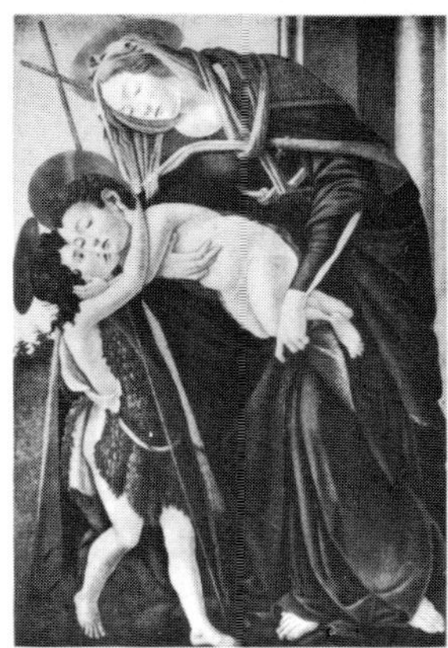
Réplique inversée de la peinture n. 119 (Birmingham, Barber Institute).

119 134×92 1495*

LA VIERGE A L'ENFANT EMBRASSÉ PAR SAINT JEAN. Florence, Pitti.

Ce tableau est traditionnellement attribué à Botticelli, d'après les vieux inventaires; sont du même avis Ulmann [1893], Bode [1921 et 1926], Schmarsow [1923], Bettini et Salvini, qui le situent entre 1490 et 1500; suivant Morelli [1886], A. Venturi [1925], Berenson [1932], Gamba et Mesnil, il faut l'attribuer à l'atelier. De toute façon, il témoigne de ce style linéaire tendre et délicat, qui caractérise les œuvres de Botticelli à l'aube du XVIème siècle. Les nombreuses retouches et dégâts empêchent toutefois d'établir exactement qui est l'auteur de la préparation.

Il existe une réplique (bois, 40×30 cm.), autrefois dans la collection Dreyfus à Paris, que Reinach présenta comme partiellement autographe [1906 et 1918], suivi par Guiffrey [1908], alors que Gebhardt [1908] l'attribuait entièrement au peintre, la considérant comme le prototype de la toile qui se trouve au Palazzo Pitti; Berenson et van Marle l'attribuent à l'atelier, et Salvini à l'école. Une autre, inversée, sur toile (131×91,5 cm.) et vraisemblablement tirée du même carton (les dimensions des figures coïncident en effet dans les deux cas), passa de la collection Donaldson à Brighton au Barber Institute de Birmingham, où S. Spender [1945] la considéra comme autographe de l'année 1487, alors que d'autres spécialistes l'ignorent.

121

122

fois l'intervention des enlumineurs Gherardo et Monte di Fora), tandis que les dates varient entre 1490 et 1500.

121 23,9×36,5 1495*

L'ANNONCIATION. New-York, Collection Robert Lehman.

Elle passa de la collection Barberini à Rome à la collection Huldschinsky à Berlin; de là, à la collection Robert Lehman. Morelli [1893], Horne [1908] et A. Venturi [1925] l'attribuaient à l'atelier; ce serait au contraire un autographe pour Ulmann [1893], Bode [1906], Schmarsow, van Marle, Yashiro [1929], L. Venturi [1931], Gamba et Salvini, qui divergent, pour les dates, de 1474 à 1500. Ce petit tableau, assez sensible, reprend un thème de jeunesse.

122 34,3×25,4 1495*

LA COMMUNION DE SAINT JÉRÔME. New-York, Metropolitan Museum (Donation Altman).

Le sujet est tiré d'une épître apocryphe du bienheureux Eusèbe, imprimée à Venise et à Messine en 1473, à Florence en 1490. Ce tableau appartint à Gino Capponi au XIXe siècle, et à ses héritiers, les marquis Farinola, qui le firent nettoyer; acheté ensuite par Benjamin Altman, il entra au Metropolitan Museum en 1913. On peut y voir le "Transit de saint Jérôme de la main de Sandro" que Francesco del Pugliese destinait d'abord à la chapelle du château de Sommaia qu'il acheta en 1488 et qu'il légua à son cousin Niccolo di Piero del Pugliese par un testament daté de juin 1519. Cette hypothèse de Horne a été recueillie dans le catalogue du Metropolitan Museum, mais, selon ce document, le tableau aurait été légué par Francesco del Pugliese à Piero en 1502. Tous les critiques estiment qu'il est de Botticelli; les dates que l'on a proposées vont de 1490 à 1500.
Une réplique de cette œuvre se trouve à Gênes chez la marquise Negrotto Cambiaso (35×25 cm.). Une autre (36,5×24 cm.), — ou plutôt une copie ancienne, — autrefois chez Abdy à Paris, fait partie à présent de la collection Benson à Londres. Une troisième, avec des variantes de détails, est la propriété d'A. Kay, d'abord à Londres, ensuite à New-York.

123 14,5×163

B. FIGURES ET HISTOIRES SAINTES.

La prédelle se compose de quatre tondi comportant chacun un saint, d'un cinquième, au centre, avec une Pietà, de deux épisodes de la vie de saint Laurent (*Distribution des richesses aux pauvres*, et *Martyre*) et de deux ornements qui remplacèrent probablement deux autres 'histoires'.

124 diam. 59,6 1495*

LA VIERGE ADORANT L'ENFANT. Washington, National Gallery of Art (Collection Samuel H. Kress).

Autrefois à Paris, dans la collection Paravey, puis dans la collection Raynaud, passa enfin, achetée un million huit cent mille francs dans une vente, à Drouot (1929), chez Wildenstein, qui la vendit en Amérique. Autographe selon A. L. Mayer [1930], suivi par van Marle, L. Venturi [1933] et Salvini; les dates vont de 1481 [Venturi] à 1490-91 [Mayer, Salvini], mais cette œuvre paraît postérieure.

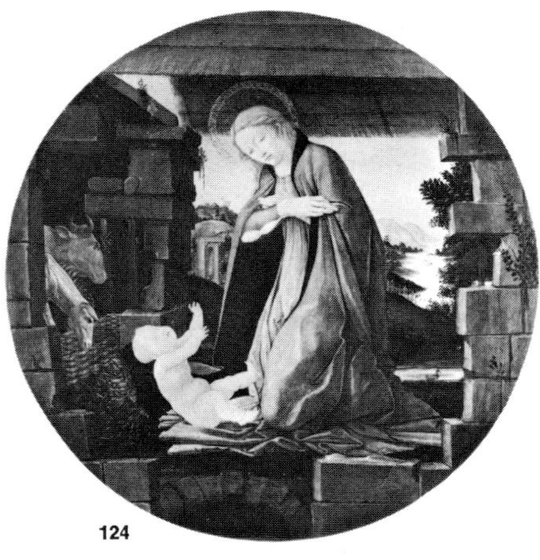

124

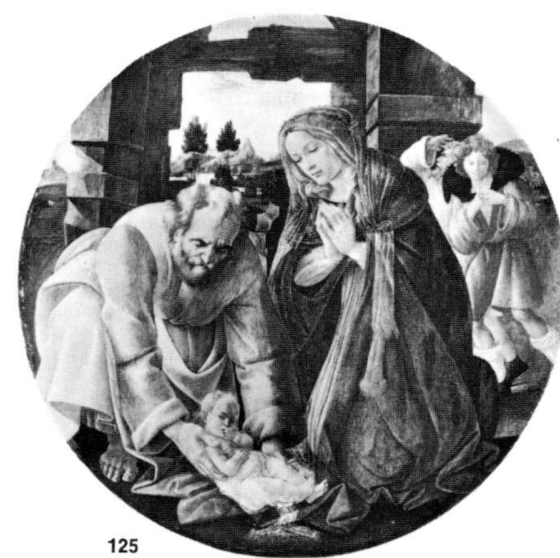

125

120 41×27 1495*

SAINT AUGUSTIN. Florence, Uffizi.

Derrière le saint, un tondo en camaïeu représente la Vierge et l'Enfant; à ses pieds, des notes et des plumes d'oie, dans un désordre agréablement 'improvisé'. Vasari déjà mentionnait ce tableau dans la maison de Bernardo Vecchietti, et il l'attribuait à Filippo Lippi; c'est encore chez les Vecchietti que l'admire Borghini [1584]. Retrouvé aux premières années du XVIIIe siècle, il passa de la collection florentine d'Ignazio Hugford à celle de Piero Pieralli, qui le vendit aux Uffizi en 1779. On retrouve ici le goût du "far piccolo" remarqué dans le diptyque avec *Judith* (n. 38 A-B) et, dans les ornementations, l'habileté d'orfèvre du jeune Botticelli, prélude au *Pavillon* de l'Ambrosiana (n. 128) et à la *Calomnie* (n. 127). Les critiques sont d'accord pour attribuer cette œuvre à Botticelli (L. Venturi [1931] y voit toute-

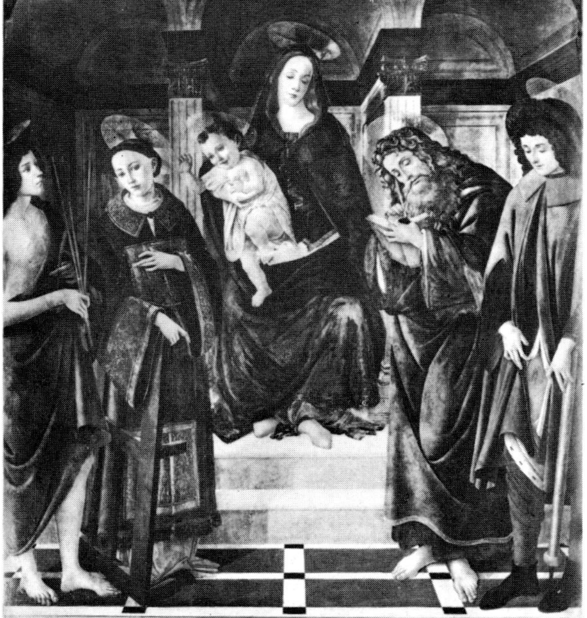

123 A

Le Retable de Montelupo

Ainsi appelé, du nom de la paroisse de Saint-Jean l'Evangéliste à Montelupo Fiorentino. Autographe pour Mesnil [1900], qui l'attribua ensuite à l'école, se rangeant à l'opinion courante. Gamba y voyait l'intervention de Botticelli pour l'exécution finale. Les dégâts, ainsi que les nombreuses réfections ne permettent pas d'émettre un jugement précis.

123 176×163

A. LA VIERGE AU TRÔNE AVEC L'ENFANT BÉNISSANT PARMI QUATRE SAINTS.

Les saints sont les suivants: Sébastien, Laurent, Jean l'Evangéliste et Roch. Dégâts et repeints ont altéré le visage de l'Enfant; au XVIIIe siècle l'œuvre fut mutilée sur les côtés pour la faire entrer dans une nouvelle bordure.

125 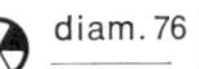 diam. 76

LA CRÈCHE. Boston, Isabella Stewart Gardner Museum.

Achetée au début du siècle à Florence par I. S. Gardner au duc de Brindisi. Suivant van Marle et Mesnil, on peut reconnaître le style de Botticelli dans la figure de la Vierge; quant au reste, on peut non seulement le considérer comme œuvre de l'atelier [Horne, Berenson, Salvini], mais y déceler soit des parties dues à Signorelli [Gamba], soit d'importantes restaurations de Vasari, ou y voir un assemblage d'éléments différents par un peintre anonyme. Ulmann et Gamba l'attribuent à Botticelli.

126 diam. 125,7

LA SAINTE FAMILLE. Raleigh (North Carolina), Museum of Art. (Collection Samuel H. Kress).

On aperçoit dans le fond le cortège des Rois Mages. Cette œuvre a appartenu à la collection J. F. Austen à Horsmonden (Kent), au moins à partir de 1893 et jusqu'en 1921, époque à laquelle elle échut, du cours d'une vente chez Christie, au comte de Crawford et Balcar-

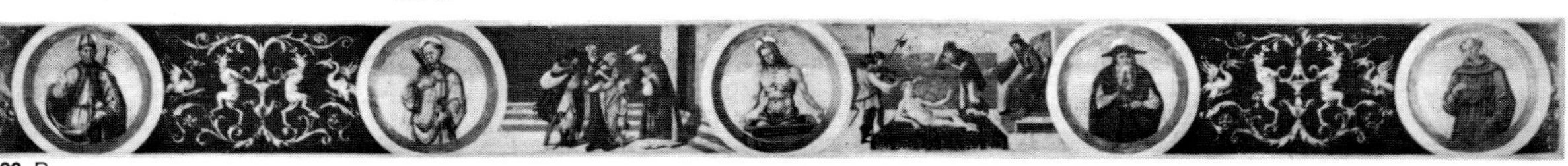

123 B

res, à Londres également. La Fondation Kress l'acheta en 1956. Elle est attribuée à Botticelli depuis 1893; se rangent à cet avis Bode [1926], van Marle et (avec réserves) Cartwright [1956], tandis que Berenson la donne à l'atelier après que Reinach et Gebhardt l'eurent attribuée à l'école, et Yashiro à un imitateur. Il semble que ce tondo ait été imparfaitement découpé.

127 — 62×91 1495*

LA CALOMNIE. Florence, Uffizi.

Exécutée pour Antonio Segni. Vasari la vit dans la maison

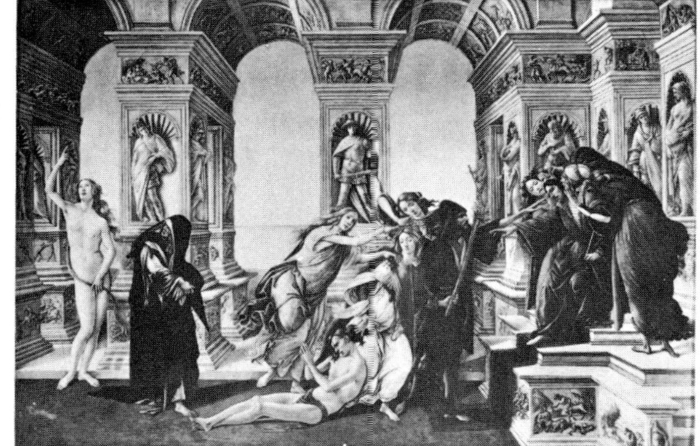

127 [Pl. LII-LV]

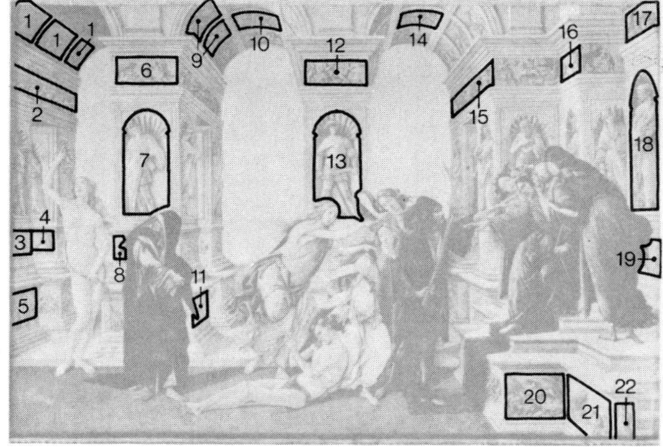

Schéma pour l'identification des décorations du n. 127.

de Fabio, fils de celui-ci [1550]; elle passa ensuite au Palazzo Pitti, et de là aux Uffizi (1773). Le sujet, — traité par Apelle, pour se venger des mensonges que son rival Antiphile avait dit au roi Ptolémée Philelphe, dans un tableau que décrit Lucien dans *De calumnia*, — fut repris plusieurs fois au XVème siècle, sur la base de ce texte autant que sur celle de la description d'Alberti (*De pictura*, III). Botticelli suit le texte de Lucien plutôt que celui de L. B. Alberti, qui donne moins de détails: le roi Midas, avec les oreilles d'âne du mauvais juge, est assis sur son trône, entre l'Ignorance et le Soupçon, et tend la main à la Rancœur qui conduit la Calomnie; celle-ci, sur qui le Piège et la Fraude disposent des parures, traîne le calomnié; la Pénitence suit, s'adressant à la Vérité nue. La scène se passe dans un édifice classique décoré de statues et de bas-reliefs dorés, qu'on peut interpréter ainsi: (*1*) trois épisodes de l'histoire de Nastagio degli Onesti (cf. n. 74) (*2*) Centauromachie; (*3*) Hercule et Lichas; (*4*) Apollon et Daphné; (*5*) la Justice de Trajan; (*6*) Bacchus retrouvant Ariane [Gamba] ou Mars et Vénus [Horne]; (*7*) David [*id.*] ou Thésée [Gamba]; (*8*) David et Goliath; (*9*) l'histoire de Mucius Scaevola; (*10*) saint Georges tuant le dragon; (*11*) le Jugement de Pâris; (*12*) Petits Amours avec les armes de Mars, et un lion; (*13*) saint Georges [Horne] ou Mars [Gamba] dans la pose de Pippo Spano dans la fresque d'Andrea del Castagno à Sant'Apollonia à Florence; (*14*) la Chute des Titans; (*15*) Centauromachie; (*16*) le Mythe de Prométhée [Salvini]; (*17*) Judith mettant dans un sac la tête d'Holopherne; (*18*) Judith; (*19*) Retour de Judith à Béthulie; (*20*) la Famille du centaure, selon une peinture de Zeuxis décrite par Lucien; (*21*) Jupiter et Antiope; (*22*) Minerve avec la tête de la Gorgone. Il est possible qu'une architecture aussi ornée représente un décor humaniste, du genre de ceux pour lesquels Botticelli lui-même peignit "plusieurs tableaux dans des bordures de noyer servant de revêtement et de panneaux de coffre, avec beaucoup de figures très vivantes et belles" [Vasari]. Il se peut que toutes, ou certaines de ces 'histoires', soient extraites de peintures déjà exécutées par Botticelli ou par son atelier, car autrement on n'expliquerait pas le rapprochement de thèmes issus de l'époque classique avec ceux tirés de l'Ancien Testament et de Boccace. Cela permet de supposer que ce tableau fut exécuté à la suite de calomnies contre Botticelli, plutôt que contre Savonarole ainsi que le pense Landsberger [1933], afin d'édifier Pierre de Médicis dont le caractère était faible et particulièrement influençable. Il semble que sur la bordure originale, il y avait quatre vers latins, — attribués par Vasari à Fabio, fils d'Antonio Segni, — dont on trouvera l'original et la traduction à la fin du texte de Vasari (cf. p. 10). Les critiques s'accordent pour y voir une œuvre de la maturité; mais, alors que Bode penche pour 1485-1490, Yashiro, Ulmann et, de façon moins assurée, Salvini, préfèrent 1490-1491; Chastel, 1490-1495; Horne, les deux Venturi, Gamba, Bettini, Mesnil et Argan, 1494-1495; Salvini, même, n'exclut ni la date de 1496, année où l'on publia à Florence les œuvres de Lucien (mais Botticelli paraît avoir connu, également, ces textes par des manuscrits), ni celle de 1497, qui coïncide avec l'excommunication de Savonarole [Landsberger].

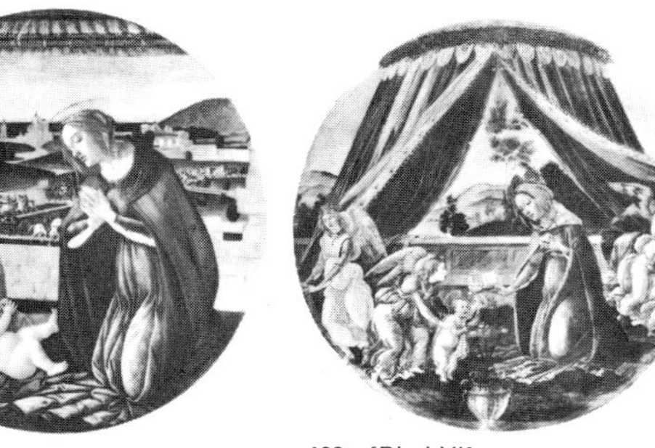

126

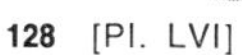

128 [Pl. LVI]

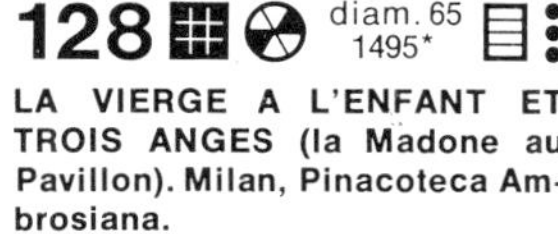

128 — diam. 65 1495*

LA VIERGE A L'ENFANT ET TROIS ANGES (la Madone au Pavillon). Milan, Pinacoteca Ambrosiana.

On sait peu de chose sur ce tondo. C'est peut-être, — ainsi que Horne suivi par Gamba le suppose [1908], — ce "petit tondo de sa main [de Botticelli] que l'on voit dans la chambre du prieur au couvent degli Angeli à Florence, fait de figures petites mais très gracieuses et travaillées avec beaucoup de soin", dont parle Vasari. Le monastère de Santa Maria degli Angeli, qui se trouvait à Florence, via degli Alfani, fut fermé en 1808. On ne sait comment ce tondo est parvenu à l'Ambrosiana. Dans le bord supérieur du pavillon, sous l'ample couronne de lauriers, il y a des figures et des lettres d'or peu lisibles; peut-être un "S", un "M", un "F", un entrelacs de lettres, un caducée ou des palmes entrelacées, etc.: cela pourrait signifier: "Sandro di Mariano Filipepi" et, soit faire allusion à son passage d'un humanisme paganisant au Mystère chrétien, soit se rattacher à un don de Charles VIII au duc de Milan, soit, tout simplement, compléter la scène par des symboles. L'œuvre, traditionnellement attribuée à Botticelli, est située par tous les critiques peu après 1490.

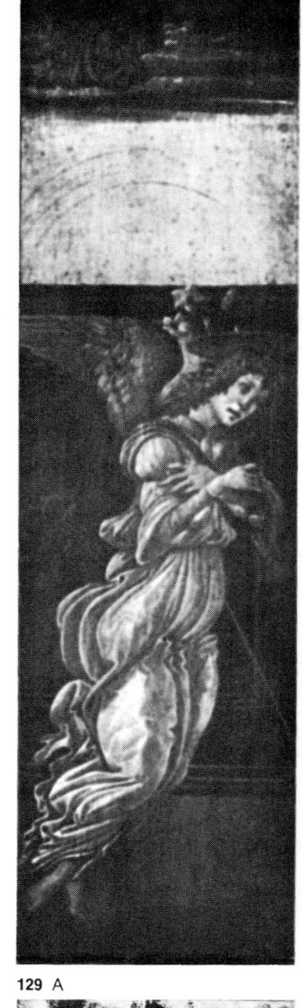

129 A

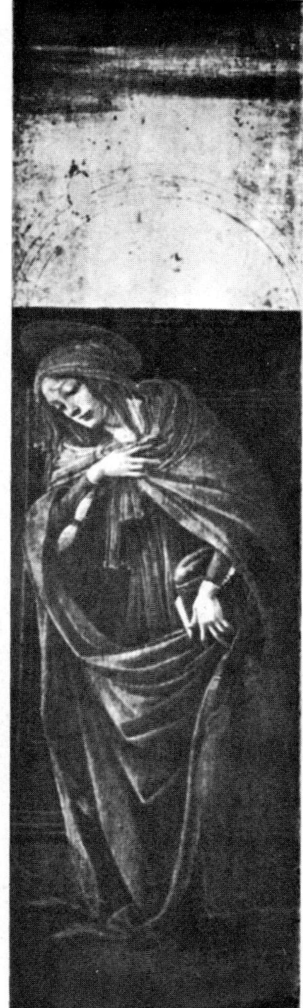

129 B

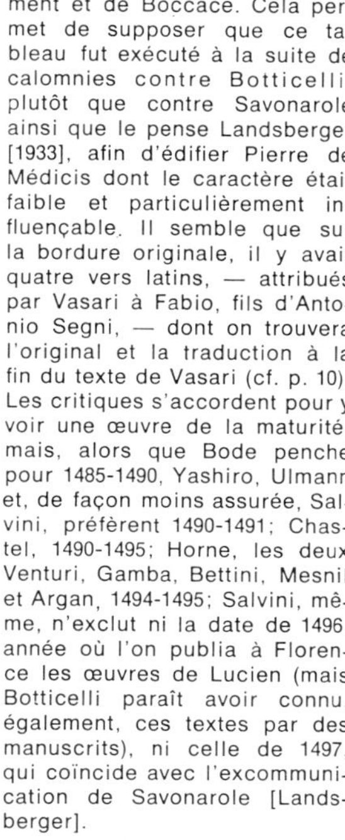

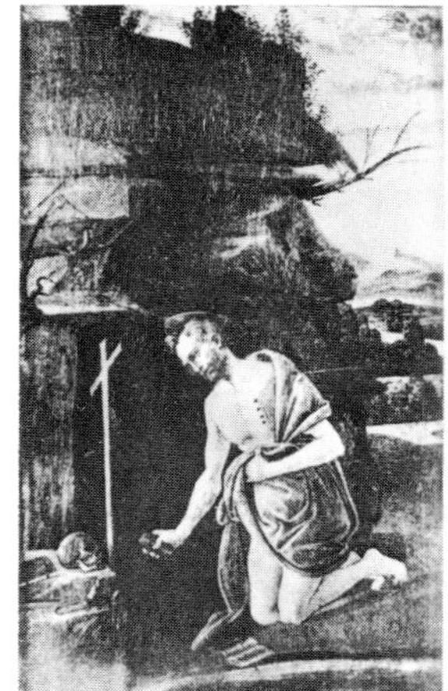

129 C

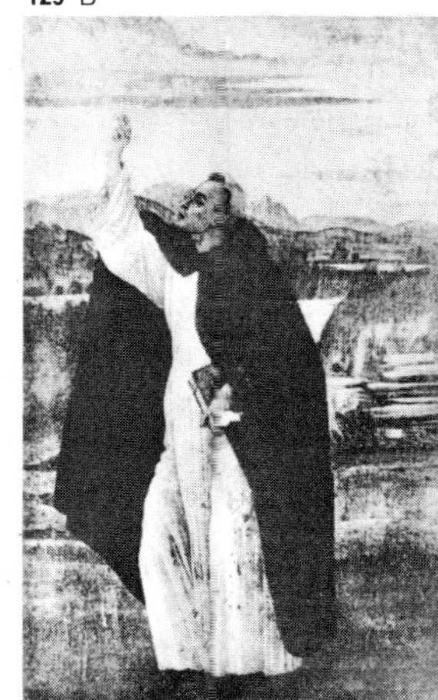

129 D

Figures de Saints

Il s'agit de quatre peintures, autrefois sur panneaux et ensuite transposées sur toile, ayant appartenu à la collection Stroganoff à Saint-Pétersbourg et transférées, — après la révolution, — à l'Ermitage. On peut y reconnaître les portes commandées à Botticelli par Francesco del Pugliese pour enfermer un *Jugement dernier* de Fra Angelico confié aux Dominicains de San Marco à Florence. Hark [1896], Benois [1901] et Lazareff [1924] les considèrent comme authentiques; par la suite, les deux premiers tableaux furent à peine tenus pour tels (129 A et B) [A. Venturi, 1927; Yashiro, 1929; Van Marle; Gamba; Bazin, 1957; Malizkaia, 1963]: le chromatisme recherché et la mise en page fine et sensible de l'*Archange Gabriel* et de l'*Annonciation* appuient cette thèse; tandis que L. Venturi [1912], Mesnil et Salvini pour leur part attribuent toute la série à l'atelier

129 — 45×13

A. L'ARCHANGE GABRIEL DE L'ANNONCIATION. Moscou, Musée Pouchkine.

129 — 45×13

B. L'ANNONCIATION. Moscou, Musée Pouchkine.

129 — 44,5×26

C. SAINT JÉRÔME PÉNITENT. Léningrad, Ermitage.

129 — 44,5×26

D. SAINT DOMINIQUE BÉNISSANT. Léningrad, Ermitage.

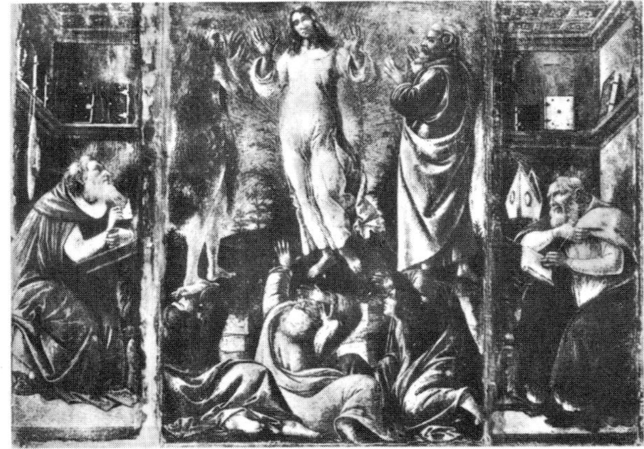
131

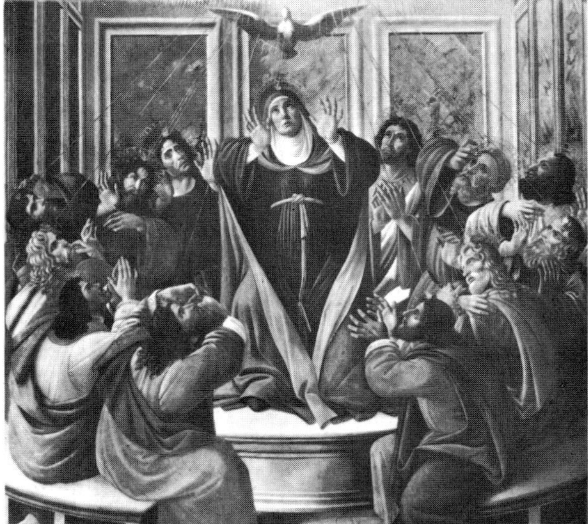
132

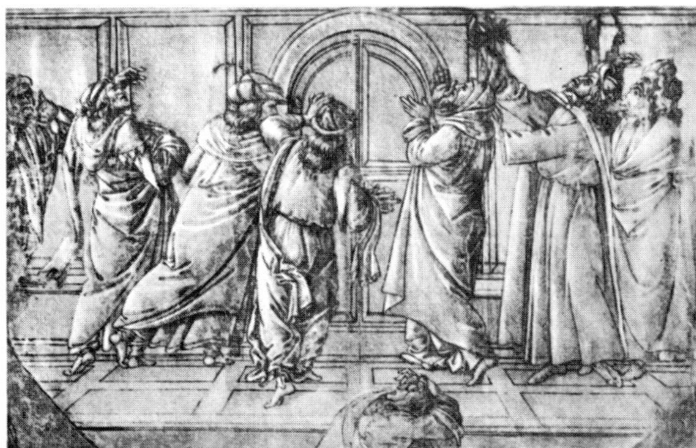
Les infidèles de la Pentecôte: *dessin (Darmstadt, Kupferstichkabinett) considéré généralement comme autographe; peut-être en rapport avec le n. 132 ou [Argan] avec le n. 139.*

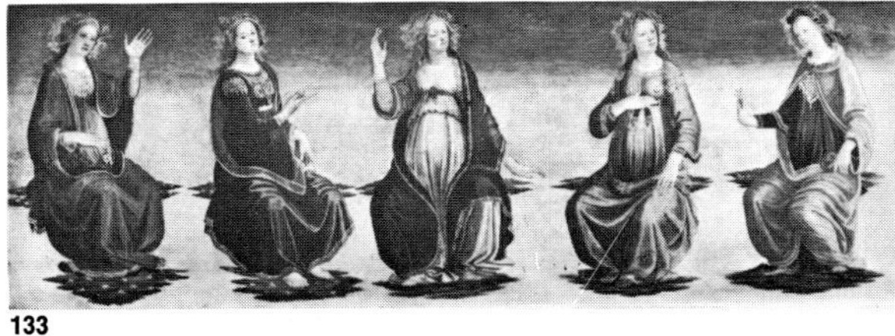
133

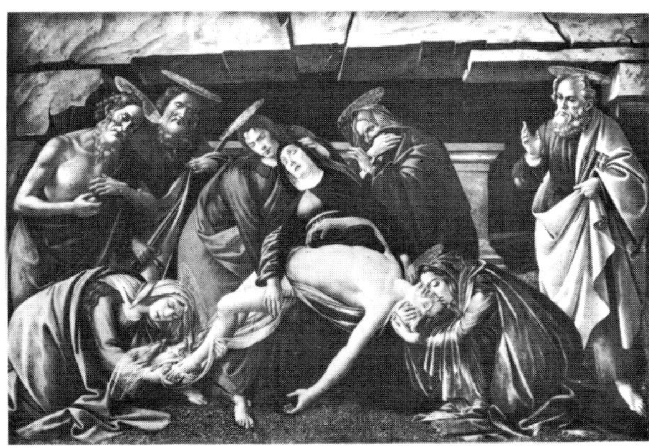
134

130 49,5×32

SAINT FRANÇOIS ET LES ANGES MUSICIENS. Londres, British Museum.

On y voit un fond or propre aux tableaux de dévotion, finement incisé, mais avec de nombreux repeints qui en empêchent l'analyse, de sorte que Berenson le classe parmi les copies. Les inventaires du British Museum, qui l'attribuent à Botticelli, le datent vers 1495.

131 28×38 1495*

LA TRANSFIGURATION. SAINT JÉRÔME ET SAINT AUGUSTIN. Rome, Collection Pallavicini.

L'attribution ancienne de De Nicola fut acceptée par A. Venturi, Yashiro, van Marle, Gamba et Bettini, avec une date allant de 1495 à 1500. Selon Mesnil, c'est l'œuvre d'imitateurs; on peut plutôt se ranger à l'avis de Salvini, qui y voit un dessin de Botticelli, que l'atelier aurait colorié de façon hâtive et maladroite, vers 1490-95. Nombreux dégâts et repeints.

132 221×229

LA PENTECÔTE. Greenville (South Carolina), Bob Jones University.

Autrefois, dans les collections Gamberini (1872), Abbe Hyeres (1874) et Cook à Richmond; achetée en 1958 par Julius Weitzen; passée l'année suivant à la Bob Jones University. Déjà connue par Ulmann [1893], qui l'attribuait à l'atelier, suivi en cela par Bode [1921], A. Venturi [1925], van Marle (pour qui la préparation revenait à Raffaellino del Garbo), Berenson, Gamba, Mesnil (qui y voit une idée initiale de Botticelli), d'accord avec Salvini et Bettini (pour qui cette œuvre fut même commencée par le peintre); Bode par la suite [1926] la considéra comme autographe. Il pourrait s'agir de la partie centrale d'un retable représentant dans sa partie inférieure 'les infidèles à l'écoute' (*Actes des Apôtres*, II, 5-13) et, dans la partie supérieure, peut-être en forme de lunette, le Christ et l'Eternel bénissant l'accomplissement de la Pentecôte; ou de la réplique d'un tondo de petites dimensions, aujourd'hui perdu, mais comprenant les trois épisodes au complet. Tel qu'il est, le panneau, de toute évidence, a été coupé en haut et en bas, et ce qui reste témoigne d'une composition qui serait plus conforme au format rond qu'au format actuel.

133 42×136

CINQ FIGURES ALLÉGORIQUES. Florence, Galleria Corsini.

Mesnil soutient que ce panneau ornemental est autographe, tandis que Reinach et Yashiro l'attribuent à l'atelier, — ce qui paraît plus raisonnable.

134 140×207 1495*

PIETÀ. Munich, Alte Pinakothek.

Cette œuvre provient, — ainsi que le démontra Mesnil [1934], — de l'église florentine de San Paolino. Achetée par le prince Louis I de Bavière tout de suite après sa restauration aux Uffizi en 1813; propriété de l'Etat depuis 1850. Considérée généralement comme autographe, au moins dans sa plus grande partie (mais Struter [1903], Berenson, Horne et van Marle l'attribuent à l'atelier), et située entre 1490 et 1500. On retrouve une pose semblable à celle du Christ dans celle d'un des pêcheurs figés dans la glace, dans le dessin pour le XXXIIIe chant de l'*Enfer* de Dante (voir n. 135).

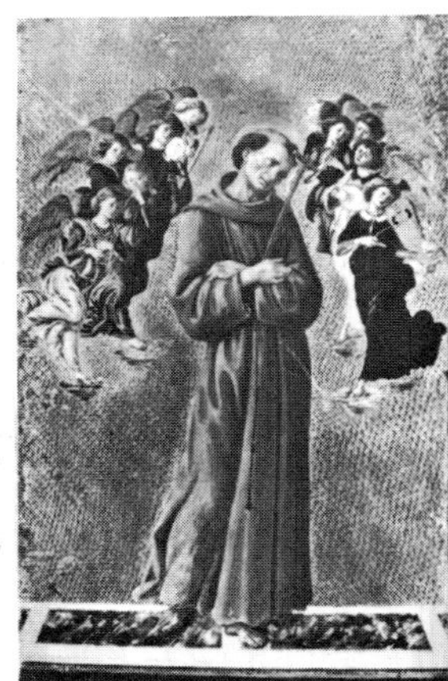
130

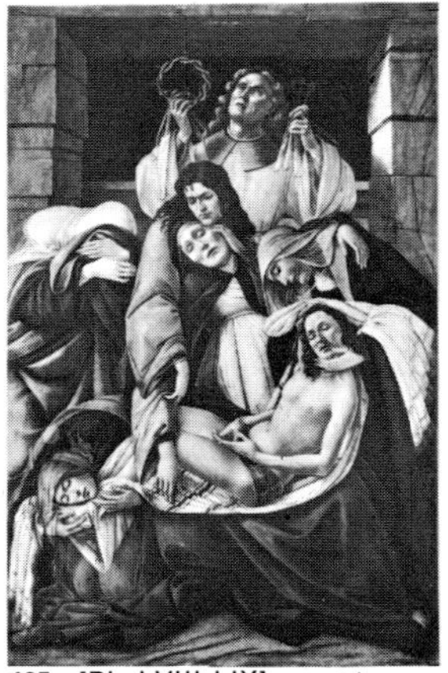
135 [Pl. LVIII-LIX]

135 107×71 1495*

PIETÀ. Milan, Museo Poldi Pezzoli.

On a tendance à l'identifiier, — selon la proposition de von Hadeln [1906], — au panneau que vit Vasari [1568] dans l'église de Santa Maria Maggiore à Florence, "à côté de la chapelle des Panciatichi, très beau". Le panneau était évidemment accroché à un pilier: aussi bien est-ce en celui-ci, de format vertical, et non pas en l'autre, oblong, de Munich (n. 134), — que l'on a également rapproché des indications données par Vasari [Milanesi; Cavalcaselle; etc.], — qu'on peut le mieux reconnaître le panneau de l'église florentine, dans la sacristie de laquelle il se trouvait encore en 1755. Poldi Pezzoli l'acheta en 1855. Avant que la restauration de 1951 ait fait apparaître ce trait tendu qui est typique de Botticelli, ainsi que les qualités d'une préparation promptement exécutée avec des mélanges si légers qu'ils laissent transparaître le pointillé du transfert du carton (cf. planche LIX), on eut des doutes quant à son authenticité [Morelli; Frizzoni; Horne; A. Venturi; Berenson; L. Venturi; Mesnil], doutes qui ne subsistent plus aujourd'hui [de Russoli, Catalogue du musée, 1955; à Argan et Salvini]. Les dates proposées varient de 1490 à 1500.

Une réplique (107×69,5 cm.) passée de la collection Bourgeois à Cologne à la collection Bautier à Bruxelles, fut attribuée partiellement à Botticelli par Mesnil [1914 et 1938] et, mieux, considérée comme copie par Horne [1908] et Salvini; la variante dans la robe de la Madeleine, que rien ne justifie, et la couleur épaisse et peu harmonieuse de l'ensemble, font exclure même une simple surveillance de Botticelli sur ce travail d'atelier.

136 47×33

LE RÉDEMPTEUR BÉNISSANT. Bergame, Accademia Carrara.

Léguée à ce musée par Morelli, qui la croyait [1890] de Botticelli, suivi en cela par A. Venturi [1925] qui la date des environs de 1500, et Berenson [1932], cette œuvre selon les autres critiques, — à partir d'Ulmann, — aurait été exécutée rapidement par l'atelier sur un sujet déjà traité dans le n. 66. Elle est abîmée et largement repeinte sur le côté droit, des cheveux jusqu'aux poignets. Une réplique sur toile (57,15×35 cm.), — employée peut-être comme étendard de procession, — actuellement au Fogg Art Museum de Cambridge (Massachusetts), fut considérée comme autographe par van Marle [1928 et 1931], tandis que Mesnil y décela un accent nordique, ce qui la rendrait tout

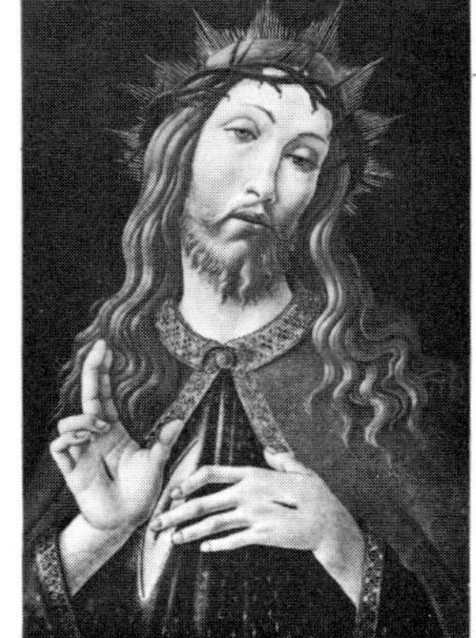
136

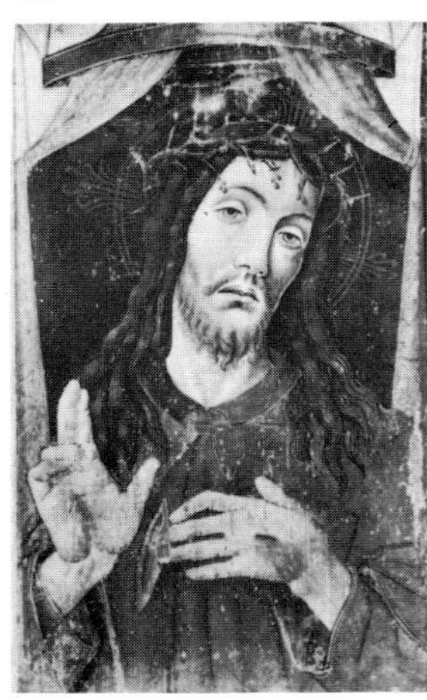
Copie ancienne avec variante du n. 136 (Cambridge, Fogg Art Museum).

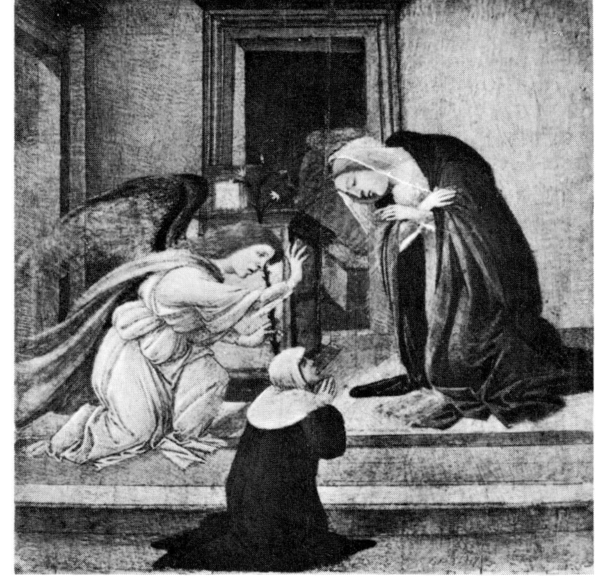

137

à fait étrangère à l'entourage de Botticelli. Une autre (70× 48 cm.), comportant des variantes (le Christ, avec une couronne d'épines, présente la pointe de la lance) appartint à la collection Lazzaroni à Paris; elle fut vraisemblablement exécutée par l'atelier après le 31 mai 1492, quand on exposa la lance sacrée, offerte au Pape Innocent VIII par le sultan Bajazet [Mesnil].

137 36,5×35 1495*

L'ANNONCIATION AVEC UNE DÉVOTE. Hanovre, Niedersächsische Landesgalerie.

Cette œuvre vient de la collection M. Kestner. Considérée comme un autographe tardif par A. Venturi [1921 et 1925], van Marle, Berenson [1932], Gamba et Mesnil (qui souligne toutefois son exécution hâtive), Argan et Salvini (qui la date vers 1498). Elle est semblable comme composition au dessin d'un sujet analogue, exécuté par Botticelli pour le Xe chant du *Purgatoire* de Dante.

138 diam. 15

A. L'ARCHANGE GABRIEL DE L'ANNONCIATION. Autrefois à Florence, Galleria Corsini.

Ce tableau et le suivant firent vraisemblablement partie d'une prédelle. De Botticelli selon Ulmann 1893], A. Venturi [1924 et 1925] (vers la fin du XVe siècle), Yashiro (qui donne comme date les environs de 1483), van Marle (vers 1485-1490) et Gamba; avec plus de raison, Mesnil et Salvini l'attribuent à l'atelier (les faisant dériver du n. 137).

138 diam. 15

B. LA VIERGE DE L'ANNONCIATION. Autrefois à Florence, Galleria Corsini.

Voir le commentaire précédent.

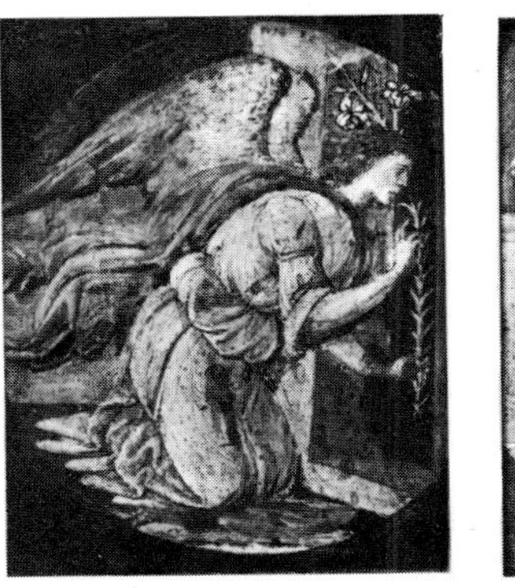

Les peintures n. 138 A et 138 B ayant aujourd'hui disparu, nous avons ici recours à des photographies anciennes et incomplètes.

139 47×41 1495*

LA FEMME ABANDONNÉE. Rome, Collection Rospigliosi.

On a donné, du sujet de ce tableau, de nombreuses interprétations dont la plus probable est l'histoire de Tamar [Creizenach 1898], outragée et chassée par son demi-frère Amnon: l'œuvre correspondrait à la version du passage biblique [Samuel, II, 13]. Quand cette œuvre fut achetée [1816] par les Rospigliosi comme étant de Masaccio, (on ne sait rien des propriétaires précédents) on croyait qu'elle représentait Rhéa Sylvia. Ensuite les exégètes y découvrirent le symbole de la détresse [Zola, 1896], ou de la douleur [Reinach]; la Vérité, — mère de la Vertu, — rejetée avec les vêtements de sa fille par l'Ignorance (en voulant établir un rapport avec une gravure de Mantegna, où la Vérité apparaît transformée en arbre) [Piccoli, 1930]; un prisonnier chrétien qui attend d'être dévoré par les fauves [Lesser, 1930]; la Justice pleurant sur le suplice de Savonarole [Landsberger, 1933]; la Vertu séparée de la Sagesse (ou de la Révélation divine) [Argan, 1956]. En se référant de nouveau à la Bible, on y vit aussi la concubine d'Ephraïm ayant subi des violences de la part des fils de Bélial [A. Venturi, 1896], ou la reine Vasti répudiée par Assuérus [Horne; Gamba; Bettini], ou Mardochée proférant des invectives devant le palais de ce même Assuérus [Wind, 1940-1941; Berti et Baldini]; tandis qu'en se rapportant à la tradition classique, on crut y voir Lucrèce outragée par Tarquin, selon la version d'Ovide (*Fastes*, II, 721-852) [Antoniewicz, 1905]. La dénomination de *Femme abandonnée* qui est la plus courante, remonte à Steinmann [1898]. En ce qui concerne l'attribution, le nom de Botticelli fut avancé par A. Venturi, que les autres critiques suivirent largement, sauf ceux qui penchèrent pour Filippino Lippi [Antoniewicz; Gamba, 1930 (qui ensuite revint sur son opinion)], pour Francesco di Giorgio [Hartlaub, 1910], pour Ercole de' Roberti [Lesser, 1930] ou même pour un préraphaélite anglais (selon une opinion qui eut cours vers 1930). Chastel, bien qu'acceptant l'attribution à Botticelli, est enclin à rattacher ce tableau aux coffres représentant les Histoires de dames illustres, autrefois chez les Torrigiani, et qui furent sûrement exécutés par Filippino Lippi (voir n. 144): c'est une hypothèse qui tient depuis tellement d'années, qu'en sa faveur Gamba (suivi par Mesnil) soutient, comme date, les environs de 1476, Bettini 1481-1482, Berti et Baldini les environs de 1480. On a proposé d'autres dates: peu avant 1490 [Bode], vers 1483 [Yashiro], vers 1490 [Argan]; Venturi (avec Salvini) la situe vers 1495, ce qui est le plus probable.

140 36,5×20 1495*

JUDITH AVEC LA TÊTE D'HOLOPHERNE. Amsterdam, Rijksmuseum.

Achetée au début du siècle par Richard von Kaufmann de Berlin aux Buttery de Londres, cette œuvre fut cédée en 1914 aux König d'Amsterdam qui la vendirent à van Rath en 1930, à la mort duquel (1941) elle passa par legs au Rijksmuseum. Autographe, de l'avis unanime; selon Bode, Horne et Bettini, située entre 1490 et

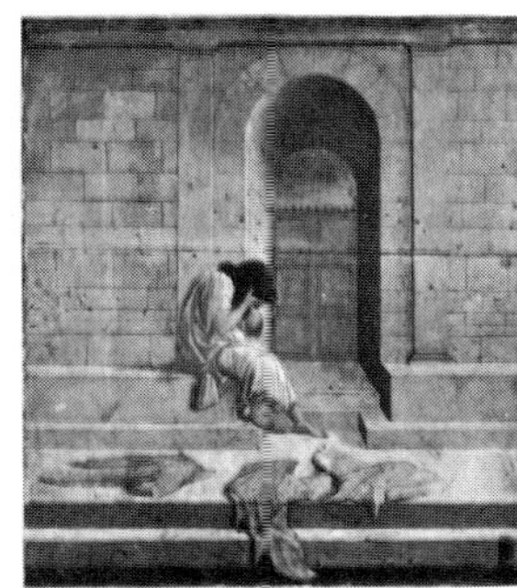

139 [Pl. XLI]

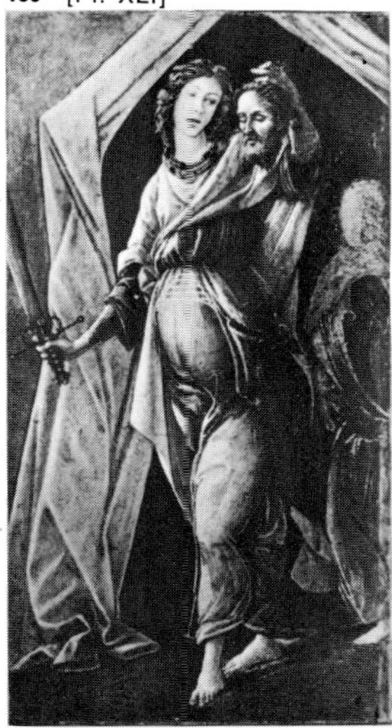

140

1495; pour les autres spécialistes entre 1497 et 1500. Mutilée sur la droite; la figure de la servante, dont le visage a été effacé, est très abîmée; en revanche celle de Judith est bien conservée.

141 1496

SAINT FRANÇOIS. Autrefois à Florence, Monastère de Santa Maria di Monticelli.

Il résulte ces paiements de 1496 (voir *Chronologie*) que Botticelli exécuta cette œuvre, qui, vraisemblablement une fresque, disparut quand l'édifice fut démoli, entre 1529 et 1530.

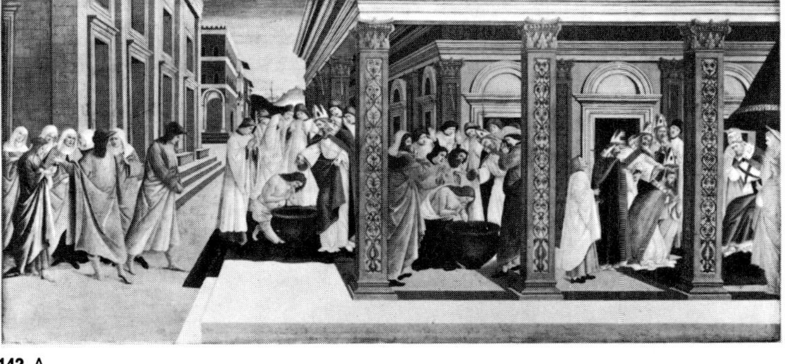

142 A

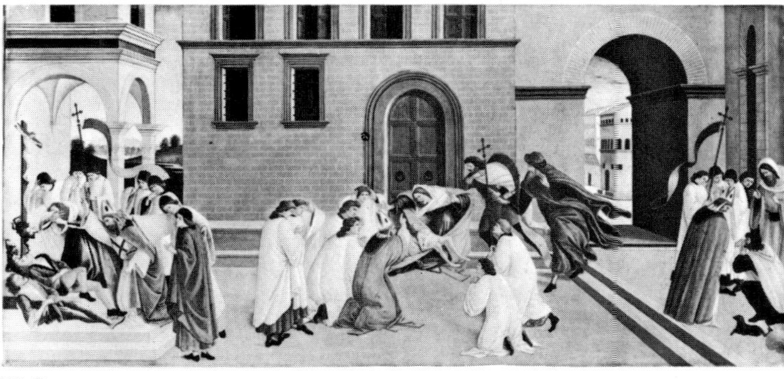

142 B

142 C

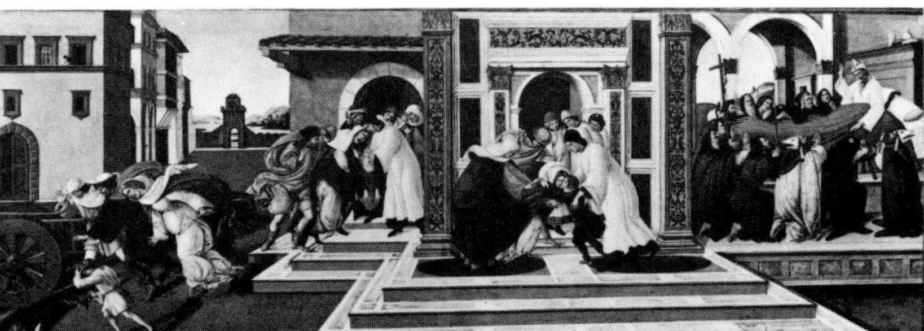

142 D

Scènes de la vie de saint Zénobe

Il s'agit de quatre panneaux de coffres, exécutés vraisemblablement pour une confrérie florentine, qui n'est pas forcément celle de saint Zénobe, ainsi que l'affirma Rumohr [1827], démenti par Poggi [1916]. Horne découvrit dans la *Summa historialis* de saint Antonin (Bâle, 1491) la source probable des sujets. Œuvres de jeunesse pour Cavalcaselle [1864] et J. P. Richter [1910 et 1915]; tardives (vers 1498-1500) pour Ulmann; les historiens ultérieurs sont du même avis, sauf pour les dates: vers 1495 [L. M. Richter, jusqu'à Bode, 1926] et vers 1500-1505 [Horne; jusqu'à Salvini].

142 — 66,5×149,5 — 1495-1500

A. LA VOCATION DE SAINT ZÉNOBE. Londres, National Gallery.

A partir de la gauche: Zénobe (IV-Ve siècle) renonce à se marier; il est baptisé par l'évêque Théodose; il assiste avec son père au baptême de sa mère; il est consacré évêque par le pape Damase. On connut cette œuvre avec le n. 142 B en 1891, quand elles passèrent des Rondinelli à Florence à la collection Mond à Londres, et, de là (1924), par donation, à la National Gallery, après avoir été exposées (1894) comme autographes à Burlington House.

142 — 65×139,5 — 1495-1500

B. TROIS MIRACLES DE SAINT ZÉNOBE. Londres, National Gallery.

L'endroit représenté est peut-être la place San Pier Maggiore de Florence: au delà du passage, à droite, on aperçoit le Borgo Pinti. A partir de la gauche: le saint délivre deux jeunes gens de la malédiction de leur mère; il ressuscite le fils d'une française que celle-ci lui avait confié en allant en pèlerinage à Rome; il rend la vue à un aveugle qui avait promis de se convertir au christianisme, s'il était miraculé. Cette œuvre connut les mêmes aventures que le n. 142 A.

142 — 67,3×150,5 — 1495-1500

C. QUATRE MIRACLES DE SAINT ZÉNOBE. New-York, Metropolitan Museum.

A partir de la gauche: le saint ressuscite un mort; il guérit un homme tombé de cheval; il guérit un malade; il fait en sorte que le diacre Eugène ressuscite ou guérisse une femme. Ce panneau passa de Milan à Berlin; puis (1911), à la vente de la collection Abdy à Londres, il entra au Metropolitan Museum (ce fut à ce moment-là que Burroghs le fit connaître). Une restauration récente le dégagea d'anciens repeints qui l'avaient altéré, cachant entre autres, au centre, le cercueil avec deux squelettes.

142 — 66×182 — 1495-1500

D. DERNIER MIRACLE DE SAINT ZÉNOBE. Dresde, Gemäldegalerie.

Reconstitution idéalisée de l'ancienne cathédrale et de l'archevêché de Florence. A partir de la gauche: un garçon est écrasé par une charrette; recueilli par le diacre Eugène, Zénobe le ressuscite, et le rend à sa famille; le saint annonce l'imminence de sa propre mort. Au début du XIXe siècle ce panneau se trouvait à Florence dans la collection Metzger, d'où il passa à la collection von Quandt à Dresde (il fut alors signalé dans le "Kunstblatt" [1823-1824]), puis (1868) à la Gemäldegalerie.

143 — *1497

SUJET INCONNU. Autrefois à Florence, Villa di Castello.

Œuvre exécutée probablement à fresque et connue d'après les paiements de 1497.

Histoires de dames illustres

Vasari rappelle qu'à Florence "via de' Servi, dans la maison [de] Giovanni Vespucci, aujourd'hui de Piero Salviati", Botticelli "fit autour d'une chambre plusieurs tableaux encadrés dans des bordures de noyer formant des plinthes continues, avec beaucoup de figures très vivantes et belles". Morelli [1890] suppose que le n. 144 A fit partie de cette série; et Ulmann suivit même cette hypothèse pour le n. 144 B, en donnant comme date 1490-1500. On découvrit ensuite [Horne] que cette maison avait été achetée non pas par Giovanni Vespucci mais par son père Guidantonio, en 1499; on situa à cette date, ou peu après, l'exécution de ces peintures (Bode: 1492; van Marle: 1497-1500). Les sujets dissimulent peut-être des intentions politiques.

144 — 86×165 — 1500*

A. HISTOIRE DE VIRGINIE. Bergame, Accademia Carrara.

Le sujet est tiré de Tite-Live et de Valère Maxime. A gauche Marcus Claudius ordonne à Virginie de céder aux désirs d'Appius Claudius: devant le refus de la jeune fille, il la traîne devant le tribunal, où Appius la condamne injustement à l'esclavage malgré les supplications du fiancé et du père de Virginie revenant du camp militaire; à droite le père tue lui-même la jeune femme pour la soustraire à l'outrage, puis il repart pour le camp; au milieu, en premier plan, l'émeute des guerriers qui se termine avec l'assassinat d'Appius. Achetée par Morelli à Rome (qui l'y exposa en 1870, comme autographe) cette œuvre a été donnée à l'Accademia Carrara. Habituellement considérée comme d'une qualité supérieure au n. 144 B.

144 — 80×178 — 1500*

B. HISTOIRE DE LUCRÈCE. Boston, Isabella Stewart Gardner Museum.

Les sources littéraires sont les mêmes que celles du n. 144 A. A gauche, Lucrèce tente de résister à Sextus, fils de Tarquin le Superbe (ou à ce dernier): la frise située au-dessus représente l'histoire de Judith; à droite, le suicide de Lucrèce outragée: dans la frise au-dessus de l'arc, l'exploit d'Horatius Coclès; au centre, Brutus présente aux soldats le corps de Lucrèce, les poussant à la révolte: dans les frises de l'arc de triomphe, les exploits de Curtius et de Mucius Scaevola. Quand elle fut exposée à Londres, en 1893-94, comme authentique, cette œuvre appartenait à la collection Ashburnham; elle passa peu après à l'Isabella Stewart Gardner Museum.

145 — 53×35 — 1499*

LE CHRIST AU JARDIN DES OLIVIERS. Grenade, Capilla de los Reyes.

Ce fut Gómez Moreno [1908] qui reconnut en cette œuvre une de celles qui ornaient les portes d'un reliquaire qu'Isabelle la Catholique avait commandé pour la chapelle qu'elle fit construire à Grenade peu avant 1504. Bertaux [1880] l'attribue à l'école, mais presque tous les exégètes qui suivirent [Yashiro; jusqu'à Salvini] l'attribuent à Botticelli, sauf A. Venturi et quelques autres qui ne la mentionnent pas. La date la plus couramment retenue est 1500-04; Salvini l'avance, mais de peu, en raison des affinités que cette œuvre présente avec les n. 144 A et B.

146 — 49,5×58,5 — 1500*

L'ANNONCIATION. Glasgow, Art Gallery and Museum.

Provient de la collection McLellan à Glasgow. Cette composition est considérée comme autographe, — à partir de Waagen [1854], — par la majorité des critiques, sauf A. Venturi, Berenson, Mesnil et Chastel, dont les réserves ne s'appliquent qu'à la mise en page. La date, vers 1500, est unanimement admise.

147 — 130×99

LA FUITE EN EGYPTE. Paris, Musée Jacquemart-André.

C'est une œuvre dont l'idée revient évidemment à Botticelli mais dont l'exécution appartient à l'atelier, ainsi que le pensent tous les critiques, sauf Bode, Ulmann et Schmarsow [1923], pour qui elle serait autographe. Il est toutefois possible qu'il s'agisse d'une copie, peut-être d'un peintre nordique, d'après un exemplaire perdu. Sur bois à l'origine.

148 — 108,5×75 — 1501

LA NATIVITÉ MYSTIQUE. Londres, National Gallery.

Outre les cartouches où il y a inscrit "Gloria in excelsis Deo" et "Pax homnibus" (Evangile de saint Luc), ce tableau porte en haut, sur trois lignes, l'inscription suivante, rédigée en grec: "Ce tableau a été peint par moi, Alessandro, vers la fin de l'année 1500 [style florentin, donc: début de 1501], pendant les troubles de l'Italie, à la moitié du temps après le temps où se vérifia le chapitre XI de saint Jean dans le second malheur de l'*Apocalypse*, quand le Diable fut libéré pour trois ans et demi; ensuite, il sera enchaîné, selon le chapitre XII, et nous le verrons... [un mot a été gratté que l'on remplace habituellement par

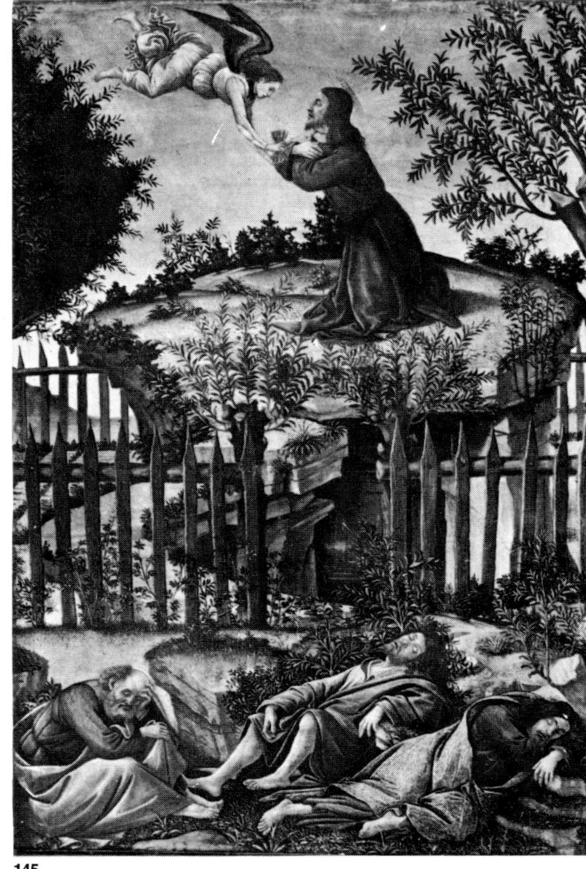

145

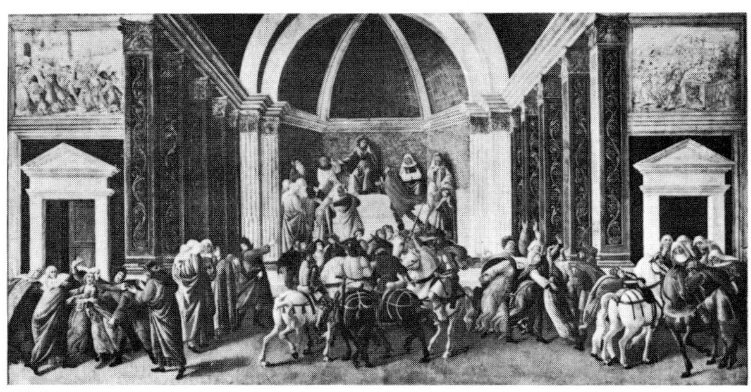

144 A

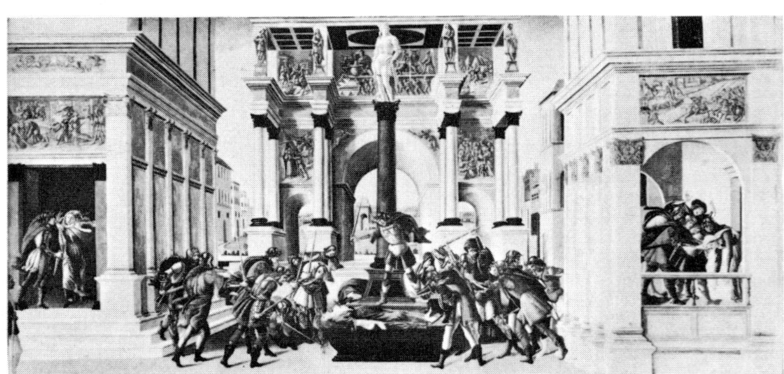

144 B [Pl. LVII]

'précipité' ou 'foulé aux pieds'] ainsi que dans ce tableau". L'allusion aux troubles peut se rattacher à l'invasion des Français, aux émeutes de Florence après la mort de Laurent le Magnifique ou à la campagne de César Borgia qui assiégea Faenza en 1501, faisant peser une menace sur la Toscane. Quant à l'*Apocalypse*, le "deuxième malheur" du chapitre XI prophétise l'oppression par les Gentils de la "Ville Sainte durant quarante-deux mois"; dans le chapitre XII il est prévu que Satan sera précipité "sur la terre, et ses Anges avec lui". L'expression "à la moitié du temps après le temps" évoque l'expression "pour un temps et des temps et la moitié d'un temps", qui se trouve dans l'*Apocalypse* même (XII, 14) et que Savonarole interprétait ainsi (dans une glose de sa *Vulgate*): "un an et deux ans et la moitié d'un an", ce qui a donné lieu, parmi les critiques, à des opinions divergentes quant à la période précise (si on l'applique au début des guerres engagées par Borgia ou au martyre de Savonarole). Il n'est pas certain que le peintre ait tenu compte de l'interprétation de Savonarole [Salvini, etc.], et nous ignorons en quoi cette interprétation pouvait consister, étant donné que les quarante-deux sermons de Savonarole sur l'*Apocalypse* ont été perdus. Il n'en reste pas moins que l'iconographie exceptionnelle des anges qui dansent et chantent l'hosanna, et des créatures célestes et terrestres qui s'embrassent, peut difficilement être disjointe de Savonarole, en tant que vision prophétique de l'humanité libérée des tribulations où l'ont jetée l'arrivée de l'Antéchrist, arrivée que matérialisent les "troubles" politiques et la condamnation du moine [Salvini]: d'autant que cette Nativité participe du même climat que celui des homélies de Noël prononcées par Savonarole en 1493-94, invitant les Florentins à faire de leur ville une nouvelle Nazareth, à se réunir en esprit autour de la crèche où la Vierge adore son Fils, assistée par la Grâce, la Vérité et la Justice (ou plutôt, étant donné la couleur des vêtements, la Foi, l'Espérance et la Charité), qu'on voit sur le toit sous la forme d'anges [Pope-Hennessy], alors que les phylactères et les branches

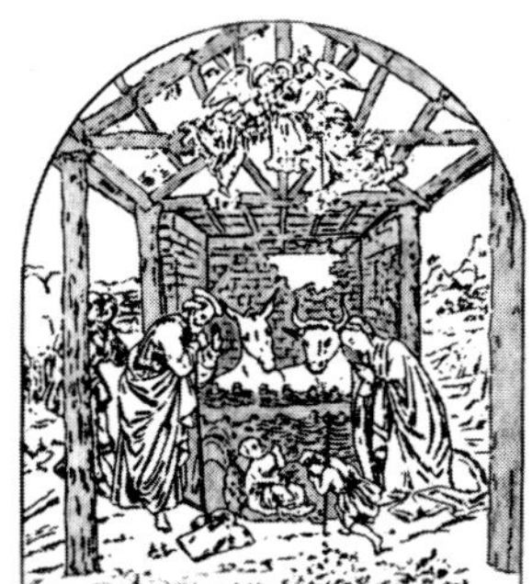

Interprétation moderne du n. 149, d'après Reinach [1906].

d'olivier auxquelles pendent des couronnes dorées, nous ramènent aux représentations sacrées qu'organisa Savonarole. L'absence de personnages 'modernes', en outre, renvoie encore à Savonarole qui s'était élevé contre leur insertion dans des œuvres à sujet sacré (il faut en effet, — avec Salvini, — rejeter l'identification à Savonarole et à ses deux compagnons de martyre des trois personnages qui embrassent les anges au premier plan). Ce tableau fut acheté vers 1800 par W. Y. Ottley à la vente de la villa Aldobrandini à Rome, où vraisemblablement il était parvenu de Florence, après avoir appartenu à la même famille; en 1811, il fut vendu quarante-deux livres sterling; en 1837, un peu plus de vingt-quatre livres sterling; en 1851, il entra dans la collection Fuller Maitland (Stansted Hall, Essex), d'où il passa (1878) à son siège actuel pour mille cinq cents livres sterling.

Une réplique partielle (un tondo) de la Vierge et de saint Joseph (avec le petit saint Jean) adorant l'Enfant se trouve dans la collection Wickham Flower à Londres.

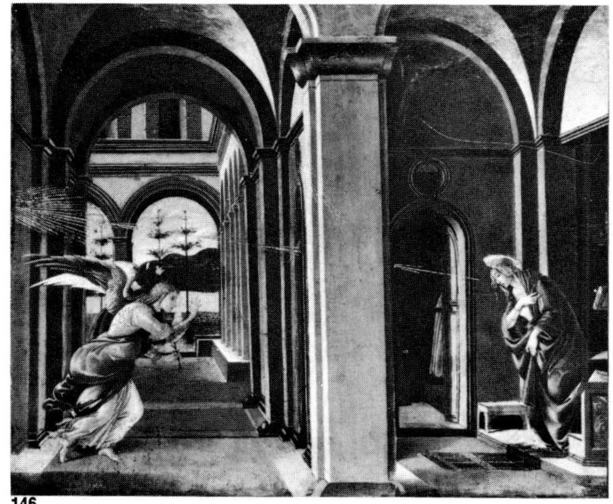

146

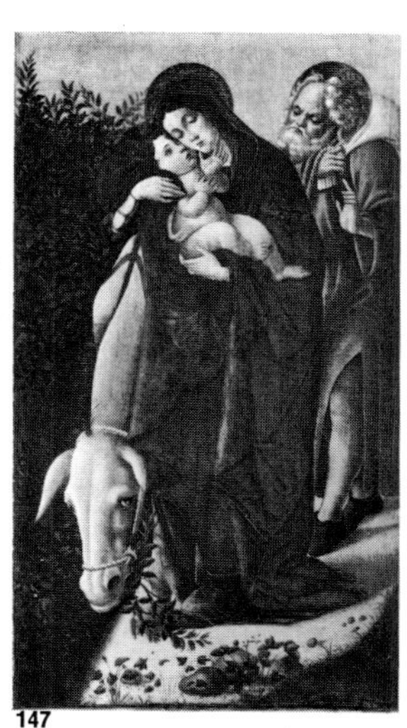

147

148 [Pl. LXII-LXIV]

149

LA NATIVITÉ. Autrefois à Budapest, Collection von Nemes.

Reinach, et les catalogues des collections de sir William Nevill Abdy (vente du 5 mai 1911, n. 86) et de von Nemes (vente du 17 juin 1913, n. 4) donnent comme authentique ce panneau qui a disparu. A droite, la Vierge à genoux adorant l'Enfant avec le petit saint Jean, est un sujet courant de la première maturité du peintre; saint Joseph debout, et les deux bergers, sont semblables à ceux de la *Nativité Mystique* (n. 148); le bœuf et l'âne existent déjà dans le tondo de Washington (n. 124); la crèche faite de troncs d'arbres et le mur démoli au fond rappellent les compositions analogues de Botticelli; c'est l'hétérogénéité qui fait plutôt penser à une œuvre d'atelier.

150

73×51
1500-05*

LA CRUCIFIXION SYMBOLIQUE. Cambridge (Massachusetts), Fogg Art Museum.

Horne la fit connaître [1908] en rattachant le sujet de cette œuvre au sermon tenu par Savonarole le 13 janvier 1495: "Je voyais par l'imagination une croix noire sur Rome la Babylone, où était écrit 'Ira Domini', et il pleuvait dessus... des armes, de la grêle, des pierres, une tempête et la foudre... et un ciel ténébreux, très sombre. Et je voyais une autre croix, d'or, qui reliait le ciel à la terre, sur Jérusalem, où était écrit 'Misericordia Dei', et ici le temps était serein, clair, très limpide... Et je voyais les anges arriver, avec la croix rouge en main...". Le tableau représente en effet une croix qui va de la terre au ciel; à gauche, Florence illuminée par le soleil et, dans le ciel, des anges portant un bouclier rouge avec une croix; dans un nimbe, l'Eternel bénissant; à droite de la croix, dans des nuages d'orage, des diables lancent des torches allumées; au pied de la croix, un ange flagelle un animal, tandis qu'une femme embrasse la croix; de ses vêtements, une autre bête s'enfuit. L'animal qui est flagellé est identifié soit au "petit renard ravageur de vigne" (Cantique des cantiques, II, 15), c'est-à-dire le vice [Horne] ou la licence païenne [Gamba; Mesnil]; soit à un lion, c'est-à-dire à l'emblème florentin, donc à Florence même [Bode, 1921 et 1926; Pope-Hennessy]; dans la bête qui s'enfuit on a cru voir le loup de la corruption [Pope-Hennessy; Salvini]. D'où les interprétations suivantes de cette vision dans son ensemble: la colère divine s'abat sur Florence la coupable, et la Madeleine, c'est le repentir de la ville [Horne; Bode]; la protection divine préserve du feu les murs de la cité, et la vraie foi triomphe avec le châtiment de l'Humanisme paganisant (le renard) [Gamba; Mesnil]; grâce à la punition de la ville (le lion) et au repentir de l'église (la Madeleine), la corruption (le renard) s'enfuit [Pope-Hennessy]; Florence et l'église purifiées par l'intervention des anges, qui chassent les nuages sombres et par le châtiment du lion (symbole de Florence la vicieuse) et celui du loup (symbole de la corruption ecclésiastique) [Salvini]: ce qui pourrait d'une certaine manière se résumer par le repentir de Florence, repentir qui en éloigne les dangers, allusion au retrait de César Borgia des territoires florentins (1502), événement qui serait l'idée première du tableau [Gamba; etc.]. La toile fut achetée à Florence vers 1900 et elle fit partie de la collection Aynard à Lyon. Selon Horne, c'est une œuvre de Botticelli, exécutée avec une large collaboration; le mauvais état du tableau (qui, après la suppression [1929] des nombreux repeints, est apparu assez usé) ne permet pas de prononcer un jugement exact à son sujet: la majorité des critiques s'accorde à le considérer en grande partie autographe. Une réplique partielle, — le Crucifix seul, découpé comme croix processionnelle (55,5×40 cm.), — entra (1936) dans la collection Kress,

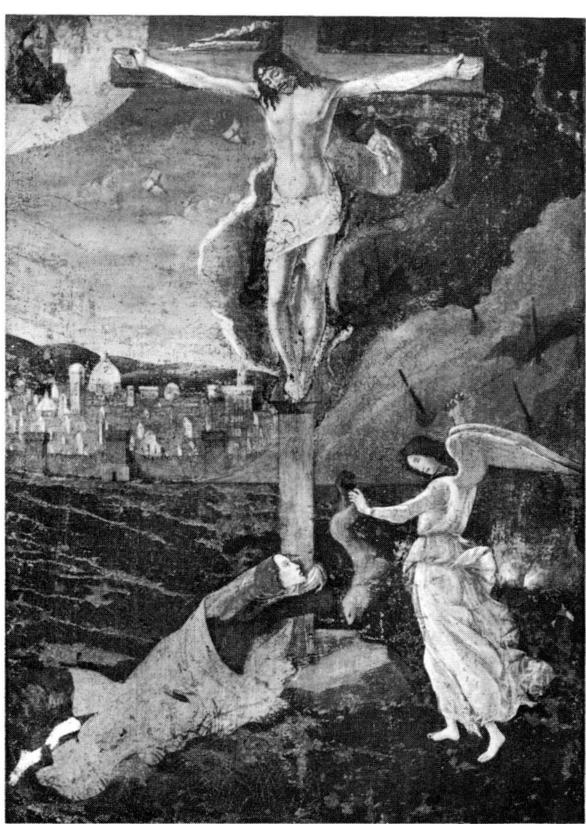

150

et de là au Portland Art Museum à Portland (Oregon).

151 214,9×192,1 1500-05

LA TRINITÉ ET LES SAINTS. Londres, Courtauld Galleries (Collection Lee of Fareham).

Au pied de la Croix les lettres "S B" signifiant peut-être "Sandro Botticelli". Outre la Madeleine et saint Jean-Baptiste, on aperçoit au premier plan, vers la gauche, l'ange et le jeune Tobie. Achetée à Rome au Monte di Pietà par sir Henry Layard, cette œuvre figura ensuite dans les collections Wimborne, Lesser, Cohen et Moorfield. Le premier à l'attribuer à Botticelli fut Yashiro [1925], qui l'identifiait même au retable des Converties (n. 27); cette attribution, acceptée par plusieurs spécialistes, fut mise en doute par Mesnil et Berenson [1932], et repoussée par Salvini, qui fit valoir l'hétérogénéité des facteurs stylistiques et iconographiques du tableau, facteurs de toute évidence puisés par l'atelier dans des œuvres de Botticelli de périodes différentes. Sa date aussi est discutée: on la situe de 1474, comme le propose Yashiro, à 1490-1495, ainsi que l'affirme Bode, avec diverses options se rapportant aux années intermédiaires. En substance, ce tableau évoque, sur grand format, la *Transfiguration* Pallavicini (n. 131) mais il apparaît également comme un centon d'éléments disparates, présentant une analogie de composition avec les *Crucifixions* d'Andrea del Castagno [Bettini] et la *Trinité* de Pesellino et de Filippino Lippi, aujourd'hui à la National Gallery; il est presque sûr que les figures de l'ange et du jeune Tobie sont de Botticelli, ce qui fait supposer, — avec Salvini, — qu'à la mort du peintre ses élèves auraient enlevé pour un acheteur peu exigeant les parties les moins attrayantes d'une composition allégorique comme la *Nativité mystique* ou la *Crucifixion symbolique*, parties hâtivement remplacées par d'autres, d'où la sensation que ce tableau a été exécuté par étapes successives; ou ce serait alors une composition que Botticelli laissa inachevée et que l'atelier termina. Elle semble mutilée sur les côtés, et il lui manque peut-être la lunette qui pouvait conférer l'équilibre à un ensemble si mal ordonné. La prédelle (n. 152) paraît se rapprocher de la partie la plus botticellienne du panneau.

151

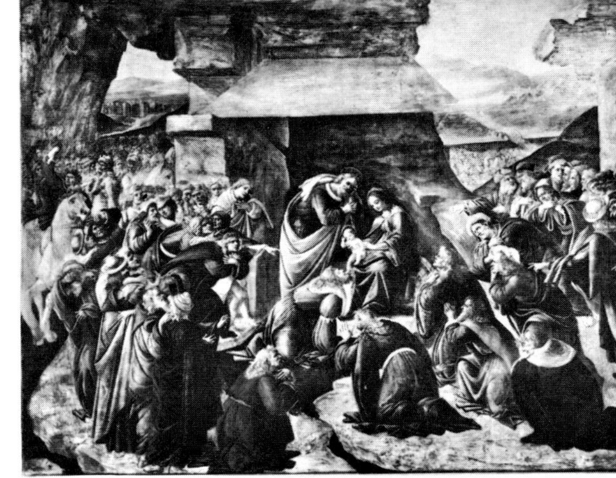
153

Scènes de la vie de la Madeleine

Il s'agit de quatre panneaux, mis en vente à Florence (vers 1910) et passés au Museum of Art à Philadelphie avec la collection John G. Johnson. Attribués à Botticelli par Berenson [1913] et Horne [1913], pour qui ils constituaient, du moins le supposaient-ils, la prédelle du retable des Converties, et qui, de ce fait, les situaient peu après 1470; Yashiro, en les rapprochant de la *Trinité* Lee of Fareham (n. 151), — selon lui, ils faisaient partie de ce retable, — penchait pour les environs de 1474, en accord avec A. Venturi [1925] (qui les date toutefois de 1481), Bode [1926] (qui les situe plus tard, en 1490-1495, en raison du climat "savonarolien"), L. Venturi [1931] (qui opte pour 1481-1490) et van Marle; Gamba, — en identifiant le retable des Converties au tableau qui se trouve aux Uffizi (n. 27), dont ces panneaux auraient formé la prédelle, — la situait vers 1471, suivi par Mesnil, Bettini et Salvini; mais, tout en reconnaissant avec Salvini l'influence de Pollaiolo dans le dessin, il paraît plus judicieux de les rapprocher des œuvres de la dernière période de Botticelli; il suffit, d'ailleurs, de comparer la figure de la Madeleine du n. 152 D avec celle de la *Trinité* de Londres (n. 151), ou celle du personnage qui, dans le même panneau, assiste à l'Ascension de la sainte avec certains personnages de la *Nativité mystique* (n. 148). Les signes conventionnels sont valables pour les quatre panneaux.

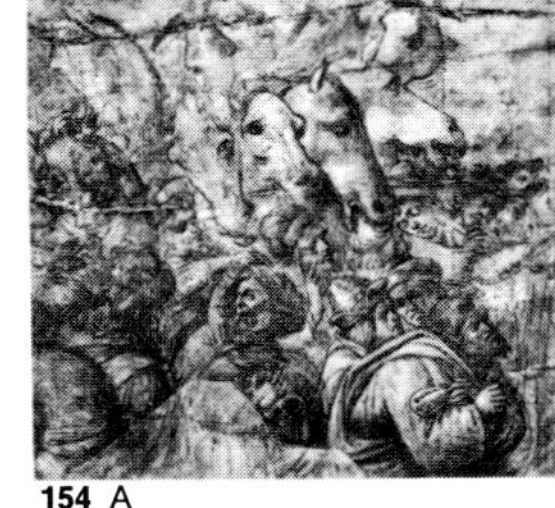
154 A

152 18,5×42,5 1500*

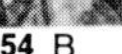

A. LA SAINTE ÉCOUTANT LE SERMON DU CHRIST.

B. LA SAINTE OIGNANT LES PIEDS DU CHRIST.

C. "NOLI ME TANGERE".

Une copie d'atelier (24,7×91,6), avec sept saints, existe au Louvre, qui provient de la collection Campana.

D. LA COMMUNION ET L'ASCENSION DE LA SAINTE.

Ces deux épisodes se réfèrent en réalité à la vie de sainte Marie l'Egyptienne, mais au XVe siècle cette confusion existait depuis au moins deux siècles.

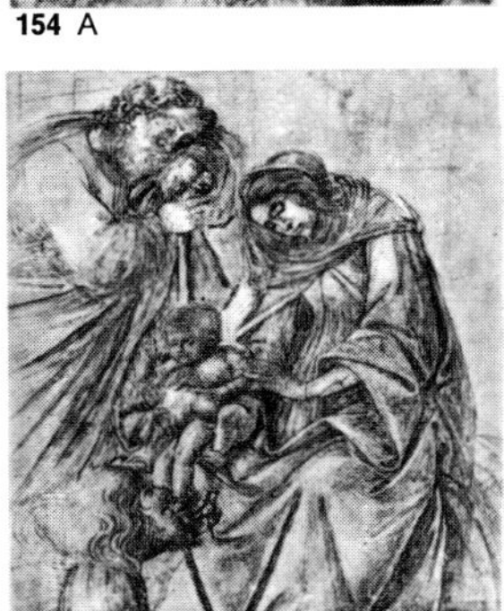
154 B

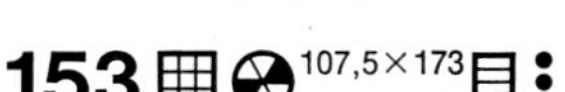

153 107,5×173

L'ADORATION DES MAGES. Florence, Soprintendenza alle Gallerie.

Dans la figure, à gauche, de saint Joseph, Heat Wilson [1880] identifiait Savonarole qui, tout en embrassant Laurent le Magnifique, lui indique Jésus; il crut reconnaître aussi les portraits de Benivieni et de Léonard, mais cela paraît assez improbable. Ce tableau parvint à la Soprintendenza alle Gallerie en 1779, où il fut exposé de 1880 à 1940, comme une œuvre 'préparée' en clair-obscur par Botticelli et partiellement colorée au XVIIe siècle. L'attribution fut confirmée par Heat, qui la considérait comme une œuvre tardive, suivi par Ulmann et Ridolfi [1896], tandis que, selon F. O. Schulze [1880], il s'agirait de l'œuvre d'un disciple. Ulmann pensait qu'on pouvait l'identifier à un tableau que l'Anonimo Gaddiano signale au Palazzo Vecchio, "sur l'escalier qui monte à la Catena", mais Horne repousse cette hypothèse car la peinture en question

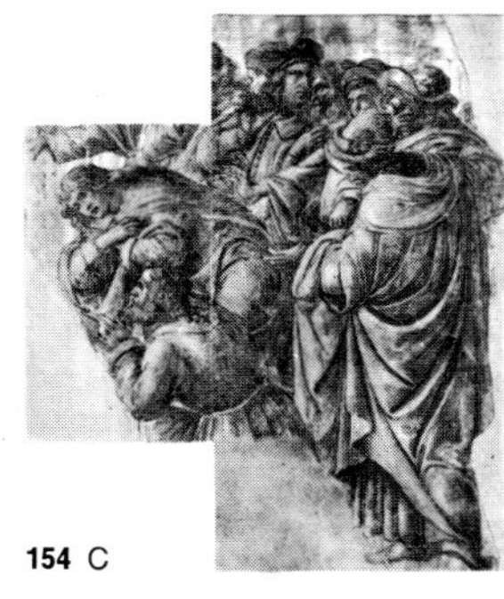
154 C

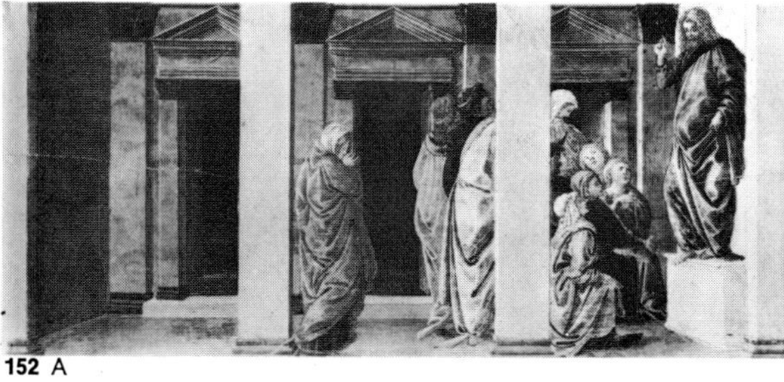
152 A

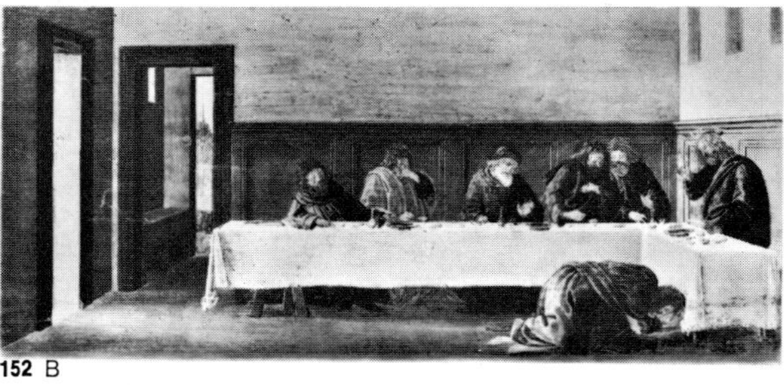
152 B

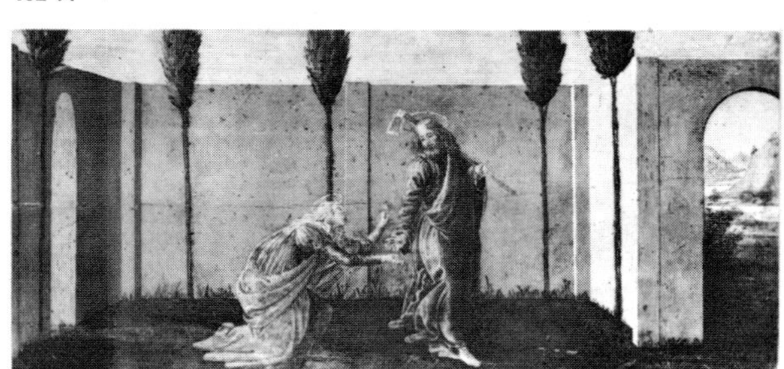
152 C

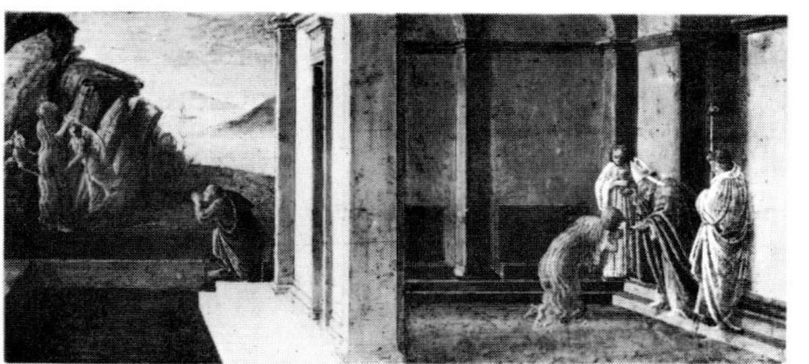
152 D

était probablement une fresque. Müller-Walde [1889] et Müntz [1897] furent les premiers à y déceler des éléments appartenant à Léonard, dus, suivant Ridolfi, à l'influence que put exercer l'*Epiphanie* des Uffizi que Léonard laissa inachevée; Bettini confirma cette hypothèse. Horne donnait, pourtant, une date antérieure à 1480, que Yashiro retardait de deux ans; le reste des critiques admet au contraire des dates tardives, peu avant le XVIe siècle; [A. Venturi; van Marle; Gamba, Mesnil; Salvini] ou peu après [Bode; Schmarsow; Bettini].

L'Adoration des Mages (fragmentaire)

A l'origine, elle devait être assez semblable au n. 153, étant comme celle-ci, ébauchée en clair-obscur. Les trois fragments qui subsistent se trouvaient ensemble, jusqu'en 1884, dans la collection W. Russel d'Onslow Gardens, attribués d'abord à Filippino Lippi, puis à Botticelli (voir le n. 154 C). Horne repoussa cette attribution [1903, 1908, 1909-10], car il considérait ces fragments comme les parties de la réplique ancienne d'un original perdu, peut-être une fresque du Palazzo Vecchio à Florence (voir le n. 153); Yashiro les réattribua à Botticelli [1929], en accord avec la majorité des critiques qui suivirent [jusqu'à Salvini], les situant généralement vers 1490, alors que pour Salvini, — et à juste titre, — ils sont de l'époque du n. 153.

154 17,5×19,5 1500-05

A. ASSISTANTS ET CHEVAUX. New-York, Pierpont Morgan Library.

Si l'on se rapporte au n. 153, ce fragment se trouvait évidemment dans la partie gauche de l'original. Il passa de la collection Russel à la collection Salting, où Ulmann l'attribua à Botticelli, puis dans la collection Fairfax Murray.

154 30×25 1500-05

B. LA SAINTE FAMILLE ET UN ROI MAGE. Cambridge, Fitzwilliam Museum.

De toute évidence la partie centrale de l'œuvre originale démembrée. Lors de la vente Russel, ce fragment passa chez Brough à Leck (Stafford), avant de parvenir au Fitzwilliam Museum.

154 44×37 1500-05

C. ASSISTANTS. Cambridge, Fitzwilliam Museum.

Cette partie se compose de deux fragments: W. Y. Ottley présenta en 1823 le plus grand des deux comme œuvre de Filippino Lippi. Ce même fragment passa de la collection Russel à la collection Knowles, puis (1908) à la collection Clough à Londres. Le plus petit, dont on ne savait plus rien après la vente Russel, réapparut à Londres en 1896, chez Sotheby, et fut acheté par Clough, qui aurait ensuite acquis l'autre partie.

Œuvres autrefois attribuées à Botticelli

On trouvera ci-après certaines œuvres qui, bien qu'attribuées à Botticelli par des critiques autorisés, paraissent si étrangères à sa production qu'il n'était pas possible de les intégrer dans la suite chronologique du Catalogue; elles sont enregistrées par ordre alphabétique des villes dans lesquelles elles se trouvent (sauf le n. 174).

155. PORTRAIT DE JEUNE HOMME. Berlin, Staatliche Museen.

Panneau (41×31 cm.). Dans ce musée depuis 1829, attribué à Filippino Lippi, jusqu'à ce que Morelli y reconnaisse le style de Raffaellino del Garbo, ainsi que le confirmèrent de nombreux critiques [Berenson, Bodmer, 1931; jusqu'à Berti et Balni, 1957; Salvini], alors qu'Ulmann l'attribuait à un disciple de Botticelli ou de Filippino influencé par Pérugin; Bode l'attribua à Botticelli, et d'autres [Scharf, 1935; etc.] reprirent l'attribution à Lippi.

156. PORTRAIT DE JEUNE FEMME. Berlin, Staatliche Museen.

Panneau (47,5×35 cm.). Bode le présenta [1888] comme un autographe qui aurait peut-être représenté Simonetta Vespucci, le datant [1921] vers 1480, puis [1926] vers 1476; Schmarsow (vers 1480-1481) fut du même avis et van Marle aussi (qui identifia le personnage à Lucrezia Tornabuoni). Ulmann [1893] l'attribuait à l'atelier, suivi par Berenson, Gamba (qui y reconnaissait Clarice Orsini et le datait vers 1485), L. Venturi, Mesnil et Salvini, qui fait toutefois remarquer la qualité inférieure de ce portrait comparé aux œuvres analogues de l'atelier; et on se demande en effet s'il ne conviendrait pas de l'attribuer à un imitateur assez tardif.

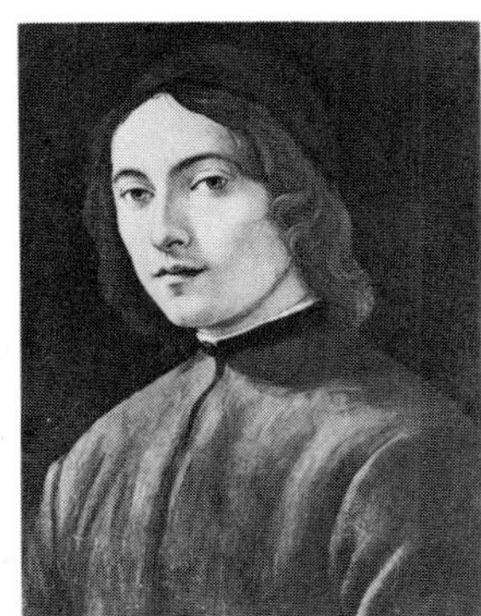

155

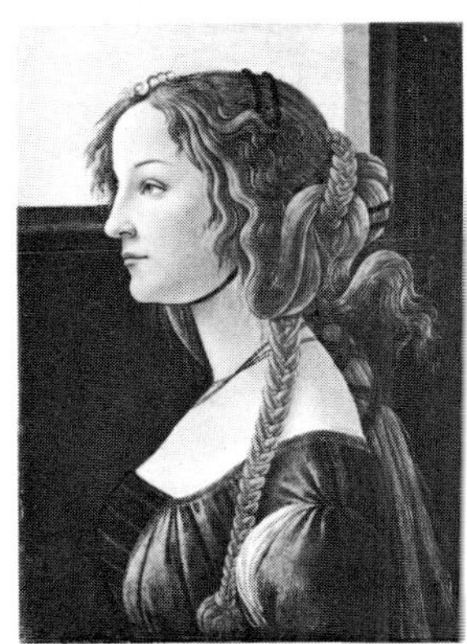

156

157. PORTRAIT DE JEUNE GARÇON. Besançon, Musée des Beaux-Arts (Donation Gigoux).

Panneau (46×31 cm.). Inscription: "El tempo consuma" (Le temps use). Autrefois attribué à Masaccio, Verrocchio ou Botticini [A. Venturi, 1911], Piero Pollaiolo [Berenson, 1936] ou à l'école [van Marle, 1929], à un peintre non florentin [Sabatini, 1944], à Antonio Pollaiolo [Ragghianti, 1949] ou à un de ses imitateurs [Ortolani, 1949], à Cossa [Meiss, 1951] etc. Mais Berenson lui-même [1932] et Mesnil l'attribuent à Botticelli, qui n'en est certes pas l'auteur; même pas une œuvre d'atelier [Salvini]. Peut-être de Mariano d'Antonio.

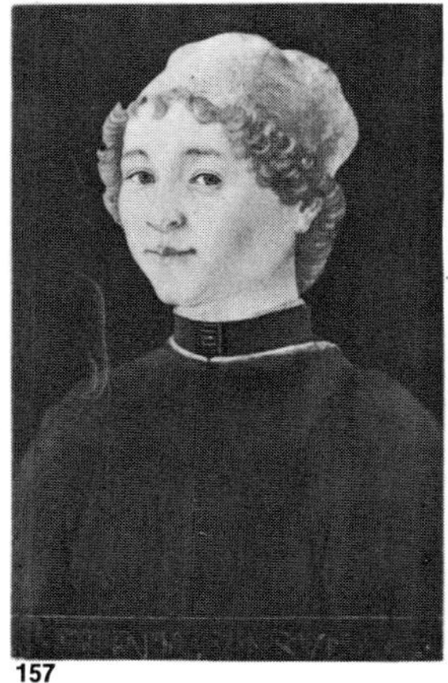

157

158. LE RÉDEMPTEUR PRÉSENTANT LA COURONNE D'ÉPINES. Birmingham (Alabama), Museum of Art.

Panneau. Autrefois à New-York, chez Kleinberger, qui présenta cette œuvre comme autographe, en accord avec van Marle [1931]. Dans ses dernières listes, Berenson l'attribue à Jacopo del Sellaio.

159. L'ADORATION DES MAGES AVEC SAINTE CATHERINE ET SAINT ANDRÉ. Dijon, Musée des Beaux-Arts (Donation J. Maciet).

Panneau (33×39 cm.). Dans ce musée depuis 1897. Selon Berenson, c'est une copie d'après un original perdu de Botticelli. Différents spécialistes et Geiger même [Catalogue du Musée, 1966], l'attribuent à Jacopo del Sellaio. On pourrait plutôt le rapprocher des œuvres de Pesellino.

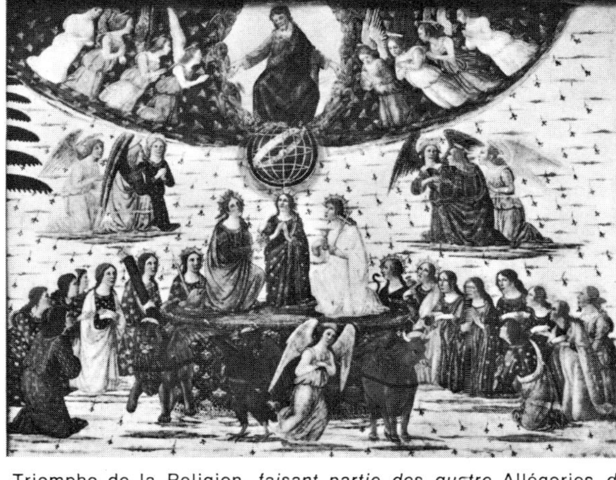

Triomphe de la Religion, *faisant partie des quatre* Allégories *de Fiesole (n. 160).*

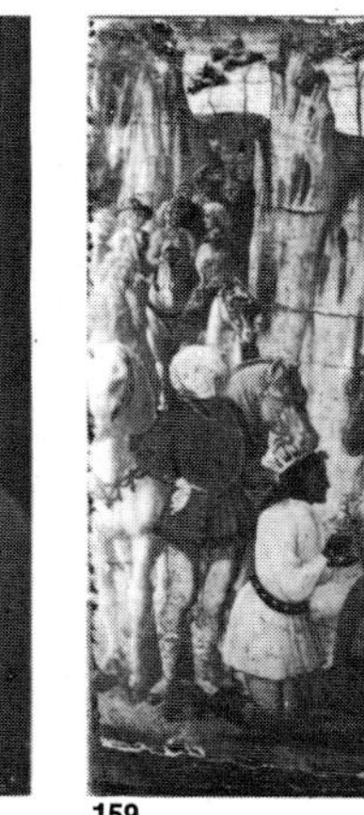

159

160. ALLÉGORIES. Fiesole, Museo Bandini.

Série de quatre panneaux, — Triomphe de la Chasteté, de l'Amour, du Temps et de la Religion, — provenant de l'oratoire de Sant'Ansano à Fiesole. Gebhardt [1908] les attribua à Botticelli mais il est plus raisonnable de les rapprocher de Jacopo del Sellaio.

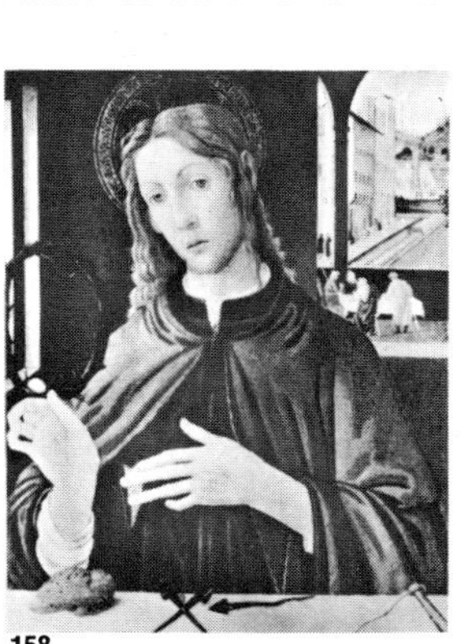

158

161. LA MORT DE LUCRÈCE, Florence, Pitti.

Panneau (42×126 cm.). A rapprocher iconographiquement du n. 144 B dont le sujet est analogue. Cette œuvre est à présent généralement attribuée à Filippino Lippi, dérivant du tableau susdit. Berenson (au moins au début) et Yashiro l'attribuent plutôt à l'atelier de Botticelli, et Mesnil au peintre même.

162. LA CRUCIFIXION. Francfort, Städelsches Kunstinstitut.

Tondo sur bois. Suivant Berenson [1953, copie d'un original perdu. On peut l'attribuer à un imitateur posthume.

163. PORTRAIT DE JEUNE HOMME. Autrefois à Heemstede (Haarlem), Collection Gutman.

Cette œuvre parvint à son dernier propriétaire connu vers 1930, venant de la collection von Nemes à Budapest. De Botticelli, selon Uhde-Bernays

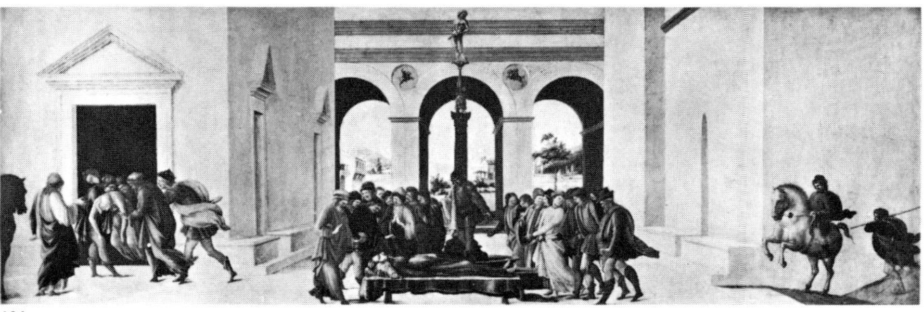

161

[1913], A. Venturi [1925] et van Marle; repoussée par Berenson [1932] et Salvini. Vraisemblablement de Mariano d'Antonio, et peut-être son autoportrait.

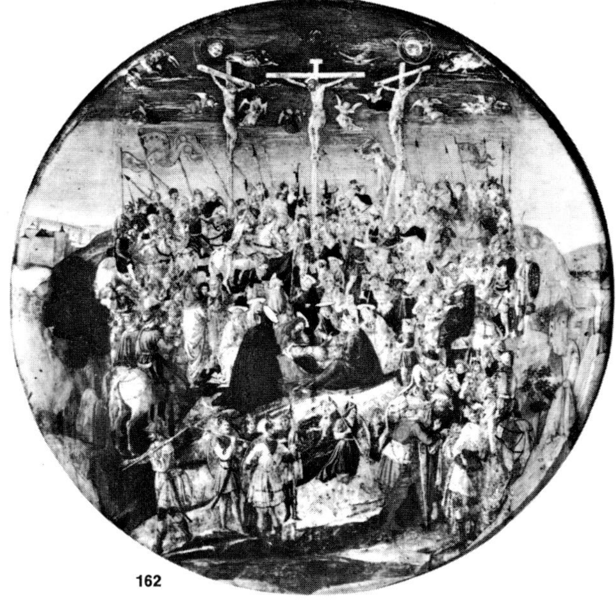
162

165. ASSOMPTION DE LA VIERGE. Londres, National Gallery.

Toile (panneau transposé; 225×458 cm.). Vasari la mentionne comme une commande que Matteo Palmieri (mort en 1478) fit à Botticelli, le sujet étant tiré du livre de Palmieri, *Città di vita*, œuvre posthume, condamnée pour **hérésie**. Selon Palmieri, chaque homme incarne un des anges qui, au moment de la rébellion de Lucifer, restèrent neutres. Destiné à la chapelle de sa famille à San Pier Maggiore à Florence, ce retable y resta jusqu'en 1785, mais recouvert d'un voile puisqu'il contenait son portrait, qui était celui d'un hérétique. Il passa ensuite chez les Palmieri et (après 1808) dans la collection Hamilton, puis (1882) à la Walker Art Gallery. L'attribution de Vasari fut reprise par Mesnil et Brizio [1933]; mais Bode déjà [1886] rapprochait ce retable d'un groupe d'œuvres de Botticini, à qui aujourd'hui on attribue généralement cette peinture.

166. PORTRAIT D'HOMME. Londres, National Gallery.

Panneau (51,5×35 cm.). Il passa de la collection Arrigoni à Bergame à la collection Layard à Venise (1865), puis à la National Gallery (1916) où on abandonna les attributions à Dürer, Foppa et Signorelli pour Botticelli; Berenson [1932] et Vertova [1952] sont du même avis. Pour Holmes [1918], van Marle, Scharf [1933], Neilson [1938], Davies [1951] et Salvini, l'auteur est Raffaellino del Garbo.

167. SAINTE BARBE. Lucques, Pinacoteca.

Panneau. Traditionnellement considéré comme autographe, puis attribué à l'atelier; les critiques modernes penchent plus justement pour Botticini.

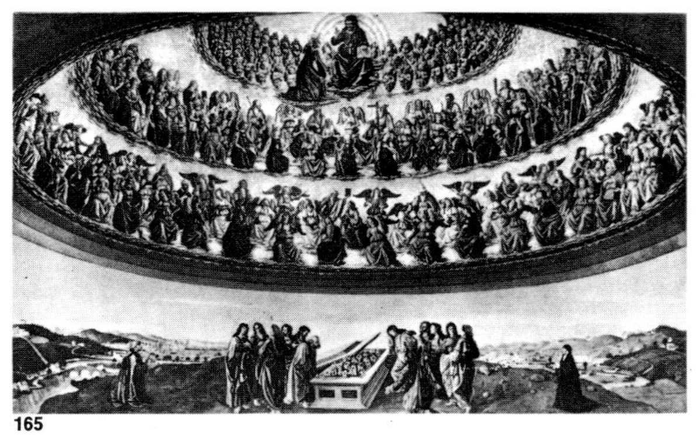
165

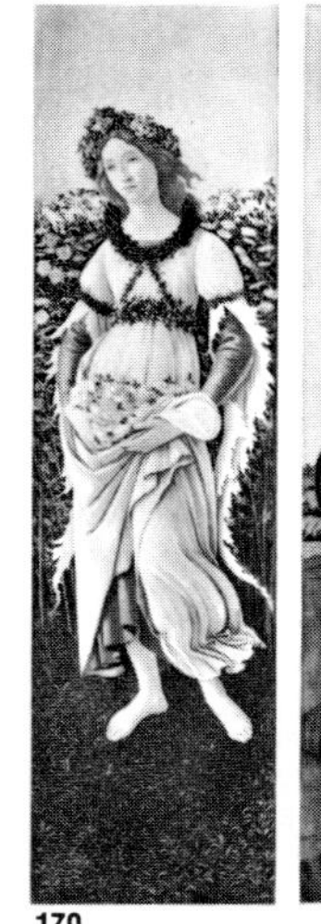
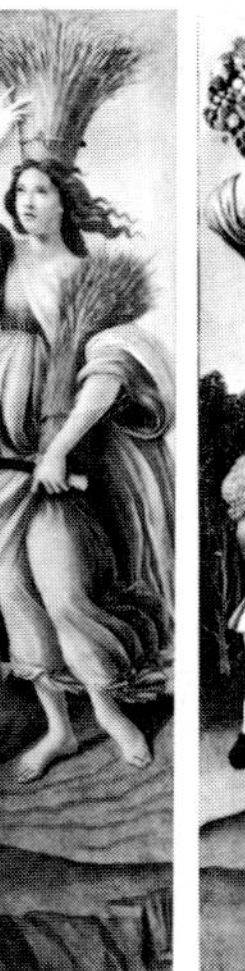
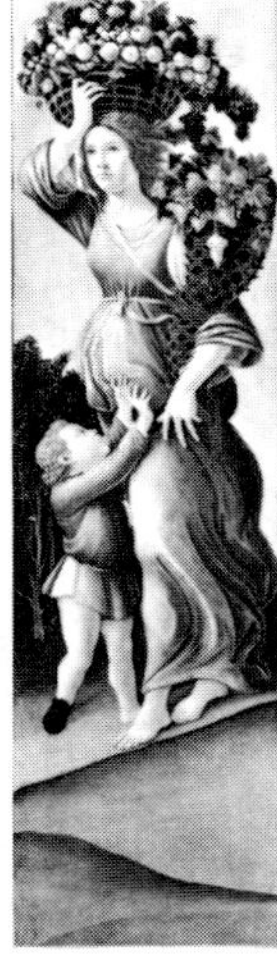
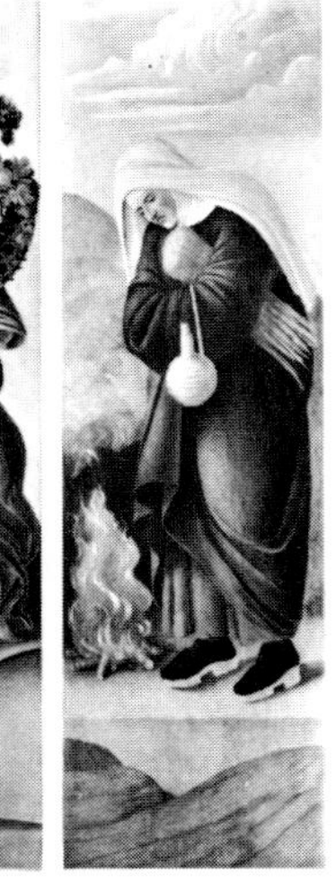
170

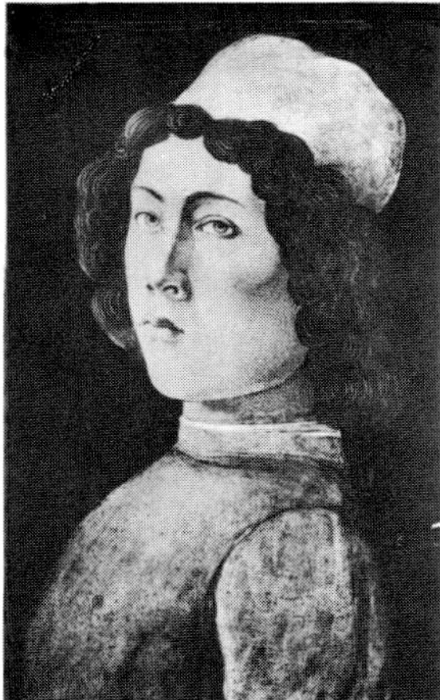
163

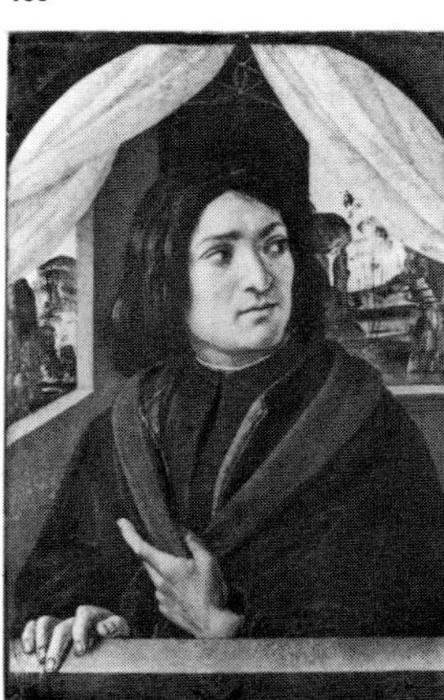
166

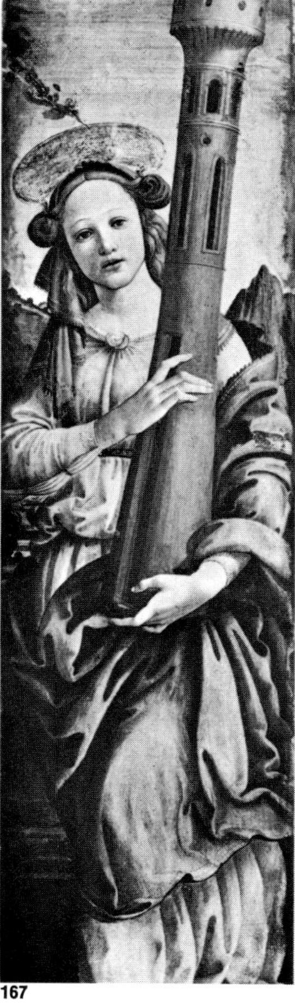
167

164. HISTOIRE DE SAINT ANDRÉ. Liverpool, Walker Art Gallery.

Panneau (25×50 cm.). Autrefois dans la collection Roscoe avec un *Martyre de saint Sébastien*, qui faisait peut-être partie de la même prédelle, attribuée à Andrea del Castagno. Fry [1930] les attribue à Botticelli, tandis que les autres critiques les donnent à Bartolomeo di Giovanni, à l'époque où il ne travaillait plus dans l'atelier de Botticelli.

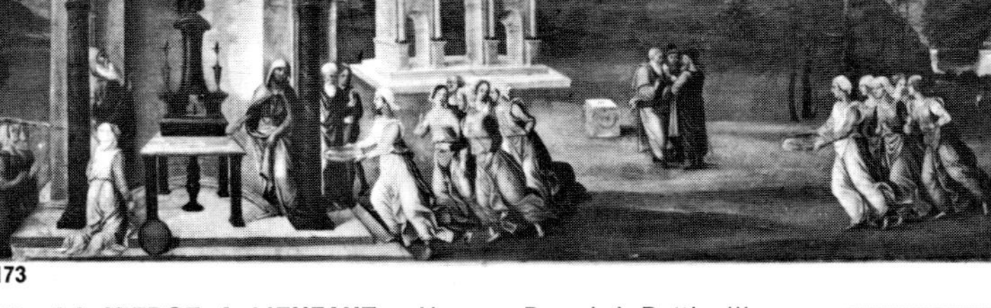
173

168. LA VIERGE A L'ENFANT ET SAINT JEAN. Autrefois à Munich, Collection von Nemes.

Panneau (89×68 cm). De la collection du cardinal Fesch cette œuvre passa (1837) à la collection Spiridon à Paris et ensuite (1929) à la collection Nemes. Donné à Botticelli par Fischel [1929], mais repoussé par les autres critiques.

169. LA VIERGE A L'ENFANT. New-York, Collection Blumenthal.

Panneau (fragment: 45×32 cm.). Autrefois dans la collection Butler à Londres, ensuite dans la collection Hainauer à Berlin. Attribué à Botticelli par Berenson [1932 etc.]. Probablement une réplique d'un original de Filippino Lippi exécutée par un peintre étranger à l'entourage de Botticelli.

170. LES SAISONS. New-York, Collection Knoedler.

Série de quatre panneaux représentant le Printemps (78×21 cm.), l'Eté (78×21), l'Automne (76×21,5) et l'Hiver (80×23). Dans la collection Hannah de Rothschild où ils étaient classés [1878] comme autographes; ensuite dans la collection Rosenberg à Londres. Attribués encore au peintre par A. Venturi [1937], bien qu'Ulmann [1893] eût fait des réserves sur la préparation, que les historiens autorisés partagent à présent.

171. HISTOIRE DE VIRGINIE. Paris, Louvre.

Panneau (41×125 cm.). Le sujet rattache ce tableau à ce-

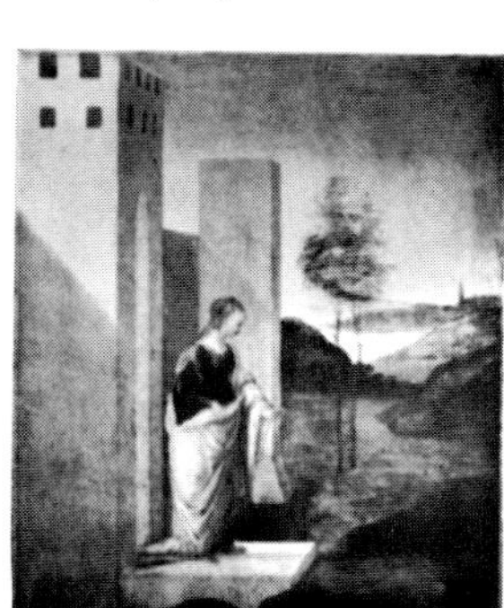
Esther *(?)* quittant le palais d'Assuérus *(voir n. 174)*. - *(Ci-dessous)* Présentation des Vierges à Assuérus *(voir n. 174)*.

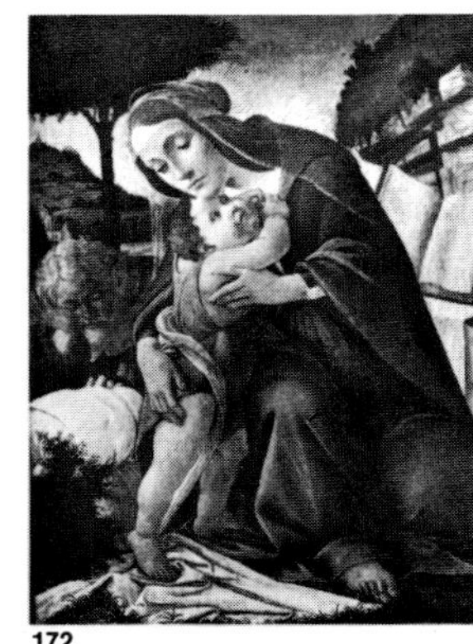
172

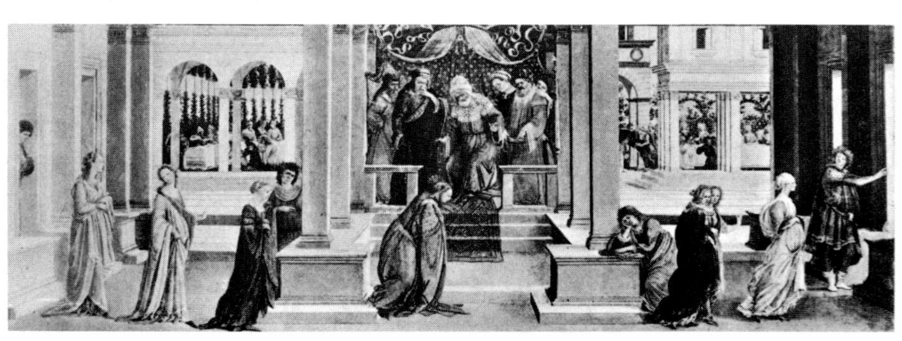

lui de Bergame (n. 144 A). A présent, il est généralement attribué à Filippino Lippi, et identifié à une œuvre jumelle du n. 161. Initialement, Berenson et Yashiro l'attribuèrent à Botticelli, tandis que Mesnil la considère comme un travail d'atelier auquel le peintre aurait collaboré beaucoup plus que dans le tableau de Bergame.

172. LA SAINTE FAMILLE. Pistoia, Museo Civico.

Toile (63×48 cm.). Elle provient de la collection Rospigliosi à Rome. Traditionnellement attribuée à Botticelli; suivant Berenson, œuvre d'atelier; mais Melani [Catalogue du Musée, 1966], tout en reconnaissant qu'il s'agit d'une peinture à l'huile, la rejette même des œuvres de l'entourage immédiat de Botticelli, et l'attribue à un imitateur posthume.

Une réplique (toile, 62×47 cm.) au Städelsches Kunstinstitut de Francfort paraît avoir été peinte par le même artiste que celui qui exécuta le *Christ* qui appartenait autrefois à la collection Lazzaroni (n. 136). Une autre réplique (panneau, 32×21 cm.), aux Museen der Künste à Leipzig, bien que considérée par Mesnil comme le prototype des œuvres ici mentionnées, doit être attribuée à un imitateur étranger à l'atelier de Botticelli.

173. LA VESTALE TUCCIA. Rouen, Musée des Beaux-Arts.

Panneau. A rapprocher des Histoires de dames illustres, n. 144 A et B. Jadis attribuée à Botticelli, cette œuvre est maintenant donnée à Matteo Balducci.

174. Histoire d'Esther.

Il s'agit de deux séries de panneaux provenant de deux coffres. Ceux-ci, après différentes attributions, furent considérés par Wind [1950] et Chastel [1957] comme l'œuvre commune de Botticelli et de Filippino Lippi, collaboration à laquelle, peut-être, on doit également la *Femme abandonnée* (voir n. 139). Le reste de la critique s'accorde toutefois pour exclure toute intervention de Botticelli. Le premier des deux coffres aurait donc été composé de la *Femme abandonnée* et des œuvres suivantes: *Présentation des vierges à Assuérus* (47×138 cm.; Chantilly, Musée Condé) et *Révocation des édits contre les Hébreux* (id.; Paris, collection de Vogüé); l'autre de: *Mardochée honoré par Aman* (48×42 cm.; Vaduz, collection Liechtenstein), *Esther devant le palais d'Assuérus* (48×138 cm.; ibid.) et *Esther (ou la reine Vasthi) quittant le palais d'Assuérus* (46×40 cm.; Florence, Fondation Horne).

Autres œuvres mentionnées par les sources

On trouvera ci-après une liste d'œuvres mentionnées par les sources, — Anonimo Gaddiano, Vasari, documents d'archives, etc., — qui, tout en pouvant être attribuées à Botticelli, ne sauraient trouver place dans le Catalogue, *les références chronologiques faisant défaut.*

FLORENCE

Casa Trofei

175. Panneau représentant la Vierge et l'Enfant, un ange et saint Jean, mentionné par Borghini [1584]. Il se peut que ce soit une œuvre connue, mais on n'a pas de bases suffisantes pour une identification sûre.

Eglise d'Orsanmichele

176. Vasari mentionne un baldaquin "empli de Notres Dames toutes différentes et belles", exécuté avec une technique permettant aux figures de ne pas déteindre et d'être visibles des deux côtés du tissu.

Eglise San Pier Gattolini

177. L'Anonimo Gaddiano mentionne le retable du maître-autel, sans en décrire le sujet. On ignore le sort de cette peinture après la démolition de l'église, qui eut lieu au temps de Côme Ier pour faire place aux nouvelles fortifications.

Cathédrale

178. Cartons pour les mosaïques des coupoles de la chapelle de Saint-Zénobe, mosaïques commencées en 1491 et restées inachevées.

Trésor des Médicis

179. Vasari mentionne un "Bacchus qui, levant un bassin avec les mains, le porte à sa bouche"; c'est sûrement le "portrait de Bacchus, sur toile, haut de trois brasses" inventorié à peu près à la même époque.

Palazzo Médicis

180. Petit ciel de lit dans l'antichambre de Pierre de Médicis, aver une "Fortune exécutée par Sandro di Botticello", inventorié à la mort de Laurent le Magnifique (1492).

181. Vasari mentionne "deux têtes de femme de profil, très belles": il se peut que ce soit des œuvres connues mais il n'y a pas d'identifications précises.

Palazzo della Signoria (Palazzo Vecchio).

182. L'Anonimo Gaddiano mentionne une *Adoration des Mages*, — probablement une fresque, — exécutée en haut de l'escalier devant la porte de la Catena, dans la cour intérieure. Elle disparut au temps des réfections dirigées par Vasari (voir n. 153 et 154)

183. L'inventaire dressé en 1647 fait état d'une peinture représentant Galatée nue avec des zéphyrs et d'autres figures.

MONTEVARCHI

Eglise San Francesco

184. Vasari mentionne le retable du maître-autel, exécuté par Botticelli, sans en décrire le sujet.

Appendice *Autres activités artistiques de Botticelli*

Outre ceux publiés dans le Catalogue (n. 63 C, 70 et 132), on trouvera ici quelques dessins qui, ajoutés à un petit nombre (et dont l'attribution est controversée), ainsi qu'aux illustrations de la "Divine Comédie" (p. 114-115), constituent l'ensemble de la production graphique subsistante de Botticelli.

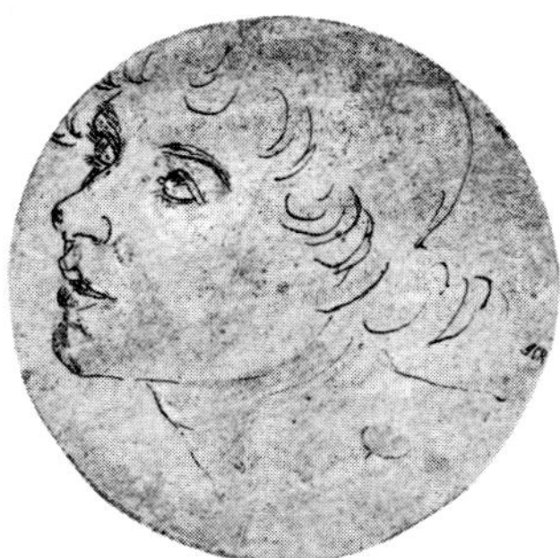

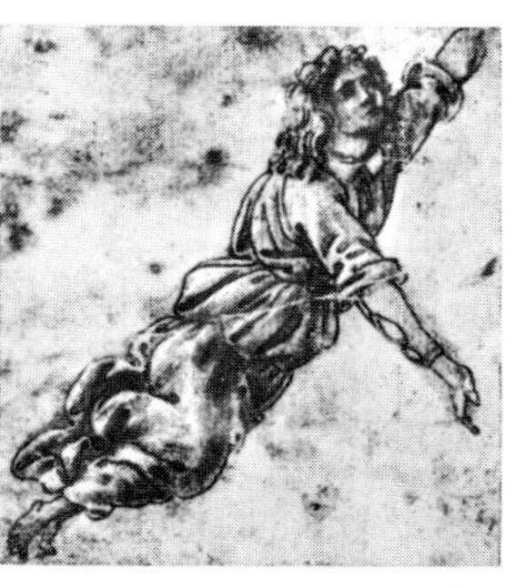

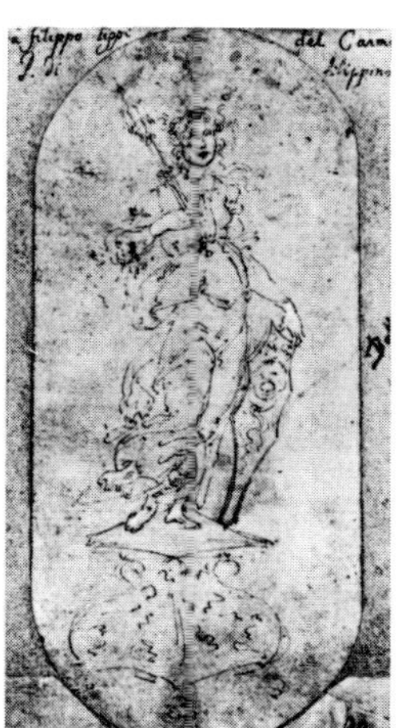

(Ci-dessus) Tête de jeune homme *(diamètre 75 mm.; Londres, British Museum), peut-être un travail préparatoire pour des anges destinés à des peintures proches des n. 15, 18, etc.* Ange dans son envol *(92×95 mm.; Bologne, Collection privée), que Bertini [1953] fit connaître en le datant des environs de 1490. - (A droite)* Minerve *(190×66 mm.; Milan, Biblioteca Ambrosiana), attribuée autrefois à Filippino Lippi; donnée à Botticelli par Berenson qui la situe après 1490.*

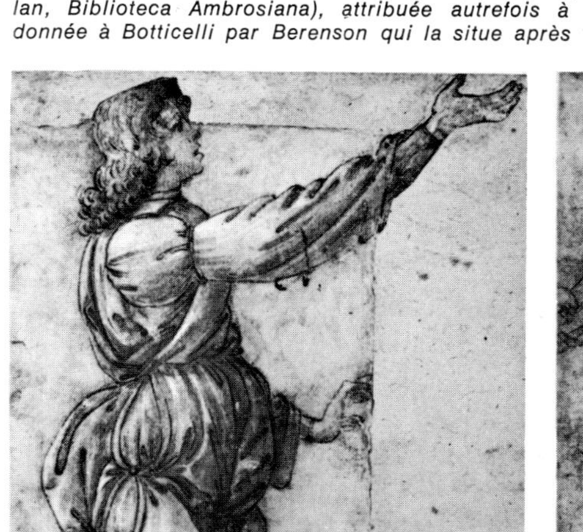

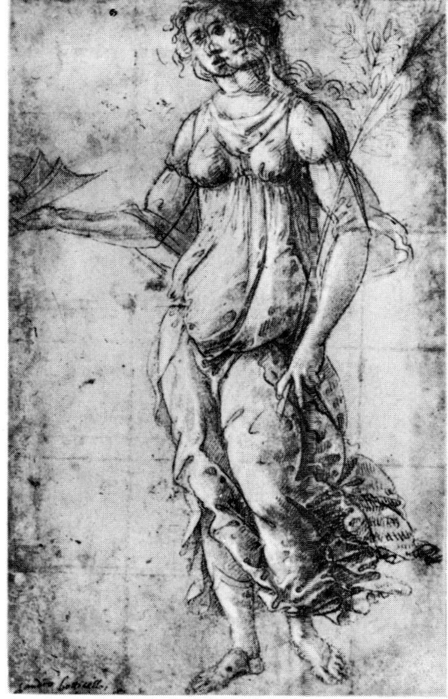

(Ci-dessus) Ange *(270×180 mm.; Florence, Gabinetto degli Uffizi); traditionnellement attribué à Botticelli par presque tous les critiques; les dates proposées varient de 1483 aux environs de 1490, avec une préférence pour cette dernière dans les travaux les plus récents. -* Minerve *(220×240 mm.; ibid.) elle aussi traditionnellement attribuée à Botticelli (mais selon Horne et Berenson, de l'atelier); selon Horne, en accord avec les autres critiques, c'est une esquisse pour la tapisserie de Guy de Beaudreuil (tapisserie qui se trouve à Favelle chez des descendants), tissée après 1491: cette date est admise aussi en raison du dessin. - (Ci-dessous)* Saint Thomas recevant la ceinture *(175×120 mm.; Milan, Biblioteca Ambrosiana), dessin considéré comme un travail préparatoire pour la gravure de l'Assomption (voir page 117); on accepte généralement l'attribution traditionnelle de cette œuvre à Botticelli. -* La Nativité *(160×260 mm.; Florence, Gabinetto degli Uffizi); donnée en général à Botticelli (selon Morelli [1891-1892 ,etc.] de l'école) et datée habituellement vers 1495, malgré les correspondances avec la* Nativité mystique *(n. 148).*

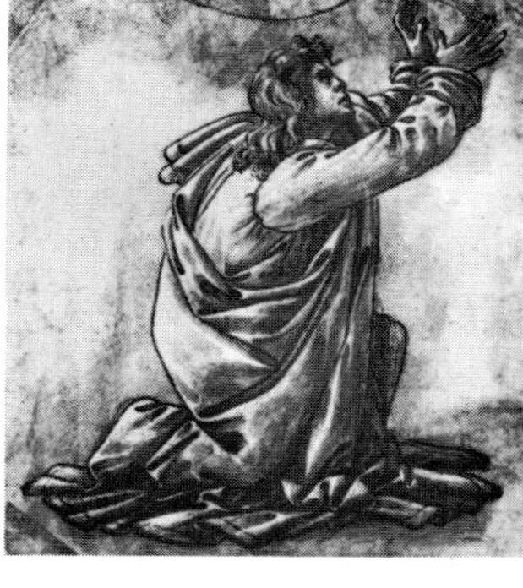

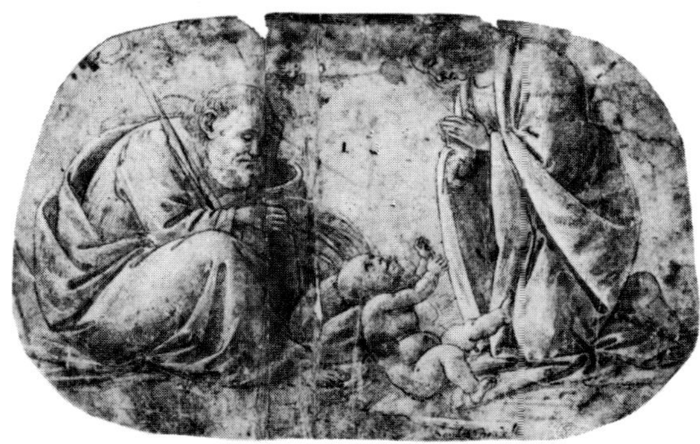

Vasari écrit que, de retour après les travaux de la Sixtine (1482), Botticelli "commenta une partie de Dante: il illustra l'Enfer et le mit à l'impression"; ce qui, de toute évidence, se rapporte aux dessins qui, vraisemblablement gravés par Baccio Baldini, servirent à illustrer l'édition, avec le commentaire de Landino, qui avait déjà paru en 1481; ce fait nous amène à inverser le rapport avec le voyage à Rome sans pour autant rejeter totalement la remarque de Vasari suivant laquelle "Sandro avait passé beaucoup de temps à ce travail", bien qu'on puisse voir ici une confusion avec l'activité déployée postérieurement par Botticelli pour la célèbre série d'illustrations (alors que la mention d'un commentaire, sur lequel on ne sait rien, semble une extrapolation). L'Anonimo Gaddiano rappelle que Botticelli "peignit et historia un Dante en parchemin pour Lorenzo di Pierfrancesco de Médicis, qui fut une chose merveilleuse". La plupart des feuilles furent achetées à Paris (1803), chez le libraire Molini, par le duc d'Hamilton; c'est dans sa collection (Glasgow) que Waagen [1854] les vit, ce qui lui permit de les publier en tant qu'œuvres de Botticelli et autres. Toute la série passa en 1882 au Kupferstichkabinett de Berlin (à l'issue de la deuxième guerre mondiale, elle fut démembrée de sorte qu'une partie se trouve dans la zone est et l'autre dans la zone ouest); Lippmann, Rosenberg et Ephrussi, qui l'étudièrent aussitôt, l'attribuèrente tous trois à Botticelli, opinion qui s'est désormais généralisée. Entretemps (1886) on retrouvait d'autres feuillets dans un volume de mélanges (ayant appartenu à Christine de Suède) de la Biblioteca Vaticana [Strzygowski, 1887; Pératé, 1887]. Ces parchemins sont de format variable: 32,7-34×47-47,4 cm.; chacun porte au verso le texte d'un chant parfaitement calligraphié, qui fait ainsi face au dessin correspondant, sur le recto de la page suivante. Les dessins sont exécutés à la pointe d'argent et de plomb (avec de nombreuses reprises à la plume entraînant par la suite l'abrasion du dessin, visible toutefois dans plusieurs parties, et paraissant inachevé sur certaines feuilles). Les parchemins qui subsistent concernent, pour le Vatican: le plan de l'"Enfer" (au recto) et l'illustration du chant Ier, ainsi que celle des chants IX à XVI; pour les deux zones de Berlin: les illustrations des chants VIII et celles du chant XVII à XXXIV (deux feuillets se rapportent à ce dernier) de l'"Enfer", les illustrations des trente-trois chants du "Purgatoire" (en plus du plan) et celles de trente et un chants du "Paradis" (pour les chants XXX et XXXIII, subsistent des feuilles blanches). Selon Horne, ce travail fut exécuté entre 1490 et 1496, date à laquelle il fut interrompu en raison de la fuite de celui qui le commanda.

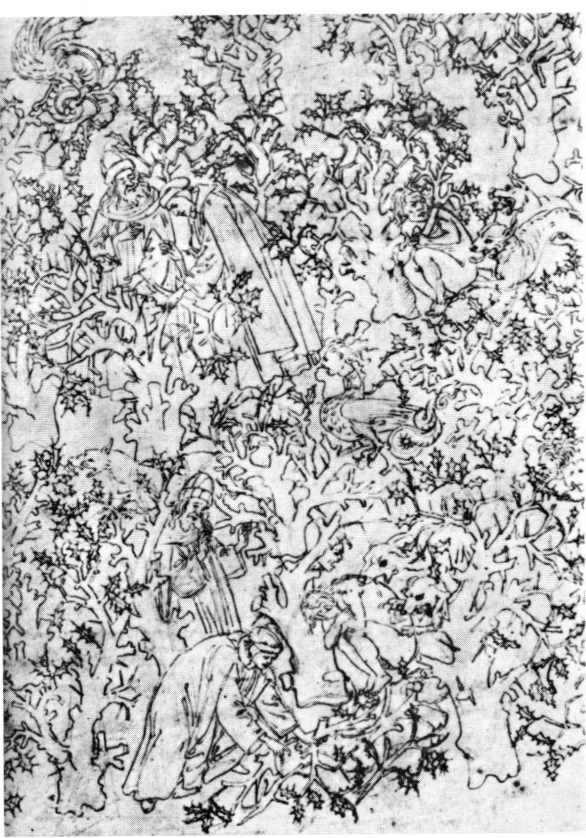

*(Ci-dessus) Illustration du chant XIII de l'*Enfer *(Vatican). Détail de la partie de gauche: en haut, sur le conseil de Virgile, Dante casse une branche de l'arbre qui contient l'âme de Pier delle Vigne; au-dessous de Dante, une harpie; au-dessus de celle-ci, et en dessous, les deux nus accroupis et rejoints par des chiens, se réfèrent à l'épisode de Lano del Toppo et de Giacomo da Santandrea; devant le deuxième nu, Dante recompose les feuilles de l'arbre contenant l'âme de Lotto degli Agli (ou de Rocco de' Mozzi).*

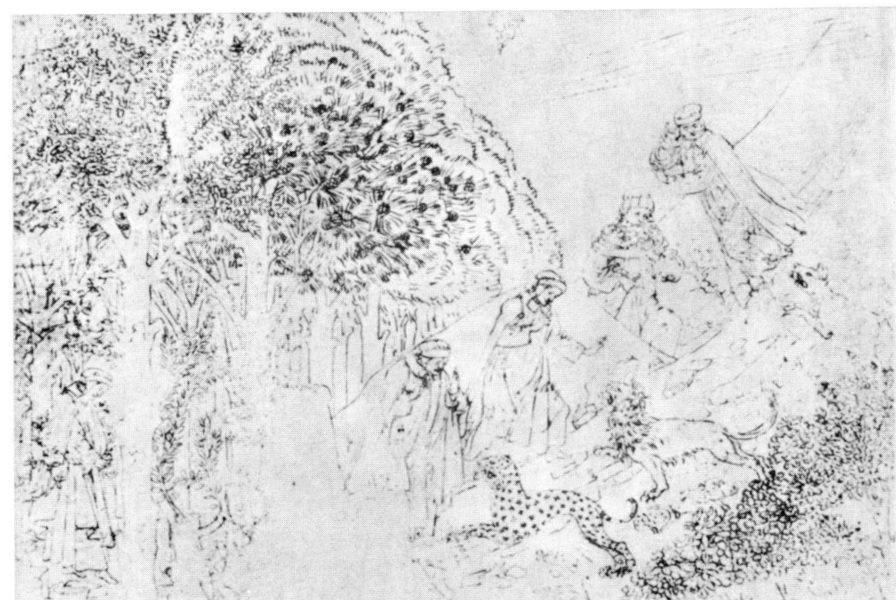

*(A gauche) Illustration du chant I de l'*Enfer *(ibid.). A gauche, Dante égaré dans la "sylve obscure"; au centre, la rencontre du poète avec l'once et la rencontre avec le lion; à droite, alors que Dante rencontre la louve, Virgile survient, il est barbu suivant la tradition médiévale. Le dessin est assez délavé et maculé.*

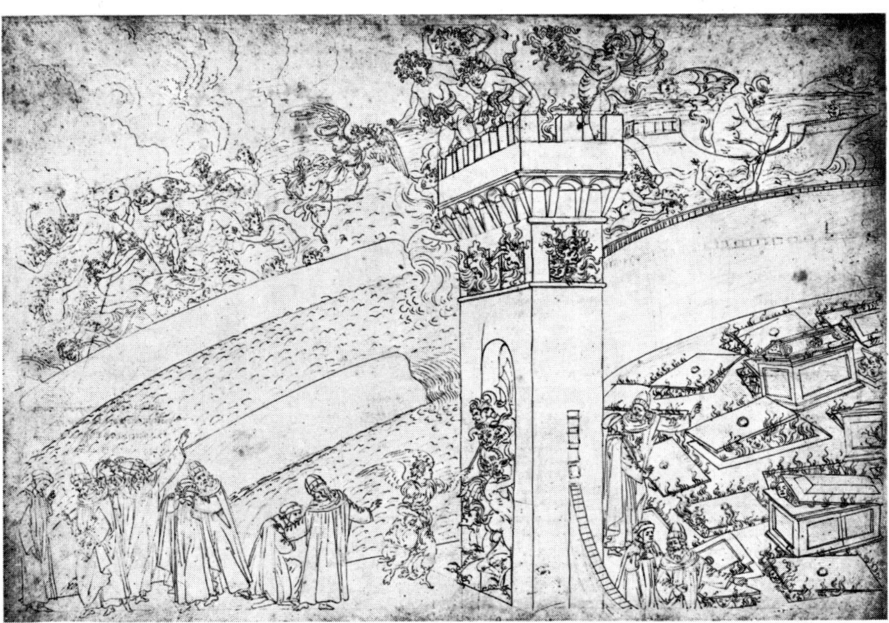

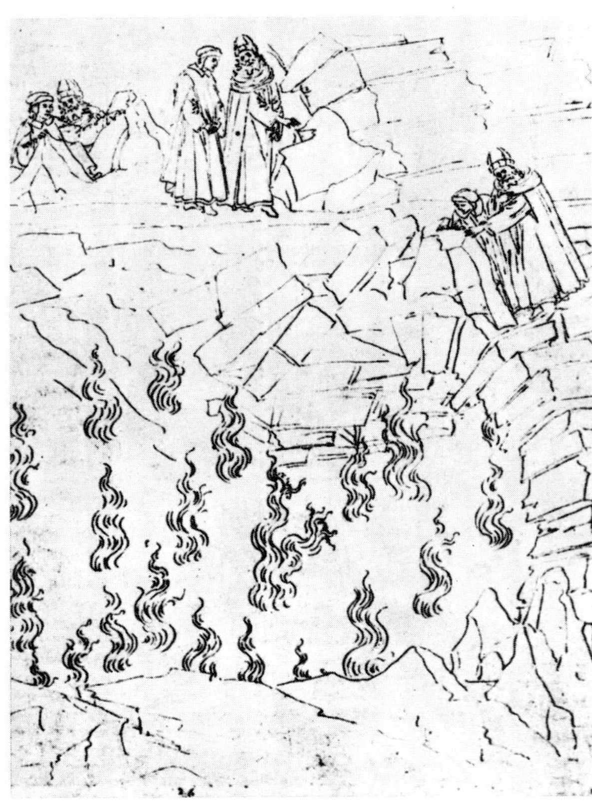

*(Ci-dessus) Illustration du chant IX de l'*Enfer *(Vatican). En haut, sur les côtés, les "fangeuses gens" et la barque de Flégias dans le marais de Dité; en bas à gauche, Dante et Virgile (représentés quatre fois) se rapprochent de la ville de Dité, sur la tour de laquelle se trouvent les Erinyes, tandis que les diables se montrent sur la porte, sermonnés par le messager divin; à droite, les deux poètes errent entre les sarcophages embrasés des hérésiarquès. (A droite) Illustration du chant XXVI de l'*Enfer *(Berlin). En haut, à gauche, les deux poètes surgissent entre les rochers, poursuivent leur chemin et s'arrêtent sur le pont pour regarder dans la huitième fosse les flammes des conseillers frauduleux.*

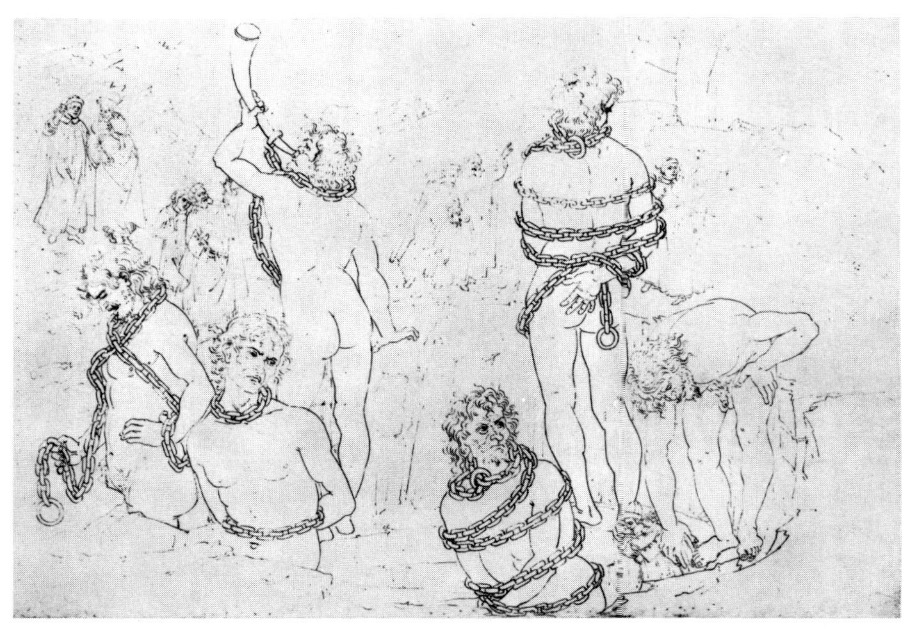

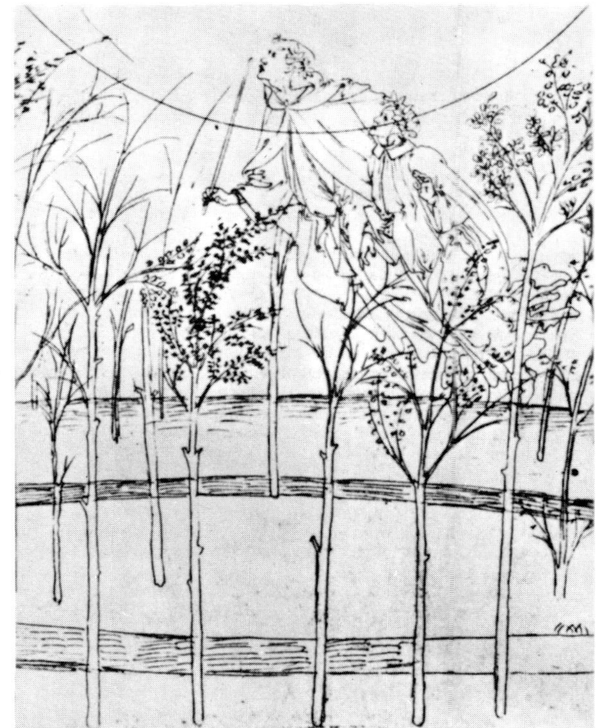

(Ci-dessus) Illustration du chant XXXI de l'Enfer (Berlin). Détail: les deux poètes (à gauche et au centre) et les géants enchaînés (dont Nemrod avec son cor, et Antée, qui se penche pour recueillir Virgile et Dante). - (Ci-dessous) Illustration du chant III du Purgatoire (ibid.). Tandis que l'ange passeur s'éloigne sur sa nacelle (en haut, au centre), les âmes qui viennent de débarquer (à gauche) courent à la montagne, vers laquelle se dirigent aussi les deux poètes (à gauche et au centre); un peu plus loin Dante indique à son compagnon un groupe d'âmes (à droite), qui les renseigne sur le chemin à prendre. Peut-être inachevé. - (A droite) Illustration du chant I du Paradis (ibid.). Détail de Béatrice et Dante s'envolant du paradis terrestre vers le "Premier Mobile".

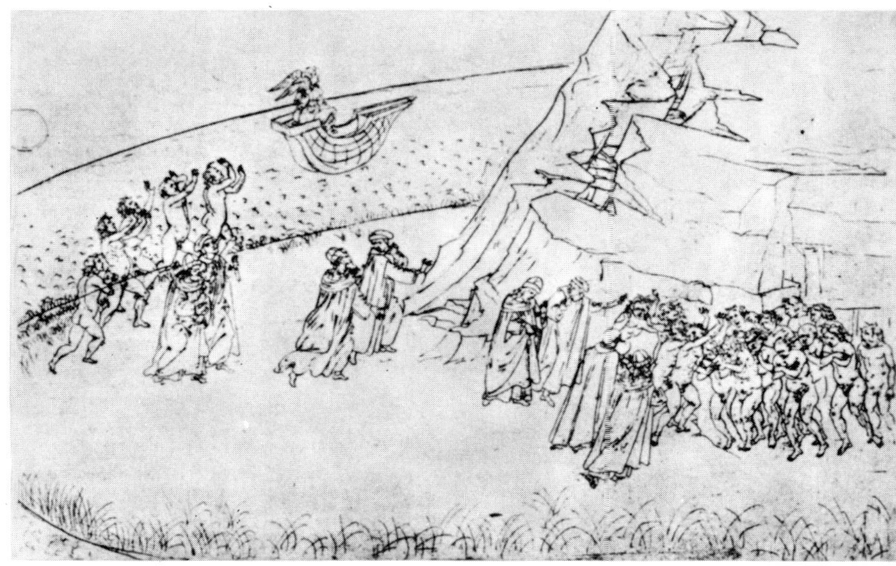

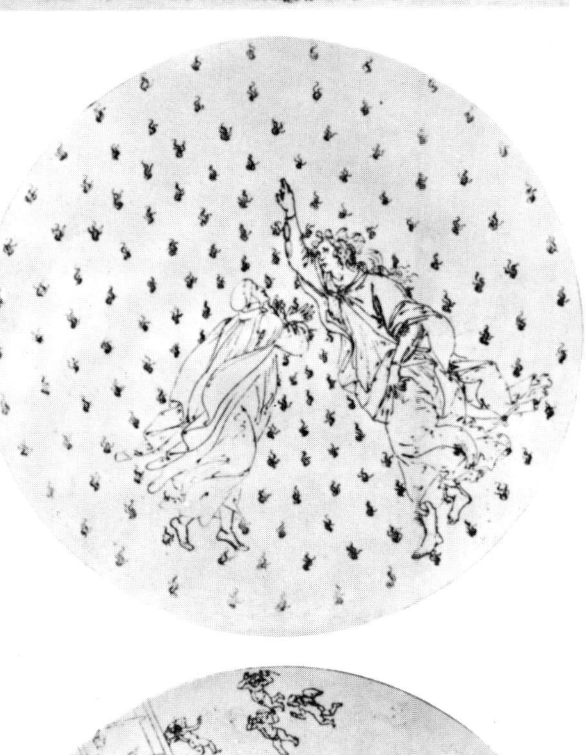

(Ci-dessous) Illustration du chant XI du Purgatoire (ibid.). Les deux poètes (représentés trois fois) parcourent le cercle des orgueilleux: au centre, l'épisode d'Aldobrandeschi; à gauche, celui d'Oderisi da Gubbio. Peut-être inachevé. - (A droite, au-dessus) Illustration du chant VI du Paradis (ibid.) Dante et Béatrice planant dans le ciel de Mercure, avec les "lumières" des esprits actifs. - (A droite, au-dessous) Illustration du chant XXI du Paradis (ibid.). Béatrice et Dante (représentés deux fois) dans le ciel de Saturne, au pied et sur l'échelle céleste que cerne un envol d'âmes bienheureuses (représentées comme des angelots).

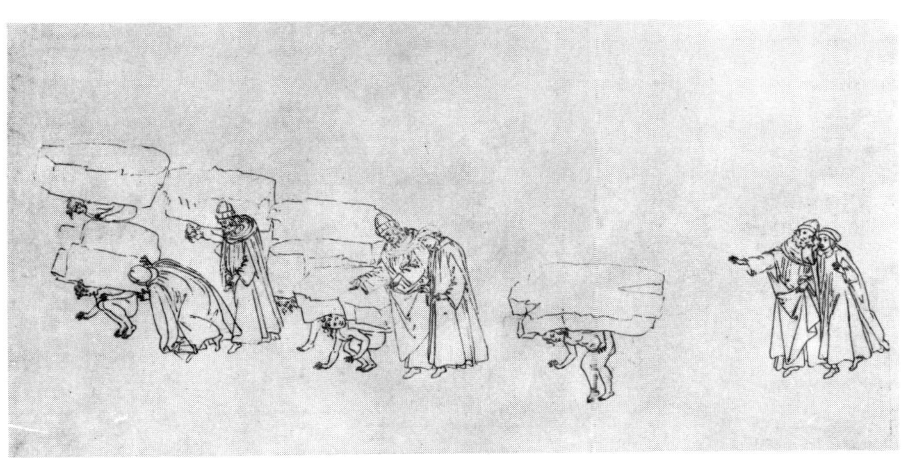

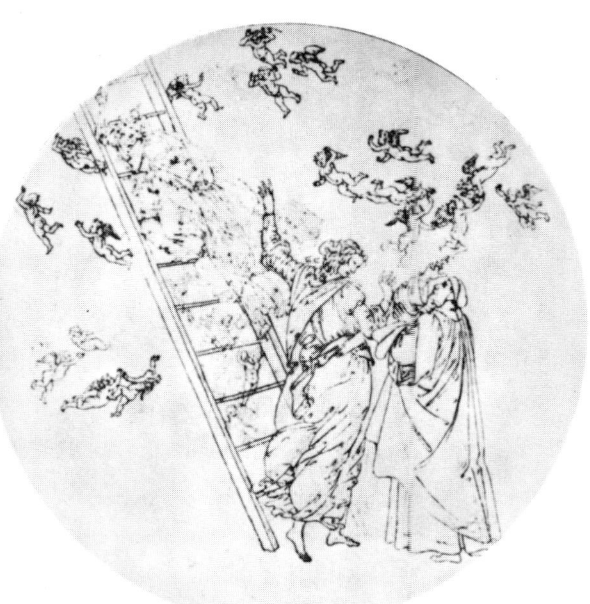

Aucun document ni aucun historiographe ancien ne mentionne Botticelli comme créateur de travaux de marqueterie; Vasari au contraire parle d'un important renouveau de cet art à Florence, à l'époque de Brunelleschi et de Paolo Uccello, renouveau qui se fit probablement un peu plus tard, vers 1450. Dans le cadre de ce renouveau, les historiens modernes, — surtout après Longhi ["Piero della Francesca", 1927] et Arcangeli ["Tarsie", 1943], — ont inclu Botticelli à côté du grand Piero della Francesca et de Baldovinetti, en lui attribuant les projets de la porte de la Salle des Lys au Palazzo Vecchio de Florence, et ceux de différents travaux au Palazzo Ducale d'Urbin. Pour le premier, on a pensé aussi à Domenico Ghirlandaio, mais maintenant tous les spécialistes s'accordent pour l'attribuer à Botticelli. Pour les dessins préparatoires des marqueteries d'Urbin, on proposa simultanément au début les noms de Piero della Francesca et de Botticelli [E. Calzini, 1899], on les repoussa ensuite en faveur de Baccio Pontelli [Budinich, 1904] ou de Francesco di Giorgio [L. Venturi, 1914]; l'attribution à Botticelli fut admise par Longhi [1927] et ensuite généralement acceptée.

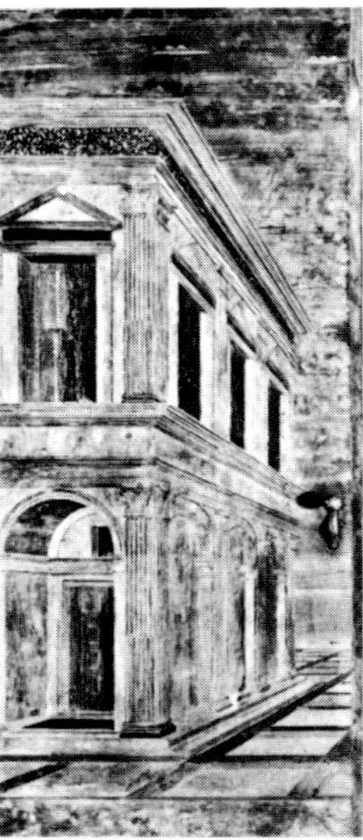

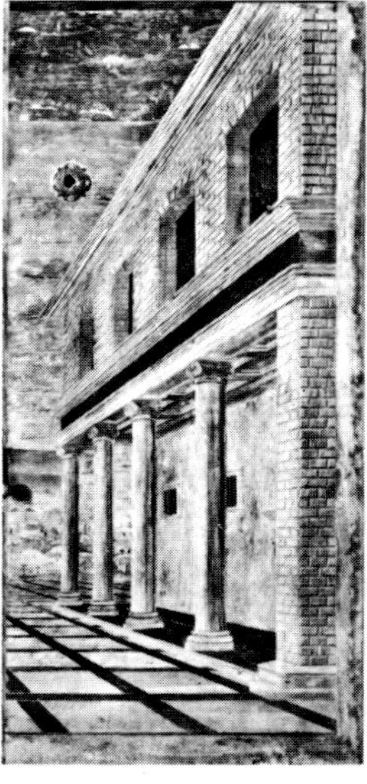

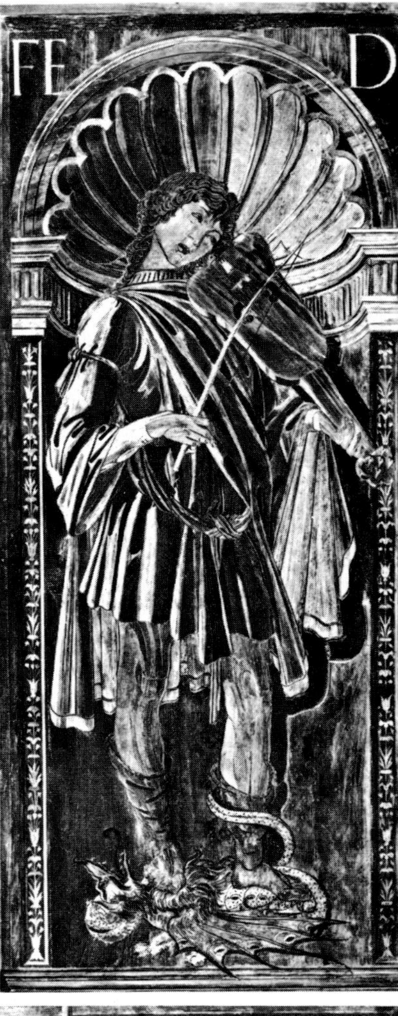

(Ci-dessous, à gauche et au centre). Les battants de la porte avec les figures de Dante et de Pétrarque (Florence, Palazzo Vecchio, Salle des Lys) exécutés par Francesco di Giovanni et Giuliano da Maiano, sans doute en 1478, lorsque les deux artistes travaillaient pour ce palais.

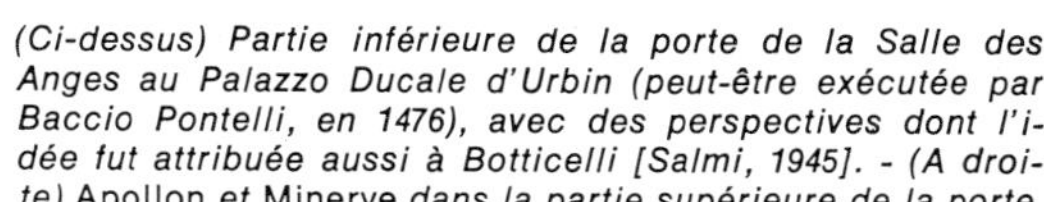

(Ci-dessus) Partie inférieure de la porte de la Salle des Anges au Palazzo Ducale d'Urbin (peut-être exécutée par Baccio Pontelli, en 1476), avec des perspectives dont l'idée fut attribuée aussi à Botticelli [Salmi, 1945]. - (A droite) Apollon et Minerve *dans la partie supérieure de la porte.*

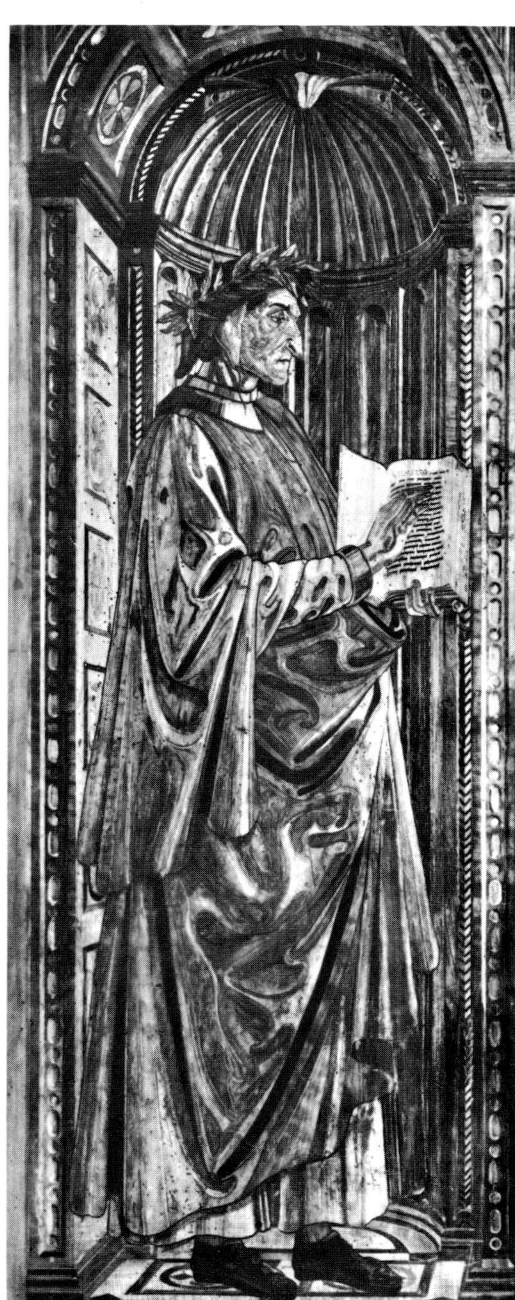

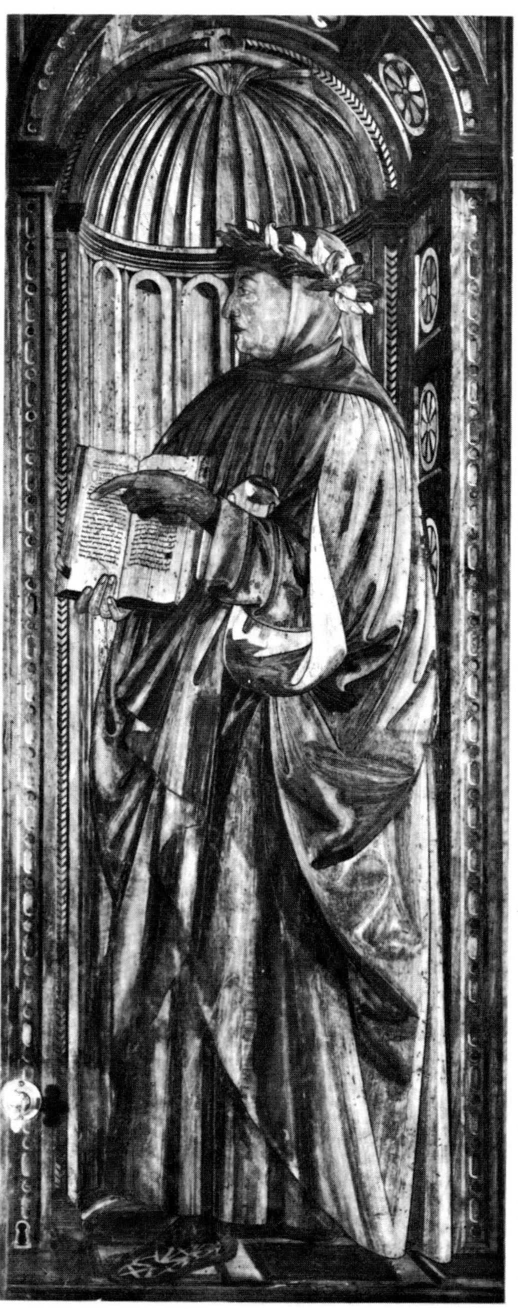

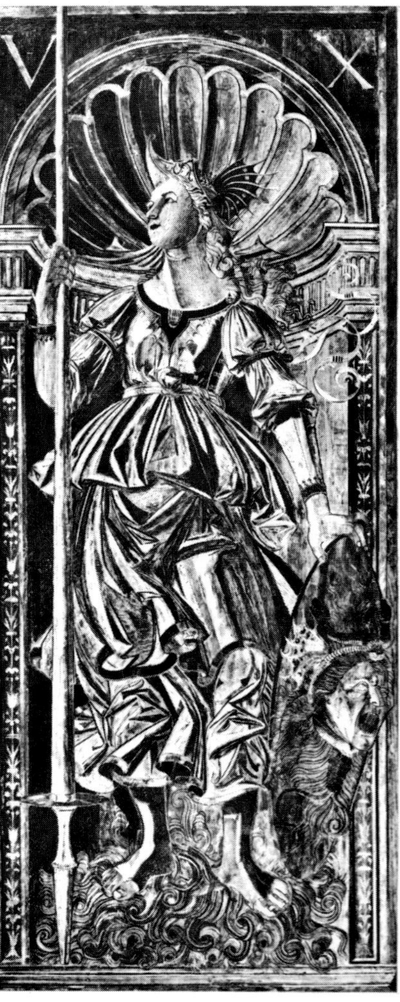

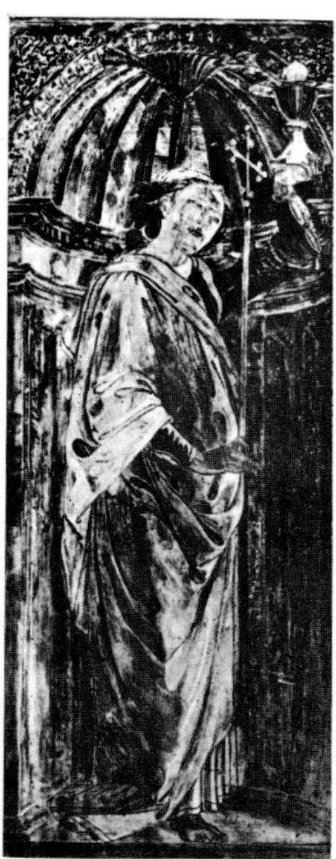
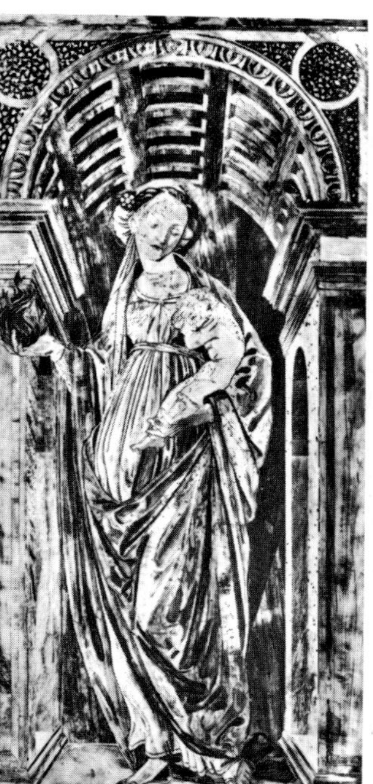
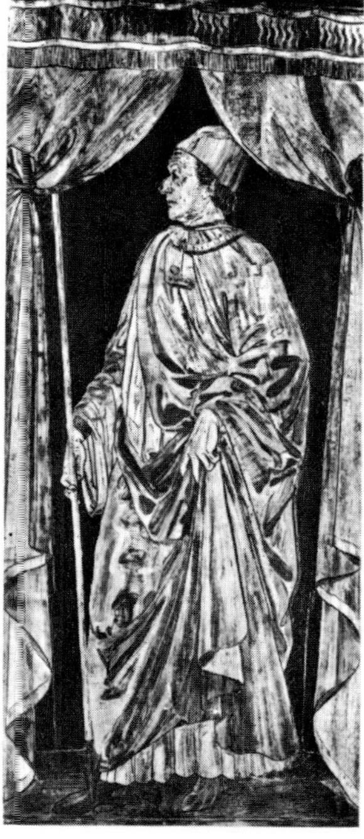
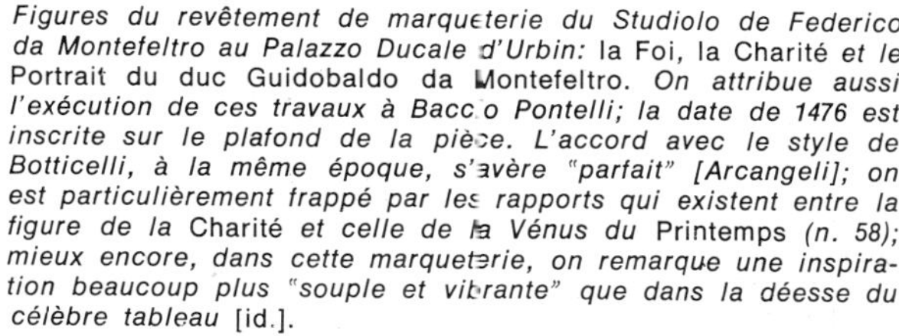

Figures du revêtement de marqueterie du Studiolo de Federico da Montefeltro au Palazzo Ducale d'Urbin: la Foi, la Charité *et le* Portrait du duc Guidobaldo da Montefeltro. *On attribue aussi l'exécution de ces travaux à Baccio Pontelli; la date de 1476 est inscrite sur le plafond de la pièce. L'accord avec le style de Botticelli, à la même époque, s'avère "parfait" [Arcangeli]; on est particulièrement frappé par les rapports qui existent entre la figure de la Charité et celle de la* Vénus du Printemps *(n. 58); mieux encore, dans cette marqueterie, on remarque une inspiration beaucoup plus "souple et vibrante" que dans la déesse du célèbre tableau* [id.].

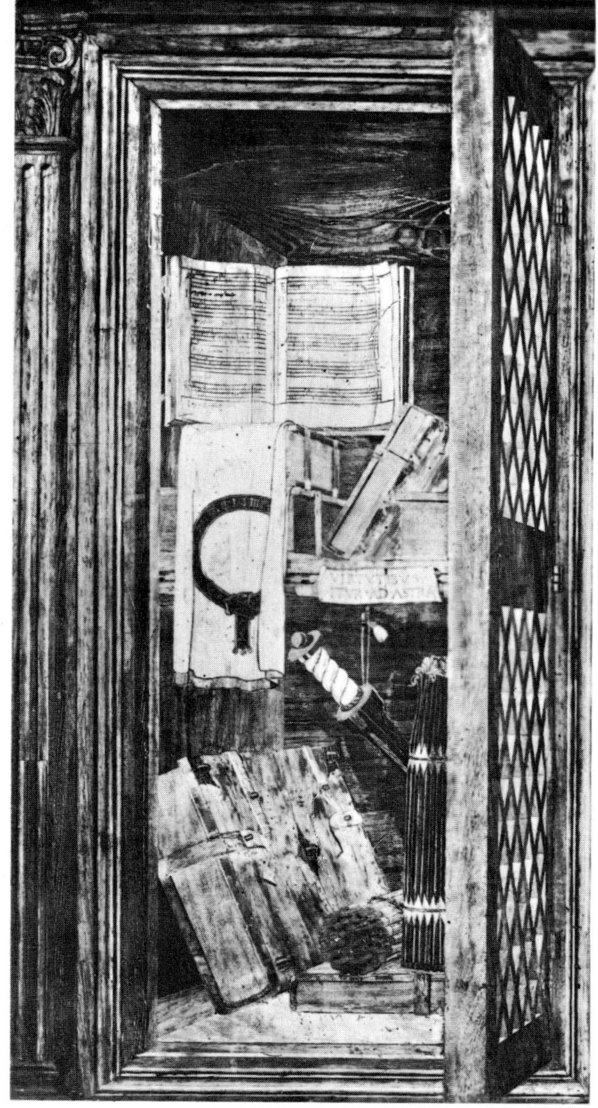

(A droite) Un des éléments de marqueterie qui, dans le Studiolo d'Urbin, alternent avec les allégories et le portrait mentionnés ci-dessus: il simule un placard de bibliothèque avec la porte grillagée entrebâillée. De plus, pour ces merveilleuses compositions, d'un goût délicieusement "métaphysique", réalisées avec une magistrale cohérence dans la mise en page et un équilibre exceptionnel dans le choix des bois, on admet qu'il a existé un dessin préliminaire de Botticelli.

La biographie de Vasari fait allusion à des activités de Botticelli dans des domaines artistiques "mineurs" ou, en tout cas, à sa collaboration à des œuvres ayant un caractère "mineur". On rappelle en particulier que le peintre fut "un des premiers à travailler les étendards et d'autres draperies, en *commesso* [sorte de marqueterie de tissus de couleur] de manière que les couleurs ne déteignent pas et laissent apparaître de chaque côté la couleur du drap". Mais les œuvres de ce genre, mentionnées par le biographe, ont disparu (cf. n. 176) alors qu'il subsiste probablement des témoignages de dessins de Botticelli pour des brodeurs (outre le capuchon de chape que nous reproduisons, on attribue généralement à Botticelli la conception de deux chasubles, l'une à San Martino di Pietrasanta et l'autre à la cathédrale d'Orvieto ainsi qu'une dalmatique, d'une autre au Schloss Museum de Berlin et d'une tapisserie dans la collection Beaudreuil à Favelle [p. 113]). Vasari parle aussi de xylographies préparées par Botticelli pour l'édition (1481) de l'"Enfer" de Dante avec le commentaire de Landino, et de "beaucoup" d'autres "choses à lui", gravées, on ne sait si c'est par lui-même ou, comme il est plus probable, par des spécialistes, "mais d'une mauvaise facture, car la gravure était mal faite"; en effet, en plus de l'"Assomption" reproduite ici (voir aussi p. 113), on attribue à Botticelli différentes gravures du Gabinetto degli Uffizi à Florence et du British Museum à Londres. Enfin on a décelé une influence possible de Botticelli dans des plaquettes de bronze telles que "Galatée sur un dauphin" à la Fondation Horne à Florence, la "Vierge sur le trône avec l'Enfant", au Bargello et un cadran solaire de laiton, personnifiant la Géométrie, qui se trouve également à la Fondation Horne.

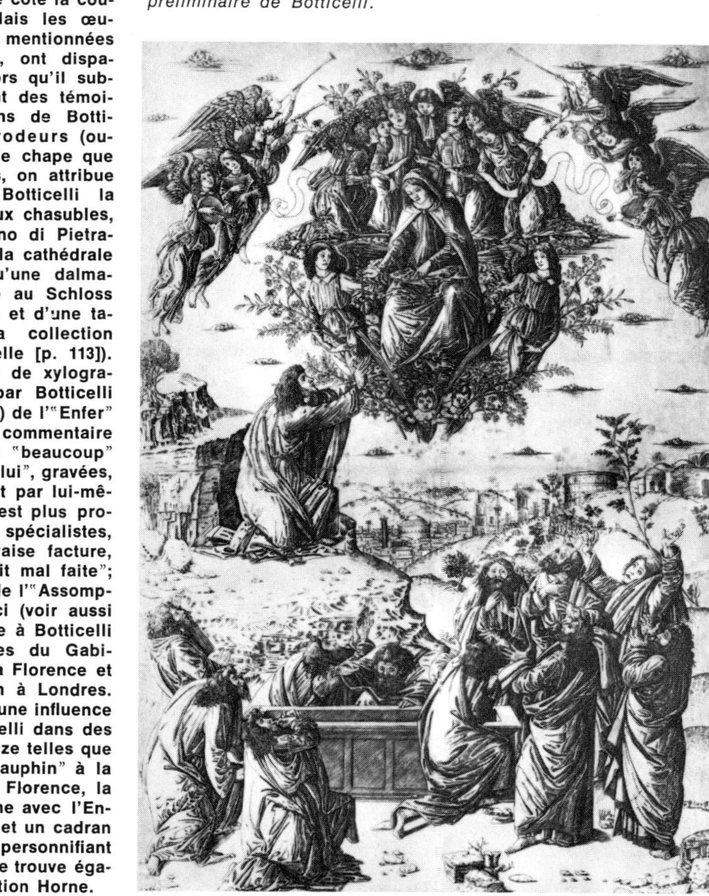

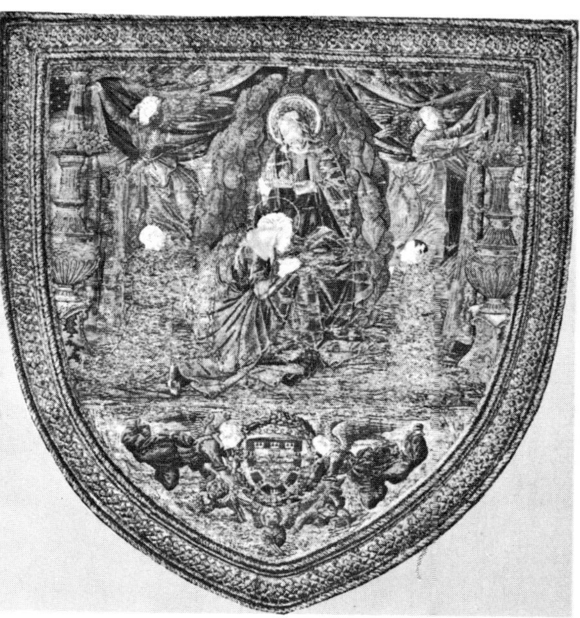

(Ci-dessus) Broderie sur un capuchon de pluvial (50×50 cm.) avec le Couronnement de la Vierge, quatre anges et deux dévots *(Milan, Museo Poldi Pezzoli). Parvenu dans ce Musée avant 1900, avec référence à Botticelli pour le dessin; ensuite, en raison des armoiries, on supposa [Santambrogio, 1903] que ce travail pouvait avoir un rapport avec le cardinal Jacopo de Lusitania et se situer en 1459, ce qui excluait Botticelli; mais le caractère botticellien du travail amena les critiques à reprendre la vieille attribution. (A gauche)* L'Assomption *(gravure, 825×260 mm.; Florence, Uffizi): le rapprochement avec Botticelli peut se justifier grâce au dessin représentant saint Thomas (voir p. 113).*

Index

Index des sujets

L'identification de certains personnages, telle qu'elle est donnée dans l'index ci-dessous est en partie sujette à controverses (voir les notices correspondantes du Catalogue).

Index des titres

L'astérisque à droite du numéro indique l'existence de répliques ou de copies du même sujet, qui sont examinées dans la notice à laquelle ce numéro se réfère.

Index topographique

L'astérisque à gauche du numéro indique l'existence d'une réplique ou d'une copie, qui sont examinées dans la notice à laquelle ce numéro se réfère.

Table des matières

L'explication des signes conventionnels placés en tête de chaque notice du catalogue est donnée *page 82.*

Références photographiques

Planches en couleurs: De Antonis, Rome; Isabella Stewart Gardner Museum, Boston; Mandel, Milan; National Gallery of Art, Washington; Scala, Florence; Walter Steinkopf, Berlin; Derrick E. Witty, Sunbury-on-Thames. Illustrations en noir: Alinari, Florence; Archives Rizzoli, Milan; Art Institute of Chicago, Mr. and Mrs. Martin A. Ryerson Collection, Chicago; Baltimore Museum of Art, Mary Frick Jacobs Collection, Baltimore; Cav. Bandieri, Modène; Fogg Museum of Art, Cambridge (Mass.); National Gallery of Art, Samuel H. Kress Collection, Washington; North Carolina Museum of Art, Samuel H. Kress Collection, Raleigh; Photographie Giraudon, Paris; Pierpont Morgan Library, New-York; Soprintendenza alle Gallerie, Florence; Städelsches Kunstinstitut, Francfort.

Imprimé en Italie, Rizzoli Editore S.p.A Milan, Via Angelo Rizzoli 2.